Sicht-Weisen der Reformpädagogik

Herausgegeben von
Maren Gronert und Alban Schraut

ERZIEHUNG SCHULE GESELLSCHAFT

Herausgegeben
von
Winfried Böhm, Wilhelm Brinkmann,
Johanna Hopfner, Jürgen Oelkers, Roland Reichenbach,
Sabine Seichter, Michel Soëtard, Michael Winkler

BAND 76

Sicht-Weisen der Reformpädagogik

ERGON VERLAG

Sicht-Weisen der Reformpädagogik

Herausgegeben von
Maren Gronert und Alban Schraut

ERGON VERLAG

Umschlagabbildung: © Alban Schraut

Bibliografische Information der Deutschen Nationalbibliothek
Die Deutsche Nationalbibliothek verzeichnet diese Publikation in der Deutschen Nationalbibliografie; detaillierte bibliografische Daten sind im Internet über http://dnb.d-nb.de abrufbar.

Gedruckt auf alterungsbeständigem Papier.
Umschlaggestaltung: Jan von Hugo
Satz: Sandra Kloiber, Ergon-Verlag GmbH

www.ergon-verlag.de

ISBN 978-3-95650-148-7
ISSN 1432-0258

dedicado a
Álvaro Rojas Marín
gewidmet

Inhaltsverzeichnis

Vorwort: „Sichtweisen“ und „Sicht-Weisen“ der Reformpädagogik

Schule steht in der Kritik, seit es Schule gibt; eine Folge dieser Kritik war die Erfindung der „Reformpädagogik“. Diese selbst jedoch steht in der Kritik, seit es sie gibt. Die Folge der Kritik ist wiederum Kritik an der Kritik: Kontroverse Diskussionen zwischen Befürwortern[1] und Gegnern erstrecken sich von jubelnder Zustimmung über verhaltene Akzeptanz bis zu unerbittlicher Ablehnung. Dabei liegt bis heute keine eindeutige Definition von Reformpädagogik vor, obwohl noch nie so viele reformpädagogische Schulen gegründet wurden, wie in den letzten 25 Jahren, insbesondere seit der und auch durch die Wiedervereinigung der beiden deutschen Staaten. Umso spannender ist es, eine Sammlung verschiedener „Sichtweisen der Reformpädagogik“ vorzulegen. Es ist genau 20 Jahre her, als Winfried Böhm und Jürgen Oelkers das Werk „Reformpädagogik kontrovers“ publizierten und im Vorwort schrieben: „Ansatz- und Bezugspunkt nahezu aller heutigen Diskussionen über Schulentwicklung und Schulreform ist die *Reformpädagogik*. Ihre Erziehungsgedanken und Schulmodelle sollen die historische und systematische Legitimation für Entscheidungen liefern, wie und vor allem wieweit das Bildungssystem reformiert werden kann.“ (a.a.O., S. 7) Sie konnten nicht ahnen, dass in den darauf folgenden 20 Jahren die Schullandschaft tatsächlich aufgewühlt und umgekrempelt werden sollte – jedoch nicht ursächlich, wie durch die beiden Herausgeber vermutet, aus reformpädagogischen Erwägungen heraus, sondern in Folge der internationalen evaluativen Vergleichsstudien, der einhergehenden quantitativ-empirisch orientierten Umnormierungen, die Schule und Pädagogik in ein datenbasiertes Controllingsystem spannten und zu einem „vorrangig an den Bedürfnissen der Wirtschaft orientierten Umbau des Bildungssystems“ führten. (Burow 2011, S. 4f) Reformpädagogische Schulgründungen der letzten zwei Dekaden waren und sind deshalb wohl eher Folgen und Antworten als Ursachen, „Ansatz- und Bezugspunkte“ der Schulreform.

Vorliegendes Werk bietet dem Leser völlig unterschiedliche Zugänge zur Reformpädagogik. Der Buchtitel ist bewusst gewählt und beinhaltet verschiedene Lesarten, insbesondere, wenn man die Autorenschaft aus fünf Ländern –

* Artikel 3 des Grundgesetzes für die Bundesrepublik Deutschland, Absatz 2 lautet: Männer und Frauen sind gleichberechtigt. Wir verwenden in diesem Beitrag die gebräuchlichen männlichen Formen, schließen jedoch stets beide Geschlechter mit ein. In den einzelnen Beiträgen entschieden sich die Autoren für ihre je eigene Schreibweise, welche wir als Herausgeber respektierten.

Frankreich, Niederlande, Österreich, Schweiz und Deutschland – überblickt. Es sind dies Personen, die ihr beruflich-dienstlich aktives Leben bereits abgeschlossen haben, deshalb frei von schulischen und hochschulischen Ämtern und einhergehenden Zwängen, Einschränkungen und Rücksichtnahmen sind; es sind Personen, die auf eine breite – und tiefe – Berufs- und Lebenserfahrung zurückblicken können und das (reform)pädagogische Feld als Schüler, Eltern, Lehrer oder Dozenten selbst erleben, fördern und gestalten oder herausfordern und kritisieren konnten und durften.

Schließlich sind es Personen, die im siebten, achten, ja neunten Lebensjahrzehnt stehen, sich wortwörtlich durch Alters*weisheit* auszeichnen und aus ihrer ganz persönlichen Sicht auf die Reformpädagogik blicken, was sich in der Lesart „Sicht-*Weisen*" auszudrücken vermag. Was und wie die Autoren schrieben, darüber konnten sie selbst entscheiden: ob als biografischer Bericht, als Essay, als historische Analyse, als Brief, als Streitschrift, als (er)klärender Text etc., die vorliegenden Zugänge sind vielfältig und vielschichtig: werbend, wertschätzend, beschreibend, provokativ, ablehnend.

Es versteht sich von selbst, dass die Herausgeber nicht korrigierten, zensierten, bewerteten, geschweige denn ein *Ranking* vornahmen. Die Beiträge sind demnach nicht nach „pro" und „contra" Sicht-Weisen eingeteilt oder aus besonderen Überlegungen heraus in eine bestimmte Reihenfolge gebracht worden – sie sind schlichtweg alphabetisch nach den Nachnamen der Autoren geordnet. Die Beiträge bieten jeweils eine andere „Sicht-Weise" der Reformpädagogik, zusammen genommen jedoch ergeben sie eine (von vielen) Landkarten des Jahres 2015 mit verschiedenen Zugängen zur Reformpädagogik.

Das Publikationsdatum – Dezember 2015 – ist insofern interessant, weil sich ein Jahrhundert zuvor, genau am 28. Dezember 1915, der *Deutsche Ausschuss für Erziehung und Unterricht* etablierte, der aus dem *Bund für Schulreform* hervorgegangen war. Er formierte als Dachorganisation von mehr als 30 Vereinen und Verbänden, die reformorientierte Universitätsdozenten, Lehrer, aber auch Schulverwaltungspersonal und Eltern reichsweit gegründet hatten. Der Ausschuss war schul- und hochschulpolitisch, publizistisch, aber auch didaktisch-pädagogisch tätig, die Mitglieder nahmen an Konferenzen, Symposien, Tagungen teil, organisierten Exkursionen und Treffen (reform)pädagogisch interessierter Menschen, die damals daran glaubten, eine Gesellschaftsreform durch eine radikale Schulreform zu evozieren.

Dieser Glaube hat sich (bisher) als Irrglaube erwiesen (vgl. Negt 2014). Reformpädagogik führt im Blickfeld des gesamten Schulwesens institutionell seit einhundert Jahren und nach wie vor ein Schattendasein, spielt schulpolitisch nur eine marginale Rolle – auch trotz des seit einem Vierteljahrhundert anhaltenden Booms der reformpädagogischen Schulgründungen.

Und dennoch: Dass Reformpädagogik Menschen bewegt, punktuell sehr entscheidend wirkt, dass ihr eine pädagogische Kraft zugeschrieben wird, sie etwas zu sagen hat, dass sie gehört wird und Rückmeldung erfährt, beweisen die reformpädagogischen Schulen, die es gibt, die kaum mehr zu überblickenden Publikationen „für" oder „gegen" Reformpädagogik, letztendlich auch die beeindruckenden Beiträge der Autoren dieses Buches.

Der Grund für dieses Werk ist, Reformpädagogik einmal mehr ins Gespräch zu bringen, ins Blickfeld zu nehmen, den Faden der „Reformpädagogik kontrovers" von 1995 wieder aufzugreifen, die Diskussion und den Austausch zwischen Befürwortern und Kritikern anzuregen und weitere - eventuell bisher unbekannte - Sichtweisen aufzuzeigen.

Als Herausgeber baten wir insgesamt 40 Personen, emeritierte Professoren, pensionierte Lehrer und Reformpädagogen, Bildungspolitiker im Ruhestand oder ehemalige Schüler reformpädagogischer Schulen um ihre „Sichtweisen". Wir erhielten 17 Zusagen, sowie - wegen Arbeitsüberlastung und zeitlicher Engpässe - auch freundliche Absagen, z.B. von Dietrich Benner, Wolfgang Brezinka, Wolfgang Einsiedler, Hans Maier und Jörg Ziegenspeck. Auch Altbundeskanzler und ehemaliger Lichtwarkschüler Helmut Schmidt (* 23.12.1918, † 10.11.2015), der in der 2014 von Sabine Pamperrien vorgelegten Biografie seiner Schule ein beeindruckend positives Zeugnis ausstellte (vgl. a.a.O., S. 58-82), ließ am 17. Juli 2015 noch eine Eingangsbestätigung zusenden. Von einigen angeschriebenen Personen erhielten wir keine Rückmeldung und gaben uns selbstverständlich auch damit zufrieden. Als Ergebnis der Anfrage vom April 2015 liegt nun vor: ein Werk mit sehr unterschiedlichen „Sichtweisen" der Reformpädagogik.

Das Vorwort soll beendet werden mit einem herzlichen Dank an alle Autoren und insbesondere an Hans-Jürgen Dietrich für die Drucklegung sowie an Sandra Kloiber und Raimund Morper für ihre Lektorendienste.

Santiago, 28. Dezember 2015

Maren Gronert
Alban Schraut

Literatur

Böhm, Winfried; Oelkers, Jürgen (Hg.) 1995: Reformpädagogik kontrovers, Würzburg

Burow, Olaf-Axel 2011: Positive Pädagogik. Glück in der Schule, in: Die Grundschulzeitschrift, 25. Jg., H. 242.243, S. 4-7

Negt, Oskar 2014: Philosophie des aufrechten Ganges, Göttingen

Pamperrien, Sabine 2014: Helmut Schmidt und der Scheißkrieg. Die Biografie 1918–1945, München

Zum Einstieg: Sichtweisen zur Verortung und zum ‚Begreifen' von Reformpädagogik

Alban Schraut

Versteht man Pädagogik als kultur- und geisteswissenschaftliche Disziplin, kommt man nicht umhin, deren Ursprünge zu erforschen, sich deren Geschichte zu vergewissern und über ihren Sinn nachzudenken. Sie stellt sich die Frage nach Bildung, Bildungsprozessen sowie horizontalen und vertikalen Bildungszusammenhängen. Jede Art des wissenschaftlichen oder poietischen Selektionismus' unter Vernachlässigung der holistischen Dimension des Phänomens trägt eine solipsistische Konnotation in sich, die vielleicht erziehungswissenschaftlich empirisch oder auch erziehungs- und schulpraktisch zu beeindrucken und zufriedenzustellen vermag, bildungstheoretisch jedoch höchst fragwürdig erscheinen muss.

Von der Herausforderung des Begreifens und der Verortung

Der Begriff der Reformpädagogik gilt als Reizwort der Pädagogik, obwohl er nach wie vor recht unbestimmt ist, vielleicht gerade deshalb. Hatte die Pädagogik beginnend mit Ernst Christian Trapp über zweieinhalb Jahrhunderte hinweg mit einem Loslösungs- und gleichzeitig neuen Verortungsproblem zu kämpfen, sich mit Wilhelm Dilthey über Herman Nohl, Erich Weniger etc. bis Claus Offe als „relativ autonome Wissenschaft" von Theologie und Philosophie und Politik „relativ" lösen und sich definitorisch fassen lassen können, steht dies der Reformpädagogik noch bevor. Auch wenn – insbesondere ihre Kritiker* – gerne von *der* Reformpädagogik sprechen, es gibt *die* Reformpädagogik nicht: Diese äußere Konturlosigkeit *einer* Reformpädagogik und ihre gleichzeitige innere Komplexität mögen Grund dafür sein, dass es heute noch keine schlüssige Theorie *der* Reformpädagogik gibt – vermutlich niemals geben kann oder darf. Dies soll nicht mutlos machen, sondern im Gegenteil, Kräfte mobilisieren, sich dieses Sachverhaltes anzunehmen, um sowohl in theoretischer wie praktischer Hinsicht zumindest eine Schärfung des Begriffes – besser der Begriffe – und seiner/ihrer vielschichtigen Ausformungen der Konzepte und Programme, Strukturen und Skulpturen, Denkweisen und Handlungsschemata zu erzielen. Um Reformpädagogik noch mehr ins Gespräch, in Dis-

---

* Artikel 3 des Grundgesetzes für die Bundesrepublik Deutschland, Absatz 2 lautet: Männer und Frauen sind gleichberechtigt. Ich verwende in diesem Beitrag die gebräuchlichen männlichen Formen, sie schließen jedoch stets beide Geschlechter mit ein.

kussion, ins öffentliche Bewusstsein zu bringen, benötigt es messerscharfe Kritik durch präzises Analysieren der reformpädagogischen Theorien, der Fremd- und Selbstwahrnehmungen genauso wie ein „bis auf die Wurzel gehendes" – radikales – Durchdenken reformpädagogischer Praxen, Methoden und Techniken. Je unterschiedlicher die Sichtweisen der Reformpädagogik sind, desto differenzierter zeigt sich die reformpädagogische Landschaft. Gewiss wird keine Kritik und noch so tiefsinnige Anklage Reformpädagogik „kaputt machen" und von der pädagogischen Landkarte löschen können, wie auch keine noch so gute Darstellung, ggf. Verteidigung die Reformpädagogik „retten" und dazu verhelfen kann, eine Leitdisziplin der Pädagogik und Erziehungswissenschaft zu werden. Reformpädagogik ist, wie Pädagogik auch, in verschiedenen Graden ein immerwährender Ist-Zustand, weil die eine nicht ohne die andere – ob als inklusiver Teil der anderen, oder auch nicht, sei erst einmal dahingestellt – existieren kann, wie Tenorth (2012, S. 13) bemerkt: „Alle Pädagogik ist offenbar immer auch Reformpädagogik, mit dem Gegebenen nie zufrieden, an anderen Zukünften oder besseren Vergangenheiten interessiert." Diese Aussage ist aber genauso zutreffend wie Schulzes Wort: „Reformpädagogik ist eine besondere Erscheinung innerhalb der staatlich gelenkten Entwicklung des öffentlichen Schulwesens." (Schulze 2012, S. 63)

Nachfolgend soll der Versuch gewagt werden, „Reformpädagogik" in ungewöhnlichen Sichtweisen begreifbar zu machen. Dabei sollen alle Reformpädagogiken erst einmal unter dem *einen* Begriff modellhaft substituiert werden, um diesen später wieder aufzulösen. Anhand von sechs Diskursen soll der Begriff gerahmt, positioniert werden (vgl. Schraut 2000), wenngleich klar sein dürfte, dass dies nur annährungsweise als gedankliches Konstrukt gelingen kann.

Erster Diskurs – die Pädagogik der monolithischen Blöcke

Jeder Pädagoge, der beruflich mit Erziehung, Schule und Bildungsfragen ver- oder betraut ist, hat auch ein Konstrukt der Reformpädagogik. Vermutlich kann er sogar eher einige Charakteristika der Reformpädagogik benennen als solche der „Normalpädagogik" (Benner/Kemper 2001, Bd.1, S. 18). Er hat sicherlich eine Meinung, hat eine Ein-Stellung und mehr oder weniger Wissen. Er hat gar einen kleineren oder größeren emotionalen Abstand zur Reformpädagogik, als zur Normalpädagogik, da letztere oftmals nicht hinterfragt angenommen wird. Reformpädagogik provoziert und spaltet die Geister, eben weil sie Reform-Pädagogik ist. Geht man davon aus, dass die Reformpädagogik eine Antwort auf die sog. ‚Buch-, Drill- und Paukschule' war (die ihrerseits als staatlich verordnete Schule eine Antwort auf die kirchliche Buch-, Drill- und Paukschule war), dann ist sie ein Ausdruck dieser auch ‚Schwarze Pädagogik' genannten Zeit, die bestenfalls eine lehrerorientiert reflektierte (Belehrungs-) Didaktik, aber keine Mathetik kennt. Und in der Tat spricht Scheibe

(1994, S. 3) von einer „reformpädagogischen Bewegung", die er von 1900 bis 1932 terminiert. Die Geisteswissenschaftliche Pädagogik erlebt bis in die 60er Jahre des vergangenen Jahrhunderts hinein ihre ‚Hoch-Zeit' als pädagogische Leitwissenschaft an den deutschen Universitäten. (vgl. Böhm 1994, S. 257f) Genannt werden kann die „personalistische Pädagogik", die sich gegen Autoritarismus und Enzyklopädismus einerseits und gegen einen unkritischen Spontaneismus ‚vom Kinde aus' wendet und deshalb von Böhm als „dritter Weg" bezeichnet wird. (Böhm 1994, S. 532) Auch die insbesondere von Ekkehard von Braunmühl (1975) protegierte kurze Phase der Antipädagogik, die kybernetische Pädagogik und die folgende empirische Erziehungswissenschaft etc. können als pädagogische Theoriekonstrukte gesehen werden, die sich irgendwann einmal generier(t)en. Sieht man jede dieser Pädagogiken als zeitliche Wirkeinheit, kann man von der *Pädagogik der monolithischen Blöcke* sprechen: gibt es einen Block einer *re*formativen Pädagogik, gab es vorher einen Block der *formativen* Pädagogik. Gibt es eine *personal(istisch)e* Pädagogik, die die Person in den Mittelpunkt pädagogischen Nachdenkens stellt, gab es vorher eine *a-personale* Pädagogik, die eben nicht die Person, sondern eher eine Sache oder eine Menschengruppe pädagogisch fokussiert, – oder eine *transpersonale* Pädagogik, die die rationale Sach- und Menschenwelt übersteigt und transzendiert. Das nachfolgende Modell (Abbildung 1) zeigt die unterschiedlichen pädagogischen Blöcke wertneutral mit „Päd. A", „Päd. B", „Päd. C", „Päd. D" etc., was auf die ausschließliche und damit ausschließende Blockartigkeit verweisen soll: Eine pädagogische „Mode" folgt der anderen, die pädagogischen Blöcke stehen unvermittelt nebeneinander, mitten unter ihnen auch – immer wieder – ein reformpädagogischer Block.

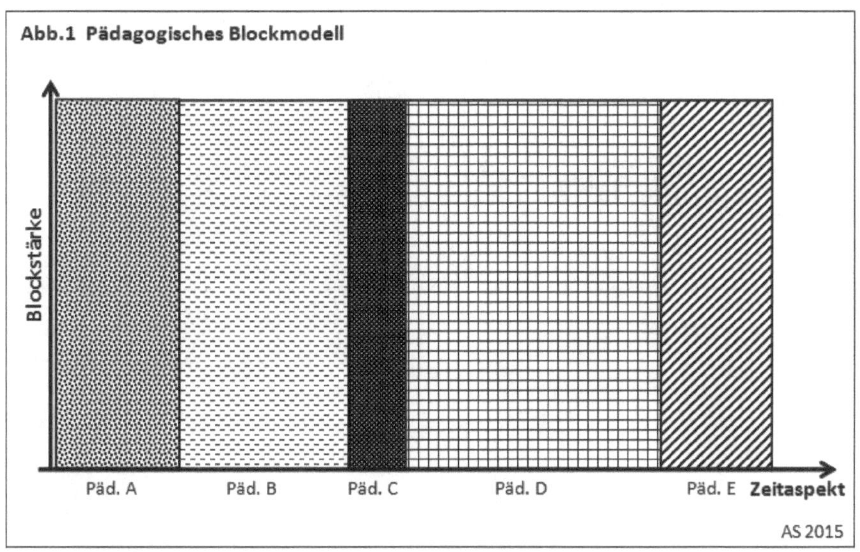

Zweiter Diskurs – das pädagogische Schichtenmodell

Das Blockmodell ist nicht nur stark generalisiert dargestellt, es bedarf sogar einer dringenden Korrektur. Es besteht zwischenzeitlich Konsens, dass es raumzeitlich gesehen keine einmalig auftretende reformpädagogische Epoche gegeben hat, vielmehr die Idee des Reformpädagogischen in der Geschichte der Pädagogik immer wieder zu finden ist. „Die Rede von ‚Reformpädagogik' als umgrenzte Epoche mit klar definierbaren Programmen und Praktiken ist in den letzten Jahrzehnten letztlich immer fraglicher geworden, auch wenn in der öffentlichen Kommunikation (...) dieses Verständnis durchaus lebendig ist." (Koerrenz 2014, S. 16) Theo Dietrich weist schon 1987 darauf hin, dass „Jede pädagogische Theorie [...] das pädagogische Handeln der jeweiligen Gegenwart (mit-)bestimmen und zugleich Anweisungen für die Zukunft geben [will]. Da keine Theorie beim Punkte Null beginnt, bezieht sie immer auch frühere Erfahrungen und Erkenntnisse mit ein. So gesehen steht jede pädagogische Theorie in einem Traditionszusammenhang." (Dietrich 1987, S. 129) Beide Aussagen lassen die Folgerung zu, dass auch alle anderen Pädagogiken nicht als unvermittelte Blöcke nebeneinander stehen, sondern eher als raum-zeit-übergreifende pädagogische Ablagerungen bezeichnet werden können, die sich Schicht für Schicht absetzen. Abbildung 2 zeigt die Einebnung der Blöcke zugunsten einer Sedimentschichtung im raum-zeitlichen Verständnis.

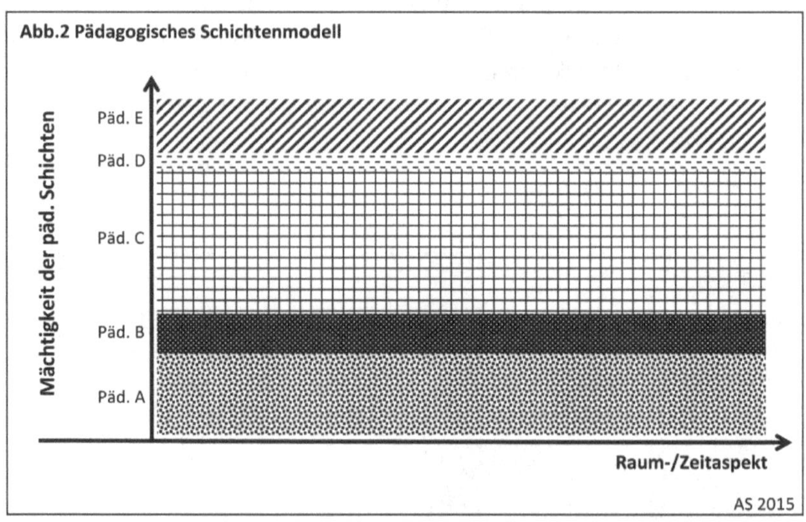

Dritter Diskurs – das pädagogische Akkumulationsmodell

Es dürfte klar sein, dass auch Abbildung 2 lediglich als vorübergehendes Schema gelten kann auf dem Weg zur Positionierung der Reformpädagogik. In einem dritten Schaubild soll der *raum*dynamische Aspekt zum Tragen kommen: Je nach pädagogischer (Schul)Landschaft werden die unterschiedlichen pädagogischen Konstrukte auch von unterschiedlich intensiver oder wirkmächtiger Dauer sein und im Bewusstsein der Fachwelt stehen. Datta & Lang-Wojtasik (2002) beispielsweise weisen mit Recht – und beeindruckenden Beispielen – darauf hin, dass es eine *Internationale* Reformpädagogik gibt, jedoch Reformpädagogik kontextlich immer noch als „eine de facto auf Nordamerika und Europa beschränkte Veranstaltung" gesehen wird. (Adick in Datta/Lang-Wojtasik 2002, S. 7)

Die dritte Abbildung soll deshalb als „Akkumulationsmodell" bezeichnet werden: Die einzelnen Pädagogiken gibt es zwar überall, aber in unterschiedlicher Ausformung, Stärke und Propädeutik für folgende Pädagogiken. Land x sieht seinen pädagogischen Schwerpunkt in Päd. A, Schule y in Päd. B, Schulkollegium z in Päd. C etc. Benner & Kemper (2001/2009) formulieren es so: „Als ein formales, für die Theorie- und Institutionengeschichte bedeutsames Kriterium zur Abgrenzung von Normal- und Reformpädagogik lässt sich damit festhalten, dass reformpädagogische Phasen in der Entwicklung des Bildungswesens älteren normalpädagogischen Phasen folgen und künftigen vorausgehen. Ihr politischer Charakter ist darin begründet, dass in ihnen eine Neubestimmung des Erziehungs- und Bildungssystems erfolgt, die es zunächst zu finden gilt und die erst tradiert werden kann, wenn sie eine bestimmte Gestalt angenommen hat. Ziel reformpädagogischer Phasen ist es somit, eine ältere Normalpädagogik auf dem Wege der Reform in eine neue Normalpädagogik zu transformieren." (Benner/Kemper 2001, Bd. I, S. 18)

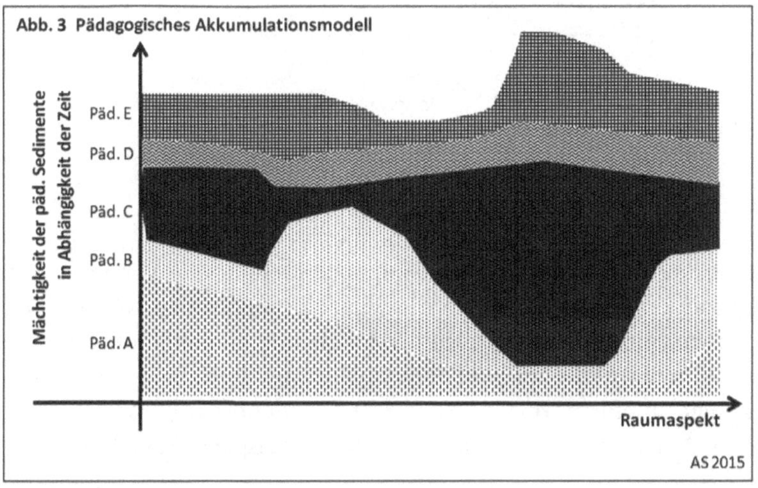

Vierter Diskurs – das pädagogische Epochenmodell

Abbildung 4 unterscheidet sich von der vorherigen darin, dass der Raumaspekt zu Gunsten des Zeitaspektes in den Hintergrund rückt. Nun ist es möglich, gesellschaftlich bedingte sich als pädagogisch abzeichnende Epochen zu definieren. So weist Herrmann (2014, S. 694) mit Recht darauf hin, „dass sozial-kulturelle Umbruchszeiten auch ihre jeweiligen Reformpädagogiken hervorbringen." In einem bestimmten Zeitfenster ist jeweils eine pädagogische Richtung vorherrschend, ohne die anderen auszublenden, die ebenfalls existieren. In Abbildung 4 hat Päd. A die Vorherrschaft in Epoche 1, in Epoche 2 wird Päd. B wirkmächtiger, Epoche 3 wird von Päd. C dominiert etc. Der einen Epoche folgt eine andere, die „alten" und vorherigen Pädagogiken bleiben jedoch „anschlussfähig" (vgl. Oelkers, 2012, S. 53), mitunter finden sich eben auch reformpädagogische Epoche*n*, insbesondere, wenn man das Epochenmodell weltweit denkt. (vgl. Datta/Lang-Wojtasik 2002)

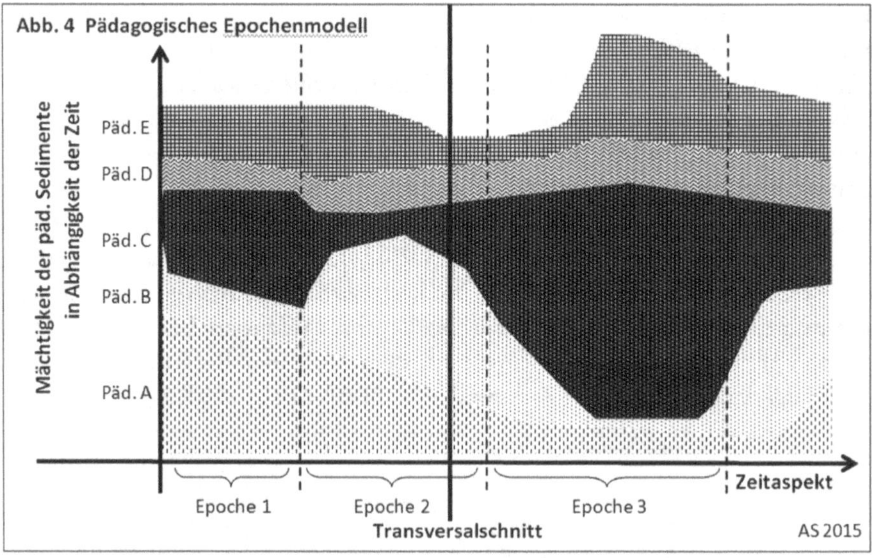

Fünfter Diskurs: Das pädagogische Spektrum

Für den nächsten Diskurs soll nun folgende Denkübung vorgenommen werden. Es soll keine ganze Epoche ins Blickfeld genommen werden, also auch nicht die dominante pädagogische Fachrichtung, sondern eine Momentaufnahme des gesamten pädagogischen Spektrums. Dies soll, wie Abbildung 4 bereits zeigt, in einem Transversalschnitt angedeutet sein. Wie in einem geologischen Aufschluss treten dann alle pädagogischen Schichten ans Tageslicht. Nun kann man jede Schicht mit einem pädagogischen Prisma vergleichen, auf das Licht einfällt. Aufgrund des physikalischen Phänomens der Lichtbrechung würde sich zeigen, dass jede Pädagogik in sich wieder durch das Prismenglas gesehen differenzierte Pädagogiken aufweist: Keine Pädagogik gibt es, wie oben dargestellt, in Reinform; insbesondere die Reformpädagogik ist keine homogene Größe. Durch das Prismenglas gesehen zeigt sich eine enorme Vielfältigkeit und ein breites pädagogisches Spektrum, in Abbildung 5 schematisch dargestellt als Sechserperlenkette. Das Schaubild veranschaulicht diese Komplexität des Ineinandergreifens und Aufeinandertreffens der verschiedenen Pädagogiken.

Das Augenmerk soll nun auf die Schnittpunkte zweiter Ordnung gerichtet werden, in der schematisch „Reformpädagogik 1“ mit „Pädagogik B“, „Reformpädagogik 2“ mit „Pädagogik C“ und „Reformpädagogik 6“ mit „Pädagogik E“ zusammentreffen. Dabei können die Pädagogiken auch Partikularpädagogiken sein, wie etwa die frühkindliche Pädagogik, die Grundschulpädagogik, die Gymnasialpädagogik, die Berufsschulpädagogik, die Gerontopädagogik, die Pädagogik der Inklusion, die interkulturelle Pädagogik etc. Es fragt sich nun, wie die „Reformpädagogik 1“ sich zur frühkindlichen Pädagogik, zur Grundschulpädagogik etc. bzw. zur Geisteswissenschaftlichen Pädagogik, zur kybernetischen Pädagogik, zur personalistischen Pädagogik etc. verhält, ob und wie sich dieser Schnittpunkt definieren lässt?

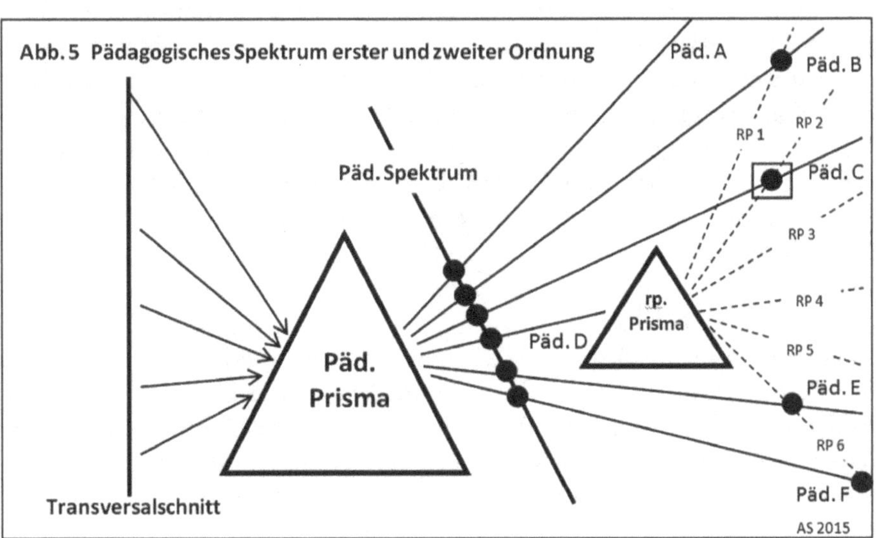

Sechster Diskurs: Diskursrauten im Schnittbereich

Wie im Schaubild 5 aufgezeigt, kreuzen sich manche reformpädagogische Linien mit „normalpädagogischen" (Benner/Kemper 2001, Bd.1, S. 18). Im vorliegenden Beispiel sei die Kreuzung der beiden Linien paradigmatisch mit einem Strahl der Pädagogik C dargestellt, der einen Strahl der Reformpädagogik 2 schneidet. Es ist dann also so, dass ein gleicher Sachverhalt, eine identische pädagogische Konstellation oder Konstruktion, ein adäquates didaktisches Arrangement, personalbedingte Gemeinsamkeiten etc. sowohl bei der „normalen" oder „konformen" Pädagogik als auch bei der Reformpädagogik zu finden sind. Der Schnittpunkt kann von vier Seiten aus betrachtet werden: von normalpädagogischer Theorie, normalpädagogischer Praxis, von reformpädagogischer Theorie sowie von reformpädagogischer Praxis aus. Die Punktpfeile veranschaulichen dies in der Abbildung 6.

Wichtig wäre nun, diesen Schnittpunkt in vierfacher Weise kontrovers zu diskutieren und kritisch zu reflektieren – was die vier Rauten anzeigen sollen: zum einen in einem Theorie-Theorie-Diskurs, zum zweiten in einem Praxis-Praxis-Vergleich, zum dritten und vierten in Theorie-Praxis-Bezügen, einmal von der Theorie der Normalpädagogik kommend mit der Praxis, einmal aus der Theorie der Reformpädagogik stammend zur Praxis. Selbst Alltagstheorien – und gerade diese – sollten im *Rautendiskurs* ernst genommen und sachlich verifiziert oder entkräftet werden. Kommt man dann zum Schluss, dass dieser oder jener diskutierte Sachverhalt alle vier Rauten umfasst und sowohl von der „Normal-/ Konformpädagogik", als auch von der Reformpädagogik als tragfähig angesehen wird, löst sich dieser Sachverhalt als ehemals genuin reformpädagogischer Sachverhalt auf und ist Allgemeingut der Pädagogik geworden. Die Reformpädagogik hat in dieser Sache quasi ihren Dienst getan. Ja, sie müsste nun schauen, ob es an diesem nun allgemeingültigen Sachverhalt etwas zu kritisieren gäbe und ob und wie er theoretisch wie praktisch „neoreformpädagogisch" neu bzw. weiter gedacht werden könnte.

Rezente Reformpädagogik wäre dann gegeben, wenn unter Abarbeitung der Diskursrauten eindeutig ein reformpädagogisches Element identifiziert wird, das in der „normalen" Pädagogik nicht zu finden ist. Theorie-praktische Rautendiskurse werden vermutlich eine große Anzahl reformpädagogischer Techniken, Methoden, Materialen und didaktischer Konstellationen der alltäglichen Praxis der „normalen" Schule zu Tage fördern, die reformpädagogischen Ursprungs sind, sofern man diese durch historische Forschung aufgespürt hat; umgekehrt wird man sicherlich eine (vermutlich erschreckend hohe) Zahl von Verhaltensmechanismen in reformpädagogischen Schriften und Schulen finden, die der „Buch-, Pauk- und Drillschule", der Geisteswissenschaftlichen Pädagogik etc. – bewusst oder unbewusst – entlehnt sind.

Vermutlich wird man dann auch feststellen, dass die „damalige" Reformpädagogik und die „heutige" Reformpädagogik zwei sich unterscheidende Pädagogiken gleichen Namens sind.

Die Reformpädagogik ist durch die ‚Katastrophe Odenwald' genötigt, sich transparent der Diskussion zu stellen, sich diskursiv neu zu erfinden und theoretisch fundiert pragmatisch zu positionieren. Dies kann den Opfern rückwirkend bedauerlicherweise keine Hilfe mehr sein; was geschehen ist, kann nicht mehr rückgängig gemacht werden. Dieser Post-Odenwald-Prozess aber, in dem die Reformpädagogik aktuell steckt, verpflichtet sie zu einer Positionierung und Vergewisserung mit bemerkenswerten Ergebnissen: Hein Retter (2010) stellt die klassische Reformpädagogik einem aktuellen Diskurs, Keim & Schwerdts „Handbuch der Reformpädagogik in Deutschland" (2013, 2 Bde.) setzt Reformpädagogik unterschiedlichen Diskursen aus, indem Schlüsselbegriffe und Leitideen historiografisch analysiert, im gesellschaftliche Kontext verortet, in Praxisfeldern systematisch erschlossen und als pädagogische Handlungssituationen konkretisiert werden und trägt dazu bei, Sichtweisen verort- und damit begreifbar zu machen. Fitzner, Kalb und Risse (2012) diskutieren „Reformpädagogik in der Schulpraxis", Herrmann/Schlüter (2012) lassen Reformpädagogik „kritisch konstruktiv vergegenwärtigen" und Koerrenz (2014) sieht Reformpädagogik aus der Binnen- und Außenperspektive. Die durch die oben genannten (und weiteren, nicht genannten) Autoren begonnene Diskursfeldarbeit konturiert Reformpädagogik neu, es eröffnen sich dadurch weitere Perspektiven – Sichtweisen – die sämtlich dazu beitragen, das Phänomen Reformpädagogik als Ganzes sowie die vielen reformpädagogischen Einheiten im Einzelnen begreifbar machen, zeitlich zu fassen und – multilokal – verorten zu können.

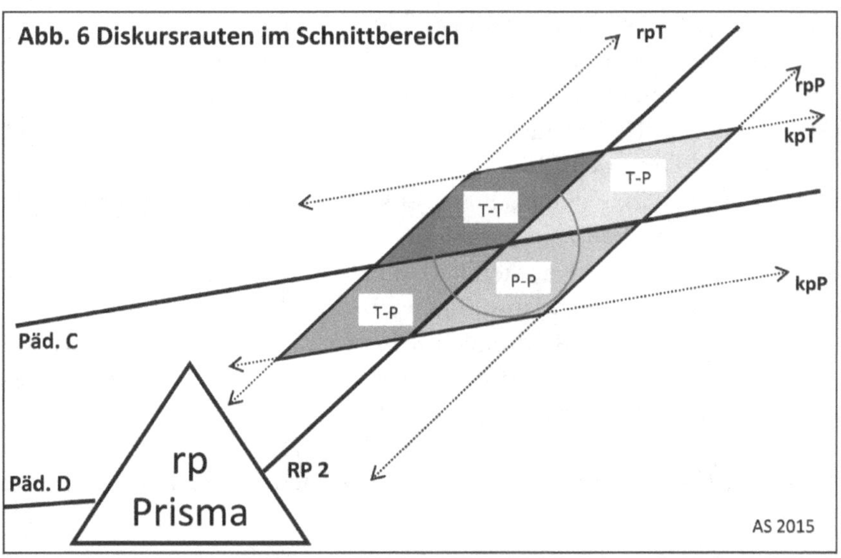

Abb. 6 Diskursrauten im Schnittbereich

Zusammenfassung

Ziel des Beitrages war es, durch Gedankenkonstrukte in sechs Diskursen mögliche Sichtweisen zur Verortung und zum Begreifen von Reformpädagogik darzustellen. Dabei sollte gezeigt werden, dass jede (reform)pädagogische Diskussion im großen raum-zeitlichen Zusammenhang gesehen werden kann. Jede Engführung führt zu Engstirnigkeit, jede Einseitigkeit zur erbittert geführten, gar ver-bitterten ideologischen Auseinandersetzung, die Fronten verhärtet, als dialogisch aufzuklären hilft. Sachlich nüchtern geführte Rautendiskurse können m. E. eine neue Basis der Auseinandersetzung bzw. des Zusammentreffens darstellen. Jede Sichtweise über Reformpädagogik ist bedenkenswert und verhilft, diese besser zu verstehen und zu begreifen. Es wird wesentliche Aufgabe der Pädagogen und Bildungswissenschaftler sein, immer wieder das Spektrum der (Reform)Pädagogik theoretisch zu durchdenken und schulpraktisch-erziehlich zu hinterfragen, historische und rezente pädagogische Modelle, die weltweit zu suchen und zu finden sind, miteinander zu vergleichen, verschiedenste Sichtweisen zuzulassen und kritisch zu diskutieren, keiner Pädagogik – auch der Reformpädagogik nicht (!) – die ‚Einzelherrschaft' als ‚Einheitspädagogik' unter Eliminierung anderer Pädagogiken zu überlassen, um der größten drohenden Gefahr entgegenzuwirken: dem Verlust des Pädagogischen überhaupt.

Literatur

Benner, Dietrich; Kemper, Herwart 2001/2009: Theorie und Geschichte der Reformpädagogik, 4 Bde, Weinheim

Braunmühl v., Ekkehard 1975: Antipädagogik. Studien zur Abschaffung der Erziehung, Weinheim (Neuauflage 2006, Leipzig)

Datta, Asit; Lang-Wojtasik, Gregor (Hg.): Bildung zur Eigenständigkeit. Vergessene reformpädagogische Ansätze aus vier Kontinenten, Frankfurt/M.

Dietrich, Theo 1987: Geschichte der Pädagogik in Beispielen aus Erziehung, Schule und Unterricht, 18.-20. Jahrhundert, Bad Heilbrunn

Fitzner, Thilo; Kalb, Peter E., Risse, Erika (Hg.) 2012: Reformpädagogik in der Schulpraxis, Bad Heilbrunn

Herrmann, Ulrich; Schlüter, Steffen (Hg.) 2012: Reformpädagogik – eine kritisch-konstruktive Vergegenwärtigung, Bad Heilbrunn

Herrmann, Ulrich 2014: Reformpädagogik: Impulse und Wirksamkeit im 20. Jahrhundert – neue Herausforderungen im 21. Jahrhundert, in: Pädagogische Rundschau, 68. Jg., H. 6, S. 693-707

Keim, Wolfgang; Schwerdt, Ulrich (Hg.) 2013: Handbuch der Reformpädagogik in Deutschland (1890-1933), 2 Bde.: Teil 1: Gesellschaftliche Kontexte, Leitlinien und Diskurse; Teil 2: Praxisfelder und pädagogische Handlungsfelder, Frankfurt/M.

Koerrenz, Ralph (2014): Reformpädagogik. Eine Einführung, Paderborn

Oelkers, Jürgen 2012: Kritische Fragen an die Geschichte der Reformpädagogik, in: Fitzner, Thilo; Kalb, Peter, E.; Risse, Erika (Hg.): Reformpädagogik in der Schulpraxis, Bad Heilbrunn, S. 38-62

Retter, Hein 2010: Klassische Reformpädagogik im aktuellen Diskurs, Jena

Schraut, Alban 2000: Nachdenken über Pädagogik, in: Kinderleben, H. 13, S. 34-40

Tenorth, Heinz-Elmar (2012): Wurzeln der Reformpädagogik, in: Fitzner, Thilo; Kalb, Peter, E.; Risse, Erika (Hg.): Reformpädagogik in der Schulpraxis, Bad Heilbrunn, S. 13-18

Reformpädagogik – ein deutsches Syndrom?

Winfried Böhm

Von dem Philosophen und Feuilletonisten Theodor Lessing [1872-1933] stammt die Auffassung von der „Geschichte als Sinngebung des Sinnlosen“ (Lessing 1919), und im Unterschied zu den Naturwissenschaften sprach dieser anregende Querdenker im Hinblick auf die Wissenschaft von der Geschichte nur als von einer „Willenschaft“. Seine Eltern verachtend, die Lehrer hassend und mit ihnen alle „Bildner“, die uns – wie er meinte – nur nach ihrem eigenen widrigen Bilde geprägt haben, von der Schule gebeutelt und traumatisiert, wurde Theodor Lessing schließlich Lehrer bei Hermann Lietz und verließ das Landerziehungsheim Haubinda wieder wegen des ominösen „Judenkrachs“ von 1903. Seine Frau (obwohl bereits Mutter von zwei Kindern) brannte Anfang 1904 mit einem seiner (sechzehnjährigen) Schüler durch, während Lessing – nicht außergewöhnlich für einen Landerziehungsheimpädagogen – in der Homosexuellen-Zeitschrift „Der Eigene. Ein Blatt für männliche Kultur“ publizierte.

Über seinen ehemaligen Klassenkameraden Ludwig Klages — Autor des mehrbändigen Erfolgsbuches und für viele Reformpädagogen zugleich erleuchtenden Kultbuches „Der Geist als Widersacher der Seele“ (Klages 1929-32) – geriet Lessing später in den Dunstkreis des George-Kreises, der mit seinen prominentesten Anhängern bis in die allerjüngste (bundesdeutsche) Vergangenheit den pädagogischen Eros-Kult unerschrocken weitertradiert hat. (Raulff 2010; Oelkers 2011; Seichter 2011)

Ich erinnere – meine Sicht auf die Reformpädagogik einrahmend – aus zwei Gründen an Theodor Lessing, diesen „Reformpädagogen wider Willen“.

Der erste und *inhaltliche* Grund liegt darin, dass Lessings Biographie von Momenten geprägt ist, die für viele Reformpädagogen nicht untypisch sind: ein problematisches Elternhaus, leidvolle Schulerfahrungen bis hin zum Scheitern, Hass auf die Schule, ein missionarisches Sendungsbewusstsein und ein verklärender Blick darauf, wie Erziehung und Schule früher einmal waren. Der nur in der deutschen Sprache (und gelegentlich im Holländischen) gebräuchliche Begriff „Reformpädagogik“ drückt allein schon vom Wort her den programmatischen Grundgedanken aus: Schule und Erziehung *re-form*ieren, sie also in eine frühere und vermeintlich bessere und heilere Form zurück zu verwandeln.

Dabei lässt sich nicht verkennen, dass der deutsche Begriff Reformpädagogik auf der gleichen gedanklichen Figur beruht wie der im religiösen Zusammenhang gebrauchte Begriff der Reformation (im Sinne der Wiederherstellung der ursprünglichen und „wahren“ Kirche; ganz ähnlich verstehen sich heute beispielsweise die Mormonen als die „Restored Church of Jesus Christ"). Und dabei wird zugleich auch begreiflich, warum sich bei vielen Reformpädagogen reichlich theologisierende Argumente finden – von der mythologischen Vergöttlichung des Kindes (Melder 1945; Weisser 1995) bis zu einer verkappten Theodizee (also einem Gottesbeweis) aus der natürlichen Entwicklung des Kindes, wie wir ihn bei Maria Montessori finden. (Böhm 2010) Aus einer internationalen Perspektive gesehen ist hier auch an die enge Verbindung zu denken, die anfangs zwischen der New Education Fellowship und der Theosophie bestanden hat (Boyd/ Rawson1965); bei der sehr früh, aber sehr einseitig (als Ikone einer „Erziehung vom Kinde aus") in die deutsche Reformpädagogik integrierten Italienerin Maria Montessori hat diese innige Verknüpfung bis an ihr Lebensende gehalten und sich sogar immer intensiver artikuliert. (Fuchs 2003) Zumindest als pseudoreligiös kann man auch die Karma-Lehre Rudolf Steiners und die Seinsmetaphysik von Peter Petersen bezeichnen, auch wenn diese von Jan Dirk Imelman als bloße „Marktmetaphysik" abqualifiziert worden ist. (Imelman u.a. 1996)

In den meisten Ländern verwendet man bekanntlich ganz andere Begriffe. Dort sprach und spricht man in Frankreich von der „*éducation nouvelle*", in Lateinamerika von den „*escuelas nuevas*", in Nordamerika von der „*progressive education*", in England von der „*child-centred education*", in Italien vom „*attivismo*" und in Spanien vom „*activismo*" – dabei den Blick offenbar *nicht nach rückwärts* gewandt, sondern *entschieden nach vorne* gerichtet. (Böhm 2012) Von daher macht allein schon diese unterschiedliche Ausrichtung – Reformpädagogik hier als Rückkehr zum Alten, dort als Fortschreiten zu Neuem – verständlich, warum sich in anderen Ländern die „neue Erziehung" entschieden an die neue empirische Kinderforschung anschloss, während die meisten der deutschen Reformpädagogen dieser überwiegend ablehnend gegenüber standen. (Resweber 1986, Depaepe 1993, Tomarchio/D'Aprile 2010) Und von dieser unterschiedlichen Perspektive her erklärt sich auch, warum man als sog. Vorläufer der reformpädagogischen Bewegung hier und dort ganz unterschiedliche Namen auflistet.

Der zweite und *methodische* Grund für meine Erinnerung an Theodor Lessing rührt aus dessen geschichtstheoretischer These, wonach das Bild der Geschichte erst mit dem Bilden der Geschichte entsteht, die historische Vergewisserung also aus einer Konstruktion der Vergangenheit besteht. Geschichte im Sinne der Geschichtsschreibung verweist damit auf ein Ereignis und auf die Art und Weise, wie (und mit welchem Interesse!) der Historiker die Vergangenheit untersucht und in seiner Darstellung rekonstruiert bzw. konstruiert. (Lorenz 1997) In diesem Sinne hat Heinz-Elmar Tenorth wiederholt von dem pädagogischen Bild der Reformpädagogik gesprochen. (Tenorth 1994)

Diese beiden Vorüberlegungen erscheinen mir für eine aufgeklärte oder gar „weise" Sicht auf die Reformpädagogik wichtig, zumal wenn man als Autor nicht nur seine individuelle Betroffenheit bekunden oder nur von seinen eigenen reformpädagogischen Erfahrungen erzählen will. Beide Vorüberlegungen nötigen auch dazu, den Blick nicht auf die konkreten und durchaus heterogenen Reformmaßnahmen im Einzelnen zu beschränken, sondern ihn auf das epochale Spannungsverhältnis zwischen alter und neuer, in anderer Terminologie: zwischen „normaler" und „alternativer" Erziehung und auf die jeweils eigentümliche Bewertung dieses Gegensatzes auszuweiten. Genau an dieser (normativen!) Wertentscheidung trennen sich nämlich allerorts die Verfechter und die Gegner der reformpädagogischen Bewegung.

Zum anderen machen diese Vorüberlegungen deutlich, dass es sich bei der (seit den Schriften von Hermann Röhrs allgemein sogenannten) „Reformpädagogik" (Röhrs 1980, Röhrs/ Lenhart 1994) um ein Konstrukt handelt – freilich nicht in dem Sinne, dass es solche (innovativen bzw. restaurativen) Reformbemühungen in Schule und Erziehung nicht wirklich gegeben hätte, sondern so verstanden, dass man einzelne reformerische Maßnahmen nur als solche ansehen und bezeichnen kann, wenn man eine umfassende Gesamtsicht der Reformpädagogik gewonnen und sich quasi einen ordnenden Oberbegriff gebildet hat. Auf das hier vorliegende Buch bezogen heißt das, dass jede Sicht auf die Reformpädagogik – und sei sie noch so „weise" – nichts anderes sein kann als eben nur eine „Weise", wie man sich das buntscheckige (Gesamt-)Phänomen Reformpädagogik vor seinem geistigen Auge „abbildet" bzw. konstruiert, und diese Konstruktion ist ihrer Natur nach unvermeidlich immer auch von informierter Willkür durchwirkt.

Als Autor (dieses Textes) verstehe ich jedenfalls die Frage nach meiner „Sicht" der Reformpädagogik in diesem globalen (und nicht in einem partikulären) Sinne. Bei meiner gerafften Darstellung werde ich mich auf einen Doppelaspekt konzentrieren (und zugleich darauf beschränken): die Reformpädagogik als eine *zeitliche Epoche* und als eine *bestimmte Denkweise* (über Erziehung und Schule). Diese doppelte Sicht gründet sich auf meine Jahrzehnte lange Beschäftigung mit dem Phänomen Reformpädagogik, angefangen mit meiner Dissertation über Maria Montessori von 1969, meinem Habilitationsvortrag von 1973 (Böhm 1974a) und meiner Habilitationsschrift über den sozialistischen Schulreformer Paul Oestreich (Böhm 1974b), über zahlreiche Einzelbeiträge und Sammelschriften (beispielhaft Böhm/ Harth-Peter 1994 und Böhm/ Oelkers 1995) bis schließlich zu meiner konzisen Gesamtdarstellung der Reformpädagogik, 2012 erschienen in der Reihe Beck-Wissen. (Böhm 2012)

Die Reformpädagogik als zeitliche Epoche

In nahezu allen industrialisierten und entwickelten Ländern kam es um die Wende vom 19. zum 20. Jahrhundert zu einer heftigen Kritik an der Erziehung im Allgemeinen und an der Schule im Besonderen. Dabei waren die gegen sie erhobenen Vorwürfe – von einer internationalen Perspektive her gesehen – zum Teil gleichlautend, aber überwiegend national verschieden. Ich beschränke mich hier auf einige exemplarische Hinweise, vor allem Deutschland und Österreich betreffend.

Es genügt, sich Bilder von 1800 und 1900, die uns jeweils typische Schulsituationen und Unterrichtsszenen zeigen, nebeneinander anzusehen, um sich den epochalen Wandel sinnenfällig anschaulich zu machen, den Schule und Erziehung in jenem 19., dem sog. pädagogischen Jahrhundert (Chiosso 1997; Brinkmann 2008) durchgemacht haben. Am Beginn des Jahrhunderts kannte man weder die Frontalunterweisung noch den Gruppenunterricht. In aller Regel handelt es sich damals um Darstellungen, auf denen ein Lehrer einen einzelnen Schüler „überhört", das heißt nachprüft, ob er das ihm zugewiesene Pensum gelernt oder die ihm auferlegte Arbeitsaufgabe erledigt hat. Der Lehrer befasst sich mit individuellen Schülern; die übrigen sind entweder passiv oder werden still beschäftigt. Der Eindruck, den diese Bilder vermitteln, ist der von Zufälligkeit, Unordnung und Improvisation. Er erinnert mehr an eine familiäre als an eine institutionelle Atmosphäre, was nicht verwundert, wenn man etwa weiß, dass beispielsweise die durchschnittliche Schulfrequenz (wohlgemerkt: nicht Klassenfrequenz) in den „Deutschen Schulen" (also den Volksschulen) noch in der Mitte des 19. Jahrhunderts in der gesamten Habsburgischen Donaumonarchie deutlich unter 30 Schülern – Schülerinnen sah man damals ohnehin noch sehr selten – lag. (Böhm 1995)

Vollkommen anders muten Bilder von Schulen und Klassenzimmern aus der zweiten Hälfte des 19. Jahrhunderts an. Die Schüler sitzen in hölzernen Bänken, quasi „in Reih und Glied", vor einem auf dem Katheder thronenden Lehrer, der von oben herab seine Unterrichtslektionen hält. Georg Kerschensteiner hat ihn einen „Unterrichtsgeneral" genannt. Die Wohnstubenatmosphäre hat sich in einen fabrikähnlichen Arbeits-Lehrsaal verwandelt. Schulgebäude erinnern mehr an Kasernen und Drill denn an jene *„casa giocosa"* (jenes „fröhliche Haus"), als die sich Vittorino da Feltre und andere Renaissance-Humanisten einst die Schule erträumt hatten. Zufall und Improvisation scheinen aus Schule und Unterricht gänzlich verbannt zu sein. Disziplin, Ordnung, Normierung, Standardisierung und perfekte Planung scheinen auf der ganzen Linie gesiegt zu haben. Als typisches Requisit der Schule am Ende des 19. Jahrhunderts könnte man die Dr. Schrebersche Schulbank bezeichnen, die als „Haus-Schulbank" die Schüler sogar bis ins Elternhaus verfolgte. Theodor Wilhelm hat die Schule, wie sie sich um 1900 darstellte, als eine „Lehrer- und Stoffschule" beschrieben und sie angesichts des vollkommenen Verschwindens der Individualisierung von Erziehung und Unterricht als eine pädagogische Massenfabrik bezeichnet.

In der Volksschule, die im Laufe des 19. Jahrhunderts immer mehr ausgebaut wurde und an dessen Ende flächendeckend die Population der betreffenden Jahrgänge – von Stadt-Land-Unterschieden abgesehen – nahezu vollständig erfasste, breitete sich die Pädagogik Johann Friedrich Herbarts aus, der den systematischen Unterricht zum Herzstück aller Erziehung erklärte und vor allem durch Wissensvermittlung das rechte Handeln bewirken zu können glaubte. Und was ein solcher „erziehender Unterricht" zu leisten habe, das sei das „Hauptgeschäft" einer „ästhetischen Darstellung der Welt", womit gemeint war, den Schülern die ganze bekannte Welt und alle bekannten Zeiten so darzustellen, als ob sie tatsächlich von der Ästhetik der fünf (allzu schönen!) „praktischen Ideen" (innere Freiheit, Wohlwollen, Recht, Vergeltung nach Billigkeit sowie Vollkommenheit) gestaltet wären. Von seinen Epigonen, den sog. Herbartianern, wurde Herbarts Pädagogik zu einer quasi mechanisch handhabbaren Unterrichtslehre umgestanzt; mit ihren „Formalstufen" stellte sie ein einfaches Schema für jede Unterrichtsstunde, gleich welchen Inhalts, bereit, welches von den schlecht oder gar nicht ausgebildeten Volksschullehrern leicht erlernt und praktiziert werden konnte.

Am Ende des 19. Jahrhunderts ergab sich in Deutschland eine sehr paradoxe Situation, was die Beurteilung der Schulen betrifft. In internationalen Vergleichsuntersuchungen – wenn man so will: den bescheidenen Vorläuferinnen der heutigen PISA-Studien – wurde die Vortrefflichkeit und Vorbildhaftigkeit der deutschen Schulen in den höchsten Tönen gepriesen. So hob beispielsweise die in Boston veröffentlichte Prince-Studie von 1897 mit allem Nachdruck hervor, das deutsche Schulsystem sei von Grund auf „scientific and thorough in its character", „uniform in its methods" und „broad in its scope" und rückte damit genau jene Merkmale – wissenschaftliche Rationalität, schematische Gleichförmigkeit des Unterrichts und den breiten Umfang der stofflichen Inhalte – in den Vordergrund, an denen zur selben Zeit die Vordenker und Pioniere der deutschen Reformpädagogik ihre beißende Kritik ansetzten. Was die ausländischen Beobachter wissenschaftliche Ernsthaftigkeit nannten, diagnostizierten die inländischen Kritiker als lebensfremde Verkopfung; was jene als methodische Strenge eines professionellen Unterrichts lobten, geißelten diese als geistlose Monotonie; was jene als curricularen Reichtum bewunderten, verwarfen diese als unsinnige Stoffhuberei und als unerträgliche Überbürdung der Schüler.

Was so auf der einen Seite unbestreitbar als ein wesentlicher Fortschritt in Richtung auf ein demokratisches, d.h. auf Begabung und Leistung und nicht auf Herkunft, Stand und Vermögen abzielendes Schulwesen angesehen werden musste, konnte zu Gleichförmigkeit und Schablonenhaftigkeit führen; das immer stärker hervortretende Berechtigungswesen (einschließlich rudimentärer Evaluierungen) konnte Lernen zum bloßen Wettstreit um Noten, Zeugnisse und Leistungsnachweise denaturieren; die steigende Abhängigkeit gesellschaftlichen Erfolges von erbrachten und messbaren Bildungsleistungen konnte Bildung am Ende zu einer „bloßen Ware" oder zu einer „klingenden Münze" verkommen lassen, mit der man „Staat machen" und öffentliches Prestige erwerben konnte. So sah es jedenfalls 1872 der 27jährige Universitätsprofessor Friedrich Nietzsche, und er gab die Schuld an der gewaltigen Ausdehnung der Bildung der Ökonomie, die sich damals das erschreckend einfältige Programm zu Eigen gemacht hatte: *möglichst viel Erkenntnis – möglichst viel Produktion – möglichst viel Glück.*[1]

Unter der von den Reformpädagogen kritisierten dirigistischen „Lehrer- und Stoffschule" und unter der strengen Disziplinierung litt die große Mehrheit der Schüler. Davon zeugt – mehr noch als die polemischen Streitschriften der Reformpädagogen – die schöngeistige Literatur um und nach der Jahrhundertwende. Sie ist überreich an erschütternden Dokumenten; man braucht nur an Robert Musil, Frank Wedekind, Emil Strauß, Hermann Hesse, Thomas Mann, Rudolf Borchardt, Stefan Zweig und nicht zuletzt an Rainer Maria Rilke zu denken. Besonders dramatisch hat Leonhard Frank, einer der in den 1920er Jahren meistgelesenen deutschen Schriftsteller, in seinem autobiografischen Roman „Links wo das Herz ist" (Frank 1952) sein eigenes Schülerschicksal dargestellt und seinen Würzburger Volksschullehrer Otto Dürr literarisch zur Urgestalt des sadistischen Lehrers einer typischen „Untertanenfabrik" modelliert.

In diesem Zusammenhang darf ein Aufsehen erregendes Buch nicht unerwähnt bleiben, das 1890 erschien und in wenigen Jahren über 80 Auflagen erlebte. August Julius Langbehns „Rembrandt als Erzieher" begann fanfarenhaft mit der Feststellung, das geistige Leben in Deutschland befände sich im Zustand des rapiden Verfalls. Und obwohl das Buch insgesamt ein schlecht ausgegorenes Gebräu von vagen Anmutungen, aufwallenden Gefühlen, unklaren Betroffenheiten und sonstigen Plattheiten darstellt, bezeichnete es trefflich, was die Stunde geschlagen hatte. „Die Tage der Objektivität neigen sich wieder einmal zu Ende und die Subjektivität klopft dafür an die Türe." So konnte man es gleich auf der ersten Seite lesen.

Die Reformpädagogik als eine pädagogische Denkform

Die erste und zugleich Maßstäbe setzende monographische Darstellung der reformpädagogischen Bewegung erschien ausgerechnet 1933. Verfasser war Herman Nohl, Begründer und Haupt der bis in die 1960er Jahre die deutsche Pädagogik maßgeblich mitbestimmenden Göttinger Schule. Nohls Deutung war eigenwillig. Er verstand sie als den letzten Wellenschlag einer großen „Deutschen Bewegung" und schlug einen Bogen vom Sturm und Drang über die Romantik und die Kulturkritik bis zur Reformpädagogik. Auch wenn diese

---

[1] Hier Verbindungen zu aktuellen bildungspolitischen Diskussionen zu knüpfen, überlasse ich ganz der informierten Phantasie der Leser.

Deutung später durchaus anfechtbar erscheinen mochte, hatte Nohl dennoch etwas Wesentliches aufgedeckt, und zwar ihr ideologisches Profil, ihr Misstrauen gegenüber einer rationalen Vernunft, ihre Wurzeln in der deutschen Kultur und im deutschen Denken im Gegensatz zur „welschen" Zivilisation.

Diese reformpädagogische Bewegung ließ sich nicht mit einer Epoche aus der deutschen Geschichte zur Deckung bringen, sondern konnte – wie Nohl vorführte – treffender als eine typische Ausprägung deutschen Geistes und deutschen Denkens interpretiert werden. Wollte man zu einer sehr zugespitzten Formulierung greifen, dann könnte man den Slogan wagen: Schluss mit der (modernistischen) Aufklärung, zurück zur (biederen) Romantik. (Berlin 1999) Und wollte man noch kühner sein, dann könnte man vor das Substantiv Aufklärung das Adjektiv „französisch" und vor das Substantiv Romantik das Adjektiv „deutsch" setzen. (Berlin 2000) Ähnlich und in die Tiefe gehend könnte man auch formulieren: Weg von jedwedem technischen Mechanismus, zurück zu einem organologischen Denken. (Maritain 1943)

Wenn man die Grundschriften der deutschen Reformpädagogik und die spätere Literatur über die reformpädagogische Bewegung sichtet, dann könnte man dort für eine so zugespitzte Formulierung durchaus ein gewichtiges Argument finden, nämlich den Umgang der Reformpädagogen mit Rousseau.

Um es mit einem Wort zu sagen: Die Reformpädagogen haben Rousseaus Aufklärung über die Aufklärung nicht verstanden, sie haben das pädagogische Genie des Schweizers nicht erkannt und seine pädagogischen Provokationen schlicht verharmlost. (Grell 1996, Böhm/ Soëtard 2012) Sofern sie Rousseau überhaupt gelesen haben, suchten sie insbesondere die für Rousseaus gesamtes Denken grundlegenden Paradoxien zu glätten und seine tiefe Skepsis gegenüber den Möglichkeiten der Erziehung überhaupt zu verschleiern. Rousseaus als reine Hypothese (sic!) angenommene ursprünglich gute Natur des Menschen nahmen viele Reformpädagogen für eine gesicherte anthropologische These, und diese erschien ihnen als geeignet, das Misstrauen gegen eine verfehlte „alte" Erziehung zu schüren und den eigenen reformerischen Optimismus zu legitimieren. Die von Rousseau im „Émile" rein literarisch (sic!) erprobte „natürliche Erziehung" erhoben die Reformpädagogen zum Garanten ihrer Hoffnung auf eine „neue Gesellschaft" dank der „neuen Erziehung" eines „neuen Menschen" – eine Hoffnung, die Rousseau nicht nur nicht mit ihnen geteilt, sondern als pure Illusion und als bloßen Traum zurückgewiesen hätte.

Wenn man die Reformpädagogik nicht als eine historische Epoche ansieht, sondern als *eine bestimmte Denkform* begreifen will, dann bietet sich als Folie für diesen Versuch just der schon von Nohl apostrophierte Gegensatz von Aufklärung und Romantik an – so fragwürdig eine solche kategoriale Unterscheidung auch anmuten mag. Aus einer ausreichend distanzierten Perspektive lassen sich aber alle Optionen, die der Reformpädagogik offenstanden und heute offenstehen, in diesem Spannungsfeld verorten.

Da ist zunächst das weit ausgreifende Problem von (urwüchsiger) *Gemeinschaft versus* (vertraglicher) *Gesellschaft* – ein Thema, das am Ende des 19. Jahrhunderts zu den zentralen Fragen der soziologischen Selbstvergewisserung und des pädagogischen Diskurses gehörte. Nach Ferdinand Tönnies' wirkmächtigem Buch „Gemeinschaft und Gesellschaft" von 1887 beruht Gemeinschaft auf einer natürlichen (= organologischen) Verbundenheit der Menschen, die sich in der vegetarischen *Blutsverwandtschaft,* der animalischen *Nachbarschaft* und der mentalen *Freundschaft* manifestiert, und ihre motivationale Grundlage ist ein ursprünglicher „Wesenswille". Gesellschaft stellt dagegen eine mechanische Verbindung der Menschen dar, die in ständiger Spannung zueinander leben, ihre Sozialbeziehungen im Modus des Tausches vollziehen und im großstädtischen Leben durch Konvention, im staatlichen Leben durch Politik und im kosmopolitischen Leben durch die öffentliche Meinung künstlich zusammengehalten werden. Die Gesellschaft beruht, im krassen Gegensatz zur Gemeinschaft, (nur) auf einem kontingenten „Kürwillen".

Wer die reformpädagogischen Diskussionen bis in die unmittelbare Gegenwart verfolgt, dem ist der hier konstruierte Gegensatz zwischen der Gemeinschaft als einem lebendigen Organismus und der Gesellschaft als einem mechanischen Aggregat und Artefakt nur allzu präsent. (Ofenbach 1985) Man denke dabei nur an den nicht endenden Streit darüber, ob die Schule in erster Linie ein Lernort oder ein Lebensort zu sein habe. Dieser Dissens reicht von Hermann Lietz' Landerziehungsheimen über Peter Petersens Lebensgemeinschaftsschule bis in unsere Tage, ohne hier konkrete Namen nennen zu müssen. Als besonders kapriziös mag die nach dem Modell der familiären Tischgemeinschaft geformte Hauslehrerschule von Berthold Otto, dem Erfinder des Gesamtunterrichts, erscheinen. Im Gegensatz zu dem nach Fächern gegliederten Unterricht der Normalschule will Ottos Gesamtunterricht das Denken der ganzen Volksgemeinschaft aus der gesprochenen Sprache des Volkes herausdestillieren und die Bewegungen der „geistigen Vorstellungsmassen" des Volkes für die Schüler fruchtbar machen. Dabei ist für Otto nicht der Einzelne das Subjekt des Denkens, sondern die „Gemeinschaft des Volkes". Die deutsche Geschichte hat diesen irrationalen Begriff bald reichlich zu missbrauchen gewusst. (Stern 2005)

Eine andere Ingredienz der reformpädagogischen Denkform ist der zu einem zentralen Terminus erhobene Begriff *Leben.* Dass die Reformpädagogen begierig den Begriff „Leben" aufnahmen (man denke nur an den reformpädagogischen Slogan von einer „Erziehung zum Leben"), mag vordergründig daran gelegen haben, dass ihre Anklagen gegen die alte Schule in der These gegipfelt hatten, diese Schule habe das Kind an den Rand gedrückt, es zur Nebensache gemacht und sich so sehr auf formalisierte und formalisierbare Lehr- und Lernprozesse konzentriert, dass ihr schließlich fast jede Berührung mit dem „wirklichen Leben" verloren gegangen sei. Der tiefere Grund muss aber darin gesehen werden, dass nach dem Ende des absoluten Idealismus und mit der Preisgabe des philosophischen Konzepts des Absoluten kein Ordnung verbürgender Totalitätsbegriff mehr vorhanden war, um die Wirklichkeit als Ganzes zu denken, das Gespenst der metaphysischen Sinnlosigkeit zu bannen, vor dem Absturz in den Nihilismus zu bewahren und die Erziehung in das Kulturganze einzuordnen. (Schnädelbach 1983)

Hier bot gegen Ende des 19. Jahrhunderts die sog. Lebensphilosophie den neuen Begriff des Lebens an. In den Jahren 1880-1930 wurde „Leben" zu einem ähnlich mächtigen Zentralbegriff wie vormals Sein, Natur, Gott oder Ich, und zwar in einem doppelten Sinne: zum einen als kultureller *Kampfbegriff* gegen alles Erstarrte und vermeintlich Tote, zum anderen als *Losung* für alles Dynamische und Jugendliche, wie beispielsweise Jugendbewegung, Jugendstil, Neoromantik etc. und eben vor allem die „Bewegung" der Reformpädagogik.

Damit unterfütterte die Lebensphilosophie die im Alltagsempfinden vieler Menschen virulente Abneigung gegen die „kalte und rationale" Aufklärung und brachte diese unter der Hand in den Geruch der Manipulation und der Mobilisation im Dienste der privaten Gewinnsucht und des öffentlichen Imperialismus. Und wenn Alfred Döblin auf die Frage, was Aufklärung sei, antwortete: „Die Erziehung von Papageien" und sofort die Frage anschloss: „Wo ist der Unterschied vom Rekrutendrillen?", dann wird die Brücke zu jenem gegenaufklärerischen Irrationalismus deutlich sichtbar, der nach der Liquidierung des 19. Jahrhunderts und nach der Verabschiedung der „trügerischen Vernunft" jene menschlichen Eigenschaften als notwendig (d.h. die Not wendend) erscheinen ließ, welche Ernst Jünger in seinem imposanten Gesamtwerk verherrlicht hat: Rausch, Kampf, Todesbereitschaft, Abenteuer, Ekstase und generell und in jedem Falle die *kraftvolle „Tat"*. (Böhm 2002) Dass sich von dieser Seite her manche Breitseiten darboten, an die der aufkommende Nationalsozialismus mühelos andocken konnte, braucht hier gar nicht erwähnt zu werden.

Ein drittes Versatzstück der reformpädagogischen Denkform stellt der urromantische *Mythos vom göttlichen Kind* dar. Unter den Begriff Mythos subsummieren wir im Allgemeinen jene von unseren heutigen philosophischen und wissenschaftlichen Welt- und Lebenserklärungen grundverschiedenen Erzählungen, die von den letzten Dingen handeln, über die geschichtliche Zeit hinausgreifen und auch das letztlich Unerklärliche verständlich machen wollen. Darin liegt der Grund, warum die Menschen immer dann Zuflucht zu dieser veralteten Weise des Weltverstehens suchen, wenn ihnen der rastlose und unaufhörliche Prozess der Rationalisierung und Verwissenschaftlichung keine befriedigende Antwort auf die Sinnfrage des Lebens und der Erziehung liefern kann.

Als ein solcher Mythos dient(e) den Reformpädagogen die Meistererzählung von einem göttlichen und makellosen Kind, welche tief in der menschlichen Kulturtradition verwurzelt ist. Nahezu allen Religionen ist die Erzählung von der Geburt eines göttlichen Kindes vertraut: das göttliche Kind als Retter aus einer ausweglosen Situation oder als hoffnungsvoller Neubeginn voller ungeahnter Möglichkeiten.

In der deutschen Romantik haben vor allem Ernst Moritz Arndt, Novalis und Jean Paul dieser utopischen Kindheitsidee gehuldigt und dabei die wesenhafte Einheit des Kindes mit dem Göttlichen gepredigt, seine spontanen schöpferischen Kräfte gefeiert und das (naive) Kind als Erlöser von der Tyrannei der Rationalität verkündigt. Am Vorabend der reformpädagogischen Bewegung hat Ralph Waldo Emerson, der Apostel des (nord)amerikanischen Transzendentalismus, diesen Mythos auf die denkbar einfachste Formel gebracht, und die Reformpädagogen aller Couleur haben sie litaneiartig nachgebetet: Das Kind ist der ewig wiederkehrende Messias, der vom Himmel herabsteigt, um die skelettierte Menschheit von ihren Gebrechen zu erlösen und das Himmelreich auf Erden zu errichten. Erziehung verkehrt: Wenn ihr nicht werdet wie die Kinder!

Die Reformpädagogen – von Ellen Key und Maria Montessori über Gustav Hartlaub und die Kunsterziehungsbewegten bis zu dem nüchternen Pragmatisten John Dewey und dem reformpädagogischen Nachzügler Alexander S. Neill – haben begeistert in diesen Cantus firmus eingestimmt und den Lobgesang auf eine „Erziehung vom Kinde aus“ zu einer Art reformpädagogischer Hymne erhoben.

Als letztes Moment der reformpädagogischen Denkform muss hier die erzieherische *Hochschätzung der Arbeit* genannt werden. Die Vorherrschaft der *vita activa* gegenüber der *vita contemplativa* gehört gewiss zur allgemeinen Signatur der Neuzeit. Man würde also die Hochschätzung der Arbeit im Umkreis der Reformpädagogik oder, enger gesehen, in dem kleinen Sektor der sog. Arbeitsschulbewegung nur oberflächlich betrachten, wenn man sie lediglich als eine Reaktion auf die viel kritisierte Rezeptivität der alten Schule und die heftig gescholtene Passivität der alten Erziehung sähe. Paul Barth hat in seiner nach wie vor lesenswerten „Geschichte der Erziehung in soziologischer und geistesgeschichtlicher Beleuchtung“ von 1911 (Nachdruck Darmstadt 1967) den Aktivismus der Reformpädagogen bis auf die Neudefinition des Menschen in der Reformation (sic!) zurückgeführt. Ohne die Verteufelung des Müßiggangs durch die Calvinisten und ohne die Sakralisierung der Alltagsarbeit durch Martin Luther wären, nach Barth, die reformpädagogischen Arbeitsaktivisten gar nicht denkbar. Aber nicht die geschichtliche Herkunft des Arbeitsgedankens muss uns hier beschäftigen, sondern allein die Frage, welche Arbeit denn die eigentlich erzieherische und bildende sein sollte und deshalb das Herzstück von Erziehung und Schule darzustellen hätte. (Dabei lassen wir hier die Frage nach dem Platz und dem Gewicht der Muße ganz außen vor.)

An dieser Frage schieden sich bekanntlich die einzelnen Richtungen der Arbeitsschulbewegung, und diese Frage steht, wenn auch unter einer anderen

Terminologie, heute noch immer im Kreuzfeuer der Diskussion. Der erzkonservative Georg Kerschensteiner sah die erzieherische Arbeit in der altdeutschen, von Hans Sachs (in Richard Wagners „Die Meistersinger von Nürnberg") großartig besungenen handwerklichen Tätigkeit, genauer: in der disziplinierten Fertigstellung eines Werkstücks. Dadurch erlerne der Schüler sowohl Sachlichkeit als auch Sittlichkeit. Kerschensteiner vertrat diese rückwärts gewandte Ansicht, als der Siegeszug der Industrie längst in vollem Gange war.

Für den Leipziger Gymnasiallehrer Hugo Gaudig erschien aus seiner beruflichen Perspektive heraus die freie geistige Schularbeit als das eigentlich Bildende; demgemäß ging es ihm um eine Transformation des bloß rezeptiven Lernens in eine Selbsttätigkeit der planmäßigen geistigen Erarbeitung des Wissens. Sozialistische Reformpädagogen maßen mit Karl Marx der Arbeit eine entscheidende Rolle bei der Menschwerdung des Menschen zu. Angestoßen von Marxens Idee einer polytechnischen Erziehung ging es ihnen um die Erziehung eines dem Industriezeitalter gewachsenen „Arbeiter-Philosophen", der wissenschaftliche Zusammenhänge durchschaut und aus elementarer Erfahrung kennt. Denn wenn – so etwa die Argumentation von Pavel Petrovitsch Blonskij – die industrielle Produktion die höchste Errungenschaft der menschlichen Naturbeherrschung darstellt, muss sie auch „die qualifizierteste Lehrerin der künftigen mächtigen Naturbeherrscher" sein.

Den wohl am stärksten pädagogisch gesättigten Arbeitsbegriff vertrat der sozialistische Schulreformer Paul Oestreich, für den Erziehung die Aktuierung aller dem menschlichen Individuum eigentümlichen Potenziale bedeutete. Diese vom Zögling selbst zu leistende „Erwirklichung" (seiner unverwechselbar einmaligen Person) begriff Oestreich als die entscheidende Arbeit (im Sinne echter „Selbsttätigkeit"), zu der Erziehung und Schule den Heranwachsenden alle notwendigen Voraussetzungen darzubieten haben. (Böhm 1974b)

Wenn heute die „bildende Arbeit" nur noch in dem Erwerb nützlicher Kompetenzen und anwendbarer Tüchtigkeiten gesehen wird, dann muss das aus der historischen Perspektive und vor allem von dem reformpädagogischen Diskurs her zweifellos als defizient und wohl eher als ein pädagogischer Rückschritt angesehen werden. (Richards 2013)

Resümee

Ich breche an dieser Stelle meine doppelte Skizzierung der Reformpädagogik – als historische Epoche und als pädagogische Denkform – ab und füge nur noch einen abrundenden Gedanken hinzu.

Da es pädagogisch überaus fraglich ist, ob es in der Erziehung überhaupt einen Fortschritt gibt und ob man hier nicht treffender von Wellen sprechen oder, noch erhellender, die Pendelmetapher bemühen sollte, gab es natürlich die reformpädagogische Denkform nicht nur in ihrer „Epoche“, sondern sie hat auch danach noch mehrere Renaissancen und Wiederbelebungsversuche erfahren und sich – grob gesagt – in mehr oder weniger modifizierter Form in den sog. alternativen Schulen eingenistet. (Skiera 2003) Es wäre deshalb heute angesichts der immer rascher erfolgenden Pendelausschläge und in Anbetracht des immer höher schlagenden Wellenganges im Erziehungsdenken und in der Bildungspolitik gewiss falsch, sich ein historisches Bild nach dem Schema eines kontinuierlichen Vorher und Nachher, also als fortwährende Abfolge von Phasen der Erstarrung und Phasen der Erneuerung zu konstruieren.

Die theoretisch fundierte Kritik an der Reformpädagogik hat deutlich gemacht, dass die Erziehung nicht zu wählen hat zwischen Romantik *oder* Aufklärung, zwischen Bestimmung *oder* Freigabe, zwischen Rationalität *oder* Emotionalität, zwischen Gesellschaft *oder* Gemeinschaft, zwischen Nähe *oder* Distanz, zwischen Wärme *oder* Kälte, zwischen Individualisierung *oder* Sozialisierung, zwischen Natur *oder* Kultur, zwischen Determination *oder* Emanzipation, zwischen Subjektivität *oder* Objektivität, sondern dass es sich dabei und bei vielen anderen pädagogischen Polaritäten letztlich um Paradoxien handelt, die der Erziehung selbst unentrinnbar innewohnen und denen ein wie immer formulierter *binärer Code* niemals gerecht werden kann. (Seichter 2011 und 2013) Das war freilich bereits die weise Lehre Rousseaus, und eine gründliche Lektüre seiner Schriften hätte den Reformpädagogen diese Erkenntnis leicht vermitteln können.

Die reformpädagogische Denkform hat sich als eine „alternative“ zu der „normalen“ artikuliert. Reform- und Alternativschulen leben bis heute von der Kritik (wenn nicht gar von der Polemik) an der „Normalschule“ – ganz gleich, ob sich eine solche in der Wirklichkeit überhaupt deutlich identifizieren lässt oder ob sie nicht nur einen Popanz darstellt, den ihre Gegner und Kritiker aufstellen, um dann auf ihn eindreschen zu können. Auf jeden Fall wäre es gewagt, den Übergang von der einen zur anderen unumwunden als einen pädagogischen Fortschritt zu deklarieren und dafür das aus der Rennfahrersprache entliehene Bild vom „Überholen“ zu gebrauchen. Die „normale“ Regelschule bedarf, soll sie nicht in Routine erstarren, immer wieder der Herausforderung und der Kritik durch eine „alternative“ Denkform. Würde allerdings das reformpädagogische Modell einmal zur Regel und zur Norm, dann müsste man – so paradox das im ersten Moment klingen mag – die (alte) Regelschule als (dann neue) Alternative erfinden.

Als ich vor einiger Zeit in einem Interview gefragt wurde, warum ich meine eigenen Kinder nicht in eine alternative, sondern in die normale Schule geschickt habe, gab ich leichtfertig die Antwort: „Ganz einfach, weil sie mir als normal erschienen“. Ich hatte dabei nicht bedacht, dass mir diese lockere Äußerung einen Berg böser Leserbriefe eintragen würde.

Literatur

Bast, Roland 2013: Konservative Revolution, in: Handbuch der Reformpädagogik in Deutschland, hg. von Keim, Wolfgang und Schwerdt, Ulrich. Teil I, S. 109-133, Bochum

Berlin, Isaiah 1999: The Roots of Romanticism, Princeton NJ

Berlin, Isaiah 2000: Three Critics of the Enlightenment. Vico, Hamann, Herder, Princeton and Oxford

Böhm, Winfried 1969: Maria Montessori. Hintergrund und Prinzipien ihres pädagogischen Denkens, Bad Heilbrunn, 2. Aufl. 1991

Böhm, Winfried 1974a: Zur Einschätzung der reformpädagogischen Bewegung in der Erziehungswissenschaft der Gegenwart, in: Pädagogische Rundschau, 28, S. 763-781

Böhm, Winfried 1974b: Kulturpolitik und Pädagogik Paul Oestreichs, Bad Heilbrunn

Böhm, Winfried 1995: Kindergarten, Volksschule, Schulreform und pädagogische Ideen, in: Die Kinderwelt der Donaumonarchie, hg. von Pleticha, Heinrich, Wien, S. 129-151

Böhm, Winfried 2002: Der Krieg als Erzieher. Die Verherrlichung des Krieges durch die Pädagogik, in: Welt ohne Krieg? Hg. von Böhm, Winfried und Lindauer, Martin, Stuttgart, S. 23-46

Böhm, Winfried 2004: Geschichte der Pädagogik, München, 4.Aufl. 2014

Böhm, Winfried 2010: Maria Montessori. Einführung und zentrale Texte, Paderborn

Böhm, Winfried 2012: Die Reformpädagogik, München

Böhm, Winfried; Harth-Peter, Waltraud u.a. (Hg.)1994: Schnee vom vergangenen Jahrhundert. Neue Aspekte der Reformpädagogik, Würzburg

Böhm, Winfried; Oelkers, Jürgen1995: Reformpädagogik kontrovers, Würzburg. 2. Aufl. 1997

Böhm, Winfried; Soëtard, Michel 2012: Jean-Jacques Rousseau - der Pädagoge, Paderborn

Boyd, William; Rawson, Wyatt 1965: The Story of the New Education, London

Brinkmann, Wilhelm 2008: Aufwachsen in Deutschland. Bausteine zu einer pädagogischen Theorie moderner Kindheit, Augsburg

Chistolini, Sandra 2015: Kindererziehung nach Giuseppina Pizzigoni, Paderborn

Chiosso, Giorgio 1997: Novecento pedagogico, Brescia

Depaepe, Marc 1993: Zum Wohl des Kindes? Pädologie, pädagogische Psychologie und experimentelle Pädagogik in Europa und den USA, Löwen

Frank, Leonhard 1952: Links wo das Herz ist, (autobiographischer Roman), Berlin, 2. Aufl. 2014

Fuchs, Birgitta 2003: Maria Montessori. Ein pädagogisches Portrait, Weinheim

Grell, Frithjof 1996: Der Rousseau der Reformpädagogen, Würzburg

Harth, Waltraud 1986: Die Anfänge der neuen Erziehung in Frankreich, Würzburg

Klages, Ludwig 1929-32: Der Geist als Widersacher der Seele, Leipzig

Imelman, Jan Dirk; Jeunhomme, J.M. Paul; Meijer, Wilna A.J. 1996: Jena-Plan. Eine begriffsanalytische Kritik, Weinheim

Lessing, Theodor 1902: Eine deutsche Schulreform, in: Münchner Allgemeine Zeitung, Nr. 288, S. 505-508 und Nr. 289, S. 515-519

Lessing, Theodor 1919: Geschichte als Sinngebung des Sinnlosen, München; Neudruck München 1983

Lorenz, Chris 1997: Konstruktion der Vergangenheit, dt. Köln

Niemeyer, Christian 2014: Die implizite Pädagogik in Nietzsches Philosophie, in: Rassegna di Pedagogia, Rom, 72, S. 55-771

Nohl, Herman 1933: Die pädagogische Bewegung in Deutschland und ihre Theorie, Langensalza, Neudruck der 2. Aufl. Frankfurt a.M. 1988, 11. Aufl. 2002

Maritain, Jacques 1943: Education at the Crossroads, New Haven

Medici, Angela 1948: L'éducation nouvelle, Paris

Melder, Teunis 1945: Mystiek sensualisme, Amsterdam 1945

Oelkers, Jürgen 1989: Reformpädagogik. Eine kritische Dogmengeschichte, Weinheim, 4. Aufl. 2005

Oelkers, Jürgen 2011: Eros und Herrschaft. Die dunklen Seiten der Reformpädagogik, Weinheim

Ofenbach, Birgit 1985: Individuum - Gemeinschaft - Erziehung. Ein anthropologischer Ansatz zur Neustrukturierung der Reformpädagogik, Bonn

Raulff, Ulrich 2010: Kreis ohne Meister. Stefan Georges Nachleben, München

Resweber, Jean-Paul 1986: Les pédagogies nouvelles, Paris

Richards, Alden LeGrand 2013: John Dewey, Edward L. Thorndike and the Psycholization of American Education, in: Rassegna di Pedagogia, Rom, 71, S. 97-105

Röhrs, Hermann 1980: Die Reformpädagogik. Ursprung und Verlauf in Europa, Hannover

Röhrs, Hermann; Lenhart, Volker (Hg.) 1994: Die Reformpädagogik auf den Kontinenten, Frankfurt am Main

Scheibe, Wolfgang 1969: Die reformpädagogische Bewegung, Weinheim, 10.Aufl. 1999

Schnädelbach, Herbert 1983: Philosophie in Deutschland 1831-1933, Frankfurt a.M.

Seichter, Sabine 2011: Eros und Politik. Von Blüher zu Platon und retour, in: Liebe in Zeiten pädagogischer Professionalisierung, hg. v. Drieschner, Elmar und Gaus, Detlev, Wiesbaden, S. 75-84

Seichter, Sabine 2012: Die Missachtung der Grenze. Zu einer kritischen Revision des reformpädagogischen Habitus, in: Reformpädagogik – eine kritische Vergegenwärtigung, hg. von Herrmann, Ulrich und Schlüter, Steffen, Bad Heilbrunn, S. 219-230

Seichter, Sabine 2013: Über die antinomische Struktur pädagogischen Denkens und Handels, in: Rassegna di Pedagogia, Rom, 71, S.211-219

Skiera; Ehrenhard 2003: Reformpädagogik in Geschichte und Gegenwart, München

Soëtard, Michel 2012: Jean-Jacques Rousseau. Leben und Werk, München

Stern, Fritz 2005: Kulturpessimismus als politische Gefahr, dt. München (Neuausgabe)

Tenorth, Heinz-Elmar 1994: „Reformpädagogik". Erneuter Versuch, ein erstaunliches Phänomen zu verstehen, in: Zeitschrift für Pädagogik, 40, S. 587-604

Tönnies, Ferdinand 1887: Gemeinschaft und Gesellschaft, Leipzig Neudruck Darmstadt 1994

Tomarchio, Maria S.; D'Aprile, Gabriella (a cura) (2010): Educazione Nuova e Scuola Attiva in Europa all'alba del '900, Roma (= I Problemi della Pedagogia, LVI, n. 4-6)

Weisser, Jan 1995: Das heilige Kind, Würzburg

Reformpädagogik reflektiert

WEE: Wofür steht die älteste reformpädagogische Scientific Community – und wie sehr ist sie von dem unseligen Zeitalter des Nationalsozialismus' betroffen gewesen?

Gerd-Bodo von Carlsburg

1 Die Gründungszeit des Weltbunds

Der *Weltbund für Erneuerung der Erziehung – New Education Fellowship* (WEE – WEF) als älteste internationale erziehungswissenschaftliche Gelehrtengesellschaft (International Scientific Community) und zugleich praxisnahe pädagogische Gemeinschaft, verstand sich seit seiner Gründung 1921 in Calais immer als *das* wichtigste Forum der Reformpädagogik der zwanziger Jahre des letzten Jahrhunderts. Initiatorinnen und Initiator waren: die Engländerin Beatrice Ensor (1885-1974) für die weltweite internationale Vereinigung, die in Deutschland lebende Schweizerin Elisabeth Rotten (1882-1964) für die deutschsprachige Sektion, für die französischsprachige Sektion der heute noch in der Wissenschaft eine hohe Anerkennung genießende Genfer Pädagoge Adolphe Ferrière (1879-1960). Elisabeth Rotten gab seit 1922 die in Berlin verlegte Zeitschrift „Die Neue Erziehung" heraus; zugleich erschien als Vierteljahresbeilage „Das Werdende Zeitalter", das deutsche Organ des *Internationalen Arbeitskreises für Erneuerung der Erziehung.* Für die internationale Vereinigung gibt es als Forum seit 1920 die Zeitschrift „The New Era", die schon prominente Mitwirkung durch Alexander Sutherland Neill (1883-1973) erfuhr, der seine Arbeit in Summerhill kritisch zur Diskussion stellte, dessen Schriften „Theorie und Praxis der antiautoritären Erziehung. Das Beispiel Summerhill" (1965, dtsch. 1969), „Das Prinzip Summerhill: Fragen und Antworten. Argumente, Erfahrungen, Ratschläge" (1967, dtsch. 1971) sowie „Die grüne Wolke. Den Kindern von Summerhill erzählt" (1938, dtsch. 1971) in den siebziger Jahren hunderttausende Leser fanden.

2 Internationale Konferenzen des Weltbunds

Die internationalen Konferenzen 1923 in Montreux, 1925 in Heidelberg, wo Martin Bubers (1878-1965) Rede „Erziehung und Freiheit" ein stark internationales Echo fand, 1927 in Locarno, 1929 in Helsingør und 1932 in Nizza, gaben richtungweisende Impulse für die ‚Erziehung vom Kinde aus'. Alle Referenten/innen besaßen große Reputation und schrieben nach diesen Konferenzen gefragte Publikationen. Sprecher dieser internationalen Bewegung waren u.a. der Genfer Pädagoge Pierre Bovet (1878-1965), der bereits erwähnte Heppenheimer Religionsphilosoph und Pädagoge Martin Buber, verbunden mit der Odenwaldschule Ober-Hambach, 1910 durch Paul Geheeb (1870-1961) und Edith Geheeb-Cassirer (1885-1982) gegründet, die 2015 Insolvenz angemeldet hatte, die zur Schließung führte, da die schleppende Aufarbeitung der sexuellen Verbrechen sowie der daraus resultierende Schülerschwund ihre Spuren hinterlassen hatten. Weiterhin sind zu erwähnen: der Brüsseler Pädagoge, medizinische Psychologe und Schulgründer Ovide Decroly (1871-1932), der Chicagoer und spätere New Yorker Pädagoge John Dewey (1859-1952) mit seinem Hauptwerk „Demokratie und Erziehung“ (1916, dtsch. 1930), der bereits genannte Paul Geheeb (Landerziehungsheime Haubinda, Schloss Bieberstein, Freie Schulgemeinde Wickersdorf, Gründung der Odenwaldschule [1910-1934], Aufbau der Ecole d'Humanité in Hasiberg/Goldern im Berner Oberland [1934-1961]), die italienische Medizinerin und Pädagogin Maria Montessori (1870-1952) – Montessorischulen, die Amerikanerin und Montessorischülerin Helen Parkhurst (1887-1973) – Dalton-Plan (1922), der besonders in den USA und England Anklang fand, sowie der Jenenser Pädagoge Peter Petersen (1884-1952) – Jena-Plan-Schulen. Besonders Maria Montessori pflegte eine enge fruchtbare Zusammenarbeit mit den führenden Mitgliedern des *Weltbunds*, sah in dieser Vereinigung eine starke geistige Verwandtschaft mit ihren eigenen Ansätzen, nämlich die Erziehung zum selbstbestimmten Lernen, die Priorisierung insbesondere folgender Unterrichtsprinzipien im Handlungsorientierten Unterricht, die der Ganzheitlichkeit mit Körper, Seele, Geist geschuldet sind: Individualität, Anschaulichkeit, Naturgemäßheit, Exemplarizität und Lebensnähe, hier Johann Heinrich Pestalozzi (1746-1827) – ‚Hilfe zur Selbsthilfe‘ – und John Dewey – ‚Learning by doing‘ – rekurrierend.

3 Der Weltbund als Friedensbewegung

„The New Era“ veröffentlichte viele der von M. Montessori anlässlich der internationalen *Weltbund*-Kongresse gehaltenen Vorträge. Im September 1932 erschien ihr in Nizza gehaltener Vortrag „Disarmament in Education“ (Abrüstung in der Erziehung) in der „The New Era“, ein Beitrag, der sich insbesondere damit befasst, dass die Welt der Erwachsenen unseren Lebensalltag bestimmt, einen Alltag, in dem das Kind viel zu wenig seinen Platz und Valorisierung findet. Sie legte damit den Grundstein zu einer Friedenspädagogik, einer Erziehung zu Solidarität und Demokratieverständnis in der Gemeinschaft, wie sie auch heute noch in der Heidelberger Internationalen Gesamtschule (Friedensschule) im Sinne von Erziehung zur Humanität und Schulleben als selbstgelebtes Erleben von Verantwortung für sich selbst und den Anderen praktiziert wird, mitbegründet von Hermann Röhrs (1915-2012), Nestor der deutschen Friedenspädagogik. Es lernen dort gemeinsam nicht nur deutsche und amerikanische Schüler, sondern junge Menschen aus vielen Nationen, wie sie insbesondere auch in der Ecole d'Humanité vorzufinden sind, wo ca. 150 Internats-Schüler/innen aus etwa 25 Nationen vertreten sind. Aus Osteuropa kommend, lernte ich dort eine Ungarin kennen, die die 12. Klasse besuchte, die sieben Jahre zuvor nach Deutschland kam, dann in die Ecole wechselte und anschließend in Kanada zu studieren vorhatte, einen Sudanesen, der mich fragte, ob er deutsch, schweizerdeutsch oder englisch mit mir sprechen solle, und er war perfekt im Schweizerdeutsch. Ein Stück Globalisierung auf dem Gebiet der Bildung auf der Grundlage der Ideen des *Weltbunds* und seines damaligen Sprechers Paul Geheeb.

Im Jahre 1931 wurde Erich Weniger (1894-1961), der bis vor 1933 die preußischen pädagogischen Akademien, nach 1945 die pädagogischen Hochschulen mitbegründete und als Nachfolger von Herman Nohl (1879-1960) 1950 an die Universität Göttingen berufen wurde, Präsident eines Vorstands, dem auch der preußische Kultusminister (1925-1930) Carl Heinrich Becker (1876-1933) angehörte, Vater von Hellmut Becker (1913-1993), dem ersten Direktor des Max-Planck-Instituts für Bildungsforschung in Berlin-Dahlem (1966-1975).

4 Der Weltbund nach der Zeit des Nationalsozialismus'

Von 1933 bis 1945 kam der *Weltbund* im europäischen Sprachraum weitgehend zum Erliegen, besonders im deutschsprachigen Raum, wo alle Aktivitäten untersagt wurden, weil sie dem nationalsozialistischen Gedankengut entgegenstanden. Nach ersten Kontakten in die USA und England ab 1945 wurde 1951 die deutschsprachige Sektion des *Weltbunds* auf Initiative von Elisabeth Rotten in Jugenheim/Bergstraße neu gegründet. Die Heidelberger Pädagogen, als Mitglieder des Präsidiums des *Weltbunds für Erneuerung der Erziehung* (deutschsprachige Sektion) Volker Lenhart (geb. 1939), der Gruppenpädagoge und Präsident des WEE, 1972 Präsident der *International Society for Group Activity in Education,* 1973 Vorstand der *Gesellschaft für Gruppenarbeit in der Erziehung* (GGE), Ernst Meyer (1920-2007), Hermann Röhrs als langjähriger Präsident und Ehrenpräsident mit einer Reihe von Editionen und Beiträgen zur Reformpädagogik und zum *Weltbund,* insbesondere sei verwiesen auf „Der ‚Weltbund für Erneuerung der Erziehung' – ein Forum für die Entfaltung der Reformpädagogik" (1991, in: Bildung und Erziehung, H. 44, S. 223-225), sowie Horst Hörner als mein kurzzeitiger Vorgänger im Amt, haben die reformpädagogischen Ideen umgesetzt und zeitgemäß neu interpretiert, was auch durch das heutige Präsidium, Gerd-Bodo v. Carlsburg, Präsident seit 1998, Uta-Christine Härle, Vizepräsidentin, im Diskurs mit der International Scientific Community und den noch bestehenden reformpädagogischen Institutionen und Schulen sowie den erziehungswissenschaftlichen Gesellschaften und gesellschaftspolitischen Stiftungen (insbesondere ZEIT-Stiftung) durchgeführt wird.

Mit der Gründung des *Europäischen Pädagogischen Symposions Oberinntal* (EPSO) im Jahre 1974 wurde eine neue Plattform des internationalen Gedankenaustauschs geschaffen, mitveranstaltet durch den *Weltbund.* Nach Wechsel des Tagungsorts in süddeutsche und französische Regionen und längerer Pause, personell und finanziell bedingt, hatte sich dieses Symposion als *Oberinntaler Diskurse* 2004 (ab 2011-2013 *Europäische Diskurse*) mit Themenstellungen aktueller Herausforderungen im Kontext der Reformpädagogik *(Weltbund)* wieder etabliert, um wegen finanzieller Einsparungen der österreichischen Bundes- als auch Tiroler Landesregierung sowie der Universität Innsbruck und der Pädagogischen Hochschule Tirol 2013 vorläufig zu enden.

Auch heute hat das Diktum des *Weltbunds* Bestand, Zielsetzungen der gelebten Reformpädagogik zu vermitteln und in die ‚modern-reflexiven' Maximen einer Bildungslandschaft exemplarisch-genetisch zu transferieren, auf das anthropologische Denken und Handeln als wesentlichen Baustein einer ‚Schule der Zukunft' zu verweisen, wobei die internationale Community – *New Education Fellowship* – weltweit engagiert tätig ist, vor allem im fernen Asien, Indien und Australien. Es soll sich hier aber – mit Blick auf die Weiterführung des europäisch-reformpädagogischen Gedankenguts – auf die Reflexion der gegenwärtigen deutschsprachigen Sektion (Deutschland, Österreich, Schweiz, Südtirol und Liechtenstein) beschränkt werden.

Der *Weltbund* begleitet weiterhin die reformpädagogischen Gründungen, seien es die Schulen der Landerziehungsheimbewegung (u.a. Stiftung Louisenlund, Marienau, Schloss Bieberstein, Haubinda, Ecole d'Humanité), Schule Schloss Salem, die Waldorfschulen oder erzieherische Institutionen, die dem reformpädagogischen Erbe entstammen. Der internationale Erfahrungsaustausch, Literaturstudien und eigene Publikationen, die fachlichen Kontakte und Begegnungen, auch mit dem WEF, sind und bleiben Topos des *Weltbunds.*

5 *Haben wir es heute schon geschafft, eine ‚Welt des Kindes' zu konzipieren?*

Unser grenzenloser Egoismus erlaubt uns nur uns selbst. Der polnische Pestalozzi und Kinderarzt Janusz Korczak (1878-1942), der Gründer des Warschauer Kinder- und Waisenheims, der 1942 mit seinen Kindern in die Deportation ins Vernichtungslager Treblinka gegangen ist, anstatt zu fliehen, wird eine der wenigen historischen Ausnahmen bleiben. Wie J.H. Pestalozzi lebte er für seine Kinder in der ‚Welt des Kindes', versuchte dieses Elend, dieses grenzenlose Leid auch als ein Stück Selbsterziehung, Identitätsfindung, in der dualpersonalen Beziehung Erwachsener – Kind zur Selbstvervollkommnung, zur inneren Stabilität, zu verarbeiten, wie dies auch M. Buber und der von 1924-1933 in der Mönchhofstraße 15 in Heidelberg lebende und agierende Sozialphilosoph und Psychoanalytiker Erich Fromm (1900-1980) interpretierten. Übrigens war Fromm Heidelberger Studiosus der Soziologie, Psychologie und Philosophie und promovierte 1922 bei Alfred Weber.

War es eines der wichtigen Erziehungsziele der Reformpädagogik, selbstständiges und explorierendes Lernen sich anzueignen und konkludentes, divergierendes Denken zu entwickeln, Bildung zur Selbstbildung, die Handlungsmündigkeit generiert, die diesen Bildungsgedanken in einen emanzipatorischen Erziehungsmodus transferierte, so ist aus heutiger Sicht uns klar bewusst, warum seit 1935 in der Stalin-Ära und schon seit 1933 mit Beginn des Nationalsozialismus' diese Gedankenfreiheit, die der mit dem Mannheimer Nationaltheater (1783-1785) verbundene Dramatiker Friedrich v. Schiller (1759-1805) in „Kabale und Liebe“ (1784) einforderte, abgeschafft wurde, weil freies Denken und Handeln und Verhalten andere Normen impliziert als die sogenannten ‚neuen‘ deduktiv-demagogischen Erziehungsmethoden der Nazis ab 1933 – Heidelberg war durch den nationalsozialistischen Lehrstuhlinhaber für Philosophie und Pädagogik und späteren Rektor (1937-1938) Ernst Krieck (1882-1947) federführend in der (antisemitischen) Ideologie verankert, verfasst in seinen Werken „Nationalpolitische Erziehung“ (1932) und „Nationalsozialistische Erziehung. Begründet aus der Philosophie der Erziehung“ (1935). Krieck spricht von „Rassegefühl“, von der Überlegenheit der eigenen Rasse und der Erziehung im Sinne von „Zucht“, nicht in der Herbartschen Diktion, sondern im Sinne einer „Selbsterziehung“ von blindem Gehorsam als Methode und ‚völkisch-ideologischer Verschmelzung‘ (Assimilation) mit dem ‚Rasse(werte-)bewusstsein‘ des ‚Führers‘. Man brauchte den gehorsamen Befehlsempfänger, der die klaren Anweisungen aus dem ‚Volksempfänger‘ umsetzte, und strikte Unterordnung unter das Diktat dieses Psychopathen Adolf Hitler (1889-1945), die Entwicklung einer Schule, die eine ‚kämpferische Haltung‘ gegenüber anderen Rassen evozieren sollte. Denken und Handeln sowie antisemitisches Verhalten wurde befohlen, Mitdenken durften nur die inzwischen zur Inhumanität abgerichteten ‚Unter-Führer‘ im Führungskader A. Hitlers.

6 *Diktatur und ihre Folgen*

Es ist unfassbar, dass Menschen solche Grausamkeiten begehen konnten. Aber diese verbrecherisch-verblendete ‚Aufzucht‘ im Kreise ‚ihres Führers‘ verdient nicht diese Bezeichnung. Es bleibt ein Schandmal. Genauso hat Stalin seine psychopathischen Visionen ausgelebt, wie jeder Diktator.

Ein Beispiel: Die deutsche Okkupation von 1941 bis 1944 bleibt in Litauen stets in Erinnerung. Was die Nazis in den baltischen Ländern nicht deportiert oder erschossen hatten, wer nicht hungers krepiert war, wer nicht geflüchtet, kam in den Gulag. Das gilt ebenso für die Widerstandskämpfer gegen die sowjetische Okkupation. Über 200.000 Litauer der damals ca. 2,5 Millionen Einwohner blieben in Sibirien verschollen. In Vilnius lebten am 24. Juni 1941, dem Tag der Besitzergreifung, knapp 170.000 Menschen, davon ca. 75.000 Juden, und noch zusätzlich über 135.000 in ganz Litauen. Anfang September begannen die ersten Erschießungen tausender Juden in Ponar, einem Ort am Rande Vilnius', inzwischen Stadtgebiet. Zugleich erfolgte die Ghettoisierung in zwei Ghettos, die durch die heutige Vokiečių gatvė (Deutsche Straße) geteilt waren. In das Altstadt-Ghetto wurden anfangs ca. 11.000 Juden eingepfercht, in das große ca. 19.000. Wer für die Besatzer als Arbeitskraft ‚wertlos' war, wurde in Ponar erschossen. Eine alte Kultur mit eigenen Bildungsstätten, eigenen Zeitungen, Bibliotheken, eigenem Theater, Buchdruck unterlag dem Holocaust innerhalb zweier Jahre bis zur Auflösung im Sommer 1943, danach begann die ausschließliche Deportation in die Konzentrationslager wie Auschwitz. Unter 10% (ca. 4000-5000) überlebten. Weitere 50 Jahre sowjetischer Besatzungszeit zerschlug endgültig die jüdische Kultur und die Renaissance des geistigen und geschäftlichen Lebens, die zerstörte Große Synagoge und der jüdische Friedhof wurden ‚eingeebnet', über 450 Jahre jüdische Tradition vernichtet. Im kleinen Ghetto, d.h. im Zentrum der Altstadt, steht heute zur Erinnerung eine Stele des berühmtesten jüdischen Sohns dieser Stadt, der „Gaon von Vilnius" (Weise von Vilnius), Rabbiner, mit eigentlichem Namen Elijah Ben Salman (1720-1797). Er symbolisiert eine Zeit, in der in Vilnius über 100 Synagogen das Stadtbild zierten. Seinen Namen trägt auch das *Vilna Gaon Jewish State Museum*. Vilnius galt schon um 1900 mit ca. 65.000 Juden als das ‚Jerusalem des Ostens'. Etwa 70 Betschulen und 5 Synagogen prägten neben ca. 70 Türmen von Kathedralen, Kirchen und Klöstern das Stadtbild, berühmte Juden lebten in dieser Stadt, deren Ghetto total zerstört wurde. Heute leben etwa 3000 jüdische Einwohner, die meisten aus den U.S.A. zurückkommend, wieder in diesem Teil einer Altstadt, in der ca. 150.000 Menschen das Leben teilen, eine Stadt der Renaissance- und Vilnenser Barockbauten, die zum Weltkulturerbe erhoben wurde. Es gibt in Litauen wieder die ersten beiden sanierten und restaurierten Synagogen. Die ZEIT-Stiftung hat ein großes Projekt in Marijampole finanziert. Jascha Heifetz besuchte die Musikschule, und Leonard Bernstein war seit Anfang 1990 eng mit der Musikakademie verbunden, die ihm die Ehrendoktorwürde verlieh. Ihre Namen stehen für eine tradierte jüdische Kultur hoher Wertschätzung.

7 *Conclusio*

Enkulturation, die Hinführung zu den kulturellen Werten der Gesellschaft, sie gilt als wesentlicher Anteil einer Bildung und Erziehung zum Frieden, als Prozess lebenslangen Lernens, die drei LLL der EU, die auch für Life-Long-Learning stehen. Diesem Prozess des Voranbringens auf wissenschaftlicher Ebene und der Umsetzung in der Praxis sieht sich der *Weltbund* stets verpflichtet. Hermann Röhrs hatte einen Anfang mit der Friedensschule initiiert. Sein Engagement soll in Gedenken an ihn im *Weltbund* fortgesetzt werden.

Alle noch existierenden reformpädagogischen Schulgründungen standen und stehen für einen Wechsel von Wissensvermittlung zu eigenständigem Entscheiden und tragen somit wesentlich zum sozialen Wandel als adaptativ-genetischen Prozess einer gesellschaftlichen Umgestaltung bei, die damit beginnt, dass gleiche Rechte für alle schon in der Schule gelten und die leidige Disziplindebatte, seit Bernhard Buebs (geb. 1938) „Lob der Disziplin" (2006), ehemaliger Direktor der Schule Schloss Salem (gegründet 1920 durch Kurt Hahn [1886-1974]), wieder Modetrend, überhaupt kein Thema sein darf, über das es sich zu diskutieren lohnt. Fairerweise sei auch auf die Gegendarstellung des von Micha Brumlik (geb. 1947) edierten Bandes „Vom Missbrauch der Disziplin: Antworten der Wissenschaft auf Bernhard Bueb" (2007) verwiesen.

Wir müssen unsere Schule ‚denken' und entdecken im Sinne einer ‚Schule als Vorbereitung auf das Leben', einer Bildungsstätte der ‚freien geistigen Tätigkeit/Arbeit', die zu Selbsttätigkeit, Autonomie und Verantwortung befähigt (vgl. Hugo Gaudigs 1922 im Auftrag des Zentralinstituts für Erziehung und Unterricht herausgegebenen Band „Freie geistige Schularbeit in Theorie u. Praxis"), will meinen Freiheit nicht als Freiheit für sich, Egozentrismus, Narzissmus, sondern als Chance zur Gestaltung von Lebensperspektiven, Lebenskunst in einer demokratischen Zivilgesellschaft. Diese Freiheit beinhaltet auch, sich zur Disposition stellen zu können, zuzugeben, dass man Fehler macht, aus diesen lernt, anderen Menschen präventiv oder interventiv zur Seite steht. Vorbilder werden damit kein Quäntchen Autorität verlieren, sondern in der Achtung des Anderen steigen, tragen sie doch auch ein Stück dazu bei, dass Eskalation vermieden werden kann. Dies ist ein Stück weiter gelebtes reformpädagogisches Bildungsgut und ‚Grundaxiom' („Das Grundaxiom des Bildungsprozesses und seine Folgerungen für die Schulorganisation", 1917) im Verständnis Georg Kerschensteiners (1854-1932), dem wichtigsten Vertreter der Pestalozzi-Rezeption, der im Gegensatz zu H. Gaudig, der der ‚geistigen Arbeit' als konkludentem Denken Priorität zusprach, in der teleologisch-manuellen Tätigkeit den originären Ursprung des Erwerbs von Denkkraft, d.h. Berufsbildung, Hauptgewicht zugestand.

Wir müssen mehr um die Biografie des Anderen wissen, um ihn besser in seinem Verhalten zu verstehen. Dieses biografische Arbeiten fängt schon in der

Schule an, sollte gerade in den Schulen mit hohem Migrationsanteil Normalität werden. Das Erlernen eines rational- und emotionsgesteuerten Umgangs mit dem Anderen, egal welcher Nationalität und Herkunft, beginnt mit einem begleitenden Umgang des Kindes in der Primärsozialisation und der Hinführung zum sozialen Handeln in der Gemeinschaft. Auch dies sieht der *Weltbund* mit Bezug auf die reformpädagogische Bewegung als wichtige Aufgabe.

Der Humanist, Enzyklopädist, Pansophist, Theologe und Pädagoge Johann Amos Comenius ([Jan Amos Komenský] 1592-1670), Student der Ruprecht-Karls-Universität Heidelberg (1613–1614), postuliert in seinen beiden Werken die Wertschätzung und Bindung als auch das lebendige, entdeckende Lernen unter Einbezug aller Dinge 1. im „Informatorium der Mutterschul" (1633 im polnischen Lissa publiziert) sowie die Verbesserung der sinnlich-realen Wahrnehmung und Darstellung im Mikro- und Makrokosmos, d.h. Anschaulichkeit, Naturgemäßheit, Freiheit und Selbstbestimmung sowie spielerisches Lernen 2. in der „Schola ludus" (Die Schule als Spiel), acht Aufführungen für das Jahr, 1654 in Sárospatak geschrieben, 1659 als Frankfurter Ausgabe erschienen. ‚Spiel in der Schule', eine zur Erkenntnis führende poetische als auch handlungsorientierte Maxime des Comenianischen Bildungsideals, wiederentdeckt in der Epoche der Reformpädagogik, spiegelt schon ca. 150 Jahre früher das ganzheitliche anthropologische Denken und Handeln des Pforzheimer Juristen, württembergischen und pfälzer Gesandten, Humanisten, Hebraisten Johannes Reuchlin (1455-1522) wieder (Komödie „Scenica Progymnasmata", kurz „Henno" genannt, um 1497). Er war der Großonkel des Renaissancehumanisten, Reformators und Theologen sowie Gräzisten Philipp Melanchthon ([Schwartzerd/Schwarzerdt] 1497-1560), zweiter praeceptor Germaniae, aus Brettheim (heute Bretten), der (Schul-)Drama (siehe „Henno") als wichtige Bestimmung und Bildung von Welt definierte (Enkulturation), die Welt als erlebnisorientierte und dramaturgisch-poetische Unterweisung mit sittlicher Vertiefung der Menschenbildung durch die „Septem artes liberales" (sieben Künste der Freien), Rhetorik zur Festigung des Sprachschatzes (Lateinschule).

8 Beispiele freiheitlichen Denkens

Für diese Postulate steht ebenfalls die reformpädagogische Bewegung, insbesondere der *Weltbund* als Förderer von Initiativen einer Selbstbestimmung des Menschen, als Unterstützer erlebnispädagogischer Initiativen, als pädagogischer Mittler zwischen Kind und Erwachsenem, als Katalysator eines besseren Umgangs und Internalisierer für Gleichheit und Brüderlichkeit unter den Menschen, als Ermahner, Andersartigkeit anzuerkennen, ohne Gewalt und Aggression zu entwickeln, darüber zu reflektieren im Sinne von gegenseitigem Verstehen, Abbau von Hass, das personale Du im Anderen zu sehen, wie es Martin Buber lebte, Liebe zu entwickeln ohne Eigenliebe und Narzissmus, Liebe als Grundbasis pädagogischer Bindung.

Der schändlichen Verschleppung von Andersdenkenden und der Ausgrenzung von Menschen anderer Nationalität oder Glaubens, insbesondere Juden, Roma und Sinti, mit einer großen geistigen Tradition und bedeutenden Kultur, mit vielen berühmten Namen, Genies, die zu einer unglaublichen und durch nichts zu rechtfertigenden Abschlachtung von Menschen durch inhumane Verbrecher führte, hätte einer schon damaligen sofortigen Gegensteuerung bedurft, um diesen Holocaust zu verhindern. Somit bleibt die Frage im Raum, warum nicht mehr Menschen sich gegen den Nationalsozialismus erhoben haben. Aber der Mensch benötigt, um ‚zum Menschen gebildet und erzogen zu werden' (J.A. Comenius, I. Kant [1724-1804]), wohl auch eine Erziehung zur Zivilcourage. Mein Patenonkel Hans-Jürgen Frhr. v. Rosen trug als junger Hauptmann i.G. im Führerhauptquartier (Wolfsschanze), neben Oberst i.G. Claus Schenk Graf v. Stauffenberg (1907-1944) gehend, die Sprengladung in einer ledernen Aktentasche. Ich habe ihn nach seiner Flucht noch in selbiger Nacht (20./21. April 1944) über die Ostsee nach Schweden, um der geplanten Exekution am 21. April 05.00 Uhr zu entgehen, öfters besucht und lernte daraus: Das Vergangene lässt uns einerseits verzweifeln, aber das Erfahrungslernen, die Lernprozesse, die wir daraus gewonnen haben, lassen uns hoffen, dass so etwas nie wieder passieren möge. Eine gute Politik ist immer das Ergebnis einer guten Erziehung, einer Erziehung zu Humanität und Zivilcourage. Die Reformpädagogik hat durch ihre Freiheit des Denkens einen wichtigen Meilenstein gesetzt. Diese vom *Weltbund* in seinen Zielsetzungen verankerte Philosophie ist ein wichtiger Baustein im Gefüge menschlichen Zusammenlebens, Integration, die die Migrationsproblematik einschließt, die eigentlich keine Problematik mehr sein darf. Sie ist der Promotor für gegenseitige Akzeptanz und für ein Zusammenleben in Humanität, der Entwicklung eines Wir-Gefühls. Dass wir danach handeln müssen, ist eine Conditio sine qua non, und dies sollten wir aus Auschwitz und all den anderen Schrecken des Nationalsozialismus' gelernt haben.

Meine Gedankengänge enden mit Johann Wolfgang v. Goethes (1749-1832) „Faust: Der Tragödie erster Theil" (Goethes Werke, Fünfter Band, S. 25, gedruckt in der Cotta'schen Buchhandlung, Stuttgart 1866):

> „Doch werdet Ihr nie Herz zu Herzen schaffen,
> Wenn es Euch nicht von Herzen geht."

9 Grundpositionen der Reformpädagogik / des Weltbunds

1. Kinder und Jugendliche verstehen und von ihnen her denken
2. Verändertes Lehrer-Schüler-Verhältnis realisieren
3. Selbständigkeit und Selbsttätigkeit fördern
4. Ganzheitlichkeit lehren und lernen
5. Vielfältige und lerngerechte Umgebungen schaffen
6. Lebensweltorientierung der Lehrpläne umsetzen
7. Gemeinschaft über Konkurrenz stellen
8. Ausgrenzungen überwinden
9. Kultur des Lebens und Arbeitens entwickeln
10. Interdisziplinarität und Internationalität beachten

Reformpädagogik – eine kritische Bestandsaufnahme

Ingrid Dietrich

1 *Was ist Reformpädagogik?*

Diese unschuldige Frage hat es in sich, behaupten doch ernst zu nehmende ErziehungswissenschaftlerInnen, „die" Reformpädagogik habe es nie gegeben.

1.1 *Reformpädagogik – ein Konstrukt*

Jürgen Oelkers sieht in dem Begriff „Reformpädagogik" ein nachträgliches Konstrukt, das eine hochkomplexe Wirklichkeit eher verfälsche als abbilde. Er stellt sowohl die Datierung als auch die Systematisierung in Frage, die wir Heutigen im Rückblick auf diesen Abschnitt der Pädagogik-Geschichte vornehmen:

„Die Reformpädagogik kann man freilich nicht beschreiben. Sie ist ein nationales/ internationales Phänomen, theoretisch uneinheitlich, sehr heterogene Strömungen berücksichtigend, politisch sich höchst verschieden artikulierend und nicht einmal in pädagogischer Hinsicht eine konstante Größe. Wichtiger noch, sie ist unabgeschlossen und lässt sich als eigenständige Epoche schlecht beschreiben. Eigentlich hat sie auch keinen dezidierten Anfang, weil eine Kontinuität der Reformmotive und wenigstens der pädagogischen Semantik vorausgesetzt werden muss, die nicht zu einem bestimmten Zeitpunkt erfunden worden sind. Darum ist es aussichtslos, 'Reformpädagogik' in irgendeinem chronologischen Sinne abzugrenzen und sie dann umfassend darzustellen." (Oelkers 1992, S. 7)

Obwohl Oelkers bestreitet, dass es sich bei der Reformpädagogik um eine zeitlich klar abgrenzbare Epoche handelt, gibt er selbst eine zeitliche Begrenzung an: von 1890 bis 1933. Meistens wird der Beginn der Reformpädagogik mit dem Erscheinen des Buches von Ellen Key: „Das Jahrhundert des Kindes" (1900, in Deutschland 1902) gleichgesetzt, das wie ein Fanal in Europa wirkte. Über das gewaltsame Ende im Jahre 1933 durch die Machtergreifung der Nationalsozialisten herrscht Einigkeit, obwohl auch dies verwunderlich ist: Denn nicht *alle* reformpädagogischen Konzeptionen wurden von den Nationalsozialisten abgelehnt, nicht *alle* Reformschulen geschlossen. So stellt sich im Hinblick auf die Versuchsschule Peter Petersens in Jena bei näherer Überprüfung heraus, „dass weder seine Schule zwischen 1933 und 1945 Schaden nahm, noch er selbst in seiner Wirksamkeit wesentlich beeinträchtigt war. Vielmehr passte er sich ganz im Gegenteil reibungslos in den faschistischen deutschen Staat ein" (Keim 1991, S. 37). Andere prominente Reformpädagogen wie Adolf Reichwein riskierten dagegen Amtsenthebungen, Zwangsversetzungen und im Widerstand gegen das Nazi-Regime sogar den Tod. Und viele weniger bekannte und unbekannte Lehrer fanden sich nach 1933 in Gefängnissen, Konzentrationslagern oder im Exil wieder (s.u.).

Schon die Frage der Datierung zeigt, wie schwierig es ist, im Hinblick auf eine so bewegte Zeit wie die ersten Jahrzehnte unseres Jahrhunderts zu einheitlichen Aussagen zu kommen. Sicher ist, dass um die Jahrhundertwende eine pädagogische Aufbruchstimmung ganz Europa erfasste und sich auch in den USA, der jungen UdSSR und vielen anderen Ländern artikulierte. Sie manifestierte sich in „Bewegungen" ebenso wie in Konzeptionen einzelner prominenter PädagogInnen. Sie differenzierte sich aus in verschiedene politische Grundsatzpositionen, wobei das ganze Spektrum von konservativ-nationalistisch bis kommunistisch und revolutionär vertreten war (über diesen weniger bekannten Strang der deutschen Reformpädagogik informiert das Buch von Lutz von Werder, 1974).

Sie war sowohl ein theoretisches Phänomen – denn viele reformpädagogische Ideen blieben Programm, das nicht verwirklicht wurde – als auch ein praktischer Umwandlungsprozess, der über LehrerInnenausbildung, LehrerInnenverbände, internationale Vereinigungen und Kongresse die Praxis in den Schulen auf breiter Front veränderte.

1.2 Reformpädagogik – eine einheitliche Epoche?

Dennoch wird zu Recht von Erziehungswissenschaftlern wie Jürgen Oelkers (1989) und Winfried Böhm (1974) die Frage gestellt, ob die Reformpädagogik wirklich eine so klar abgrenzbare, nach einzelnen Etappen strukturierbare Epoche war, als die die geisteswissenschaftliche Geschichtsschreibung (Herman Nohl, Wilhelm Flitner, Theo Dietrich, Wolfgang Scheibe, Hermann Röhrs) sie darstellt.[1]

Hierzu einige Thesen:

a) Die Theorie der Reformpädagogik ist nicht neu, „vielmehr ist die theoretische Reflexion der Reformpädagogen Teil einer Kontinuität" (Oelkers 1989, S. 9). Dies beweist der Rückgriff auf Rousseau und Pestalozzi, die allgemein als „Ahnherren" der Reformpädagogik bezeichnet werden.

---

1 Die Kenntnis dieser Darstellungen der Reformpädagogik wird hier vorausgesetzt. In diesem kurzen Beitrag kann gar nicht erst versucht werden, einen Überblick über „die" Reformpädagogik zu geben – was ohnehin angesichts der Komplexität des Gegenstandes ein Unding wäre

Nach Winfried Böhm[2] geht die Grundannahme Rousseaus, dass der Mensch von Natur aus gut sei, wiederum auf die (Irr-)Lehre des Pelagius im 4. Jhdt. nach Christus zurück, so dass die Wurzeln der Reformpädagogik sogar mehr als 1600 Jahre alt sind.

b) Oelkers konstatiert: „Auch die Praxis, die sich allmählich herausbildet, ist keineswegs neu, sondern realisiert nur traditionell Motive und Modelle der Reform in einem stark veränderten Kontext gesellschaftlicher Erziehung. Wirklich neue Formen der Reflexion und des Handelns werden zunächst gar nicht erkannt" (ebd.), sondern lassen sich erst im historischen Rückblick als solche bezeichnen.

c) Die Akteure der damaligen Zeit handelten zwar in dem Bemühen, Neues zu schaffen, einen Aufbruch zu wagen, sich von der heftig kritisierten ‚alten' Schule abzuheben – nicht aber mit dem Vorsatz, damit eine neue Epoche in der Geschichte der Erziehung einzuleiten.

d) Die geistesgeschichtliche Geschichtsschreibung über diese Zeit, für die Herman Nohls Werk: „Die pädagogische Bewegung in Deutschland und ihre Theorie" symptomatisch steht (erschienen 1933, aber schon in den 20er Jahren als Vorlesung erarbeitet), war selbst Teil der Bewegung. „Sie wollte die pädagogische Bewegung positiv beschreiben (...) und damit die radikalen Tendenzen auskühlen, so dass Reformansätze institutionalisierbar blieben" (Oelkers 1989, S. 10). Damit einher gingen Vereinheitlichungen und Typisierungen, die eine ideologische Einheit unterstellten, die in dieser bewegten Zeit keineswegs gegeben war (S. 11).

e) Winfried Böhm (1974) kritisiert zudem die „Kanonisierung" der Reformansätze und Neuerungsbewegungen durch diese Art der Geschichtsschreibung. In der Tat erscheinen in den gängigen Handbüchern über Reformpädagogik (z. B. bei Scheibe 1982 und Röhrs 1991) verschiedene „Bewegungen" als fest beschreibbare Größen, handlich als Prüfungsstoff standardisiert und abgepackt: „die Jugendbewegung, die Volkshochschulbewegung, die Kunsterziehungsbewegung, die Arbeitsschulbewegung, die Landerziehungsheimbewegung, die Pädagogik vom Kinde aus und die Einheitsschulbewegung" (Böhm 1974, S. 763). Als gemeinsame geistige Wurzel wird die Kulturkritik des ausgehenden 19. Jhdts. benannt, mit Vertretern wie Paul de Lagarde und Julius Langbehn, deren fragwürdiger Nationalismus, Rassismus und Sozialdarwinismus wiederum verschwiegen wird. Gegenüber dieser Darstellungsweise ist Skepsis angebracht, ebenfalls gegenüber damit einhergehenden Phasenmodellen des historischen Verlaufs. Oelkers spricht darum von der Notwendigkeit, diesen festen Kanon aufzulösen durch die Frage: „Und was war *neben* der Reform-

2 Vortrag, gehalten auf einem Studientag der Deutschen Montessori-Gesellschaft e. V. am 26.11.1994 in der VHS Heidelberg

pädagogik? Vielleicht die Hauptsache...?" (Oelkers 1989, S. 15 – Hervorhebung ID).

f) Das Bild, das die bei uns gängige Geschichtsschreibung über die Reformpädagogik vermittelt, umfasst zumeist nur einen kleinen Ausschnitt, und zwar das *bürgerlich-konservative Spektrum* (zur unterschiedlichen Rezeption der Reformpädagogik in Deutschland West und Deutschland Ost nach dem Zweiten Weltkrieg vgl. Schonig 1973, S. 151 ff und Alt, 1956). Sozialistische und kommunistische Reformbestrebungen der damaligen Zeit werden ausgeblendet, kurz abgehandelt oder kritisch-abwertend dargestellt (als Beispiel für die letztere Darstellungsweise vgl. Dietrich, Theo, 1966).

Weiter charakteristisch für die Darstellung der Reformpädagogik in Westdeutschland ist die Ausblendung des zeitgenössischen politischen und sozialen Hintergrundes: Arbeiterelend um die Jahrhundertwende, starke Binnenwanderung in die Industriezentren und damit einhergehende Entwurzelung der Proletarierfamilien, Zustrom großer Gruppen anderssprachiger Wanderarbeiter (z. B. der Polen ins Ruhrgebiet), der Erste Weltkrieg, die gescheiterte Novemberrevolution, die Gründung der Weimarer Republik, die Weltwirtschaftskrise und ihre Auswirkungen auf die Bevölkerung, das Heraufziehen des Nationalsozialismus werden als nicht unwichtige Rahmenbedingungen pädagogischen Handelns kaum erwähnt. Auch die großen sozialen Unterschiede bleiben ausgeklammert, so wie die Frage, *welche* Pädagogik für *welche* Kinder entwickelt wurde.

Es ist davon auszugehen, dass z. B. die schöne heile Welt der Landerziehungsheime oder der Hauslehrerschule Berthold Ottos nicht der Regelfall für *alle* Kinder war. In der Tat geben andere Autoren wie Otto Rühle (1922) ein erschreckendes Bild von den Bedingungen des Geborenwerdens, Aufwachsens und Lernens in den Arbeitervierteln der Großstädte, wo Unterernährung, drangvolle Enge in schlecht gelüfteten Wohnungen und mehrfach belegten Betten, Verwahrlosung der Kinder durch die Tätigkeit beider Eltern in der Fabrik, frühe Erwerbstätigkeit der Kinder und Mangelerkrankungen wie Tuberkulose und Rachitis das normale Schicksal waren. Dieses Proletarier-Elend wurde noch verschärft durch die Auswirkungen des Ersten Weltkriegs, durch die nachfolgenden Hungerwinter und die Weltwirtschaftskrise. Weit entfernt von den gut ausgestatteten „Paradeschulen" der Reformpädagogik wuchs in den ärmlichen, schlecht ausgestatteten Volksschulen „ein Heer von Müden und Kranken, Bleichsüchtigen und Blutarmen, Lungenschwachen und Nervösen ... in der stickigen Schulluft heran" (Rühle 1922, S. 209). Die erschütternden Bilder von Käthe Kollwitz, die sozialkritischen Dramen Gerhard Hauptmanns und andere zeitgenössische Quellen geben über dieses Massenelend der Arbeiterkinder in Deutschland sehr viel genauer Auskunft als unsere gängigen Darstellungen der reformpädagogischen Bewegung – was an sich schon ein hartes Urteil über diese Art von pädagogischer Geschichtsschreibung darstellt...

1.3 Reformpädagogik – ein Denkmodell

Trotz dieser Skepsis gegenüber Vereinfachungen, Typisierungen und Unterschlagung von Tatsachen durch die Geschichtsschreibung über diese Epoche lässt sich ein Grundmotiv aller ReformerInnen der damaligen Zeit ausmachen: die *Pädagogik vom Kinde aus.* Die pädagogische Perspektive wird umgekehrt, „das Kind“ mit seinen guten Anlagen und freien Entfaltungsbedürfnissen wird in den Mittelpunkt des pädagogischen Denkens und Handelns gestellt. Als große Themen, die das Selbstverständnis der Epoche geprägt haben, stellt Jürgen Oelkers drei heraus: *„Entwicklung“*, *„natürliche Erziehung“* und eine Pädagogik *„vom Kinde aus“* (S. 13). Dieser Grundgedanke, das Kind und seine Bedürfnisse nach freier Entfaltung zum Ausgangspunkt allen pädagogischen Denkens zu machen, gilt als Hauptmerkmal der Reformpädagogik.[3]

Doch auch damals war dieser Ansatz nicht unumstritten. Er wurde von den Vertretern sozialistischer Pädagogik als ‚bürgerlicher Luxus‘ abgelehnt. Hier standen mehr strukturell ausgerichtete Forderungen nach Abschaffung von Kinderarbeit, Durchsetzung der allgemeinen Schulpflicht und Anhebung des Niveaus der Bildung für Arbeiterkinder auf dem Programm. In Abhebung von liberalen und philanthropischen Bildungsbestrebungen forderte Karl Liebknecht als Vertreter der Sozialdemokratie vordringlich den Ausbau der Volksschulen, was nicht auf eine Pädagogik ‚vom Kinde aus‘, sondern auf straff organisierte Bildungsprogramme ‚von der Partei aus’ hinauslief. Die Wirksamkeit liberaler Bildungsbestrebungen kennzeichnete er folgendermaßen: Sie „schöpfen mit ein paar Eimern die Flut der Verdummung weg, die sich im regelmäßigen Strom aus Tausenden und Abertausenden von Volksschulen über das Land ergießt“ (Liebknecht, in: von Werder 1974, S. 92).

Ähnlich argumentierte auch der Reformpädagoge Célestin Freinet in Frankreich, wo eine vergleichbare Verelendung der Lebensumstände für die „Kinder des Volkes“. (d.h. die Proletarierkinder) herrschte. Er forderte vor allem die strukturelle Verbesserung der öffentlichen Volksschule und lehnte aus dieser Perspektive die Gründung kleiner, feiner Versuchsschulen mit der besseren Pädagogik für einige wenige Kinder der Bourgeoisie ab (vgl. dazu Freinet, in: Boehncke/Hennig 1980, S. 106 ff). Doch verstand er es, seine Parteinahme für die Kinder des Volkes und für die Verbesserung des öffentlichen Pflichtschulwesens mit einer praktischen, realisierbaren ‚Pädagogik vom Kin-

---

3 Dieses Merkmal wird ebenfalls kritisch hinterfragt, und zwar von Klaudia Schultheis, einer Schülerin Winfried Böhms. Sie stellt die These auf, bei der Reformpädagogik handle es sich um eine „Pädagogik vom Erwachsenen aus“, da ihr zumeist ein idealisiertes Bild der Kindheit ihrer ‚Erfinder‘ zugrundeliege. Diese These wird exemplarisch verifiziert an den Lebensläufen von Hermann Lietz und Paul Oestreich. (Quelle: Vortrag von Klaudia Schultheis auf dem Studientag der Deutschen Montessori-Gesellschaft in Heidelberg)

de aus' zu verbinden, für die er mit viel Geschick und pädagogischer Phantasie die passenden ‚Techniken' entwickelte (vgl. dazu Dietrich (Hrsg.) 1995).

Der zweite Kerngedanke der Reformpädagogik geht auf Rousseau zurück: Das Kind sei prinzipiell gut, aufgeschlossen, interessiert und lernbereit und entfalte organisch wie eine Pflanze seine guten Anlagen, wenn man alle überflüssigen Zwänge von ihm fernhalte und ihm stattdessen eine anregungsreiche, förderliche Umgebung biete. Hymnisch bis (fast) ins Religiöse gesteigert wie bei Ellen Key und Maria Montessori, graduell abgestuft und abgewandelt bei den Vertretern anderer Konzeptionen, findet sich diese ‚organismische' Grundanschauung des Erziehungsvorgangs bei allen führenden ReformpädagogInnen der damaligen Zeit. Sie mündete in methodische Prinzipien wie Selbsttätigkeit, freien Zugriff auf die Lerngegenstände, Individualisierung und offenes Lernen, für die die verschiedensten Organisationsmodelle entwickelt wurden.

Es ist dieses Reservoir an Methoden, Verfahren, Arbeitsformen, Unterrichtskonzeptionen und schulorganisatorischen Vorschlägen, das uns die Reformpädagogik auch heute noch interessant und attraktiv erscheinen lässt. Doch ist es prinzipiell möglich, in dieses Reservoir hinein zu tauchen und unter Ausklammerung des historischen Entstehungszusammenhangs einzelne Elemente wie freie Arbeit, freier Text, Wochenplan, Erkundungen und Projekte hervorzuholen, die wir gerade gebrauchen können? Wird nicht so Pädagogik-Geschichte zu einem „Selbstbedienungsladen ..., aus dem das oben Aufliegende zuerst gegriffen wird?" (Rang/Rang-Dudzik 1978, S. 47). Erfordert nicht unsere Zeit neue Überlegungen, neue pädagogische Entwürfe und neue Begründungszusammenhänge für die Unterrichtsgestaltung?

2. Der Rückgriff auf ‚die' Reformpädagogik

2.1 Selektive und verkürzte Rezeption

Zunächst ist festzustellen, dass auf der Basis einer selektiven Geschichtsschreibung auch der heutige Rückgriff auf die Reformpädagogik höchst eklektisch und selektiv erfolgt. Zumeist werden nur einige Namen und Modelle beschwörungsartig aufgezählt: Montessori, Freinet, Petersen, Waldorf-Pädagogik. Sie gerinnen zu Chiffren für die „andere Schule", die man sich wünscht. Bei ihnen vermutet man den Schlüssel für einen dringend notwendigen Neuansatz – die Mühe, genauer hinzusehen und eventuell sogar Originalschriften selbst zu lesen, statt sich mit handlich abgepacktem Kompendien-Wissen zufriedenzugeben (Scheibe 1982, Röhrs 1991, Winkel 1993), machen sich nur wenige. Dann würde nämlich deutlich, wie viel an ‚Übersetzungs-Arbeit' aus dem zeitgenössischen Kontext *damals* bei der angestrebten Übertragung auf *heute* nötig wäre, und wie viel Peinliches, Unpassendes, Unzeitgemäßes dabei zutage käme:

- bei *Maria Montessori* z. B. eine religiös überhöhte Verehrung des Kindes, gepaart mit Mystik und hymnischer Übertreibung – daneben jedoch rigide Materialvorgaben und Verfahrensvorschriften, über deren Einhaltung und Monopolisierung eine eigens gegründete Gesellschaft wacht;
- bei *Rudolf Steiner* ein Universum undurchschaubarer Vorschriften und Sinngebungen, die nur aus – nicht offengelegten – anthroposophischen Prämissen heraus verständlich sind (vgl. dazu Prange 1985) und die z. T. modernen wissenschaftlichen Erkenntnissen widersprechen (z. B. die Lehre von den vier Temperamenten, die das pädagogische Handeln der WaldorflehrerInnen bei Gruppenbildung, Lehrangebot und Ansprache der Kinder täglich leitet);
- bei *Célestin Freinet* eine Verherrlichung der ländlichen Idylle und ein Arbeitsbegriff, der zu aktualisieren ist,
- bei *Peter Petersen, Berthold Otto, Georg Kerschensteiner und Hermann Lietz:* strammer Nationalismus mit punktueller Affinität zum Nationalsozialismus.
- Der selektive Zugriff auf die Reformpädagogik zeigt sich auch darin, was ‚links liegengelassen' wird: Ein wenig bekannter Zweig der Reformpädagogik ist z. B. die Einheitsschulbewegung von Paul Oestreich oder die Praxis der Hamburger Lebensgemeinschaftsschulen (vgl. dazu Rödler 1987). Auch die erste staatliche Gemeinschaftsschule in Deutschland, die Karl-Marx-Schule in Berlin – Neukölln und ihr Gründer, der prominente Reformpädagoge Fritz Karsen, sind wenig bekannt. Fritz Karsen wurde schon Anfang 1933 aus dem Schuldienst entlassen und musste ins Exil fliehen.

Interessanterweise werden auch zwei prominente, international bekannte Reformpädagogen, die Opfer des Nationalsozialismus wurden, kaum rezipiert: Adolf Reichwein und Janusz Korczak. Sie haben es zwar zu Namensgebern von Schulen in Deutschland gebracht, aber ihre pädagogischen Schriften werden kaum mehr gelesen bzw. in der Lehrerausbildung behandelt und diskutiert.

Außerdem gibt es viele ‚normale' LehrerInnen, die sich der geistigen Machtübernahme der Nationalsozialisten in den Schulen widersetzten und dafür einen hohen Preis zahlen mussten. Die jüdischen LehrerInnen wurden aus dem Dienst gejagt. Viele kommunistische und sozialistische LehrerInnen wurden verfolgt und ermordet, z.B. Kurt Steffelbauer. Die sog. „Gleichschaltung" nach 1933 mit der Ausmerzung von Versuchen mit Schülerselbstverwaltung und mit freien, nicht fächergebundenen Unterrichtsformen betraf auch die LehrerInnen an den Hamburger Lebensgemeinschaftsschulen (vgl. dazu Rödler 1987 und Lehberger 1992). In den Monumenta Paedagogica – Band XV: Lehrer im antifaschistischen Widerstandskampf der Völker (Berlin-Ost 1974) sind im Übrigen zahlreiche Namen von LehrerInnen aufgeführt, die sich im Widerstand gegen das NS-Regime engagierten und deshalb (zumeist nach langer Leidenszeit in den KZ's) ihr Leben verloren. Bei uns sind diese Namen völlig unbekannt: Theodor Neubauer, Ernst Schneller, Erich Mäder, Martin Schwantes und viele andere...

2.2 *Aktuelles Erkenntnisinteresse*

Doch ist es sicherlich legitim, an die Pädagogik-Geschichte unter aktuellen Fragestellungen heranzugehen und sich zur Lösung der Probleme von heute durch Lösungen von damals inspirieren zu lassen, auch unter Ausklammerung des damaligen zeitgeschichtlichen Hintergrundes. Motive für diese Rückbesinnung auf Reformpädagogik heute sind:

a) das Scheitern der ‚äußeren' Schulreform der 70er Jahre des 20. Jahrhunderts und die Hinwendung vieler veränderungswilliger LehrerInnen zur ‚inneren Schulreform', und
b) veränderte Sozialisationsbedingungen (diskutiert seit ca. 1980 unter dem Stichwort ‚Veränderte Kindheit'), zunehmend internationale Zusammensetzung der Schülerschaft und zunehmende Lern- und Verhaltensprobleme, die andere pädagogische Antworten als die bisher gängigen erzwingen.

zu a)
Nach dem ‚Sputnik-Schock' (Mitte der 60er Jahre) und der offiziellen Ausrufung der ‚Bildungskatastrophe' durch Georg Picht erlebte der Reformwille in unserem Land zunächst einen großen Aufschwung. Der Deutsche Bildungsrat – ein länderübergreifendes Experten-Gremium von hohem Rang – gab vielbeachtete Gutachten und Studien heraus, die die Mobilisierung von Bildungsreserven und die Schaffung neuer Schulformen und -strukturen zum Inhalt hatten. Doch trotz der Mobilisierung großen Reformeifers auf allen Ebenen blieb z. B. die Einführung der Gesamtschule auf halbem Wege stecken. So wandte sich das Interesse der Beteiligten hin zur ‚inneren Schulreform'. Diese war vermeintlich leichter zu realisieren und vor allem *kostenneutral.*

Die Motive der Schulverwaltung, Reformpädagogik zu propagieren, waren jedoch in diesem Zusammenhang verschieden von den Motiven der LehrerInnen, sich darauf einzulassen: Die Schulverwaltung brachte es fertig, in einem Atemzug Reformpädagogik zu propagieren *und* die Anzahl der SchülerInnen pro Klasse zu erhöhen. Mit innerer Differenzierung und reformpädagogischen Methoden (Freiarbeit, Wochenplan etc.) würde das schon zu schaffen sein...

Die LehrerInnen dagegen griffen nach reformpädagogischen Methoden, *weil* sie durch große Klassen und schwierige Kinder ausgepowert waren, weil sie den Schulalltag wieder menschlicher gestalten und die allseits spürbare Abstraktheit, Lebensferne und Entfremdung im Lernprozess überwinden wollten.

Die historische Dimension der verschiedenen reformpädagogischen „Vorschläge für die Arbeit im Klassenzimmer“ (Vasquez/Oury 1976) interessierte sie dabei wenig, auch nicht deren politischer Hintergrund. Sie suchten nach neuen Impulsen für eine kindgemäße Praxis jenseits von Lehrplanzwängen und Leistungsdruck – und konnten diesen strukturellen Rahmenbedingungen doch nur punktuell entkommen. Daher setzte in den 80er Jahren des 20. Jahrhunderts auch eine Welle von Gründungen „Freier Alternativschulen“ ein (vgl. dazu Dick 1970).

zu b) Veränderte Kindheit
Unter diesem Stichwort wurden Phänomene des modernen Lebens zusammengefasst, die sich auf die außerschulische und familiale Sozialisation und damit auf die Lernvoraussetzungen der Kinder auswirkten: Vereinzelung, Erfahrungsarmut, ‚Verinselung‘ des kindlichen Lebensraumes, ‚Leben aus zweiter Hand‘ durch Medienkonsum, extremer Individualismus durch mangelnde Geschwister und Verwöhnung/Vernachlässigung in gestörten oder unvollständigen Familien etc. (Fölling-Albers 1992, Rolff/Zimmermann 1992). Dass damit vorwiegend die Probleme von Kindern aus der mobilen und scheidungsfreudigen Mittelschicht beschrieben wurden, wird bei diesem Ansatz übrigens nicht mitdiskutiert. Die ganz anders gearteten Probleme von Kindern aus Arbeitslosen-Familien (ein weithin verdrängtes Dauer-Problem unserer Gesellschaft!) wurden damals kaum thematisiert. Heute werden sie vereinzelt unter dem Stichwort „Kinderarmut“ bzw. defiziente Sozialisationsformen in „bildungsfernen Schichten“ ins Auge gefasst. Dennoch ist bis heute die Bildungsbenachteiligung von Kindern aus dem sog. Prekariat ein ungelöstes Problem, das ein PISA- und OECD-Bericht nach dem anderen für Deutschland aufdeckt.

Auch die wachsende Heterogenität der Lerngruppen (z. B. durch Migrantenkinder mit anderer Muttersprache und anderem kulturellen Erfahrungshintergrund) wird angeführt als Erschwerungsfaktor von Unterricht. Für alle diese Phänomene soll der Rückgriff auf reformpädagogische Methoden und Modelle Abhilfe schaffen. Statt an vorwärtsweisenden Konzepten und einem tiefgreifenden Paradigma-Wechsel von Schule und Unterricht zu arbeiten, der schon lange gefordert wird, vollzog man mit dem unhistorischen Rückgriff auf die Reformpädagogik unreflektiert eine Wendung nach rückwärts, damit es nur irgendwie vorwärtsgeht.

Der Grundimpuls für den Rückgriff auf reformpädagogische Modelle in den 80er Jahren des 20. Jahrhunderts war der Wille, den Schulalltag menschlicher zu gestalten, Handlungsspielräume auszuschöpfen und nicht mehr auf ‚Reformen von oben‘ zu warten, von denen man sich nicht mehr viel versprach. Davon zeugte die Gründung zahlreicher Freier oder Alternativschulen, besonders auch nach der Wende und der Wiedervereinigung.

Dort wurde vielfach auf reformpädagogische Konzeptionen und Modelle zurückgegriffen, die in der Zeit zwischen 1900 und 1933 entstanden sind – wie Peter Petersens Jenaplan, Deweys Konzeption des Projektunterrichts, Freinet-Pädagogik, die Waldorfschulen – aber sozusagen ‚naiv', ohne historisches Bewusstsein. Besonders die Kritik der reformpädagogischen ‚Vorläufer' an der lebensfernen „Pauk- und Buchschule" von damals (Wolfgang Scheibe, 1982, S. 67 ff.) spricht viele LehrerInnen bis heute unmittelbar an. Schon in der Epoche der Reformpädagogik wurde z. B. die Aufsplitterung des Wissens in Schulfächer als unbefriedigend empfunden, weshalb in fast allen Alternativschul-Modellen eine andere, ganzheitliche Herangehensweise an die Wirklichkeit, eine kritische und forschende Untersuchung von *Lebensbereichen* gefordert wurde, an der alle Schulfächer ihren Anteil haben sollten. Auch die Zurücknahme der beherrschenden, autoritären Stellung der LehrerInnen zugunsten einer weitgehenden Schülerorientierung und das Plädoyer der ReformpädagogInnen für selbstgesteuerte Arbeitsweisen findet bei vielen heutigen Lehrkräften vielfach Zustimmung.

Dennoch ist auch ein kritisches sozialgeschichtliches Bewusstsein gegenüber den reformpädagogischen Modellen in ihrer Entstehungszeit angebracht: dass es in dieser politisch bewegten Zeit vor und nach dem Ersten Weltkrieg die unterschiedlichsten politischen Strömungen unter den ReformpädagogInnen gab und dass die Reformvorschläge, die heute so viel Anklang finden, z. T. erzreaktionären Impulsen entstammen, sollte man jedoch nicht vergessen. Schon damals gab es den großen Widerspruch (s. o.): zwischen den ‚chicen', pädagogisch auf den neuesten Stand befindlichen Versuchsschulen und Landschulheimen, in denen die Kinder der Bourgeoisie erzogen wurden, und den elenden Proletarierschulen auf dem Land und in den Großstädten, in denen unter unzumutbaren Bedingungen oft 40, 50, 60 Kinder verschiedenster Altersstufen und ein Lehrer zusammengepfercht wurden. In den ersteren Schulen wurde die spätere gesellschaftliche Elite, in den letzteren die Masse der Befehlsempfänger erzogen.

> „Reformpädagogen sind und waren historisch immer in zwei Lager gespalten. Jene, die bestehende Herrschafts- und Bildungsverhältnisse durch Effektivierung und Reform der Schule festigen wollten (Georg Kerschensteiner, Hugo Gaudig, Peter Petersen) und jene, die aus politischer Motivation (proletarischer und bürgerlich-demokratischer Herkunft) Schule grundlegend verändern wollten und das Ziel der Einheitsschule formulierten (Richard Lohmann, Fritz Karsen, Adolf Reichwein, Elise und Célestin Freinet). In Deutschland ist diese Einheitsschule immer wieder verhindert worden, im Kaiserreich, in der Weimarer Republik (Beschlüsse der Reichsschulkonferenz), im Hitlerfaschismus (Auflösung der weltanschaulichen Schulen z. B. in Berlin und Bremen, Verbot jeder Reformpädagogik), bei der Gründung der Bundesrepublik Deutschland (gegen das Drängen der amerikanischen und britischen Besatzungsmächte!!)." (Walter Hövel, in: nds, Nov. 1985)

Man sieht es den reformpädagogischen Modellen in ihrer heutigen Form oft nicht mehr an, *aus welchem politischen Kontext* sie stammen. Dennoch bleibt festzuhalten, dass die politisch bewussten und engagierten PädagogInnen in der damaligen Zeit den Kampf um andere Methoden, Inhalte und Arbeitsweisen *in* der Schule immer auch mit dem Kampf um strukturelle Verbesserungen *der* Schule (d. h. um die Einheitsschule für *alle* Kinder) verbanden.

Ist dieses Anliegen heute überholt? Können wir es in einer differenzierten Mittelstandsgesellschaft, in der es (scheinbar) kein „unten" und „oben" mehr gibt, getrost vergessen?

3 Reformpädagogik in der Schule von heute

Die Grundschule als einzige Schulform für *alle* Kinder – übrigens ein hart erkämpftes Resultat schulreformerischer Bemühungen aus der Zeit der Reformpädagogik – hat sich anscheinend am weitesten den methodischen Impulsen der Reformpädagogik geöffnet. So kann Ulf Preuss-Lausitz am Ende des 20. Jahrhunderts eine stolze Erfolgsbilanz ziehen, was den Einzug reformpädagogischer Methoden und Arbeitsweisen in die Grundschule angeht:

> „Die zurückliegenden 25 Jahre (in der alten Bundesrepublik) sind auch als Erfolgsgeschichte der Reformpädagogik anzusehen: Die frontale Sitzweise weicht allmählich den flexiblen Arbeitstischen, die Klassenräume werden wohnlich, gleichzeitig häuslich-familiär, die Umgangsformen wie die Kleidungsweisen der LehrerInnen freizeithaft, die bloße Buchbearbeitung wird zumindest ergänzt durch Arbeitsblätter, Karteikästen, Freie Texte à la Freinet, Zeitschriftenausschnitte und Kopien aller Art; werkstattähnlich wird gearbeitet in der Druckecke, mit Freiarbeitsmaterialien, in Experimenten auf dem Flur, ja Hof. Die reformpädagogische Einsicht, dass Kinder – auch unsere Fernsehkinder – Lust an Gestaltung, am Theaterspielen, am Singen und Tanzen haben, führt immer häufiger zu kreativen Abenteuern nicht nur zur Faschingszeit. Wir fesseln heute Kinder nicht mehr auf ihrem Stuhl, sondern lassen sie herumlaufen, wenn sie etwas brauchen, spielen Bewegungs- und Wahrnehmungsspiele zwischendurch, abgelöst durch Montessori'sche Übungen der Stille oder des gesammelten Zuhörens im Morgenkreis. Das ist natürlich nicht die Wirklichkeit an jedem Vormittag, in jeder Klasse, in jeder Schule. Sie ist jedoch verbreiteter als viele glauben, sie nimmt zu, und sie muss durch Fortbildung, durch Materialausstattung und durch die Diskussion im Kollegium unterstützt werden." (in: Arbeitskreis aktuell – Mitteilungen des Grundschulverbandes, Nov. 1994, Nr. 48, S. 2).

Leider hat jedoch parallel zu dieser erfreulichen Entwicklung auch der harte Leistungs- und Konkurrenzkampf um gute Noten und die Zuweisung zu weiterführenden Schulformen zugenommen. Die Angst aufstiegsorientierter Eltern, dass ihre Kinder den Sprung zum Gymnasium nicht schaffen könnten, vereitelt in manchen Grundschulklassen jeden Ansatz zum kindzentrierten, entspannten Arbeiten.

Hier zeigt der Rückgriff auf den reformpädagogischen Ansatz „vom Kinde aus", der sich wegen seines angeblich unpolitischen Charakters allgemeiner Beliebtheit erfreut und immer mit Zustimmung rechnen kann, allerdings auch seine Gefahren: Er verdeckt, dass die angeblich nur interpersonalen pädagogischen Beziehungen zwischen LehrerInnen und SchülerInnen gesellschaftlich genormt und vorgeprägt sind, er macht vergessen, dass die gesellschaftlich definierte Aufgabe des Lehrers und der Lehrerin trotz aller schülerzentrierten Methoden und Arbeitsweisen eben gerade darin besteht, bis zum zehnten Lebensjahr der Kinder darüber zu entscheiden, ob die Betreffenden zu der schmalen Schicht des Führungspersonals, der mittleren Schicht der Computer-Bediener oder der breiten unteren Schicht der Ausgesonderten gehören. Der Zwang zur Selektion überdeckt und überfremdet jeden ‚pädagogischen Bezug' und prägt jedem ‚spontanen Lernbedürfnis' seinen Tauschwert-Charakter auf. Diesem Dilemma ließe sich nur entgehen durch eine gemeinsame Bildung für *alle* SchülerInnen über die Grundschule hinaus, wie sie z. B. in unseren nordeuropäischen Nachbarländern zum Standard gehört.

Auch wo es scheinbar „nur" um die Übernahme von Methoden und Arbeitsformen geht, sollte man genauer hinschauen auf die Grundintentionen ihrer ‚Erfinder' und den historischen Kontext ihrer Entstehung. Célestin Freinet z. B. entwickelte seine pädagogischen ‚Techniken' wie freien Ausdruck, Schuldruckerei, Klassen-Kooperative, Arbeit nach kollektiven und individuellen Arbeitsplänen ausdrücklich für die benachteiligten Kinder des Proletariats. Bei ihm stand die Erziehung zum freien Ausdruck, zum kooperativen Arbeiten, zur Selbständigkeit der SchülerInnen und zur kritischen Untersuchung der Wirklichkeit durch Erkundungen, Projekte etc. unter einer umfassenden Perspektive: nämlich junge ArbeiterInnen zu erziehen, die zu einer kritischen Analyse ihrer Lage imstande sind, die ihre Interessen artikulieren und sich zu deren Durchsetzung solidarisch mit anderen zusammenschließen können (dass diese Qualifikationen heute *allen* Kindern gut tun, muss nicht unbedingt ein Gegenbeweis gegen diesen Ansatz sein).

Georg Kerschensteiner dagegen wollte mit seinem Arbeitsunterricht zu einem rückwärtsgewandten Ideal handwerklichen Könnens und zugleich zur „Selbstprüfung am Werke" erziehen, was damals angesichts der arbeitsteilig organisierten Produktionsweise in der Großindustrie schon an der Realität vieler Arbeiterjugendlichen vorbeiging, aber zum disziplinierten, dienstbereiten Staatsbürger erzog. Ein anderes Modell der deutschen Arbeitsschule, die „Freie geistige Schularbeit" Hugo Gaudigs, diente mehr der Elitebildung späterer Führungspersönlichkeiten. In der Schrift von 1917: „Die Schule im Dienste der werdenden Persönlichkeit" (in: Müller 1969) setzte Hugo Gaudig „das Kulturprinzip der Persönlichkeit" provokativ gegen „den geistigen Massentritt von Arbeiterbataillonen" ab.

Man sollte also nicht vorschnell und unkritisch das Heil in reformpädagogischen Methoden und Arbeitsweisen suchen, sondern diese mit dem Ziel einer aufklärerischen Bildungsarbeit verbinden. Zwar ist es möglich, den Wochenplan und freie Arbeit auch einfach als neue ‚Technik' einzuführen – weil es ‚in' ist, weil es von den Richtlinien vorgeschrieben wird, oder weil es den Unterricht insgesamt erträglicher macht – aber mit welchem Erfolg bzw. erzieherischen Resultat würde das geschehen? Auch hier würde wiederum das Bemühen der LehrerInnen, den Unterricht mit Hilfe dieser reformpädagogischen Arbeitsformen oberflächlich umzugestalten, ein unhistorisches Vorgehen bedeuten, das im allgemeinen Frust für beide Seiten endet. Was aber wäre eine denkbare Alternative für die Schule von heute, die auch Impulse der reformpädagogischen Bewegung in sinnvoller Weise aufnimmt?

Zunächst einmal eine Abwendung von dem zersplitterten, in Fächern verabreichten ‚Häppchenwissen' zugunsten einer umfassenden aufklärerischen Bildungsarbeit. Diese könnte, etwa im Sinne Paulo Freires oder Wolfgang Klafkis um „Schlüsselprobleme" gruppiert sein, die unser aller Überleben bestimmen: Abrüstung, neues Naturverhältnis, schonender Umgang mit der Umwelt, mit Energie und Rohstoffen; Unterernährung und Hunger in der Welt (nicht nur in der sog. „Dritten Welt"!); Entstehung und Erscheinungsformen direkter oder „struktureller Gewalt"; das daraus resultierende Flüchtlingselend; ein lebendiges Wissen, noch besser eine konkrete Erfahrung dessen, was „Demokratie" und „demokratisch" ist; der Faschismus in unserem Land und was wir daraus lernen können (etwa im Hinblick auf die immer mehr zunehmende Ausländerfeindlichkeit); diktatorische Regimes in allen Teilen der Welt, die durch Ausbeutung ‚unsere' wirtschaftlichen Interessen absichern. Schließlich ein Grundwissen über wirtschaftliche Mechanismen (Lohn, Mehrwert, Tarifvertrag, private und öffentliche Geldwirtschaft), das über die übliche Sparkassenbesichtigung hinausgeht.

In welchen unserer heutigen Schulfächer und Kompetenz-Katalogen kommen diese wichtigen Themen vor? Wo könnten sie behandelt werden? Und wie, mit welchen Methoden und Arbeitsformen könnten wir sie so angehen, dass sie unseren SchülerInnen durch handelndes Lernen ‚begreiflich' werden? Damit wir sie ihnen nicht ‚von oben' in abstrakter, unverdaulicher Form überstülpen, so dass ihnen das Interesse daran lebenslang vergeht?

Kritisches Denken, Durchschauen von Zusammenhängen, die Fähigkeit zu Kooperation und Solidarität zu erzeugen, sollte das Ziel der angestrebten reformpädagogischen Arbeitsformen und Unterrichtsinhalte sein, damit sich die SchülerInnen aktiv für die gesellschaftliche Teilhabe Aller einsetzen können.

Literatur

Alt, Robert 1956: Über unsere Stellung zur Reformpädagogik, in: Pädagogik, H. 5/6, S. 345-367

Böhm, Winfried 1974: Zur Einschätzung der reformpädagogischen Bewegung in der Erziehungswissenschaft der Gegenwart, in: Pädagogische Rundschau, H. 28, S. 763-781

Boehncke, Heiner; Hennig, Christoph (Hg.) 1980: Célestin Freinet – Pädagogische Texte. Mit Beispielen aus der praktischen Arbeit nach Freinet, Reinbek bei Hamburg

Dick, Lutz van 1970: Alternativschulen. Information, Probleme, Erfahrungen, Reinbek bei Hamburg

Dietrich, Ingrid 1986: Reformpädagogik als politische Alphabetisierung, in: Demokratische Erziehung, H. 3, S. 20-25

Dietrich, Ingrid (Hg.) 1995: Handbuch Freinet-Pädagogik. Eine praxisbezogene Einführung. Weinheim und Basel

Dietrich, Theo 1966: Sozialistische Pädagogik. Ideologie ohne Wirklichkeit, Bad Heilbrunn

Flitner, Wilhelm 1968: Die drei Phasen der europäischen Reformbewegung (1928), in: Wilhelm Flitner: Theorie des pädagogischen Weges, Weinheim/Berlin, 8. Aufl., S. 71-82

Fölling-Albers, Maria 1992: Schulkinder heute. Auswirkungen veränderter Kindheit auf Unterricht und Schulleben, Weinheim und Basel

Gaudig, Hugo 1969²: Die Schule der Selbsttätigkeit (hrsg.: Lotte Müller), Bad Heilbrunn

Hänsel, Dagmar 1985: Handlungsspielräume. Portrait einer Freinet-Gruppe, Weinheim und Basel

Hövel, Walter 1985: Innere Schulreform – Hauptschule – Gesamtschule, in: neue deutsche schule (nds), H. 22

Joop, Heidrun 1991: Kurt Steffelbauer. Ein deutscher Lehrer im Widerstand gegen den Nationalsozialismus. Berlin

Kaiser, Arnim; Kaiser, Ruth 1991: Studienbuch Pädagogik. Grund- und Prüfungswissen, Frankfurt/M.

Keim, Wolfgang 1991: Die Jena-Plan-Pädagogik: Ein problematisches Erbe. Was folgt aus den Affinitäten Peter Petersens zum deutschen Faschismus? in: Die Grundschulzeitschrift, H. 47, Sept., S. 36-39

Klafki, Wolfgang 1985: Neue Studien zur Bildungstheorie und Didaktik. Beiträge zur kritisch-konstruktiven Didaktik, Weinheim und Basel

Key, Ellen 1902: Das Jahrhundert des Kindes. Studien, Berlin; Übersetzung Francis Maro; Orig., Schweden 1900

Lehberger, Rainer 1992: Schule als Lebensstätte der Jugend - Die Hamburger Versuchs- und Gemeinschaftsschulen in der Weimarer Republik, in: U. Amelung, D. Haubfleisch, J.-W.; Link, H. Schmidt: Die alte Schule überwinden, Frankfurt/M.

Monumenta Paedagogica 1974: Band XV (hrsg. von Gerd Hohendorf, Barbara Musick, Gerhard Schreiter): Lehrer im antifaschistischen Widerstandskampf der Völker, Berlin (Ost)

Nohl, Herman 1933/1970[7]: Die pädagogische Bewegung in Deutschland und ihre Theorie, Frankfurt/M.

Oelkers, Jürgen 1992[2]: Reformpädagogik. Eine kritische Dogmengeschichte, Weinheim und München

Prange, Klaus 1985: Erziehung zur Anthroposophie. Darstellung und Kritik der Waldorfpädagogik, Bad Heilbrunn

Preuss-Lausitz, Ulf 1994: Die pädagogische Leistungsschule braucht die Vielfalt, in: Arbeitskreis aktuell - Mitteilungen des Grundschulverbandes, Nr. 48, Nov., S. 2-5

Rang, Adalbert; Rang-Dudzik, Brita 1978: Elemente einer historischen Kritik der gegenwärtigen Reformpädagogik. Die Alternativlosigkeit der westdeutschen Alternativschulkonzepte, in: Argument - Sonderband 21: Schule und Erziehung (VI), Berlin, S. 6-62

Rödler, Klaus 1987: Vergessene Alternativschulen. Geschichte und Praxis der Hamburger Gemeinschaftsschulen 1919-1933, Weinheim und München

Röhrs, Hermann 1991[3]: Die Reformpädagogik. Ursprung und Verlauf unter internationalem Aspekt, Weinheim

Rolff, Hans-Günther; Zimmermann, Peter 1992: Kindheit im Wandel, Weinheim und Basel

Rühle, Otto 1922: Das proletarische Kind. München

Scheibe, Wolfgang 1982[8]: Die reformpädagogische Bewegung 1900-1932. Eine einführende Darstellung, Weinheim und Basel

Schonig, Bruno 1973: Irrationalismus als pädagogische Tradition. Die Darstellung der Reformpädagogik in der pädagogischen Geschichtsschreibung, Weinheim und Basel

Vasquez, Aida; Oury, Fernand u. a. 1976: Vorschläge für die Arbeit im Klassenzimmer. Die Freinet-Pädagogik - Alternativen zum gewöhnlichen Schulleben, Reinbek

Werder, Lutz von 1974: Sozialistische Erziehung in Deutschland 1848-1973, Frankfurt/M.

Winkel, Rainer (Hg.) 1993: Reformpädagogik konkret, Hamburg

Reformpädagogik aus meiner Sicht

Otto Herz

Otto Herz hielt anlässlich der Tagung „Reformpädagogik und Demokratie", die vom 12. bis 14. Dezember 2010 an der Evangelischen Akademie Bad Boll stattfand, das Abschlussreferat mit dem Titel „Was heißt Reformpädagogik aus meiner Sicht?" Zum hier veröffentlichten Text meint Otto Herz in der Mail vom 6. April 2015 an die Herausgeber des vorliegenden Werkes: „Hier sind aus dem Gesamtreferat nur die Ausschnitte genannt, in denen ich sagte, was für mich Reform-Pädagogik nicht heißt und was sie für mich heißt. Denen, denen das Nachfolgende zu abstrakt erscheint, mögen wissen, dass ich in der weitgehend frei gesprochenen Rede zu den einzelnen Aspekten jeweils anschauliche Beispiele erzählt habe, diese Beispiele hier aufzuschreiben mir aber zu viel Arbeit war. Und: Zu wissen ist auch, dass sich jeder Punkt auf Auslassungen bezieht, mit der die Reform-Pädagogik – von ihren Kritikern und Gegnern, ich kann es nicht anders sehen/sagen – zu diskreditieren versucht wurde und wird."

1 *Vierfach Grund-Sätzliches, was für mich Reform-Pädagogik nicht ist*

Reform-Pädagogik ist – erstens – für mich *weder* eine *Verklärung* von Phasen der Vergangenheit, *noch* deren *Verteufelung* auf der Basis speziell ausgesuchter, manchmal auch nur aus dem geschichtlichen Kontext heraus zu verstehenden Auffassungen und Aussagen. Wobei Schreckliches und absolut Unzulässiges damit nicht geleugnet wird, nicht heruntergespielt, nicht relativiert, auch nicht vertuscht. *Reform*-Pädagogik ist ihrem Anspruch nach immer *Aufklärung*, sie ist der *Aufklärung* bedingungslos verpflichtet. Und Aufklärung ist nicht teilbar. Aufklärung gibt es nicht halb, sie gibt es immer nur *ganz*.

Reform-Pädagogik ist für mich – zweitens – *nicht* die *Verherrlichung* von charismatischen *Gründerfiguren*, die im Vergleich miteinander allerdings oft unterschiedlicher sind als es der gemeinsame Dach-Begriff, unter dem sie versammelt werden, *Reform*-Pädagogen, dies nahelegen könnte. *(Hier folgte im Vortrag zur Veranschaulichung eine biografische Differenzdarstellung von Maria Montessori, Rudolf Steiner, Hermann Lietz, Celestin Freinet, Anton Semjonowitsch Makarenko, Peter Petersen, Janusz Korczak, John Dewey.)*

Reform-Pädagogik ist – drittens – für mich *nichts* Statisches, *kein* festes Regel-System, *keine* um jeden Preis systematische und schon gar keine abgeschlossene, gar „akademisch" daherkommende Lehre, auf die nachfolgende Generationen, insbesondere „Jünger", männlich wie weiblich, zu verpflichten und einzuschwören wären. Gleichwohl macht es einen hohen, vor allem einen berufs-praktischen und auch einen ethisch-orientierenden Sinn, ein

Montessori-Diplom zu erwerben oder ein Jenaplan-Diplom oder eine Zusatz-Ausbildung als Waldorfpädagogin oder Waldorf-Pädagoge zu absolvieren. In dieser Überzeugung werde ich gegen Ende meiner Ausführungen die Gründung einer speziellen *Reform*-Pädagogischen Akademie empfehlen.

Reform-Pädagogik ist für mich erst recht nicht – viertens – ein Freischein für ein Handeln, das sich der konkreten und kritischen Prüfung meint entziehen zu können, nur weil bestimmte Ziele besonders hehr und selbst-bewusst vor sich hergetragen werden. Ich weiß nicht, ob jemand auf die Idee kommen könnte, das „Freischein-Verständnis" zu vertreten. Aber bei der gegenwärtigen Tendenz zu generalisierenden Verdächtigungen und manchmal auch Sorgfalt vermissenden Verdammnissen sei auch dieses noch einmal ausdrücklich gesagt.

2 *Achtfach Grund-Sätzliches, was für mich Reform-Pädagogik im besten Sinne und mit höchsten Ansprüchen ist, sein, bleiben und werden soll*

*Reform-P*ädagogik ist für mich – zum ersten – biografisch erfahrenes Leben, das mein persönliches und mein politisches Denken, das mein Fühlen und Handeln seit nunmehr mindestens 50 Jahren in nahezu allen Lebensbereichen nachhaltig geprägt hat und weiterhin bestimmt – ich hoffe, in kritischer Selbst- und Sach-Reflexion. Allemal im ständigen Dialog mit vielen Personen unterschiedlichster Denk- und Handlungstraditionen, was bei den verschiedenen öffentlichen Ämtern, die ich inne hatte, schlicht eine – hoch geschätzte – Selbstverständlichkeit war und ist.

Reform-Pädagogik ist für mich – zum zweiten – eine bleibende Aufgabe, eine nicht nachlassende Herausforderung, eine visionäre Chance und ein Zukunftsanspruch für jede Gegenwart, ein *Anspruch*, der durch jeweils zu prüfende Quellen aus der Vergangenheit angeregt und gespeist werden kann, der in den täglichen Alltagen nach Einlösung, nach Konkretion, nach immer wieder neuen, erfüllten und erfüllenden Gestaltungsformen ruft, der aus einer kritischen Analyse von Vergangenheit und Gegenwart und zukunftsorientiert sich gestärkt weiß für die Überzeugung: eine *andere Welt ist möglich*, ja, eine andere Welt ist nicht nur möglich, sie ist auch und vor allem *nötig*. Nötig und möglich ist nicht eine einfach beliebig daherkommende und beliebig erscheinende „andere" Welt, möglich und nötig ist – es sei ohne Pathos gesagt, aber doch mit klarer, wenn ihr so wollt, mit bekennender Bestimmtheit – nötig und möglich ist eine *bessere* Welt: eine bessere Welt für *mich*, eine bessere Welt für *Dich*, eine bessere Welt für *uns alle* – in Humanität und Solidarität. Eine bessere Welt noch für die Alten und erst recht für die Jungen; eine bessere Welt in individueller, in intergenerativer, in globaler Verantwortung. Klar ist auch dies: was für wen in welchen Kontexten und unter welchen Bedingungen als „besser" einzuschätzen ist, braucht die diskursive Begründung und die Zustimmung der Beteiligten und Betroffenen. Die *bessere Welt* kann weder herrschaftlich noch missionarisch verkündet und schon gar nicht verfügt werden. Sie muss im Dialog und auch im Disput gedacht, entwickelt, entfaltet und gestaltet werden in Wahrnehmung der je geltenden „herrschenden" Verhältnisse. Nicht affirmativ, sondern innovativ.

Reform-Pädagogik ist für mich – zum dritten – kein Weg in „Einsamkeit und Freiheit" (Schelsky), sondern ein in Gemeinsamkeit immer wieder zu suchender, zu klärender und so auch zu findender, also ein partizipativer Weg im Bemühen eines wechselseitigen Verstehens und einer interkulturellen und multikulturellen Verständigung.

Reform-Pädagogik ist für mich – zum vierten – die Einlösungsanstrengung *der* konkreten Forderungen im Geiste *der Ethik*, die den *Allgemeinen Menschenrechten*, die der *Konvention über die Rechte der Kinder* und der *Deklaration über die Rechte Behinderter* zugrunde liegt.

Reform-Pädagogik ist für mich daher – zum fünften – *inklusiv* und *nicht* exklusiv. *Reform*-Pädagogik ist für mich *einladend* und nicht abschreckend. *Reform*-Pädagogik, ich wiederhole mich, weiß *nicht apriori* und auch *nicht ex cathedra* alles immer schon besser, sie sucht aber in Kontinuität und Konsequenz nach dem je Besseren. Insbesondere im demokratischen Dialog derer, die nicht nur Opfer von Umständen bleiben und/oder dem je vorherrschenden Zeit-Un-Zeit-Geist mehr oder weniger willenlos und ausgeliefert anheimfallen wollen oder sollen.

Deswegen ist – zum sechsten– *Reform*-Pädagogik für mich – pardon, dass ich auch dies sage: *nicht banal*, *nicht trivial*, sondern *radikal. Radikal* entsprechend der lateinischen Wortbedeutung: Bedeutsame, sinn-volle, nachhaltig wirkende Veränderungen sollen, sie *müssen* an die *Wurzeln* gehen. *Reform*-Pädagogik legt tiefere Wurzeln, die zu höheren Flügeln verhelfen. Gegen Effizienz-Optimierungen in alten Systemen habe ich nichts. PISA lässt grüßen. Einem *reform-pädagogischen* Anspruch freilich genügen *sie nicht.*

Reform-Pädagogik aus meiner Sicht *lebt* – zum siebten – *lebendige Demokratie! Lebendige Demokratie* im Sinne der Alternativen Nobelpreisträgerin Frances Moore Lappé – in allen Pädagogischen Feldern und Institutionen im Blick auf die Gestaltung neuer Lebenswelten. Sie arbeitet an der und für die Überwindung, an der und für die Aufhebung – im dreifach Hegelschen Sinne – der weithin vorherrschenden Demokratur. *Reform*-Pädagogik ist also ausdrücklich kein Rückzug auf mehr oder weniger geschlossene Reviere und Reservate. Multiplikation und Dissemination ist ihr Ziel, auch durch erklärte und begründete Infiltration in die „Normal-Systeme".

Dass vielleicht 30-40 Prozent der Grundschulen in Deutschland heute in dem Sinne *reform-pädagogisch* geprägt sein mögen, *„Pädagogik vom Kinde aus"*, als sie sich auf die vielfältige Individualität der Kinder in der vielfältigen Gesamtheit aller Kinder schon eingestellt haben, ist als erfreulicher Erfolg ebenso zu vermelden wie der Sachverhalt, dass es „normale" Gymnasien mit Montessori-Zügen gibt, dass es Staatliche Montessori-Schulen gibt, oder Jena-Plan-Schulen oder freinetisch geprägte Schulen im allgemeinen öffentlichen Schulsystem. Auch die Gründung der Bielefelder Schulprojekte *Laborschule* und *Oberstufen-Kolleg* als staatlich getragene Schulen – Versuchsschulen des Landes Nordrhein Westfalen an der Universität Bielefeld – erfolgte nicht in der Absicht, besondere Unikate schaffen zu wollen, sondern aus dem politischen Motiv heraus, Schulen in Freiheit ganz generell zu schaffen, wobei die Freiheit der begleitenden wissenschaftlichen Anregung und Beobachtung und deren kontinuierlichen Berichterstattung folgt: statt und in Abwehr von obrigkeitlicher und verwaltungsbestimmter Macht und Herrschaft.

Es kann – schließlich achtens und letztens – noch ausgreifender gesagt werden: *Jede zukunftsfähige* Pädagogik kann eigentlich immer *nur „Reform-*Pädagogik" sein, denn wenn sie die Kinder von heute auf die Welt von morgen einstimmen und vorbereiten will und soll, muss sie sich selbst ständig reformieren, die sich verändernden Zeiten reflektieren, sich nicht einfach an Zeitgeiste anpassen, sondern manchmal gerade Widerstand leisten gegen Zeit-Geist- und Zeit-UN-Geist-Erwartungen.

Es ist die bleibende und ständige Aufgabe der *Reform*-Pädagogik, die jeweils „Neue Zeit" kritisch zu begleiten und sie vorzubereiten und der nachwachsenden Generation zur Chance zu verhelfen, in kritischer Distanz zu allen herumvagabundierenden Moden zu einer *eigenen Position* zu finden. Es ist die bleibende und ständige Aufgabe der *Reform*-Pädagogik, auch neue Zeiten zu antizipieren, um dann im Blick auf gewollte, gesuchte und gesetzte Ziele jene Kompetenzen sich anzueignen, die durch diese Gestaltungskompetenz dann auch geschaffen und erreicht werden können. *Das* hieße doch wohl mündige Verantwortung und verantwortliche Mündigkeit, wie es – das ist eine gute Berufungsgrundlage – in vielen Schulgesetzen in den vordersten Paragraphen ja auch und schon heute steht, dort, wo von den grundlegenden „Aufgaben der Schule" die Rede ist.

3 *Statt* Schock-*Lehren* antizipatorisches oder innovatives *Lernen*[1]

Reform-Pädagogik lebt durch das *Gelebte* weit mehr als durch das nur *Gelehrte.* Lehren durch Leben, Lehren durch Vor-Leben. *Das* ist die hohe Anforderung an Personen und Institutionen, die sich dem einzulösenden *reform*-pädagogischen Geist in der Praxis verpflichtet wissen. *People* make the difference. Und: *Institutions* make the difference.

1 Siehe dazu: Peiccei, Aurelio (Hg.) 1979: Das menschliche Dilemma. Club of Rome. Zukunft und Lernen, Wien

Reform-Pädagogen müssen keine studierten Pädagogen sein. Oft waren sie es nicht. Sie brauchen nicht primär abgelegt haben ein erstes und ein zweites *Staats*-Examen, die ja oft nicht nur Kompetenz-Ausweise sind, sondern auch Nachweise für Unterordnungs- und Einordnungs-Bereitschaften. Um – ausschnitthaft – in den internationalen Bereich zu schauen: Maria Montessori war Ärztin, Janusz Korczak war Arzt, John Dewey war Philosoph, Anton Semjonowitsch Makarenko war Schriftsteller, Rudolf Steiner war Esoteriker und Philosoph[2].

Grund-legende Innovationen und wirkliche Paradigmenwechsel kommen oft von Personen, die nicht, jedenfalls nicht nur im Traditions-System verwoben, nicht nur durch dieses dominant sozialisiert, nicht nur in den Schein-Selbstverständlichkeiten des Vertrauten befangen und gefesselt sind. Und sich manchmal dann doch – mehr als es, nachträglich betrachtet, gut war – sich herrschenden Personen, herrschenden Ansichten, herrschenden Mächten, vorherrschenden Verhältnissen angenähert, angepasst, angedient, eingefügt und eingereiht haben...

Nachhaltig andere Ansichten und nachhaltig andere Einsichten gewinnt der Mensch meistens durch andere Lebenserfahrungen in anderen Lebenskontexten. Neues können vor allem meist *die* schaffen, die aus dem Vertrauten ausgebrochen sind. Das Neuland des Entdeckens liegt meistens jenseits der sicheren Ufer. Darum sind *Reform*-Pädagogen oft Grenz-Gänger. Oft sind sie unkonventionell. Aus ihrem Eigen-Sinn wächst neuer Sinn. Hoffentlich – und im besten Sinne – Gemein-Wohl-Sinn. Dabei ist wichtig: es gibt positive und wünschenswerte Grenz-Überschreitungen. Und es gibt – das muss ich hier ja jetzt nicht ausführen – schreckliche, unter keinen Umständen hinnehmbare Grenz-Überschreitungen.

Der sexuelle Missbrauch: an vielen Orten, in vielen Feldern, in vielen Formen, von viel zu vielen Personen, steht derzeit – und endlich! – im Mittelpunkt der Für-*wahr*-Nehmung und der Diskussion. Ich möchte aber – nicht um abzulenken – auch sagen: es gibt auch einen Missbrauch durch *Gleichgültigkeit* und auch einen Missbrauch durch *Vernachlässigungen* und auch einen Missbrauch durch *Herabwürdigungen* und auch einen Missbrauch durch *Abwertungen* und, und, und... in einem Maße, der ebenfalls zum Himmel schreit – und auch nicht immer gehört und erhört wird!

Ob die umgebende Gesellschaft Neues Leben für Neue Zeiten akzeptiert, ob sie vielleicht applaudiert, ob sie ein Neues Denken und eine neu gelebte Praxis multipliziert und disseminiert, oder ob sie das Neue ignoriert, ob sie

---

2 Im Blick auf Deutschland sei hingewiesen und empfohlen: Keim, Wolfgang; Schwerdt, Ulrich (Hg.) 2013: Handbuch der Reformpädagogik in Deutschland. 1890–1933. Teil 1: Gesellschaftliche Kontexte, Leitideen und Diskurse. Teil 2: Praxisfelder und pädagogische Handlungssituationen, Frankfurt/M.

dagegen opponiert und rebelliert, das hängt von verschiedenen Faktoren ab. Meistens sind es Historische Zeitfenster, die nach neuen Blickweisen rufen, welche die Gründungs- und Gestaltungschancen schaffen, ermöglichen, fördern. Denen, die Überholtes abbrechen, denen, die vorzeitig aufbrechen, denen, die rechtzeitig ausbrechen, der Avantgarde also, sie soll *das* wissen und sich immer wieder klar machen, was ich ihr in dem Gedicht gewidmet habe:

„Wer seiner Zeit voraus ist... Oder: Die Avantgarde“:

Sechs Phasen und ein Hoffnungsschimmer
Zuerst wirst Du nicht wahrgenommen.
Dann wirst Du geringschätzig betrachtet.
Dann stößt Du auf Ablehnung.
Dann erfährst Du heftigen Widerstand.
Dann sollst Du zum Aufgeben verführt oder bestochen werden.
Schließlich wirst Du bedroht, bekämpft, vielleicht sogar vernichtet.
Wenn Du *das alles* dann dennoch überlebt hast, dann kann es sein,
dass Du in Umkehrung eines historischen Beispiels damit überrascht wirst,
dass auf das ‚*Kreuzige ihn*‘ ein ‚*Hosianna*‘ folgt.

Literatur

Keim, Wolfgang; Schwerdt, Ulrich (Hg.) 2013: Handbuch der Reformpädagogik in Deutschland. 1890–1933. Teil 1: Gesellschaftliche Kontexte, Leitideen und Diskurse. Teil 2: Praxisfelder und pädagogische Handlungssituationen, Frankfurt/M.

Peiccei, Aurelio (Hg.) 1979: Das menschliche Dilemma. Club of Rome. Zukunft und Lernen, Wien

Landschulheime: Schrittweise Ernüchterung

Helmwart Hierdeis

Lieber Herr ...,

Ihre Äußerung kurz vor dem Verlassen des Zuges, sie hätten Ihre zwölfjährige Tochter für das kommende Schuljahr in einem bekannten deutschen Landerziehungsheim angemeldet, weil Sie sich mit Ihrer Frau zusammen für drei Jahre im diplomatischen Dienst nach Südostasien verpflichtet hätten, hat in mir mehr an Assoziationen, Erinnerungen und Überlegungen wachgerufen, als ich in der Eile loswerden konnte. Vielleicht haben Sie gemerkt, dass ich noch etwas sagen wollte. Dass Sie mir bei der Verabschiedung Ihre Visitenkarte in die Hand gedrückt haben, macht es nun möglich, auf diesem Wege unser Gespräch über Gott und die Welt fortzusetzen und Ihnen zu schreiben, was mir zu Ihrer Entscheidung eingefallen ist. Ich muss dazu etwas ausholen.

Wer in einer Welt ohne Alternativen lebt, kennt nur diese eine Welt. Das gilt auch für die Welt der Erziehung und Schule. Nach dem Krieg am Rand einer süddeutschen Großstadt aufgewachsen, besuchte ich bis zum Abitur ein Gymnasium, das in den von Bomben unversehrten Gebäudeteilen einer ehemals viel größeren Anstalt untergebracht war. Wir wurden frontal unterrichtet, von Kriegsheimkehrern, die sich schwer taten, ihren militärischen Habitus, vor allem ihren Befehlston gegenüber uns Jugendlichen abzulegen, dazu in großen Klassen, über lange Zeit hinweg im Schichtunterricht und in notdürftig renovierten Schulräumen. Das alles ist inzwischen längst nicht nur in zahllosen Lebensgeschichten abgelegt, in einigen vielleicht sogar verarbeitet, sondern hat auch seinen Platz in der wissenschaftlichen Historiographie der Schule gefunden. Die Psychoanalyse entdeckt in Therapien bis heute Spuren der Kriegs- und Nachkriegsgeschichte, selbst bei den heutigen Enkeln.

Dass es neben der pädagogischen Welt, in der ich groß geworden war, schon lange andere Welten gegeben hatte, erfuhr ich, als ich mein ganz auf die künftige Schulpraxis ausgerichtetes, theoriearmes Studium für das Lehramt an Volksschulen durch ein Promotionsstudium in Pädagogik ergänzte. Ein Dozent stellte mir in seinem Seminar an der Münchner Universität die Aufgabe, eine Arbeit über den „pädagogischen Naturalismus" zu verfassen, über eine pädagogische Theorierichtung also, die davon ausging, dass der Mensch „von Natur aus gut" ist und dass die Erziehung nichts anderes zu tun hat, als die „natürliche" Entwicklung des jungen Menschen gewaltlos und phantasievoll zu unterstützen. Das führte mich über Rousseaus „negative Erziehung" zu den radikalen Vertretern einer „naturgemäßen" und damit kulturkritischen Erziehung im ersten Drittel des 20. Jahrhunderts, zu den deutschen „Reformpädagogen" also.

Unter ihnen wiederum waren die Gründer der „Landerziehungsheime" (oder „Landschulheime", wie sie sich später nannten) eine besondere Entdeckung: Pädagogen, die sahen, dass sie ihre Vorstellungen von „natürlicher" und „freiheitlicher" Erziehung an den öffentlichen Schulen nicht durchsetzen konnten und die deshalb, legitimiert durch die Weimarer Verfassung und mit Unterstützung von privaten Geldgebern und Schülereltern, eigene Schulen abseits der Städte in unbewohnten Schlössern oder Gehöften gründeten. Ich will Sie nicht mit Konzepten und Namen langweilen, die Ihnen wahrscheinlich nichts sagen, aber für mich eröffnete sich nicht nur eine neue Sichtweise im Hinblick auf den heranwachsenden Menschen (und im Rückblick auf meine eigene Entwicklung), sondern auch ein mir bis dahin unbekanntes Feld pädagogischer Praxis: Lehrer und Schüler in „Familien" oder „Kameradschaften", die nach Regeln zusammenlebten, die sie sich in „Schulgemeinden" selbst gegeben hatten; Projektunterricht in kleinen Gruppen mit Lehrern als Mentoren; Koedukation; flexible Stundenpläne; handwerkliche Ausbildung, Theater, Kunst und Sport als Ergänzung zum Wissenserwerb … Und dann erfuhr ich, dass das alles nicht nur Geschichte war, sondern dass viele dieser Einrichtungen Nationalsozialismus und Krieg (wenngleich dem System organisatorisch und ideologisch unterworfen) überlebt hatten und nun in einem Verbund „Freier Schulen" versuchten, an die Reformzeiten anzuknüpfen. Es gab die Landschulheime also noch und wieder, als ich selbst zur Schule ging.

Im Laufe der Zeit wuchs zwar mit meinem theoretischen Verständnis von Erziehung auch meine Kritik an den anthropologischen und gesellschaftstheoretischen Grundlagen dieser Pädagogik. Insbesondere ihre Annahmen von der unverfälschten, nicht vergesellschafteten „Natur" des Kindes und Jugendlichen und ihre pauschale Abwertung der „Kultur" als schädlich, waren nicht zu halten. Aber die didaktischen Innovationen, die Vereinigung von Lehrer- und Erzieherrollen, die Praxis des ganzheitlichen Lernens, die interne Willensbildung und die Hochschätzung des Sozialen schienen mir immer noch nachahmenswert – als Beispiel für die „Entschulung der Schule", wie Hartmut von Hentig in den 70er Jahren formuliert hatte. Als Universitätslehrer unternahm ich mit Studierenden mehrfach Exkursionen zu den renommiertesten Einrichtungen (Odenwaldschule bei Heppenheim, Birklehof im Schwarzwald, Schondorf am Ammersee), ich forschte zur Entstehungsgeschichte der „Landschulheime", besonders zu Formen der gemeinsamen Willensbildung von Lehrern und Schülern im Hinblick auf den Unterricht und den Modus des Zusammenlebens, und ich beobachtete als Gast den Schulbetrieb. Was sich vor meinen Augen abspielte, schien mir eine wohltuende pädagogische Welt zu sein, und wenn ich die Biographien mancher Politiker und Wissenschaftler mit Landschulheimvergangenheit verfolgte, so waren diese Schulen offenbar menschenfreundliche Soziotope, in denen soziale Verantwortung und Begabungen auf besondere Weise geweckt und gefördert wurden. Auch manche Schulreformen (wie z. B. die Entwicklung der Kollegstufe) nahmen von hier ihren Ausgang.

Wenn ich mit Schulleitern sprach, so gestand der eine oder andere zwar zu, dass sie gelegentlich Schwierigkeiten mit der sozialen Integration von Schülerinnen und Schülern aus unterschiedlichen kulturellen und finanziellen Milieus hätten, dass es Probleme mit Drogen und mit sexuellen Beziehungen im Internat gäbe, aber alles schien „im Rahmen“ zu sein und in ihrer Einrichtung auch wegen des qualifizierten pädagogischen Personals leichter zu bewältigen als in öffentlichen Schulen. Diesen positiven Eindruck hatte, wie ich im Kollegenkreis erfuhr, bei weitem nicht nur ich, und die Schulen taten das ihre, um das Bild einer erstrebenswerten Alternative in der Öffentlichkeit entstehen zu lassen und aufrecht zu erhalten – schon um wirtschaftlich zu überleben.

Nun führte ein Ortswechsel dazu, dass wir für unsere damals elfjährige Tochter zu Schuljahrsbeginn eine anderes Gymnasium suchen mussten, und weil wir unseren neuen Wohnsitz in der Nähe eines Landschulheims gefunden hatten, das ich aus eigener Anschauung kannte und das neben dem Unterricht eine Vielfalt an Aktivitäten versprach, konnten wir uns nichts Idealeres vorstellen, als sie dort unterzubringen – als interne Schülerin bis zur Einrichtung der Wohnung, als externe danach. Gleich nach Schuljahrsbeginn häuften sich jedoch die schlechten Nachrichten: kein Zugang zu handwerklichen Tätigkeiten (sie waren den Oberstufenschülern vorbehalten), chaotische Unterrichtsstunden, hilflose Lehrer, unsinnige Leistungsbewertungen, fehlende nächtliche Aufsicht im Internat (was wahllosen Fernsehkonsum bis nach Mitternacht und heimliche Besuche von älteren Schülern auf den Zimmern und in den Betten der Unterstufenmädchen zur Folge hatte). Die Schulleitung reagierte auf unser Nachfragen mit Verleugnung („blühende Phantasie eines unaufgeklärten Kindes“), ohne Bereitschaft, die Vorwürfe zu überprüfen. Nach zwei Monaten beendeten wir das Experiment, nicht ohne das Schulgeld bis zur Vollendung des Halbjahres weiter zahlen zu müssen.

Mein schlechtes Gewissen wegen meiner unkritischen Voreingenommenheit, deren Opfer unsere Tochter geworden war, versuchte ich zunächst damit zu beruhigen, dass ich mir sagte, wer nicht Familienangehöriger sei, habe normalerweise keine Möglichkeit, „Familiengeheimnisse“ aufzudecken. Aber das half mir nicht wirklich über die Ernüchterung hinweg. Im Gegenteil: Sie machte in den letzten Jahren einer bodenlosen Enttäuschung Platz, als die Öffentlichkeit erfuhr, dass gerade im ältesten und berühmtesten Landschulheim, der Odenwaldschule, Kinder und Jugendliche jahrzehntelang durch ihre Lehrer und Erzieher sexuell missbraucht worden waren.

Eigentlich hätte ich ja auf eine solche Nachricht gefasst sein müssen. Denn ich wusste aus der Geschichte der Landschulheime, dass Vorwürfe dieser Art immer wieder einmal aufgetaucht waren und einmal sogar zum Prozess gegen einen Gründer und Leiter (Gustav Wyneken in Wickersdorf) geführt hatten.

Bei diesem Prozess hatte er sich übrigens der gleichen Argumentationsfigur bedient, die nun auch von einigen Verantwortlichen der Odenwaldschule zu hören war: es gebe auch verführerische Heranwachsende; sexuelle Handlungen seien mit ihrer Einwilligung geschehen; und schon Platon habe auf die persönlichkeitsfördernde Wirkung erotischer Beziehungen zwischen Lehrern und Schülern verwiesen. Schuldig bekannten sich wenige.

Inzwischen liegen wissenschaftliche Untersuchungen vor – nicht nur zur Odenwaldschule, sondern auch zu Missbrauchsfällen in anderen, v. a. kirchlichen Internaten. Wenn Sie interessiert daran sind, kann ich Ihnen Literatur nennen. Aber das Internet bietet Ihnen genügend Anknüpfungsmöglichkeiten. Was wir dort erfahren können, lässt uns nicht nur vor der Skrupellosigkeit einzelner Pädagogen erschrecken, es macht uns generell skeptisch gegenüber den bisher vielfach bedenkenlos praktizierten (und intern von manchen begünstigten und ausgenützten) Gemeinschaftsformen, insbesondere gegenüber der durch diese Strukturen bedingten alltäglichen großen Nähe zwischen Erziehenden und Heranwachsenden, weil sie Grenzüberschreitungen begünstigen, gleichgültig von welcher Seite die Initiative ausgeht.

Heranwachsende sind so, wie sie sind: fern von ihren Eltern besonders schutz- und liebesbedürftig, unsicher hinsichtlich ihrer Sexualität und Identität, mit mehr Fragen als Antworten im Kopf, was ihre Zukunft angeht. Die Erwachsenen, mit denen sie zu tun haben, sollten aber keineswegs nur so sein, wie sie geworden sind, sondern als Erzieher und Lehrer darauf vorbereitet worden sein, mit wem sie es in welchen sozialen Zusammenhängen zu tun haben, welche Konflikte auf sie zukommen, und was es in ihnen bewirkt, wenn sie das Konfliktfeld nicht – wie in der öffentlichen Schule – einfach verlassen können. Eine Berufsvorbereitung, die ihnen verschwiegen hat, dass sie als Erzieher in jedem fremden Kind dem Kind begegnen, das sie selbst einmal waren und dass sie auf diese Weise unausweichlich mit ihrer eigenen Erziehungsvergangenheit konfrontiert werden (wie Siegfried Bernfeld das vor fast hundert Jahren bereits beschrieben hat), hat sie in unverantwortlicher Weise nur unzureichend auf ihre Aufgaben vorbereitet.

Sie werden als Eltern Ihre Entscheidung nach reiflicher Überlegung gemeinsam mit Ihrer Tochter getroffen haben. Wenn ich Ihnen als Außenstehender zwei Überlegungen mitteilen darf: Die eine: Ihrer Tochter würde es gut tun, wenn in der Zeit Ihrer Abwesenheit Verwandte und Freunde besonders engen Kontakt zu ihr hielten. Ihre Mails und Telefonate aus der Ferne werden zumindest am Anfang nicht ausreichen, das Gefühl Ihrer Tochter, aus der bisherigen beschützenden Welt herausgefallen zu sein, zu beruhigen. Aber daran haben Sie wohl selbst schon gedacht. Die zweite: Erkundigen Sie sich bei der Schul- und Internatsleitung, was das Haus an interner Kontrolle und an Supervision für das erziehende und unterrichtende Personal vorsieht und praktiziert, und geben Sie damit zu erkennen, dass Sie das spezielle Problem des Zusammenlebens im Landschulheim kennen. Sollte die Antwort Sie nicht befriedigen, dann war Ihre Entscheidung vielleicht doch noch nicht die endgültige.

Aber möglicherweise haben Sie ja auch ein Glückslos gezogen. Lassen Sie es mich beizeiten wissen, damit meine Skepsis keine neue Nahrung erhält.

Ihnen für Ihre neue Aufgabe und Ihrer Tochter für das Leben im Landschulheim alles Gute!

Helmwart Hierdeis

Vom Kinde aus, von der Gruppe aus, vom Geiste aus

Kernbegriffe des reformpädagogischen und Petersen'schen Sprachspiels

Jan Dirk Imelman

1 Einführung

Als die Redaktion dieses Buches mich bat einen Artikel über die Reformpädagogik aus der Sicht eines Emeritus zu schreiben, schenkte ich ihr gerne Gehör. Ich halte es als holländischer Pädagoge noch immer für sinnvoll, kritisch über „ins and outs" von Schulreform nachzudenken, im Besonderen, weil vor einigen Jahren die niederländische Obrigkeit der pädagogischen Profession bestimmten reformpädagogischen Idealen Zügel angelegt hat. Die Didaktik – ‚Das Herzstück der Pädagogik' (Derbolav 1971) – und der pädagogische Takt (Herbart 1841), worin das ganze pädagogische Wissen und die Intuition der Lehrer(innen) sich treffen (1), sind nämlich des schulpädagogischen Berufes beraubt: Innerhalb eines großen Teils des holländischen Schulsystems, namentlich auf der Ebene der Sekundarstufe, ist die Didaktik des *Neuen Lernens* gesetzmäßig vorgeschrieben worden. Welche Regierung wagt es, Ärzten, Juristen, Künstlern, Pfarrern ihre Methodik vorzuschreiben?

Nebst diesen nationalen unterrichtspolitischem Neuerungen gibt es lebendige Erneuerungsbewegungen auf dem Gebiete des Elementarunterrichts. Meistens basieren sie auf der ‚klassischen' Reformpädagogik. In keinem Land gibt es so viele reformpädagogisch fundierte Schulen wie in den Niederlanden. 2014 gehören dreizehn Prozent der Grundschulen zu einer bestimmten reformpädagogischen Tradition. Man trifft dort mehr als 400 Daltonplanschulen, mehr als 200 Jenaplanschulen, fast 200 Montessorischulen, 72 Waldorfschulen und auch noch 10 Freinetschulen an. Zum Vergleich führe ich einige Daten unseres Nachbarlandes an: In Deutschland machen 450 Montessorischulen, 234 Waldorfschulen, 38 Jenaplan Schulen und 3 Freinet Schulen ungefähr 2,5% der Grundschulen aus. In einigen deutschen Schulen ‚daltonisiert' man; auch sieht man ziemlich rezente Neu-Erscheinungen im Felde der Unterrichtserneuerung, z.B. die fünf Mehlhornschulen. (Siehe: www.netzwerk-innovativer-schulen.de.)

Inzwischen habe ich von diesen Sachen schon früher und anderswo geschrieben; jetzt mache ich mich auf, wie gesagt, über ein reformpädagogisches Thema von damals zu schreiben.

Weil es sich um eine deutschsprachige Abhandlung aus der Feder eines niederländischen Pädagogen handelt, wähle ich als Thema die Jena-Plan-Pädagogik. So sehr diese schulpädagogische Lehre auch von deutscher Herkunft ist, sie ist vorwiegend in den Niederlanden implementiert worden: Heute gibt es in Holland, wie gesagt, mehr als 200 und in Deutschland nur 38 Jenaplan-Schulen (mit einer fünfmal größeren Bevölkerung).

Da die Jena-Plan-Pädagogik eine der ‚klassischen' reformpädagogischen Lehren ist, eröffne ich meine Abhandlung mit der Besprechung des ‚allgemein'-reformpädagogischen Sprachspiels (2). Von dort her komme ich im Besonderen auf ein auffälliges Kennzeichen der Jena-Plan-Pädagogik zu sprechen. Es wird sich letzten Endes zeigen, dass dieser pädagogischen Lehre eine erkenntnistheoretische Unzulänglichkeit anhaftet.

2 Eine Diskrepanz innerhalb des reformpädagogischen Sprachspiels

Im Vergleich mit anderen Schulen profilieren sich die Dalton-Plan-, Jena-Plan-, Montessori-, Freien (Waldorf-) und Modernen (auf Freinet basierenden) Schulen durch Unterschiede auf theoretischer und praktischer Ebene. Solche Profilierungen gibt es aber auch untereinander. Offensichtlich liegt vielen daran, die Identität ihrer ‚eigenen' Schule zu bewahren (3). Dass es aber trotzdem zwischen den reformpädagogischen Praktiken viele Übereinstimmungen gibt, darüber ist sich der pädagogische Forscher bald im Klaren.

Die Prinzipien der ‚Selbsttätigkeit', der ‚Individualisierung' und des Konzeptes ‚Vom Kinde aus' spielen in den auf den fünf reformpädagogischen Traditionen begründeten Erneuerungsschulen (aber auch außerhalb davon) eine wichtige Rolle. Diese drei pädagogisch-didaktischen Prinzipien stehen ohne Zweifel miteinander im Zusammenhang und bringen eine fundamentale Anerkennung der eigenen Aktivität des Kindes innerhalb seiner Erziehung zum Ausdruck. Es handelt sich dabei um die Überwindung des damals vorgefundenen Neuherbartianismus.

Oft erheben reformpädagogische Texte einen flammenden Protest gegen die Vorstellung, Kinder seien ein passives oder unwilliges Material. Ein solches Bild impliziert auch eine bestimmte Rollenverteilung: Innerhalb dieses Bildes des pädagogischen Bezugs gibt es einerseits einen allmächtigen Erzieher und andererseits ein von disziplinären Maßnahmen zur Passivität gezwungenes Kind. Mit dem Aufruf, das Kind zu befreien, bringt man eigentlich zum Ausdruck, dass man die Interessen des Kindes an seiner eigenen Aktivität im Rahmen seiner Erziehung anerkennt. Vielleicht finden wir bei Montessori (1870-1952) die außerordentlichste Umschreibung dieser Forderung (Montessori 1909). Sie meint, die Rollen innerhalb der Schule sollten einfach umgedreht werden: Nun komme es darauf an, dass das Kind aktiv und der Lehrer passiv sei. Die Aktivität des Kindes ist selbsterzieherische Aktivität. Erziehung ist kein Werk der Erwachsenen, sondern des Kindes. Der Pädagoge soll, statt die kindliche Aktivität zu unterdrücken, das Verhalten der Kinder während ihrer *Selbsttätigkeit* beobachten.

Unseres Erachtens traf Helen Parkhurst (1886-1973) den Nagel auf den Kopf, als sie die Reform der Schule nach ihrem eigenen Dalton-Plan präsentierte, und diesen Plan als einen Versuch verstand, die Aktivitäten des Unterrichtens *und* des Lernens als *Zwillingsaktivitäten* aufzufassen (Parkhurst 1922). Es geht ja nicht an, die Rollen einfach umzudrehen; eher solle man begreifen, dass die Rollen der Dozenten und Schüler ganz verschieden und in diesem Sinne komplementär sind.

Sobald die Reformpädagogen die kindliche Aktivität anerkannt hatten, fokussierten sie ihre Aufmerksamkeit auch auf die *Individualisierung*. Wenn Kinder ihre eigenen Aktivitäten entfalten, zeigt sich ja ihre Individualität. Der eine lernt so, der andere so, der eine ist schneller, der andere langsamer usw.. Was der Lehrer auch tut, das individuelle Kind soll selber lernen. Da Parkhurst es auf eine Versöhnung des Lehrens mit dem Lernen anlegte, sah sie sich gezwungen, Formen des Individualisierens in ihre Vorschläge aufzunehmen. So entwickelte sich die Idee der monatlichen Aufgaben. Aber auch andere Reformer nahmen die Individualisierungsidee ernst und verwirklichten auf die eine oder andere Weise diese Idee im Rahmen ihrer Theorie und Praxis.

Im Rahmen der reformpädagogischen Tradition gibt es neben den Prinzipien der Selbsttätigkeit und Individualisierung noch ein drittes Prinzip: *Vom Kinde aus*. Auch dieses Prinzip hat mit der Anerkennung der Tatsache zu tun, dass Kinder naturgemäß gerne lernen und aktiv an ihrer eigenen Erziehung teilhaben. Kinder lernen, sobald dieses Lernen ihren Bedürfnissen entspricht. Und solche Motivationen zum Lernen innerhalb der Mauern der Schule sind zu nutzen, wenn man den Verbalismus und die weltfremden Aktivitäten der alten Schule zurücklassen und sich der Lebenswelt und außerschulischen Umgebung anschließen will. Namentlich Freinet (1896-1966) hat diese Ansicht verteidigt und daraus im Rahmen seiner Schulreform Konsequenzen gezogen (Freinet 1945, 1949). Die Schule sei ein Ort, wo sich Aktivitäten der außerschulischen Arbeitswelt entfalten. Die Schule solle sich nicht von der Außenwelt abschneiden. Freinet versucht deshalb immer wieder, die ‚Mauern' zwischen Schule und Welt abzubrechen und eine Wechselwirkung zwischen Leben und Arbeiten draußen und Arbeiten und Leben in der Schule zustande zu bringen. In diesem Bestreben steht er übrigens nicht allein. Auch die Bremer und Hamburger Schulreformer wie Johannes Gläser und seine Kollegen gestalteten ihre Schule zu einer Lebensgemeinschaft um. (Nebenbei bemerke ich hier, dass der Slogan ‚Vom Kinde aus' wahrscheinlich aus ihrem Kreis stammt(4).) Aber keiner ging soweit wie Freinet. Er war kein Romantiker – wie viele Schulreformer. Er verschloss sich z.B. der Tatsache nicht, dass wir heute in einer industrialisierten Welt leben. Und deshalb führte er seine Schüler auch in industrielle Aktivitäten ein. Wo z.B. Décroly (1871-1932) mit Hilfe seiner ‚*centres d'interets*' die kindlichen Interessen im Allgemeinen berücksichtigt, versucht Freinet an der konkreten kindlichen Lebens- und Erfahrungswelt anzuschließen. Nur auf diese Weise entspringt die Schularbeit direkt aus dem Reichtum des vorhandenen Lebens.

Bisher sprach ich über drei reformpädagogische Prinzipien wie ‚Selbsttätigkeit', ‚Individualisierung' und ‚Lernbedürftigkeit' als ginge es um von Montessori, Parkhurst und Freinet entdeckte Ideen. Nebenbei nannte ich auch die Hamburger und einen Pädagogen wie Décroly. Aber man kann sagen, dass es sich um 1900 und während der folgenden Jahrzehnte im edukativen Sprachspiel überhaupt um neue, revolutionäre Begriffe handelte. In dem damaligen modernen Sprachgebrauch gab es Begriffe wie ‚Konzentration des Lehrstoffes', ‚Rekapitulation' (die Vorstellung, dass die Ontogenese die Phylogenese wiederholt), ‚Gruppenarbeit', ‚Selbstverwaltung' usw.. Und man sprach nicht nur darüber, sondern versuchte das eine und das andere auch zu praktizieren.

Jedenfalls gab es ziemlich früh, schon in den neunziger Jahren des neunzehnten Jahrhunderts, eine fast weltweite reformpädagogische Bewegung. Nicht nur in Russland fing es im Jahre 1859 an, als Tolstoi auf seinem Landgut eine Art Schulreform praktizierte (*Imelman 2010*), sondern ab ca. 1890 gab es reformpädagogische Versuche in den Vereinigten Staaten, in England, Frankreich, Belgien, den Niederlanden, Deutschland, in der Schweiz und in Britisch-Indien. Diese weltweite Bewegung organisierte sich allmählich. Und so stiftete Ferrière (1879-1960) schon 1899 das *Bureau International des Écoles*. Innerhalb dieses Büros formulierte man 1912 das erste reformpädagogische Programm und verband auch Konsequenzen damit. Das organisatorische Bedürfnis der Praktiker und Theoretiker war so groß, dass man sich gern zu diesem Programm bekannte. Auf diese Weise entstand eine Art von internationaler edukativer Kuppel, unter der viele Reformpädagogen sich vereinigten (5). Man durfte seine Schule nur dann eine *Neue Schule* nennen, wenn man wenigstens die Hälfte des Programms in die Praxis umgesetzt hatte.

Ich verweile nun einen Augenblick bei diesem Programm, weil ich danach zu einem Vergleich mit dem Programm der *New Education Fellowship* (gegründet 1921) übergehen möchte. Diese *Fellowship* ist der Nachfolger des *Bureau International* und anderer internationaler Initiativen auf dem Gebiete der Schulreform, und in diesem Sinne ist ein Programmvergleich interessant. Dieser Vergleich wird uns zeigen, dass die ursprünglichen Ideen zur Individualisierung usw. von dem neueren Programm der zwanziger Jahre teils gefährdet wurden.

Die Forderungen des ersten Programms, festgelegt im Jahre 1912, beziehen sich erstens auf die *Organisation*. Innerhalb der *Neuen Schule* muss es sich handeln um:

- Selbstverwaltung
- Internat
- ländliche Lage
- gruppenweise Unterbringung
- Koedukation.

Zweitens gäbe es *körperliche Erziehung*. Diese Erziehung umfasst mehr, als was wir heute darunter verstehen:

- Handarbeiten
- Holzbearbeitung
- Land- und Gartenbau
- Tierversorgung
- körperliche Übung in einer natürlichen Weise
- reisen und zelten.

Im Rahmen der *intellektuellen Bildung* handele es sich (drittens) um:

- Allgemeinbildung der formalen Fähigkeiten
- Entwicklung spezieller Talente
- Learning by doing
- Lernen aufgrund spontaner Interessen.

Eine solche Bildung erfordert *in Sachen des Unterrichts*:

- Beschränkung des Unterrichts auf einen halben Tag
- eine kleine Zahl von Fächem pro Tag und pro Monat
- einen ausgewogenen Wechsel von individuellen und Gruppen-Aktivitäten.

Fünftens gäbe es in der Neuen Schule *Sozialerziehung*. Und gerade im Rahmen der Selbstverwaltung, wovon oben in dem Texte unter *Organisation* die Rede ist, gehe es dabei um:

- Belohnung und Strafe
- Verteilung der Aufgaben
- Wahl der Führer
- Selbstverwaltung (Schulrepublik).

Zum Schluss wurden noch *ästhetische* und *ethische Erziehung* im engeren Sinn genannt. So solle man die Schule schön machen, musizieren, beziehungsweise miteinander wetteifern, verantwortlich sein. Selbstverständlich haben diese letzten zwei Forderungen mit dem Funktionieren der Schule insgesamt zu tun (*Ferrière*, in *De Vascancellos 1915*).

Wiewohl es sich in diesem Programm ursprünglich nur um eine Internatsschule handelte, fühllte man sich innerhalb der ganzen Bewegung der Schulerneuerung davon angesprochen. Und so geschah es, dass man, da man gerne die Exklusivität der Idee des Internats relativieren wollte, nach

1921 im Kreise der *Educational Fellowship* ein neues Programm formulierte. Man könnte dieses Programm ungefähr wie folgt zusammenfassen (6):

Im humanen Leben handele es sich um die Entwicklung des *Geistes*; der Geist ist eine im Kind anwesende Kraft; diese Kraft muss vom Erzieher geschützt und vergrößert werden; deshalb sollen die Schulen

- die kindliche *Individualität* achten;
- auf der Ebene der intellektuellen, ästhetischen, sozialen und sonstigen Gebiete des menschlichen Geistes die spontanen Interessen des Kindes beachten oder wecken;
- die *Entwicklungsphasen* berücksichtigen, sowohl auf der individuellen als auch auf der sozialen Ebene.

Auch solle es

- *Koedukation* geben und
- *Zusammenarbeit* statt Konkurrenz: Das Individuum stehe im Dienst der *Gemeinschaft.*

Weiter gibt es noch die folgende Prinzipien:

- *Erziehung zum Weltbürger* geschehe mittels der *Erziehung zum Staatsbürger*, es geht dabei um das Erlernen von Selbstvertrauen, -beherrschung, Verantwortungsbewusstsein und Charakterstärke;
- im Zentrum der Lehr- und Lernsituation stehe *Aktivität* und *Selbsttätigkeit*;
- man verabschiede sich vom Klassenunterricht und kreiere nach Anlage, Lerntempo und Interesse *differenzierte Formen von Gruppenarbeit*;
- das Lernen gehe von der Umgebung aus;
- es handele sich nicht mehr um gesonderte Fächer, sondern um integrierten Unterricht und um die Berücksichtigung von sogenannten Totalitätsprinzipien;
- man solle Rücksicht auf Resultate der entwicklungspsychologischen Forschung nehmen;
- und zum Schluss: Es gebe keine Beurteilung mittels Noten.

Wenn man beide Programme miteinander vergleicht, dann stellt sich heraus, dass das erste Programm des internationalen Büros von 1912 im geringeren Maße *Geist*, *Zusammenarbeit*, *Welt- und Staatsbürgerschaft*, *Gruppenarbeit* und *Totalitätsprinzipien* betont als das zweite ‚Programm' der späteren *Fellowship*. Sobald man aber die ganze weltweite Reformbewegung näher betrachtet und dies auch auf der Ebene der einzelnen Schulbewegungen, dann entdeckt man weitere interessante Unterschiede. Ich habe den Eindruck, dass namentlich die deutschen Bewegungen – seien sie, politisch gesprochen, zu den ‚Linken' oder den rechts stehenden Kreisen zu rechnen – in problematischer Weise dem Gemeinschaftsdenken verpflichtet gewesen sind. Sowohl Pädagogen wie

Berthold Otto (1859-1933) und Paul Geheeb (1870-1961) als auch Erziehungswissenschaftler wie Peter Petersen (1884-1952) stehen meines Erachtens in ein und derselben deutsch-idealistischen Denktradition. Sie sprechen alle eine Sprache, die voll ist von Begriffen wie ‚gesamt', ‚heil', ‚Gemeinschaft', ‚völkisches Leben', ‚Volk und Boden'. Eine solche Sprache ist Ausdruck von bestimmten ‚holistischen' Denkformen (*Imelman 1989*). Diese Form des Denkens und Sprechens findet sich namentlich bei der deutschsprachigen Pädagogik und in der (geisteswissenschaftlichen) Erziehungswissenschaft.

Zum Schluss möchte ich versuchen zu zeigen, dass diese Art des Denkens und des damit übereinstimmenden Handelns innerhalb des Jena-Plans Inkonsistenzen aufruft. Paradoxerweise stellt sich dabei heraus, dass nicht so sehr die heutige deutsche Jena-Plan-Schule als vielmehr gerade der in den Niederlanden praktizierte Jena-Plan von diesen Inkonsistenzen gefährdet und belastet wird.

3 *Geist und Gruppe, Gemeinschaft und Leben: sozialpädagogischer Nationalismus*

In unseren Büchern über den Jenaplan (*Imelman, Jeunhomme, Meijer 1996*) und die Geschichte und Aktualität der Neuen Schule (*Imelman & Meijer 1986*) wird der kulturhistorischen Umgebung der sich allmählich entwickelnden reformpädagogischen Bewegungen Aufmerksamkeit gewidmet. Wir glauben plausibel gemacht zu haben, dass viele Ideen über Art und Weise des Zusammenlebens und ihrer Geschichte, der Kunst, der Humanwissenschaften, des Kindes und seiner Erziehung usw. endlich konvergieren in bestimmten Gedanken über Erziehung und Unterricht. Und so leuchtet es ein, dass zahllose Kennzeichen reformpädagogischen Denkens den *‚cultural traits'* sonstiger Felder innerhalb der damaligen Kultur (wie z.B. der Musik, der Malerei, der Baukunst, der Politik, der Philosophie usw.) verwandt sind.

Auf diese Weise glauben wir unter anderem an die These, dass Petersens Pädagogik ein typisches Kind ihrer Zeit und in besonderem Maße vielen Ideen der damaligen deutschidealistischen Denkart verpflichtet ist, dokumentieren zu können. Wir weisen hier auf zwei Kennzeichen von Petersens pädagogischer Fachsprache hin (7).

Erstens ist sie in hohem Maße *formal*. Er spricht in solch leeren Worten wie ‚rational' und ‚intuitiv' , ‚Tod' und ‚Leben', ‚das Reich der Not' und ‚das Leben der Gemeinschaft', ‚Handeln' und ‚Sein', ‚Denken' und ‚Schauen' beziehungsweise ‚Wollen' usw..

Zweitens wird die Jena-Plan-Pädagogik von einer *Dichotomie* gekennzeichnet. Die eine Hälfte ihrer Begriffe ist positiv, die andere Hälfte negativ bewertet. Positiv sind Begriffe wie: ‚Intuition', ‚Schauen', ‚Irrationalität', ‚Gefühl', ‚Erziehung', ‚Gemeinschaft', ‚Nationalismus', ‚Sein'. *Wahr und gut ist bei Petersen alles, was mit Gemeinschaft in Beziehung steht.* Alles, was mit ‚Denken', ‚Analysieren', ‚international orientiertem Denken und Handeln', ‚Interesse im politischen Sinne' zu tun hat, wird dem Skeptizismus und sogar dem Bereich des Bösen zugewiesen. Für Petersen sind rationales Denken, analytische Aktivitäten, Regeln usw. allenfalls nur zu gebrauchen im Sinne zeitlicher und provisorischer Mittel zur Erziehung der heilen, kosmischen Gemeinschaft. Tod und Verderben werden von Petersen immer mit den negativ bewerteten Begriffen seiner theoretischer Sprache (wie Ratio, usw.) identifiziert. Zielgerichtetes Handeln und zweckmäßiger Gebrauch von Mitteln sind zwar unvermeidlich, aber bloß in konditionaler Sphäre. Im Rahmen der Schule gehören ‚Lehrstoff' und ‚Unterricht' zu den Mitteln und damit zu dem Bereich des notwendigen Bösen. Nur jenseits dieser Mittel kann, im besten Falle, Erziehung folgen. Erziehung ist ein Geschehen, nicht ein Form des Handelns. In diesem Sinne unterscheidet Petersen ‚Erziehung' von ‚pädagogischem Handeln'.

In dem *formalen Leersein* vieler Begriffe und der *Dichotomie* des Petersen'schen Sprachspiels steckt eine Gefahr, der Petersen während seines Lebens auch nicht entgehen konnte. Sobald nämlich ziemlich leere Begriffe wie ‚Leben' und ‚Gemeinschaft' usw. ohne weiteres positiv bewertet und den Inhalt dieses Lebens und das, was eine Ansammlung von Menschen zu einer Gemeinschaft ‚macht', außer Acht lässt, und außerdem alle Formen des kritischen Denkens und rationalen Analysierens negativ beurteilt, dann ist jedes dem Menschen widerfahrende Geschehen, das ihn in das Reich der Gemeinschaft rückt, nur als etwas Positives zu beurteilen. Hier zeigen sich die Grenzen, ja, die Mängel der Jena-Plan-Theorie. Wir gehen auf dieses Problem noch kurz näher ein.

Petersens pädagogische Philosophie enthält ein monistisches Weltbild. Die *essentielle Wirklichkeit* ist geistige Gemeinschaft, das Sein, das Absolute, der Geist usw. *In dieser Wirklichkeit verschwindet jeder Unterschied zwischen Subjekt und Objekt.* In der Darstellung dieses monistischen Weltbildes benutzt er jedoch, wie gesagt, ein dichotomes Begriffssystem. Er braucht positiv bewertete Begriffe wie ‚Geist', ‚Gemeinschaft', ‚Intuition', ‚Irrationalität' und negativ bewertete Konzepte wie ‚Objekt', ‚Individuum', ‚Logik', ‚Rationalität' usw. Mit Hilfe dieser Begriffe kreiert er eine *zweite Wirklichkeit*: gespalten, zerteilt, eine Welt von Individuen und Rationalität, eine Welt, *in der das Subjekt einem anderen Subjekt und dem Objekt gegenübersteht.*

Diese Inkonsistenz in seinem metaphysischen Gedankensystem kann er philosophisch nicht lösen. Aber in seiner Praxis gibt es doch eine Art Lösung, namentlich in dem Aufruf zur Eingliederung des Individuums in das Ganze der Gemeinschaft. Im Rahmen der erzieherischen Praxis (nota bene: nicht der pädagogischen Praxis) sollten Individualismus und Rationalismus bekämpft werden. Dienst, Eingliederung und Hingabe charakterisieren die erwünschte Persönlichkeit.

Wie gesagt, verschwindet die Gegenüberstellung Subjekt-Objekt in einem ‚Wirklichkeit-ist-Geist'-Konzept à la Petersen. Ein Monismus, der den Unterschied zwischen Subjekt und Objekt nicht zulässt, bleibt aber theoretisch problematisch. Warum? Um diese Frage beantworten zu können, hebe ich in Kontrast mit Petersen'schen Auffassungen eine erkenntnistheoretische und anthroplogische Perspektive hervor, die dem Denken Petersens gegenübersteht.

Eine Analyse, wie gerade von uns gegeben, setzt eine universell-menschliche Kapazität voraus um das andere und die andere, und das, was darüber (und dárüber und dárüber ...) gesagt wird, kennen, begreifen, beurteilen zu können (8). Gemäß Petersens Philosophie sind Rationalität und Individualität etwas Negatives. Es ist ‚der' Erzfehler aller Aufklärer gewesen, zu wähnen, des Menschen Sein besteht auf Rationalität' (*Petersen 1931, S. 31*). Positiv ist: ‚Sich mit dem Ganzen schlechthin ineins zu setzen' (*S. 47*). Aber inzwischen ‚rationalisiert' Petersen selbst von Anfang bis zum Ende seiner Schriften. Seine Philosophie ist unwiderlegbar ein Produkt seines Denkens und nur möglich kraft der in seiner menschlichen Existenz gegebenen ‚exzentrischen Positionalität' (*Plessner 1964*; siehe auch *Imelman 1992, 2013*), nur möglich kraft seiner eigenen exzentrische ‚Stellung im Kosmos' (*Scheler 1928*). Er denkt über sein eigenes Denken (vgl. *Litt 1948*). Dass er in seiner Theorie dieses ‚anthropologisch konstanten' Kennzeichen des individuellen menschlichen Daseins (9) gleichwohl ableugnet und die Stimme des Gemeinschaftsgeistes als die einzig *reale* Stimme auffasst, ist der Theorie als solche anzurechnen. In seinem Denken über das Denken und die Welt, über Erziehung und (davon zu unterscheiden) pädagogisches Handeln, über Gemeinschaft und Individuum usw. war Petersen, wie jeder der nachdenkt und schreibt, ein (rational) reflektierender Mensch. Das Ergebnis seines Reflektierens aber, d.h. seine Metaphysik der Erziehung, verneint die Möglichkeit einer solchen Reflektion – und darin liegt Petersens fundamentaler Fehler. Ein Fehler auf der Ebene der *Theorie*; auch ein Fehler mit weitgehenden *praktischen* Konsequenzen.

Solange sich Jena-Plan-Theoretiker und -Praktiker wie Petersen keine Gedanken über die hier angedeuteten Probleme machen, solange handelt es sich um ein unzulängliches pädagogisches Konzept, ein Konzept, mit dessen Hilfe man sich üblen gesellschaftlichen oder kulturellen Einflüssen und Geschehnissen nicht entziehen kann. Kritiklos scheint Petersen die Ideologie des Dritten Reiches zu umarmen (*Petersen 1937*); Kritik übte er dagegen gerade an der Weimarer Republik und an der Demokratie überhaupt. Die von ihm gebrauchten Denkformen reichen zu einer richtigen Beurteilung dieser politischen Systeme nicht aus. Außerdem sind die Petersen'schen Denkformen nicht geeignet, um den Kenntnischarakter des Lehrstoffes zu beurteilen und um die Frage, was Kinder warum lernen sollten, zu bewältigen. Ob im Jahre 1933 die Schüler seiner Universitätsschule an Projekten über Hitler, Schlageter, Beethoven oder Goethe beteiligt waren, macht im Rahmen der

Jena-Plan-Schulpädagogik nichts aus (*Petersen 1934*). Von der Sorge für die pädagogische Qualität des Lehrstoffes, wozu sich z.B. Comenius, aber auch Reformpädagogen wie Jan Ligthart, Kees Boeke, Célestin Freinet geäußert haben, spricht Petersens Jena-Plan nicht.

Vielleicht gibt es in deutschen Ländern keine Probleme, solange Jena-Plan-Schulen sich dem staatlichen Curriculum anzupassen haben, und solange es sich bei diesen Lehrplänen um ziemlich genau umschriebene Lehrinhalte handelt, die ethisch und erkenntnistheoretisch zu rechtfertigen sind. Aber man kann sich vorstellen, dass Jena-Plan-Teams sich in den Niederlanden, wo der Staat Schulfächer nur andeutet und selbst das Niveau der Lernziele nicht angibt, in einem pädagogischen Freiraum befinden, dem die Jena-Plan-Theorie nicht gewachsen ist. Man sollte ja nicht kritiklos alles, was die Gemeinschaft für wahr hält, in dem Lehrplan inkorporieren. Der Jena-Plan ist meines Erachtens nur dann pädagogisch verantwortlich zu verwenden, wenn man die dahinter stehende Theorie im anthropologischen und erkenntnistheoretischen Sinne umändert. Zweifelsohne würde das heißen, dass man aus dieser Theorie unter anderem die Metaphysik der Gemeinschaft entfernen müsste.

Inzwischen ist, wie ich hoffe, deutlich geworden, wo sich – solange es die metaphysische und gemeinschaftsphilosophische Unterbauung der Jena-Plan-Theorie und die aufgrund dieser Theorie ‚gestiftete' Praxis gibt – etwas Problematisches zeigt in der Jena-Plan-Praxis. Es handelt sich im Gemeinschaftsdenken à la Petersen ja um eine Ideologie und eine Praxis, die sich nicht so sehr auf Individualisierung und die damit verbundene Selbsttätigkeit und Lernbedürftigkeit richtet, sondern primär auf ‚Geschehen der Gemeinschaft', auf ‚Gruppengeschehnisse'. Gemeinschaft ist hier Anfang, Ende und Wesen. Um Lehren und Lernen kommt man zwar leider nicht herum. Aber auch heute noch versuchen manche niederländischen Jena-Plan-Schulen die echte Erfüllung ihrer erzieherischen Aufgabe in der Entfaltung von Gemeinschaftsleben zu finden; und das mehr oder weniger auf Kosten des Lehrens, Lernens und Lehrstoffes, kurz: auf Kosten der pädagogischen Sache der Bildung, auf Kosten der Einführung von Schüler/innen in Kenntnisse und Fertigkeiten, in Kultur (*Litt 1927*).

Meines Erachtens ist es wahrscheinlich, dass der Jena-Plan im Sinne einer sozialpädagogisch gefärbten Lehre der Schulerziehung aufzuwerten ist, sobald man die Petersen-Konzeption in dem oben angedeuteten anthropologischen und erkenntnistheoretischen Sinn gründlich revidiert. Dann explodiert gleichsam die monistische Denkform der Petersen'schen Metaphysik. Und ebenso verschwindet der Gedanke, dass die Gemeinschaft usw. das einzig Reale und einzig Gute und einzig Erstrebenswerte sei. Und nur dann gibt es die Möglichkeit, die klassisch-pädagogische Frage wiederum in den Zenit der pädagogischen Theorie und Praxis zu rücken. Das ist die Frage: *Was soll man wen wann und wie unterrichten, und warum?* Eine Frage (und so komme ich ganz kurz zurück auf eine Bemerkung am Anfang dieses Artikels), die mutatis mutandis heutzutage auch in den Niederlanden, im Rahmen des vom Gesetze vorgeschriebenen *Neuen Lernens* (10), unter den Tisch gefallen ist. Es handelt sich dabei um eine Theorie und eine sich darauf gründende Praxis, in der man einseitig kapitalisiert auf ‚Kenntnis kreieren' statt lernen und auf eine Didaktik, die auf eine begleitende Funktion verkürzt ist. Mit dieser assoziativen Schlussbemerkung ziehe ich einen Schlussstrich unter diesen Artikel (11).

Endnoten

1 Obwohl es prinzipielle Unterschiede zwischen dem Herbart'schen und Derbolav'schen Denken und Sprechen gibt, ist es durchaus gestattet zu sagen, dass beide, pädagogischer Takt und didaktisches Handeln, die pädagogische Praxis ausmachen (siehe Herbart 1841, Derbolav 1971).

2 Der Begriff *‚language game'* ist auf Wittgenstein zurückzuführen. In dieser Abhandlung benutzen wir aus seiner Philosophie herzuleitende methodische Prinzipien (siehe: Wittgenstein 1953, Imelman 1992, 2013).

3 In den siebzigen Jahren bat die niederländische Regierung Vertreter der fünf genannten Schulbewegungen, Vorschläge zur Erneuerung der nationalen Unterrichtspraxis zu entwerfen. Das Projekt ist mangels Einmütigkeit gescheitert.

4 Den Slogan ‚Vom Zögling aus' findet man zum ersten Male bei Ernst Meumann (1862-1915): Meumann 1907. Die Frage, ob Gläser cum suis in der Tat diesen Slogan umformulierte, kann ich leider nicht mehr an Hand von Quellen bestätigen (vgl. Imelman/ Meijer 1986, S. 31).

5 Rudolph Steiner schloss sich nie an. Darüber ist viel zu sagen. Die Erörterung dieses Punktes benötigt allerdings einen eigenen Artikel (siehe; Imelman/ Meijer 1986, S. 119-183).

6 In diesem Fall handelt es sich nicht um ein fast wortwörtlich zitiertes Programm, sondern um eine Zusammenfassung von Themen, die sich oft in reformpädagogischen Zeit- und Streitschriften finden, wie z.B. *The New Era*, hg. von Beatrice Ensor (1885-197), *Das Werdende Zeitalter*, hg. von Elisabeth Rotten (1882-1964) und Karl Wilker (1885-1980), *Pour l' Ère Nouvelle*, hg. von Adolphe Ferrière (1879-1960).

7 Was folgt, ist eine Zusammenfassung des vierten Kapitels in Imelman/ Jeunhomme/ Meijer 1996, hauptsächlich aus der Feder von Paul Jeunhomme, Mitglied der damaligen Jenaplan-Forschungsgruppe, Fachgruppe Allgemeine Pädagogik, Reichsuniversität Groningen.

8 Wir sind näher auf derartige sprachanalytische und epistemologische Ausgangspunkte in unterschiedlichen niederländischen und einigen deutschsprachigen Publikationen eingegangen (z.B. resp. Imelman 2006; und Imelman 1992, 2013)

9 Plessner (1961) spricht von ‚anthropologisch konstant', wobei es sich um überhistorische und überkulturelle, universell-menschliche Eigenschaften handelt.

10 Die Ideologie des ‚kompetenz-gerichteten Lernens' muss in die konstruktivistische Lernpsychologie eingeordnet werden.

11 Dieser Artikel ist eine Kompilation und Aktualisierung von Imelman 1991. Eine Diskrepanz zwischen anthropologischem und sozialpädagogischem Denken innerhalb der Reformpädagogik, in: Lademacher, H.; Geeraedts (Hg.) 1991: Jahrbuch 1, 1990 Zentrum für Niederlande-Studien, Münster und Imelman 1996: Es wäre besser, Peter Petersens Jena-Plan-Pädagogik auf den Kopf zu stellen, in: Retter, Hein: Reformpädagogik zwischen Rekonstruktion, Kritik und Verständiging. Beiträge zur Pädagogik Peter Petersens, Weinheim

Literatur

Derbolav, Josef 1971: Systematische Perspektiven der Pädagogik, Heidelberg

Ferrière, Adolphe 1915: Introduction. In: F. de Vascancellos: Une école nouvelle en Belgique, Neuchâtel

Freinet, Célestin 1945: L'École moderne francaise, Paris

Freinet, Célestin 1949: L'Éducation du Travail, Paris

Freinet, Célestin 1977: Pour l' école du peuple, Paris

Herbart, Friedrich 1841: Umriss pädagogischer Vorlesungen. Aufgenommen in: Asmus, W. (Hrsg.). Herbart. Dritter Band: Pädagogisch-Didaktische Schrifte, Düsseldorf/München

Imelman, Jan Dirk 1989: De taal van Duitse opvoedingsfilosofieën tijdens het Interbellum. Holistisch denken onder kritiek. In: Comenius (9)4

Imelman, Jan Dirk 1992: Pädagogik und Normativität. Kritik der positivistischen, der geisteswissenschaftlichen und anderer kulturologischer Denkformen. Norderstedter Hefte für Philosophie und Pädagogik, Beiheft 1, Norderstedt

Imelman, Jan Dirk 2006²: Theoretische pedagogiek. Over opvoeden en leren, weten en geweten, Baarn

Imelman, Jan Dirk 2010: Tolstojs pedagogiek: http://www.dolphritakohn stamm.nl/tolstoj-als-pedagoog/6/tolstoj_6.pdf

Imelman, Jan Dirk 2013: Das Gewebe von Normen und Fakten und die universelle Fähigkeit zum Nachdenken. Eine pädagogisch bedeutungsvolle Betrachtung. In: Scientia Paedagogica Experimentalis (50) 1-2, S. 53-86

Imelman, Jan Dirk; Jeunhomme, J.M. Paul; Meijer, Wilna, A.J. 1996: Jena-Plan. Eine begriffsanalytische Kritik, Weinheim (Übersetzung des linguistisch-philosophischen Teils von 1981: Jenaplan. Wel en wee van een schoolpedagogiek. Begripsanalytische kritiek en handelingsonderzoek, Nijkerk)

Imelman, Jan Dirk; Meijer, Wilna A.J. 1986: De Nieuwe School gisteren en vandaag, Amsterdam/ Brüssel

Litt, Theodor 1927: Führen oder Wachsenlassen, Stuttgart

Litt, Theodor 1948: Denken und Sein, Stuttgart/Zürich

Meumann, Ernst 1907: Vorlesungen zur Einführung in die experimentelle Pädagogik, Leipzig

Montessori, Maria 1909: Il Metodo della Pedagogia scientifica sperimentale applicato al l'Educatione infantile nelle case del bambini, Roma

Parkhurst, Helen 1923: Education on the Dalton Plan, London 1923.

Petersen, Peter 1931: Der Ursprung der Pädagogik, Berlin

Petersen, Peter 1934: Die Praxis der Schulen nach dem Jena-Plan, Band 3, Weimar

Petersen, Peter 1937[2]: Pädagogik der Gegenwart (eine bearbeitete Auflage des 1932-Buches), Berlin

Retter, Hein 1996: Reformpädagogik zwischen Rekonstruktion, Kritik und Verständiging. Beiträge zur Pädagogik Peter Petersens, Weinheim

Scheler, Max 1928: Die Stellung des Menschen im Kosmos, Darmstadt

Wittgenstein, Ludwig 1953: Philosophische Untersuchungen/Philosophical Investigations, Oxford

Mein Weg zu einer gesellschaftlich vermittelten Sichtweise der Reformpädagogik als pädagogische Epoche

Wolfgang Keim

Dass die Tradierung reformpädagogischer Konzepte wie deren Interpretation durch die Erziehungswissenschaft oft von personalen Konstellationen abhängen, wissen wir sowohl aus der Geschichte der Landerziehungsheime, der Petersen-, Steiner- oder Montessori-Pädagogik als auch den Darstellungen zur Reformpädagogik von Herman Nohl und seinen Schülern; in ersterem Falle handelt es sich um Tradierung und Verbreitung reformpädagogischer Schulpläne und -modelle durch Neugründungen ehemaliger Lehrer älterer Schulen oder von Schülern bzw. Anhängern der Schulgründer, in letzterem um die „affirmative Traditionalisierung der Reformpädagogik" (Schonig 1973, S.87) durch die „Göttinger Schule" Herman Nohls. So gesehen ist es eine gute Idee der Herausgeber vorliegender Publikation, nun einmal die Generation der heute über 70-jährigen, also im Wesentlichen der Vorkriegs- und Kriegsgeneration, die den Diskurs über Reformpädagogik im letzten Drittel des vergangenen, ggf. noch im ersten Jahrzehnt dieses Jahrhunderts mitbestimmt haben, nach ihren persönlichen Zugängen zur Reformpädagogik zu befragen, wobei das Zusammenwirken der beiden Komponenten: *Gemeinsamkeiten*, resultierend aus zeittypischen Umständen, und biographisch bedingte *Differenzen* jeweils besonders interessant sein dürfte. In diesem Sinne möchte ich im Folgenden versuchen, meine eigenen Berührungen und Kontakte mit der Reformpädagogik sowie die sich daraus ergebenden Lernprozesse und Forschungsschwerpunkte zu rekonstruieren, mein Verständnis von Reformpädagogik, das sich daraus entwickelte, stichwortartig zu umreißen und abschließend mein Verhältnis zur Reformpädagogik zu bilanzieren.

1 Biographische Erfahrungen mit der Reformpädagogik

Während meines Studiums der Germanistik, Geschichte und erst relativ spät der Pädagogik an den Universitäten Tübingen, Münster, Mainz und Hamburg während der 1960er Jahre bin ich mit dem Thema „Reformpädagogik" so gut wie nicht in Berührung gekommen. Die Pädagogik spielte damals zumindest im Studium für das sog. Höhere Lehramt eine eher marginale Rolle – in Tübingen reichte für das Philosophikum als Zwischenprüfung angehender Lehramtsanwärter die bloße Belegung zweier pädagogischer Seminare sowie eine Prüfung in Philosophie, in erziehungswissenschaftlichen Lehrveranstaltungen ging es noch sehr stark um eine philosophisch orientierte Betrachtung von Pädagogik; Ordinarien wie Otto Friedrich Bollnow in Tübingen oder mein Doktorvater Theodor Ballauff in Mainz besaßen die Fakultas für Philosophie *und* Pädagogik. Auf pädagogische Reformprobleme stieß ich erstmals in der beginnenden Gesamtschuldiskussion gegen Ende der 1960er Jahre, als ich mich auf mein Rigorosum, damals noch in Form von Prüfungen in einem Hauptfach (einstündig) und zwei Nebenfächern (halbstündig), vorbereitete. Das Interesse für die Gesamtschule motivierte mich dann, nach meiner Promotion in Mainz noch das Staatsexamen in Hamburg abzulegen und mich zum Referendariat an das damalige Gesamtseminar für alle Lehrergruppen an der Walter-Gropius-Gesamtschule in Berlin-Britz/ Buckow/ Rudow, dem „Mutterkloster“ für die entstehende Gesamtschulbewegung, zu melden. Dort lernte ich bezüglich des experimentellen Charakters der Schule, des Lehrer-Schüler-Verhältnisses, des Schulklimas, aber auch des Umgangs mit uns Referendaren Schulstrukturen kennen, wie sie für viele reformpädagogische Schulen typisch gewesen sein dürften, obwohl das Kern-Kurs-System der Schule mit der berühmt-berüchtigten, weil stark selektiv orientierten FEGA-Fachleistungsdifferenzierung, um die erbittert gestritten wurde, eher anti-reformpädagogische Züge trug.

Als ich im Herbst 1972 als wissenschaftlicher Assistent an die Pädagogische Hochschule Rheinland, Abteilung Köln, (heutige Pädagogische Fakultät der Universität) wechselte, wurde ich als Nachrücker für einen nach Marburg berufenen Kollegen in die Planungsgruppe für vier neue Gesamtschulen in Köln bestellt. Dort arbeitete ich mit Lehrern der Peter-Petersen-Schule am Rosenmaar in Köln-Höhenhaus, wo eine der vier Gesamtschulen entstehen sollte, an einem alternativen System zur Fachleitungsdifferenzierung, das mittels Petersen-Prinzipien die ständig wechselnden Lerngruppen durch konstante personale wie räumliche Beziehungsstrukturen von Schülern wie Lehrern ersetzen und statt der homogenen die heterogene Lerngruppe zum zentralen Bezugspunkt von Lehr-Lernprozessen machen wollte; daraus entstand das Team-Kleingruppen-Modell, das sich in Köln-Holweide inzwischen über 30 Jahre bewährt hat, weit über die Republik in unterschiedlichen Formen rezipiert wurde und dessen Entwicklung ich selbst über viele Jahre durch eigene Schulbesuche verfolgt habe (vgl. Keim 1996).

Als Historiker interessierte mich in Köln von Anfang an die Frage nach der Herkunft der Gesamtschulidee, wobei ich u.a. auf den Bund Entschiedener Schulreformer stieß, der mir durch Winfried Böhms Oestreich- (Böhm 1973) und Gerd Raddes Karsen-Biographie (Radde 1973) nahe gebracht wurde, die gerade erschienen waren; Winfried Böhm bin ich leider nie persönlich begegnet, mit Gerd Radde hat sich eine lebenslange Freundschaft entwickelt. Durch ihn lernte ich die Berliner Reformpädagogik kennen (vgl. Radde u.a. 1993;

Keim/Weber 1998); bei Besuchen in Berlin haben wir uns jeweils ein Thema, beispielsweise die aus Sezessionen entstandenen drei Rütli-Schulen von Adolf Jensen, Günther Casparius und Wilhelm Wittbrodt in Neukölln, vorgenommen und, soweit begehbar, auch die alten Gebäude aufgesucht. Vor allem ist mir durch Gerd Radde Fritz Karsen und seine Reformschule, die 1930 den Namen von Karl Marx erhielt, vertraut geworden, bin ich durch ihn mit den beiden ehemaligen Lehrern Alfred Ehrentreich (vgl. Keim 1993a) und Hans Alfken (vgl. Keim 1993b) wie mit den beiden Alt-Schülern Wolfgang Reischock und Kurt Gossweiler in persönlichen Kontakt gekommen und habe die in New York lebende Tochter Karsens, Sonja, kennengelernt (vgl. S. P. Karsen 1993) , die – wie Radde, Ehrentreich und Alfken – mehrfach Gast in meinen späteren Paderborner Seminaren war; Sonja Karsen lud mich bei einem New York-Aufenthalt in ihre Wohnung ein, von wo aus man einen herrlichen Blick auf den Central Park hatte.

Nach meiner Berufung an die Gesamthochschule, heute Universität Paderborn, zum Wintersemester 1978/79, wo ich vor allem angehende Lehrer ausbilden sollte, fehlten mir die aus Berlin und Köln vertrauten Gesamtschulen, in denen ich Studierenden hätte vermitteln können, wie ich mir Schule künftig vorstellte, ebenso Schulen mit reformpädagogischem Charakter, in denen man in Köln ebenfalls hospitieren konnte – mein Kölner Kollege an der Pädagogischen Hochschule, Heinz Kumetat, war Gründer und langjähriger Leiter der Petersen-Schule in Köln-Höhenhaus gewesen, mit deren damaligem Leiter Erwin Klinke stand ich in guter Verbindung. Da kam mir die Idee des „reisenden Seminars“; wenn es schon in Paderborn und Umgebung, außer einer Waldorfschule in Schloss Hamborn, kaum Reformschulen gab, dann musste ich mit Studierenden *dorthin* fahren, wo sie bereits zum Alltag gehörten, nämlich nach Berlin, Bremen (vgl. Keim 1982), Köln oder ins Ausland, z.B. nach Wien (vgl. Keim 1984) und Amsterdam. Jedes der Seminare begann mit einer mehrtägigen Kompaktphase, zu der ich Gäste aus der betreffenden Region einlud, um gemeinsam mit ihnen historische, gesellschaftliche und pädagogische Grundlagen der jeweiligen Reformlandschaft zu erarbeiten, später gingen wir ca. eine Woche auf Exkursion, wobei wir in unterschiedlichen Modellschulen hospitierten, aber auch mit Zeitzeugen und Verantwortlichen für die aktuelle Reformpolitik Gespräche führten. Eine ganztägige Verarbeitung der Fahrt schloss das Seminar in der Regel ab, wobei Vorbereitung wie Auswertung außerhalb der Hochschule in einer für Ganztagsarbeit geeigneten Umgebung stattfanden. Im Zusammenhang mit diesen Seminaren bin ich mit einem breiten Spektrum reformpädagogischer Traditionen in Berührung gekommen, daraus ergaben sich persönliche wie auch Forschungskontakte, in Berlin etwa zur Schulfarm Insel Scharfenberg (vgl. Keim 1986/87; 1987; Haubfleisch 2001) oder in Wien zu Zeitzeugen und Sympathisanten der mit dem Namen Otto Glöckel verbundenen Wiener Schulreform der Ersten Republik; mehrere Jahre lang war ich Gast der Otto-Glöckel-Symposien in Wien (vgl. Matzenauer u.a. 1985) und stand in wissenschaftlichem Austausch mit Walter Spiel, dem Sohn des Individualpsychologen Oskar Spiel, der in den 1920er Jahren zusammen mit Ferdinand Birnbaum eine der interessantesten Versuchsschulen Wiens auf individualpsychologischer Grundlage begründet hatte (vgl. Spiel 1981).

Solche Erfahrungen vertieften das Interesse an einer systematischen Beschäftigung mit der Reformpädagogik vor und nach dem Ersten Weltkrieg, womit ich bereits in Köln begonnen hatte. Im Unterschied zur universitären Erziehungswissenschaft war die Reformpädagogik ja an den Pädagogischen Hochschulen beliebter Gegenstand von Lehrveranstaltungen, was man daran ablesen konnte, dass in der Kölner Bibliothek die entsprechende Literatur mit vielen Ausleihstempeln versehen, oft bereits zerfleddert war. Als *das* Standardwerk galt damals und für die folgenden Jahrzehnte Wolfgang Scheibes 1969 in erster, bald schon in weiteren Auflagen erschienene Monographie „Die Reformpädagogische Bewegung 1900-1932" – ganz in der Nohl-Tradition pädagogische Ideengeschichte und mit einer die Reformpädagogik zum „Aufbruch" (S.405) heroisierenden Tendenz. Als Historiker, der ich während meines Studiums stärker durch die Geschichts- als die Erziehungswissenschaft geprägt worden war, konnte ich damit wenig anfangen. Vielmehr reizte es mich, die bereits in der zweiten Hälfte der 1960er Jahre, insbesondere durch Hans-Ulrich Wehler begonnene Diskussion über eine Betrachtung von Geschichte als Gesellschafts- und Sozialgeschichte, wie sie zuerst in den gelben Bänden der „Neuen Wissenschaftlichen Bibliothek" bei Kiepenheuer & Witsch, 1973 in Wehlers „Deutschem Kaiserreich 1871-1918", ab 1987 in dessen vierbändiger „Deutschen Gesellschaftsgeschichte" ihren Niederschlag gefunden hatte, für die Erziehungsgeschichte, speziell die Verortung der Reformpädagogik, produktiv zu machen. Daraus entwickelte sich in meinen Paderborner Seminaren seit Beginn der 1980er Jahre ein über mehrere Semester stabiler Arbeitszusammenhang, erwuchsen aus den dort entwickelten Fragestellungen und diagnostizierten Forschungsdesideraten Referate, Staatsexamensarbeiten und schließlich Promotionen, die nicht nur hinsichtlich ihrer Themen und Methoden innovativ waren, sondern vor allem auch unbekannte Quellenbestände erschlossen; ich nenne nur Burkhard Postes Untersuchung „Schulreform in Sachsen 1918-1923. Eine vergessene Tradition deutscher Schulgeschichte" (1993) und Ulrich Schwerdts Arbeit über „Martin Luserke (1880-1968). Reformpädagogik im Spannungsfeld von pädagogischer Innovation und kulturkritischer Ideologie" (1993). Zusammen mit Ulrich Schwerdt habe ich später in Fortsetzung der damals begonnenen Auseinandersetzung in dem von uns gemeinsam herausgegebenen „Handbuch der Reformpädagogik in Deutschland (1890-1933)" (Keim/Schwerdt 2013) eine gesellschaftlich kontextualisierte, von herkömmlichen „Richtungen" und zentralen Repräsentanten losgelöste Sicht auf die Reformpädagogik zu systematisieren und in Zusammenarbeit mit zahlreichen Kolleginnen und Kollegen durch entsprechende Handbuchartikel zu materialisieren versucht.

Die Problematik der lange vorherrschenden Sichtweise auf die „Reformpädagogik" hat sich mir insbesondere durch die Auseinandersetzung mit dem Verhältnis von Pädagogik und Nationalsozialismus wie den Bezügen zwischen Reformpädagogik und Arbeiterbewegung vermittelt. Mit ersterem Thema befasste ich mich intensiv seit Mitte der 1980er Jahre, die Ergebnisse fanden u.a. in meiner zweibändigen Monographie „Erziehung unter der Nazi-Diktatur" (Keim 1995/97) ihren Niederschlag; letzteres Thema war Gegenstand eines zwischen 2001 und 2007 an der Universität Paderborn von Christa Uhlig geleiteten, von der Deutschen Forschungsgemeinschaft geförderten Forschungsvorhabens, aus dem zwei umfangreiche, von Christa Uhlig ausführlich kommentierte Quellendokumentationen hervorgingen: „Reformpädagogik: Rezeption und Kritik in der Arbeiterbewegung. Quellenauswahl aus den Zeitschriften *Die Neue Zeit* (1883-1918) und *Sozialistische Monatshefte* (1895/97-1918)" (2006) sowie „Reformpädagogik und Schulreform. Diskurse in der sozialistischen Presse der Weimarer Republik. Quellenauswahl aus den Zeitschriften *Die Neue Zeit/Die Gesellschaft* und *Sozialistische Monatshefte* (1919-1933)" (2008). Die Erträge aus beiden Projekten haben meinen kritischen Blick auf die allgemein akzeptierten Darstellungen zur Reformpädagogik wie die von Scheibe, aber auch die ca. zehn Jahre später erschienene von Hermann Röhrs (1980) weiter geschärft. Die u.a. von Wolfgang Scheibe vertretene These, die „Reformpädagogische Bewegung" sei 1933 „gewaltsam abgebrochen" worden, ließ sich danach zumindest in dieser Allgemeinheit ebenso wenig mehr halten wie die Vorstellung von der Reformpädagogik als vorwiegend bürgerlichem Phänomen. Nicht zuletzt weckte die Zusammenarbeit mit der Kasseler Erziehungshistorikerin Hildegard Feidel-Mertz mein Interesse an der jüdischen Reformpädagogik und der Reformpädagogik im Exil; von beiden hatte ich vorher nie gehört, beide erweiterten ganz wesentlich meinen Gesichtskreis.

Als belastend erlebte ich den unkritischen Umgang mit problematischen reformpädagogischen Konzepten wie dem Jenaplan und vor allem seinem Begründer Peter Petersen, der trotz gravierender NS-Verstrickungen nach wie vor als Namenspatron von Schulen und sogar – wie in Jena – öffentlicher Plätze (!) fungiert. Das Vertuschen von Petersens Rolle während der NS-Zeit war offensichtlich – weit über die Adenauer-Ära hinaus – so perfekt gelungen, dass darüber in der alten Bundesrepublik kaum etwas nach außen drang; der Jenaplan selbst schien in der Nachkriegszeit für unterschiedliche Reformambitionen attraktiv zu sein, weil sich mit ihm sämtliche Fragen von Schulorganisation und methodischen Schwerpunktsetzungen *vermeintlich* leicht lösen ließen (vgl. Dühlmeier 2004, S.231-325). Während meiner Kölner Zeit in den 1970er Jahren war weder den Lehrern der dortigen Petersen-Schule oder deren

Gründer und mehrjährigem Leiter Heinz Kumetat, meinem damaligen Kollegen an der PH, etwas darüber bekannt, und auch ich wusste noch nichts davon. Erst Mitte der 1980er Jahre stieß ich auf Schriften Petersens wie „Bedeutung und Wert des Politisch-Soldatischen für den deutschen Lehrer und unsere Schule. Eine erziehungswissenschaftliche Betrachtung“ (1934) oder „Die erziehungswissenschaftlichen Grundlagen des Jenaplans im Lichte des Nationalsozialismus“ (1935) und wurde mir bei Durchsicht von Petersens Weimarer Schrifttum wie seiner „Allgemeinen Erziehungswissenschaft“ von 1924, aber auch des Jenaplans (1927) bewusst, dass es eine deutliche Kontinuität von seiner anti-liberalen und anti-demokratischen Einstellung vor 1933 zum pro-nazistischen Engagement danach gegeben hat, ungeachtet zusätzlicher Anpassungsleistungen; zugleich wiesen ihn Dokumente im Jenaer Universitätsarchiv, die ich bereits 1988 einsehen konnte, als Repräsentanten des Regimes aus, beispielsweise im Bericht über eine mehrmonatige Vortragsreise durch die Südafrikanische Union. Dass noch in den 1970er Jahren Petersens 1937 erschienene „Pädagogik der Gegenwart“ mit offener HJ- und NSDAP-Verherrlichung im renommierten Beltz-Verlag neu aufgelegt werden konnte (vgl. Petersen 1973), es aufgrund von Einsprüchen der Familie bis heute nicht gelang, den Jenaplan mit einer kritischen Einleitung zu versehen, wie sie seit Jahrzehnten vorliegt (vgl. Benner/Kemper 1991), zeigt, wie weit die Schatten der Vergangenheit in die Gegenwart reichen. Obwohl inzwischen sämtliche zwischen 1933 und 1945 von Petersen verfassten Texte in einer fast 700 Seiten umfassenden Dokumentation als Reprint, teilweise in Abschrift vorliegen (vgl. Ortmeyer 2008), hat sich an der grundsätzlichen Haltung zumindest der engeren Petersen-“Gemeinde“ nur wenig geändert: Es wird exkulpiert, zumindest der Jenaplan zu retten versucht, und es werden die Kritiker Petersens mit Unterstellungen, Verleumdungen und Zuschreibungen diffamiert. Allerdings haben in den letzten Jahren auch an Petersen-Schulen kritische Nachfragen von Lehrer/innen einer jüngeren Generation zum Bröckeln der jahrzehntelang starren Fronten geführt. So distanziert sich die Peter-Petersen-Schule in Köln-Höhenhaus auf ihrer Homepage inzwischen von ihrem Namenspatron, ohne Jena-Plan-Prinzipien über Bord zu werfen, und nennt sich nur noch Rosenmaarschule Köln-Höhenhaus, ein beachtenswerter Schritt, wie ich meine. Beeindruckend fand ich auch, dass bereits vor Jahren ein Enkel des Petersen-Schülers Heinrich Döpp-Vorwald, Robert Döpp, im Rahmen seiner Dissertation „Jenaplan-Pädagogik im Nationalsozialismus. Ein Beitrag zum Ende der Eindeutigkeit“ (2003) eine der scharfsinnigsten kritischen Analysen zur Thematik vorgelegt hat.

2 *Stichworte zu meiner persönlichen Sicht auf die Reformpädagogik*

Das umstrittene reformpädagogische Erbe Peter Petersens, in vergleichbarer Weise die Vorbehalte gegenüber Maria Montessori (Bündnis mit dem italienischen Faschismus, biologistische pädagogische Orientierung, siehe Leenders 2001) und Rudolf Steiner (völkisch-rassistische und antisemitische Tendenzen seines Schrifttums), zuletzt die, mit den Stichworten „Eros" und „Herrschaft" versehenen „dunklen Seiten" der Landerziehungsheime (Oelkers 2011) haben inzwischen die Reformpädagogik, ungeachtet des anhaltenden Booms ihrer Schulen, zu einem ausgesprochen problematischen Gegenstand pädagogischer wie erziehungswissenschaftlicher Diskurse werden lassen; die Begeisterung für die Reformpädagogik ist weithin in Skepsis und Ablehnung umgeschlagen, und dies nicht nur für ihre Projekte, sondern – als Folge des lange Zeit beschwiegenen Missbrauchs – auch für zentrale Repräsentanten und Vermittler ihrer Ideen. Mein Interesse an der Reformpädagogik resultiert weder aus der Suche nach einer „idealen" Pädagogik, noch dem Interesse an De-Konstruktion entsprechender Projekte der Vergangenheit oder Gegenwart, vielmehr möchte ich durch die Beschäftigung mit ihr mehr über die Herkunft heute diskutierter Reformkonzepte und -modelle erfahren wie auch die Kontexte, in denen sie entstanden sind und sich entwickelt haben. Dementsprechend plädiere ich – statt für *Konstruktion* von reformpädagogischen „Bewegungen" im Sinne der Nohl-Schule, neuerdings von reformpädagogischen „Denkweisen" bzw. „Denkformen" (Böhm 2012, S.115) oder *De-Konstruktion* von reformpädagogischen Themen und Motiven im Sinne von Jürgen Oelkers – für *Re-Konstruktion* der Reformpädagogik als historisches Phänomen. Umrisse einer solchen Re-Konstruktion habe ich an anderer Stelle ausführlicher vorgestellt (vgl. Keim 2016), eine Systematisierung vorliegender Forschungen zur Reformpädagogik unter einer solchen Perspektive zusammen mit Ulrich Schwerdt in dem von uns gemeinsam herausgegebenen Handbuch der Reformpädagogik (1890-1933) (Keim/Schwerdt 2013) versucht; im Rahmen dieses Beitrages sollen lediglich noch einmal stichpunktartig Ansatzpunkte und Konsequenzen dieses Ansatzes erläutert werden.

Re-Konstruktion der Reformpädagogik schließt ihre *Historisierung* ein. Sie erst erlaubt, anders als bloße Dogmen- und Ideologiekritik, die Reformpädagogik aus ihren spezifischen, historisch einmaligen Entstehungs- und Entwicklungsbedingungen heraus zu verstehen bzw. – begreift man, wie Jürgen Oelkers (2005) oder auch Dietrich Benner und Herwart Kemper (2003), Reformpädagogik als perennierendes Thema bzw. Motiv – die Besonderheiten ihrer jeweiligen Ausprägungen hinsichtlich Legitimierung und Realisierung, damit auch Gemeinsamkeiten, vor allem aber Unterschiede zu erkennen. Historisierung bedeutet zugleich *gesellschaftliche Kontextualisierung*, soll sie nicht bloße Ideengeschichte bleiben. Dabei wird vorausgesetzt, dass gesamtgesellschaftliche Entwicklungen auch das Nachdenken über Erziehung und Bildung, erst recht deren Niederschlag im Bildungswesen beeinflussen, ja das eine wie das andere Teil des Gesellschaftsprozesses ist, was sich gerade anhand der Reformpädagogik zeigen lässt.

Historisierung der Reformpädagogik hat es mit dem Tatbestand einer Verdichtung entsprechender Diskurse und Praxen im Zeitabschnitt etwa zwischen 1890 und 1933 zu tun, die schon den Zeitgenossen ins Auge sprang und die ebenfalls Ausgangspunkt und Grundlage des von Herman Nohl und seinen Schülern entwickelten Konstruktes einer „Pädagogischen Bewegung" war. Bereits die Nohl-Schule hat die deutsche Reformpädagogik mit Hochindustrialisierung, gesamtgesellschaftlicher Modernisierung, einschließlich des Ausbaus schulischer Einrichtungen, zeitgenössischen sozialen Bewegungen und kulturkritischen Krisendiskursen in Verbindung gebracht, diese aber aus einer bildungsbürgerlichen Perspektive interpretiert, mit rückwärts gewandten gesellschaftspolitischen Optionen im Sinne sog. „Konservativer Revolution" verknüpft und ihr damit einen stark apologetischen Charakter verliehen. Hermann Röhrs interpretierte sie später als „ungewöhnlich reiche pädagogische Epoche" mit „gemeinsamem Grundcharakter" sowie „eigenem Geist und Ethos" und verband sie mit der „Überzeugung", dass sie „das Fundament unserer gegenwärtigen pädagogischen Existenz" bilde (Röhrs 1980, S.9f.) – zweifellos Zuschreibungen, wie sie so wissenschaftlich heute kaum mehr haltbar sind.

Gleichwohl lässt sich an der grundsätzlichen historischen Einordnung der *Reformpädagogik als pädagogische Epoche* festhalten, wenn man sie von den bei Nohl und Röhrs dominanten ideologischen Kontextualisierungen befreit, auf die ihr von beiden verliehenen Prädikate verzichtet und ihre zeitgenössische Einbettung sozial-, gesellschafts- und mentalitätsgeschichtlich interpretiert, wozu die in den zurückliegenden Jahrzehnten erschienenen Gesamtdarstellungen zur Sozial- und Gesellschaftsgeschichte der Zeit vor und nach dem Ersten Weltkrieg vielfältige Anknüpfungspunkte bieten (vgl. etwa Nipperdey 1990, Wehler 1973, 1987/2008, Bde. 3 u. 4, zuletzt Herbert 2014). Eine derartige Sonderstellung reformpädagogischer Diskurse und Praxen im Zeitabschnitt etwa des ersten Drittels des vergangenen Jahrhunderts erfährt ihre Begründung durch die Tatsache, dass sie sich sowohl hinsichtlich ihrer Breite und Vielfalt als auch ihres spezifischen gesamtgesellschaftlichen Kontextes deutlich von Vorläufern im vorangegangenen 19. Jahrhundert unterscheiden, die Jürgen Oelkers als Reformpädagogik *vor* der Reformpädagogik bezeichnet, es ebenso am Ende des Zeitraums 1933 angesichts ihrer gewaltsamen Reduzierung auf wenige politisch angepasste Restbestände einen deutlich sichtbaren Bruch gegeben hat, ungeachtet weniger Beispiele kurzzeitiger Neugründungen im jüdischen Bildungswesen und im Exil oder der Wiederanknüpfung an Teile der Reformbewegung nach 1945.

Tatsächlich waren viele reformpädagogische Themen und Motive schon lange vor dem epochalen Einschnitt virulent, kamen aber erst seit etwa den 1890er Jahren als deutlich wahrnehmbarer, teilweise beherrschender pädagogischer Diskurs zum Tragen, und zwar in unterschiedlichen sozialen Milieus vom Bildungsbürgertum, über die liberale Volksschullehrerschaft insbesondere der Hansestädte, bis hin zur sozialistischen Arbeiterschaft, die sie in ihren Zeitschriften diskutierte. Auslöser für das verstärkte Interesse an pädagogischen Reformfragen dürften in wesentlichem Maße die mit dem gesamtgesellschaftlichen Umbruch von Hochindustrialisierung und nachfolgender Modernisierung aller Lebensbereiche zusammenhängenden, klassenspezifisch freilich sehr unterschiedlichen gesellschaftlichen Erfahrungen gewesen sein, die den Menschen in den Jahrzehnten vor dem Ersten Weltkrieg in allen Lebensbereichen besondere Anstrengungen hinsichtlich einer Neuorientierung abverlangten und vermutlich deshalb auch eine besondere Offenheit für Entwürfe zur Neugestaltung nahezu sämtlicher Lebensbereiche zur Folge hatten, wie sie in den für die Zeit charakteristischen „Bewegungen“ von der Jugend-, der Frauen- und Friedensbewegung bis hin zu den Gruppen, Bünden und Vereinigungen einer Lebensreform angeboten wurden. In diesen Zusammenhang gehörte auch das breite Spektrum von Ideen und Konzepten zur Erneuerung von Bildung und Erziehung, die später unter dem Sammelbegriff „Reformpädagogik“ oder „reformpädagogische Bewegung“ gefasst worden sind.

Eine Besonderheit derartiger Epochalisierung stellt ihr, die Vor- und Nachkriegszeit übergreifender Charakter dar, also die Zusammenfassung zweier Zeitabschnitte mit grundverschiedenen gesellschaftlichen Strukturen: des wilhelminischen Kaiserreiches mit obrigkeitsstaatlich-autoritärem Herrschaftssystem und der Weimarer Republik als erstem parlamentarisch-liberalen Staat in Deutschland. Interessanterweise änderte der Wandel der poltischen wie gesellschaftlichen Ordnung allerdings nur wenig an den politisch-gesellschaftlichen Einstellungen reformpädagogischer Repräsentanten zumindest der älteren Generation, so dass die Breite des Spektrums an Positionen zum Modernisierungs-, Liberalisierungs- und Demokratisierungsprozess, wie er sich bereits in der Vorkriegszeit darstellte, seine Fortsetzung fand und erst mit der Machtübernahme durch die Nazis zerstört wurde (vgl. Keim 2013). Zwar unterscheidet sich die Weimarer Reformpädagogik von der des vorangegangenen wilhelminischen Zeitabschnittes durch ihren Reichtum an praktischen Reformprojekten, teilweise auch durch die Übernahme von Reformansätzen in der Breite des Bildungswesens, doch handelt es sich dabei in der Mehrzahl der Fälle um Realisierungen und Verallgemeinerungen von Reformideen und -konzepten bereits aus der Vorkriegs- und Kriegszeit, so dass auch von daher die Zusammenfassung beider Zeitabschnitte zu *einer* Epoche gerechtfertigt erscheint. Dies gilt indessen nicht mehr für Weiterführungen, Wiederaufnahmen und Neuansätze reformpädagogischer Einrichtungen nach 1933 und nach 1945, die sich unter grundlegend veränderten zeitgenössischen Bedingungen entwickelten; deshalb habe ich vorgeschlagen, hier von Rezeption und reformpädagogischen Rezeptionsphasen zu sprechen, deren Besonderheiten sich freilich ebenfalls nur auf dem Wege gesamtgesellschaftlicher Kontextualisierungen, dann allerdings für unterschiedliche Phasen der Nachkriegszeit, des zweigeteilten und des vereinigten Deutschlands, erschließen lassen (vgl. etwa Keim 1992, 1994).

Für den erziehungswissenschaftlichen Umgang mit dem Thema Reformpädagogik halte ich nicht zuletzt eine Unterscheidung zwischen *reformpädagogischem Diskurs* und *reformpädagogischer Praxis* für weiterführend, damit zusammenhängend die Forderung nach einer *Real- statt bloßer Ideengeschichte der Reformpädagogik.* Zu einer derartigen Realgeschichte gehören zweifellos die von Jürgen Oelkers (2011) unter den Schlagworten „Eros und Herrschaft“ am Beispiel einzelner Landerziehungsheime herausgestellten „dunklen Seiten der Reformpädagogik“, doch verlangt eine Realgeschichte, um wirklich aussagekräftig – auch im Sinne von Verallgemeinerungen – zu sein, m.E. eine sehr viel umfassendere und differenziertere Beschreibung intentionaler, gesellschaftlicher und personaler Kontexte wie auch eine Analyse von Entwicklungen und Erfahrungen unter sich wandelnden gesellschaftlichen Bedingungen. Beispiele für Arbeiten, die solchen Anforderungen entsprechen, liegen inzwischen in größerer Zahl vor: so etwa über Fritz Karsen und die von ihm gegründete Karl-Marx-Schule in Berlin-Neukölln (Radde 1973), über Martin Luserke und das Landerziehungsheim „Schule am Meer“ (Schwerdt 1993), über Wilhelm Blume und die Schulfarm Insel Scharfenberg (Haubfleisch 2001) oder den Landschulreformer Wilhelm Kircher und seine reformpädagogischen Aktivitäten „zwischen Weimar, Weltkrieg und Wirtschaftswunder“ (Link 1999); ebenso über spezifische reformpädagogische Modellregionen wie „Sachsen 1918-1923“ (Poste 1993) oder den auf einen Vergleich unterschiedlicher Modellprojekte im Bereich des Volksschulwesens hin angelegten „Frankfurter Reformschulversuch 1921-1937“ (Frieß 2007). Eine Bestandsaufnahme zur Realgeschichte der Reformpädagogik für einzelne Praxisfelder haben Ulrich Schwerdt und ich im Rahmen unseres Handbuches zu erarbeiten versucht (vgl. Keim/Schwerdt 2013).

3 *Ambivalenzen der Reformpädagogik – meine persönliche Bilanz*

Die Reformpädagogik hat mich in unterschiedlichen wissenschaftlichen Kontexten wenigstens 40 Jahre lang in Forschung und Lehre beschäftigt. Dass ich immer wieder auf sie zurückgekommen bin, hängt zweifellos zum einen damit zusammen, dass sie einen Gegenstand mit vielen Facetten darstellt, zum anderen, dass in den zurückliegenden Jahrzehnten ausgesprochen anregende Diskussionen über Wege und Methoden ihrer Erforschung in Gang gekommen sind, die – wie zuletzt eine Tagung in der Bibliothek für Bildungsgeschichtliche Forschung in Berlin gezeigt hat (vgl. Keim/Reh/Schwerdt 2016) – noch lange nicht ihr Ende erreicht haben. Meine eigene Position zur Reformpädagogik lässt sich am ehesten mit dem Begriff Ambivalenz im Sinne von Zwiespältigkeit umschreiben, mit der ich sowohl meine Sicht auf die historische Reformpädagogik als auch auf heutige Schulen der Reformpädagogik und sog. reformpädagogische Denkweisen charakterisieren kann.

Die historische Reformpädagogik vor und nach dem Ersten Weltkrieg hat zweifellos einen in ihrer langfristigen Wirksamkeit kaum zu überschätzenden *positiven* Einfluss auf die gesamte Erziehung wie das Erziehungswesen in allen seinen Teilen ausgeübt. Bestand eine wesentliche Leistung des 19. Jahrhunderts im quantitativen Ausbau wie in der institutionellen Ausdifferenzierung und Modernisierung des allgemeinen Bildungswesens, insbesondere der Schule, war es das Verdienst der Reformbewegung, eine Fülle und Vielfalt von Anregungen für dessen pädagogische Ausgestaltung entwickelt zu haben, die bis heute kaum etwas an innovativem Potential eingebüßt haben. Allerdings verbanden sich damit zumindest in Teilen – und dies war die *Kehrseite* – ausgesprochen problematische anthropologische, entwicklungspsychologische und sozialwissenschaftliche Grundannahmen mit antiliberaler, eugenischer, rassistischer oder sozialutopischer Akzentuierung, die eine Entwicklung Deutschlands zu einer demokratischen und offenen Gesellschaft behindert, der Nazi-Ideologie Vorschub geleistet und sich nach 1933 mit dem NS-System als kompatibel erwiesen haben. Diesem Makel ihrer Konzepte wie den damit unauflöslich verbundenen politischen Haltungen ihrer Begründer müssen sich einige der heute als reformpädagogisch geltenden Schulen nach wie vor stellen. Dies gilt inzwischen auch für die von Jürgen Oelkers unter den Schlagworten „Eros und Herrschaft" thematisierten „dunklen Seiten" reformpädagogischer Praxis. Eine Ironie der Geschichte liegt darin, dass ausgerechnet die Reformpädagoginnen und -pädagogen mit demokratischen Konzepten und Modellen schulischer und außerschulischer Bildung, die 1933 von den Nazis zerschlagen wurden, weitgehend vergessen sind, während sich die durch ihre ideologische Nähe zu NS-Positionen belasteten Projekte anhaltender Beliebtheit erfreuen.

Die Ambivalenz heutiger, mit dem Attribut „reformpädagogisch" versehener Schulen, zumeist in privater Trägerschaft, liegt m.E. neben ihren vielfach nicht zureichend aufgearbeiteten ideologischen Kontexten in ihrer exklusiven, breite Gruppen der Gesellschaft de facto ausschließenden Orientierung, die mit einer demokratischen Schule und Gesellschaft unvereinbar ist. Viele solcher Schulen verlangen ein – im Falle der Landerziehungsheime sogar ausgesprochen hohes – Schulgeld, das durch die Vergabe von Stipendien nur unwesentlich abgemildert wird, und/oder setzen die mehr oder weniger intensive Mitarbeit, zumindest das Interesse der Eltern an ihren spezifischen

Konzepten voraus. Dadurch werden nicht nur Kinder aus schulfernen Elternhäusern, sondern vor allem Kinder mit Migrationshintergrund großenteils ausgeschlossen; böse Zungen behaupten sogar, dass der Zulauf zu diesen Schulen von Seiten alter und neuer bildungsbeflissener Schichten deshalb so groß ist, weil sie sich dort unter sich und ihres gleichen wähnen. Von ihrem Anspruch her demokratische und gezielt auf Inklusion setzende staatliche Gesamtschulen mit reformpädagogisch akzentuierten Konzepten halte ich für die bessere Alternative, solange sie nicht mit Gymnasien um leistungsstarke und psychisch stabile Schülerinnen und Schüler konkurrieren müssen, und das bedeutet, solange sie mit der gesamten Breite eines Schülerjahrgangs rechnen können. Welche Möglichkeiten sich mit der Rezeption und adäquaten Adaption reformpädagogischer Konzepte in den neuen staatlichen Reformschulen der Bildungsreformphase der alten Bundesrepublik verbunden haben, zeigt m.E. besonders deutlich der, von den Gesamtschulen Köln-Holweide und Göttingen-Geismar ausgehende Siegeszug des, aus Elementen von Petersens Jena-Plan entwickelten Team-Kleingruppen-Modells. Hier lässt sich von geglückter Synthese alter Reformpädagogik mit demokratischer Bildungsreform sprechen.

Literatur

Benner, Dietrich; Kemper, Herwart 1991: Einleitung zur Neuherausgabe des Kleinen Jena-Plans, Weinheim und Basel

Benner, Dietrich; Kemper, Herwart 2003: Theorie und Geschichte der Reformpädagogik. Teil 2: Die Pädagogische Bewegung von der Jahrhundertwende bis zum Ende der Weimarer Republik, Weinheim und Basel

Böhm, Winfried 1973: Kulturpolitik und Pädagogik Paul Oestreichs, Bad Heilbrunn

Böhm, Winfried 2012: Die Reformpädagogik. Montessori, Waldorf und andere Lehren, München

Döpp, Robert 2003: Jenaplan-Pädagogik im Nationalsozialismus. Ein Beitrag zum Ende der Eindeutigkeit, Münster

Dühlmeier, Bernd 2004: Und die Schule bewegte ich doch. Unbekannte Reformpädagogen und ihre Projekte in der Nachkriegszeit, Bad Heilbrunn

Feidel-Mertz, Hildegard (Hg.) 1983: Schulen im Exil. Die verdrängte Pädagogik nach 1933, Reinbek

Frieß, Jutta 2007: Der Frankfurter Reformschulversuch 1921-1937. Verdrängt und vergessen, Frankfurt/M.

Haubfleisch, Dietmar 2001: Schulfarm Insel Scharfenberg. Mikroanalyse der reformpädagogischen Unterrichts- und Erziehungsrealität einer demokratischen Versuchsschule im Berlin der Weimarer Republik, 2 Teile, Frankfurt/M.

Herbert, Ulrich 2014: Geschichte Deutschlands im 20. Jahrhundert, München

Karsen, Sonja Petra 1993, 1999: Bericht über den Vater. Fritz Karsen (1885-1951). Demokratischer Schulreformer in Berlin, Emigrant und Bildungsexperte, Berlin, wieder abgedruckt in: Radde, Karsen, erweiterte Neuausgabe, S.391-415

Keim, Wolfgang 1982: Probleme der Bildungsreform heute – Modellfall Bremen, in: Die Deutsche Schule, Jg.74, S.58-71, 115-128

Keim, Wolfgang 1984a: Die österreichischen Schulversuche auf der Stufe der Zehn- bis Vierzehnjährigen – eine kritische Bestandsaufnahme, in: Die Deutsche Schule, Jg.76, S.158-176

Keim, Wolfgang 1984b: Die Wiener Schulreform der ersten Republik – ein vergessenes Kapitel der europäischen Reformpädagogik, in: Die Deutsche Schule, Jg.76, S.267-282

Keim, Wolfgang 1986/87: Zur Aktualität reformpädagogischer Schulmodelle. Das Beispiel der Schulfarm Insel Scharfenberg, in: Jahrbuch des Archivs der Deutschen Jugendbewegung, Bd.16, S.295-320

Keim, Wolfgang 1987: Kursunterricht auf der Oberstufe von Wilhelm Blumes Schulfarm Insel Scharfenberg, in: Ders. (Hg.), Kursunterricht – Begründungen, Modelle, Erfahrungen, Darmstadt, S.111-150

Keim, Wolfgang 1992: Zur Reformpädagogik-Rezeption in den alten Bundesländern – Phasen, Funktionen, Probleme, in: Pehnke, Andreas (Hg.), Ein Plädoyer für unser reformpädagogisches Erbe, Neuwied u.a.

Keim, Wolfgang 1993a: Hans Alfken, in: Radde u.a., Schulreform, Bd.2, S.175-178

Keim, Wolfgang 1993b: Alfred Ehrentreich, in: Radde u. a., Bd.2, S.197-200

Keim, Wolfgang 1994: Reformpädagogik als restaurative Kraft. Zur Problematik der Reformpädagogik-Rezeption in Westdeutschland zwischen 1945 und 1965, in: Hoffmann, Dietrich/Neumann, Karl (Hg.), Erziehung und Erziehungswissenschaft in der BRD und der DDR, Bd. 1: Die Teilung der Pädagogik (1945-1965), Weinheim

Keim, Wolfgang 1995/1997: Erziehung unter der Nazi-Diktatur, 2 Bde., Darmstadt

Keim, Wolfgang 1996: Außenansichten eines Insiders – Theoretische Grundlagen und pädagogische Praxis des TKM, in: Ratzki, Anne u.a. (Hg.), Team-Kleingruppen-Modell Köln-Holweide. Theorie und Praxis, Frankfurt/M., S.13-41

Keim, Wolfgang 2013: Politische Parteien, in: Ders./Schwerdt, Handbuch 2013, Teil 1, S.39-83

Keim, Wolfgang 2016: 100 Jahre Reformpädagogik-Rezeption in Deutschland im Spannungsfeld von Konstruktion, De-Konstruktion und Re-Konstruktion – Versuch einer Bilanzierung, in: ders./Reh/Schwerdt, Reformpädagogik und Reformpädagogik-Rezeption 2016, im Erscheinen

Keim, Wolfgang/Weber, Norbert H. (Hg.) 1998: Reformpädagogik in Berlin – Tradition und Wiederentdeckung, Frankfurt/M.

Keim, Wolfgang/Schwerdt, Ulrich (Hg.) 2013: Handbuch der Reformpädagogik in Deutschland (1890-1933), Teil 1: Gesellschaftliche Kontexte, Leitideen und Diskurse, Teil 2: Praxisfelder und pädagogische Handlungssituationen, Frankfurt/M.

Keim, Wolfgang/Reh, Sabine/Schwerdt, Ulrich (Hg.) 2016: Reformpädagogik und Reformpädagogik-Rezeption in neuer Sicht. Perspektiven und Impulse. Bad Heilbrunn/Obb. (im Erscheinen)

Leenders, Hélène 2001: Der Fall Montessori. Die Geschichte einer reformpädagogischen Erziehungskonzeption im italienischen Faschismus. (Aus dem Niederländischen von Petra Korte.) Bad Heilbrunn

Link, Jörg-W. 1999: Reformpädagogik zwischen Weimar, Weltkrieg und Wirtschaftswunder. Pädagogische Ambivalenzen des Landschulreformers Wilhelm Kircher (1898-1968), Hildesheim

Matzenauer, Hans u.a. (Hg.) 1985: Die Schulreform geht weiter. Vorträge und Diskussionen anlässlich des Symposions zum 50. Todestag von Otto Glöckel, Wien/München

Nipperdey, Thomas 1990: Deutsche Geschichte 1866-1918, Bd. 1: Arbeitswelt und Bürgergeist, München

Oelkers, Jürgen 1989, 2005[4]: Reformpädagogik. Eine kritische Dogmengeschichte, Weinheim/München

Oelkers, Jürgen 2011: Eros und Herrschaft. Die dunklen Seiten der Reformpädagogik, Weinheim und Basel

Ortmeyer, Benjamin (Hg.) 2008: Peter Petersens Veröffentlichungen in der NS-Zeit. Dokumente 1933-1945, Frankfurt/M.

Petersen, Peter 1973: Pädagogik der Gegenwart. Reprint der 2. Auflage 1937. Mit einem Nachwort von Prof. Dr. Wilhelm Kosse, Weinheim und Basel

Poste, Burkhard 1993: Schulreform in Sachsen 1918-1923. Eine vergessene Tradition deutscher Schulgeschichte, Frankfurt/M.

Radde, Gerd 1973, 1999: Fritz Karsen. Ein Berliner Schulreformer der Weimarer Zeit, Berlin, erweiterte Neuausgabe, Frankfurt/M.

Radde, Gerd u.a. (Hg.) 1993: Schulreform – Kontinuitäten und Brüche. Das Versuchsfeld Berlin-Neukölln, 2 Bde., Opladen

Röhrs, Hermann 1980, 2001[6]: Die Reformpädagogik. Ursprung und Verlauf in Europa, Hannover, unter dem Titel: Reformpädagogik. Ursprung und Verlauf unter internationalem Aspekt, Stuttgart

Scheibe, Wolfgang 1969, 1994[10]: Die Reformpädagogische Bewegung 1900-1932. Eine einführende Darstellung, Weinheim und Basel

Schonig, Bruno 1973: Irrationalismus als pädagogische Tradition, Weinheim und Basel

Schwerdt, Ulrich 1993: Martin Luserke (1880-1968). Reformpädagogik im Spannungsfeld von pädagogischer Innovation und kulturkritischer Ideologie – eine biographische Rekonstruktion, Frankfurt/M.

Spiel, Walter 1981: Die Individualpsychologische Versuchsschule von Oskar Spiel und Ferdinand Birnbaum, in: Adam, Erik (Hg.), Die österreichische Reformpädagogik 1918-1938, Wien u.a.

Uhlig, Christa (Hg.) 2006: Reformpädagogik: Rezeption und Kritik in der Arbeiterbewegung. Quellenauswahl aus den Zeitschriften *Die Neue Zeit* (1883-1918) und *Sozialistische Monatshefte* (1895/97-1918), Frankfurt/M.

Uhlig, Christa (Hg.) 2008: Reformpädagogik und Schulreform. Diskurse in der sozialistischen Presse der Weimarer Republik. Quellenauswahl aus den Zeitschriften *Die Neue Zeit/Die Gesellschaft* und *Sozialistische Monatshefte* (1918-1933), Frankfurt/M.

Wehler, Hans-Ulrich 1973, 1994[7]: Das Deutsche Kaiserreich 1871-1918, Göttingen

Wehler, Hans-Ulrich 1987/2008: Deutsche Gesellschaftsgeschichte, 5 Bde., München

Reformpädagogik – Versuch, auf biographischem Hintergrund eine Summe zu ermitteln

Max Liedtke

Im Gedenken an Theo Ziebarth (1909-1996)

1 *Begegnungen unbekannter Art, aber lebenslange Einflüsse*

Dass der Begriff Reformpädagogik ein terminus technicus ist, mit dem ein Bündel pädagogischer Theorien und Aktivitäten in der mitteleuropäischen, speziell der deutschen Geschichte etwa des Zeitraums 1890 bis 1930 bezeichnet wird, ist mir erst in den 1950/60er Jahren bekannt geworden. Dann allerdings wurde mir auch klar, dass ich – zwar erst 1931 geboren und bis 1945 unter den Bedingungen des Nationalsozialismus in Kindergarten und Schule sozialisiert – Auswirkungen der Reformpädagogik deutlich erfahren habe, sicher nicht des gesamten Spektrums der Reformpädagogik, aber doch einiger ihrer „Bewegungen".

1.1 Die „Kunsterziehungsbewegung" in der „Rhein-Ruhr-Fibel" (1937)

Der „Kunsterziehungsbewegung" bin ich wohl begegnet, soweit sie sich in der Gestaltung der Schulbücher niedergeschlagen hat. Ich erinnere mich, dass ich schon in der Kindergartenzeit mit großer Lust in den buntbebilderten und kindertümlich gestalteten Fibeln meiner älteren Geschwister geblättert habe. Das waren Fibeln der späten Weimarer Zeit oder solche, die noch in der Weimarer Zeit konzipiert worden sind, die aber allesamt nach den künstlerischen Vorgaben der frühen „Kunsterziehungsbewegung" aus der Wende vom 19. zum 20. Jahrhundert gestaltet waren und in meinem Umfeld zu den Musterstücken von Kinderbüchern zählten. Meine Lust zu blättern und schließlich auch zu lesen, bezog sich aber auch auf meine eigene Fibel, als ich 1937 in Düsseldorf-Vennhausen eingeschult wurde und eine – insbesondere durch den Anhang unübersehbar – nationalsozialistisch orientierte Fibel in die Hand bekam. Den Titel der Fibel hatte ich vergessen, erst recht die genaueren bibliografischen Angaben. Nach meinen Recherchen war es die im Verlag L. Schwann, Düsseldorf, ohne Jahresangabe erschienene „Rhein-Ruhr-Fibel" mit Texten von Josef Urhahn und mit Bildern von Else Wenz-Vietor. Ich bin aber nicht ganz sicher, ob in meiner Schule genau die Fibelausgabe genutzt wurde, die in Nachbarschulen unzweifelhaft 1937 eingeführt war. Denn es liegt mir auch ein Exemplar mit einem handschriftlichen bibliothekarischen Eintrag von 1934 vor, das sich an einigen Stellen von der Ausgabe 1937 unterscheidet, aber offenkundig eine ältere Auflage war. Aus diesem Exemplar sind allerdings an einigen Stellen vermutlich 1945 einige Seiten fein säuberlich ausgeschnitten worden. Nach Vergleich mit der Ausgabe 1937 sind es genau die Seiten, die auffällig mit nationalsozialistischer Ideologie in Text oder Bild beladen waren. Die Unterschiede sind so gering, dass ich nicht sicher entscheiden kann, welche der beiden Auflagen in meiner Schulklasse benutzt worden ist. Aber einige charakteristische Veränderungen zwischen den Exemplaren 1934 und 1937 sind doch erkennbar. Zwar zeigen beide Fibeln noch deutlich „konservative“ Züge. Beide Fibeln stammen nach meiner Einschätzung dem ursprünglichen Entwurf nach wohl auch noch aus der Weimarer Zeit und sind dann etwas eilig ,“angepasst“ worden. Aber gegenüber der Auflage aus 1934 wurde die nationalsozialistische Ideologisierung in der Ausgabe 1937 doch noch deutlich sichtbarer.[1]

Nach dem Fibel-Findbuch von Gisela Teistler gab es im Bezirk Düsseldorf im Zeitraum 1930/40 zwar auch einige konkurrierende Fibeln (2003, S. 313, S. 339), aber die „Rhein-Ruhr-Fibel“ war mit mindestens acht belegten Auflagen doch recht erfolgreich (a.a.O., S. 313) und war, wie schon der Titel vermuten lässt, nicht nur in Düsseldorf verbreitet.[2] Selbstverständlich waren die freiheitlichen Züge der Kunsterziehungsbewegung nach 1933 von den totalitären Machthabern nicht mehr akzeptiert und damit eben auch nicht die elementaren Intentionen dieser Bewegung. Aber der Nationalsozialismus nutzte auch gestalterische Momente, die unter dem Einfluss der Kunsterziehungsbewegung entstanden waren und mit denen man das Interesse der Schüler meinte wecken zu können. Else Wenz-Vietor (1882-1973) war seit 1903 als Kinderbuchillustratorin tätig. Ihre produktivste Phase lag in der Weimarer Zeit. Man mag sich im Nachhinein dagegen wehren, sie als Vertreterin der „Kunsterziehungsbewegung“ zu benennen, weil sie als Künstlerin auch noch im Nationalsozialismus Ansehen genoss. Sie ist in den Teilnehmerlisten der „Großen Deutschen Kunstaustellungen“, die 1937-1944 im „Haus der deutschen Kunst“ stattfanden, für die Jahre 1937-1942 mit einigen Arbeiten genannt. Ich kenne bei weitem nicht ihr Gesamtwerk (über 150 Bücher). Sie hat, soweit ich dies überprüfen konnte, keine nationalsozialistische Propaganda betrieben und wurde auch keinesfalls in die Nazi-Liste der

---

1 Nur an einer Stelle hat die Ausgabe 1934 einen zusätzlichen, die Nazi-Zeit verratenden Bezug, der in der Ausgabe 1937 fehlt: 1934 erbittet sich „Walter“ vom „Christkind“ neben Kasperletheater, Puppen und Krokodil: „Und ein Braunhemd mit Ledergürtel hätt' ich gern“ (S. 58).

2 In Düsseldorf war sie wohl recht verbreitet. Herbert Kromann (Jg. 1930) hat mit dieser Fibel in Düsseldorf-Lierenfeld Lesen und Schreiben gelernt. Die Fibel wurde aber eben auch im Umfeld Düsseldorfs genutzt, bezeugt durch Günther Denker (Jg. 1931), 1937 in Erkrath b. Düsseldorf eingeschult.

„Gottbegnadeten" aufgenommen oder auch nur in die Liste der Künstler, die wegen ihrer in den Augen der Nazis hohen Begabung besonderen Schutzes bedurften und daher auch keinen Kriegsdienst zu leisten brauchten. Aber Else Wenz-Vietor zählte schon durch die Tatsache, in den Kanon der Aussteller und Ausstellerinnen der großen Münchner Ausstellungen aufgenommen worden zu sein, zu dem Künstlerkreis, der dem Weltbild des Regimes entsprach. Und ohne Zweifel, sie malte weit überwiegend gefällige, kinderansprechende Bilder, kindliche, fröhliche, bewegte, ausdrucksstarke Kinder. Aber das ist genau der Typus von Bildern, die man aus den frühen farbigen, von der Kunsterziehungsbewegung beeinflussten Fibeln aus der Wende vom 19. ins 20. Jahrhundert kennt. Mindestens insoweit gehört sie – und eigentlich ununterscheidbar – in das nächste Umfeld der Kunsterziehungsbewegung, wenn nicht zum inneren Kreis dieser Gruppe. Else Wenz-Vietor war sehr erfolgreich und entsprechend umworben. Sie als Fibel-Illustratorin zu haben, war sicher eine Auszeichnung.

Weil die Nazis sich eben auch reformpädagogischer Ideen und Gestaltungsmittel bedienten, aus der Kunsterziehungsbewegung beispielsweise der kindertümlichen ästhetischen Gestaltung, unterscheiden sich auf den ersten Blick auch die von vornherein nationalsozialistisch konzipierten Fibeln kaum von den Fibeln der Weimarer Zeit. Aber schon wegen der Probleme der Neukonzeptionierung und des Neudruckes des Schulbuchbestandes gab es in den ersten Jahren der Nazizeit in den Augen der Nazis viele „Notlösungen" im Schulbuchbereich, eben auch bei den Fibeln. Oft wurden in traditionelle Fibeln nur kleinere Ergänzungen eingefügt (z. B. Nazi-Symbole). In anderen Fällen behalf man sich damit, der traditionellen Fibel einen nationalsozialistischen Anhang einzubinden, der oft aber ideologisch höchst geschickt manipulierte. In der „Rhein-Ruhr-Fibel" von 1937, die mir vollständig vorliegt und deswegen auch zur Vorstellung der Fibel herangezogen wird, finden sich beide Varianten. Die ersten 83 Seiten der Fibel sind farbig gestaltet und stellen – in meiner Interpretation – den eher traditionellen Fibel-Corpus dar[3]. Allerdings ist bei der Einführung des (kleinen) Buchstabens „h" (Sütterlinschrift) ein „heil" und ein „heil hitler" eingeschleust (S. 14; auch schon in Ausgabe 1934), auf Seite 27 trommelt ein Hitlerjunge zur Einführung des „st" (Kommando: „still gestanden"; Seite in Ausgabe 1934 ausgeschnitten), auf Seite 41 haben die Roller der „sp"ielenden Kinder auf den Wimpeln ein Hakenkreuz (auch schon 1934). Bei Einführung der Großbuchstaben warnt eine Mutter ihre Tochter, die den „Eintopf" nicht essen mag, dass sie so nicht in den „BDM" (Bund deutscher Mädchen) kommen könne (S. 54; Seite ausgeschnitten in Ausgabe 1934). Bei den Lesetexten in Fraktur-Druckbuchstaben „marschieren"

3 In der Ausgabe 1934 sind einige Seiten des Fibelteils, in dem die Druckbuchstaben eingeführt werden, nicht koloriert.

die „Pimpfe“ zur „Schneeballschlacht“, der „Jungzugführer“ gibt die Kommandos (S. 63; auch in Ausgabe 1934, allerdings führt dort der „Scharführer“). Im gleichen Textteil wird auf Seite 64 und 65 von Albert Leo Schlageter und Horst Wessel erzählt, die von den Nazis zu „Helden“ stilisiert worden waren. Das ist gegenüber der Ausgabe von 1934 eine Neuerung, die auch ins Auge fällt, da A. L. Schlageter und H. Wessel jeweils ganzseitig vorgestellt sind.[4] Nach dieser Doppelseite folgt auf Seit 66 ein „Morgengebet“, das von üblichen Gebetstexten dieser Art abweichend auch um Schutz für Deutschland und für Adolf Hitler bittet (schon in Ausgabe 1934, S. 66). Ein weiterer in Fraktur gedruckter Text handelt von einem „Heimabend“ beim „BDM“ (S. 75; auch in Ausgabe 1934). Es ist also klar, dass auch der von mir als traditionell bezeichnete Fibel-Corpus (S. 1-83) sich kleinschrittig schon „angepasst“ hat. Aber diese Einlassungen sind im Vergleich zu anderen Fibeln dieser Zeit bei 83 Seiten gleichwohl noch nicht sonderlich auffallend. Insbesondere das Titelbild (Buchdeckel) mit vielen kleinen Szenerien, Schul- und Spielsachen hätte vielfach Gelegenheit geboten, Nazisymbole unterzubringen. Aber weder auf eingemaltem Flugzeug; noch auf Schiff, Heft, Fähnchen usw. erscheint auch nur eine Anspielung auf die Nazizeit. Aber christliche Symbole sind da: Kirche, Osterlamm, Weihnachtskerze, Osterfahne mit (natürlich christlichem) Kreuz.

Aber nach Seite 83 folgen neun Seiten unverblümter Hitler-Verehrung mit dem Titel „Unser Führer“. Aber eben dies ist offensichtlich ein parteipolitisch gefertigter Anhang, der als Anhang zu unterschiedlichen Publikationen für Schüler nutzbar gewesen wäre. Die neun Seiten sind nicht mit Seitenzahlen versehen. Doch folgt diesem Teil ein Blatt, das auf der Rückseite ein Inhaltsverzeichnis der gesamten Fibel aufführt und der die Seitenzahl 94 eingedruckt ist (in Ausgabe 1934 alle Seiten nach Seite 78 ausgeschnitten). Es ist ein Anhang, der auch nicht von den Autoren der Fibel, sondern nach einem knappen Hinweis im Inhaltsverzeichnis von „Joseph Koch, gemeinsam mit E. Koch und M. Schmidt“ verantwortet wird. Als Abbildungen sind nur Hoffmann-Fotos – Hoffmann war Hitlers Fotograf – genutzt. Dass hier wohl „nur“ ein Anhang eingefügt war, lässt sich auch daraus erschließen, dass dieser Teil nicht farbig, sondern nur schwarz-weiß gestaltet war, außerdem völlig in Sütterlin-Schrift, obwohl ab Seite 42 der Fibel schon die Druckschrift eingeführt war und ab Seite 60 bis 83 nur noch Druckschrift (Fraktur) genutzt wurde. Überdies ist auf Seite 41, auf der die Einführung in die Sütterlin-

4 In Ausgabe 1934, S. 64, ist an Stelle von A. L. Schlageter „Vom lieben Gott“ die Rede, mit dem Bild eines in seinem Bettchen betenden Jungen. Dieses Bild erscheint aber in Ausgabe 1937, S. 66, textlich mit einem „Morgengebet“ (mit Hitlerbezug) und einem Abendgebet ergänzt. An Stelle von H. Wessel (1937, S. 65) ist in Ausgabe 1934 (S. 65) ein betendes Mädchen dargestellt. Der dortige Text handelt von „Gottes Vaterliebe“ (Gedicht von Wilhelm Hey). Dieses Bild und dieser Text sind in Ausgabe 1937 ersatzlos gestrichen.

Schreibschrift endet, offensichtlich aus Verlegenheit noch ein in Sütterlin gehaltenes Kästchen eingefügt mit dem ohne Seitenangabe gegebenen Hinweis „Nun lesen wir vom Führer" (Hinweis fehlt in Ausgabe 1934). Es folgt von Seite 42-83 aber erst der große Fibelteil mit der Einführung der Druckschrift, ehe jener schwarz-weiße Führer-Anhang in Sütterlinschreibschrift erscheint.

Ich habe dies mit einiger Ausführlichkeit aufgeführt, weil ich mir auch selber deutlich machen möchte, welche stilistische/ideologische Epoche ich 1937 wahrgenommen habe.

Meine Erinnerung an einzelne Bilder der Rhein-Ruhr-Fibel ist nur sehr schwach ausgeprägt, aber den Typus der farbigen Bilder im ersten großen Teil meiner Fibel von 1937 habe ich im Kopf. Noch heute schaue ich mit sehr großem Vergnügen - die Nazieinschübe missachtend — die von Else Wenz-Vietor stammenden Abbildungen meiner Fibel von 1937. Soweit die Bilder und Gestaltungsmomente dieser Fibel Züge der Kunsterziehungsbewegung trugen - und daran habe ich unterdessen keinen Zweifel mehr –, bin auch ich durch diese Bewegung beeinflusst, und damit durch die Reformpädagogik.

1.2 Intensive Kontakte zur „Jugendbewegung" (seit ca. 1939), Resistenz zum Nationalsozialismus

Am stärksten bin ich aber wohl durch die Jugendbewegung, die auch zu den zentralen Wurzeln der Reformpädagogik zählt, beeinflusst worden. Auch hier wiederum schon zu einem Zeitpunkt, als ich auch nicht in Ansätzen wusste, wie diese Einflussfaktoren hießen und woher sie stammten. Dieser Einfluss dauerte an und hat sich in der Nachkriegszeit bis in die 1950er Jahre hinein, dann natürlich auch bewusst wahrgenommen, noch verstärkt. Zunächst war es schlicht das zufällige soziale Umfeld, das hier - vermittelt durch die Eltern — wirkte. Mein spezielles jugendbewegtes Umfeld waren erst einmal meine vier älteren Geschwister, in dem, was sie sangen und lasen, was sie spielten, wie sie sich kleideten und wie sie über Welt und Gesellschaft dachten. Im Hintergrund stand aber als dominante Figur mein Onkel Theo Ziebarth, geb. 1909, Bruder meiner Mutter. Ich nenne ihn, weil er wegen seiner Mitarbeit in der katholischen Jugend von den Nazis verfolgt worden ist und weil dadurch auch meine Beziehung zur Jugendbewegung einen besonderen Akzent erhalten hat. Er kam unmittelbar aus der Jugendbewegung, war 1924 der „katholischen Jugendbewegung" beigetreten und war ab 1928 dort auch als „Jugendführer" eingesetzt.[5] Er hat großen Einfluss auf mich und meine Geschwister gehabt. Über ihn war der Geist der Jugendbewegung,

5 Theo Ziebarth 18.3.1952: Erklärung über meine politische Einstellung in der Zeit von 1924-1945 (Dokument bei M. L.)

zu der natürlich auch die „Wandervögel" zählten, bei uns präsent. Es war allerdings die katholische Variante der Jugendbewegung.

Ich habe diese Variante, nachdem die katholische Jugendarbeit längst durch den Nationalsozialismus verboten war, dann ab 1938/39 ausgeprägt in „Messdienergruppen" kennen gelernt. Zwar waren diese Gruppen durch die Nationalsozialisten nur insoweit toleriert, als sie sich zu kirchendienstlichen, liturgischen Zwecken trafen. Faktisch wurde unter dem Deckmantel der „Messdienergruppen" aber die katholische Jugendarbeit fortgesetzt. Die „Jugendbewegung" war in vieler Hinsicht sichtbar und spürbar, in einfacher Kleidung, schlichter Frisur (als Kind ponyartig oder was sich als „naturnah", aber in Kurzform und nicht wildwachsend, auslegen ließ), Spielen in freier Natur (z. B. sog. Geländespiele, mit spielerisch kämpferischem Charakter), im Wandern (während der Nazizeit aber ohne zu zelten, da zu auffällig; erst nach 1945 wieder aufgenommen). Der Grundsatz, dass Jugend Jugend führen sollte, war in großem Umfang umgesetzt und damit – wenigstens in Ansätzen – auch der reformpädagogische Grundsatz, möglichst die Selbsttätigkeit der Kinder und Jugendlichen zu fördern. Natürlich war es faktisch nur eine sehr eingeschränkte Selbsttätigkeit. Die jugendlichen „Gruppenführer", zu denen gegen Kriegsende und insbesondere danach auch ich gehörte, waren vielfach selbst unsicher, was denn eigentlich zu tun war. Deswegen mussten wir immer wieder bei vertrauten Erwachsenen um Rat und Anregungen bitten. In der katholischen Variante der Jugendbewegung hatte in der Regel schließlich doch das – durchaus erbetene – Wort des „Geistlichen", allerdings meist des jungen Geistlichen, das größte Gewicht.

Es gab sicher eine ganze Anzahl von Faktoren, durch die diese Jugendkultur beeinflusst war. Nach meiner Wahrnehmung waren aber das gemeinsame Singen – die „Singestunden" – und das spezielle Liedgut die Hauptfaktoren, durch die diese Kultur in ihren unterschiedlichsten Feldern am intensivsten vermittelt und getragen wurde. Zum einen äußerte sich im gemeinsamen Singen bereits selbst eine spezielle Kultur, zum zweiten transportierte das Liedgut vielfältige Inhalte, verfestigte Texte und war zugleich ein gewichtiges Feld zu Erfahrungen, Nachdenken und Diskussionen über Qualitäten von Kulturen, nicht nur in Musik, Malerei, Bildender Kunst und Literatur, sondern eben auch in allen Formen des menschlichen Verhaltens. Ich denke sehr positiv und dankbar an diese Phase meiner Entwicklung zurück, so weit ich heute von diesem Startfeld auch entfernt bin.

Ich erinnere mich nicht, jemals das Vorwort des Liederbuchs der „Wandervögel", nämlich des „Zupfgeigenhansl" von 1908 gelesen zu haben, und schüttele mich heute, wenn ich darin lese. Da werden vielfach dürftige, argumentativ schwache, sich kritisch gebende emotionalistische Sicherheiten vermittelt. Die katholische Variante der Jugendbewegung – obgleich ich sie später auch deutlich kritisieren werde – war nach meiner Einschätzung schon wegen ihrer

Einbindung in eine zweitausendjährige Geschichte argumentativ wesentlich anspruchsvoller, aspektreicher, mit weiteren Horizonten versehen. Aber das Vorwort des „Zupfgeigenhansl" spiegelt dennoch einige zentrale Züge des Geistes, in dem ich „Jugendbewegung" erfahren habe und mit ihr lebte.

Da war die – im Grunde unkritische – Ablehnung des „Singsang und Musispiel", des modischen „Schlagers", deren „flache Weisen" alsbald „abgesungen" seien. Dagegen die Position: „Die Güte eines Liedes erprobt sich an seiner Dauerhaftigkeit". Die argumentative Untermauerung: „Was der Zeit getrotzt, das muss einfach gut sein". Als Ziel galt: „Nur Gutes, kein Allerweltskram, um keinen Fingerbreit gewichen dem herrschenden Ungeschmack". Es ging darum „aus dem Niedergang der schaffenden Volkspoesie zu halten, was noch zu halten ist". Zwar gäbe es ein großes und herrliches Erbe, „aber die Erben können nichts mehr und wissen nicht, was sie besitzen". Auch heute gebe es zwar noch neue „volkstümliche Lieder ..., aber das trieft von Sentimentalität und verschwommenen Gefühlen". Larmoyant wurde gefragt, wo denn „das Schlichte, Innige, Liebenswürdige geblieben" sei. Der „Zupfgeigenhansl" sollte helfen, den „Sinn für die schlichte, schöne Art des Volkes zu fördern" und so zum „Brennpunkte unserer heutigen Kulturbestrebungen" zu führen: „Liebe zum Volk und Ehrfurcht vor seinen unvergänglichen Werken".[6]

Positionen dieser Art wurden in der Jugendbewegung, eben auch in der katholischen Jugendbewegung, breit transportiert und hatten vielfältige Konsequenzen. Auch bei uns wurde das „Liedgut" nach diesen Maßstäben beurteilt. Was zu „süßlich", zu „schwülstig", zu „bombastisch" oder zu „schlagernah" erschien, wurde aussortiert und möglichst gemieden. Innerhalb der katholischen Jugendbewegung – das eben war meine frühe Umwelt — gab es dann die als Vorbilder gedachten speziellen Liederbücher, so das geheftete, 64 Seiten umfassende Textheft „Das Singeschiff", erstmals „im Maien 1929" in Düsseldorf erschienen. Das mehrfach aufgelegte Textbuch war in der deutschen katholischen Jugend sehr verbreitet – die 1930 erschienene zweite Auflage erweiterte die Gesamtauflage bereits auf 200.000 Exemplare — und enthielt neben einer Anzahl Kirchenlieder eine beträchtliche Zahl der in der Jugendbewegung tradierten Lieder (Wanderlieder, ergänzt durch Morgen- und Abendlieder usw.). Charakteristisch war die Anrede zum Vorwort des Heftes: „Neue Jugend!" (S.3). Aus diesem Liederbuch habe auch ich von der Grundschulzeit bis in die frühe Nachkriegszeit gesungen. Als die katholische Jugendarbeit mehr und mehr in den Untergrund gedrängt wurde, wurde das „Singeschiff" ab 1938 durch eine ähnlich geheftete Broschüre mit dem Titel „Kirchenlied. Eine Auslese geistlicher Lieder für die Jugend" abgelöst. Da das „Singeschiff" wegen seiner großen Verbreitung aber nicht aus der Welt war – in der Familie und in

6 Alle Zitate dieses Absatzes aus dem unnummerierten, zwei Seiten umfassenden „Vorwort zur 1. Auflage" des Zupfgeigenhansl (1908).

den Messdienergruppen haben wir es weiterhin völlig selbstverständlich benutzt —, kann man auch sagen, es wurde ergänzt. Das „Kirchenlied" verfuhr bei der Liedauswahl aber nach genau den Qualitätskriterien des „Singeschiffs" und damit analog den aus der Jugendbewegung (vgl. „Zupfgeigenhansl") vorgegebenen Kriterien. Das gilt auch für eine, wenn man so will, weitere Spezifizierung des „Kirchenliedes", nämlich für das 1941 erschienene „Weihnachts-Singebuch" („Ein weihnachtliches Singebuch"), das im großen Kanon der Weihnachtlieder auch elementare Anliegen der Jugendbewegung aufgreift und fortsetzt. Den inneren Zusammenhang von „Singeschiff", von „Kirchenlied" und von „Weihnachts-Singebuch" kann man sehr deutlich auch daran erkennen, dass an der Entstehung und inhaltlichen Gestaltung aller drei Liederbücher Vertreter der katholischen Jugendarbeit (Jugendhaus Düsseldorf) wie etwa der Lehrer und Komponist Adolf Lohmann (1907-1983), der als kompositorische Hauptvertreter der katholischen Jugendbewegung gelten darf, beteiligt waren. Adolf Lohmann war auch in führender Position an der Herausgabe des „Altenberger Singebuch", das nach Nazizeit und Krieg die Tradition der älteren Singebücher der katholischen Jugendbewegung – anspruchsvoll und auflagenstark – fortsetzte, beteiligt.

Alle diese Liederbücher habe ich in großem Umfang bis in die 1950-er Jahre genutzt. In den frühen Nachkriegsjahren habe ich Adolf Lohmann noch kennen gelernt und habe auch eine seiner größeren Singestunden im Gemeindesaal der Max-Kirche in Düsseldorf mit der Geige begleitet. Keine Frage, dass ich nachhaltig von hier beeinflusst war.

Die Umsetzung dieser „Jugendkultur" war innerhalb der Jugendgruppen relativ leicht. Anders war es in den Familien und großen Kirchengemeinden, wenn etwa zu Weihnachten mit Rücksicht auf die älteren Generationen jugendbewegt abgewertete Lieder, die natürlich nicht im „Weihnachts-Singebuch" zu finden waren, gesungen werden sollten (z. B. „Süßer die Glocken nie klingen"; „Kling, Glöckchen"; „Leise rieselt der Schnee"). Aber nicht nur uns zu „süßlich" klingende Weihnachtslieder standen unter „Verdacht". Von den Kirchenliedern galten in den Augen der der Jugendbewegung nahestehenden Jugendlichen die meisten der aus dem 19. Jahrhundert stammenden Lieder als eher problematisch, während älteres Liedgut, vom Gregorianischen Choral bis ins 17. Jahrhundert fast unbesehen als qualitativ höher stehend eingestuft wurde. Diese Einschätzungen weiteten sich aus. Wagnerische Musik galt als plüschig, als aufgeblasen, als nicht schlicht genug. Auch die Architektur in Wagners Umfeld, die Möblierung der Wohnungen, die Kleidung, die bürgerlichen Verhaltensformen dieser Zeit hatten es sehr schwer, sich vor dem jugendbewegten Urteil zu behaupten. Architektonisch galten das Barock und das Rokoko – im Gegensatz zur Barock-Musik – schon wegen des Verdachts der Protzigkeit und insbesondere wegen des geringeren Wertes der Baumaterialien (Gips) als minderrangig. Die Barockisierung romanischer oder gotischer Kirchen wurde wie ein kunstgeschichtliches Gräuel angesehen.

Aber die Begegnung mit der Jugendbewegung war keineswegs nur Wandern, Singen, unkritisches jugendliches Aufbegehren oder romantisches Gehabe. Das alles fand unter den Bedingungen eines totalitären, unmenschlichen politischen Systems statt. Die katholische Variante der Jugendbewegung hatte aber – wie auch die 1933 sogleich verbotenen sozialdemokratisch bzw. kommunistisch orientierten Varianten der Jugendbewegung („Rote Falken" usw.) — schon in der Weimarer Zeit eine starke antinationalsozialistische Positionierung. Gegenüber den politischen Organisationen hatte die katholische – wie im Grundsatz auch die evangelische — Jugendarbeit den Vorteil des kirchlichen Schutzes. Die katholische Jugendarbeit konnte unter dem Vorwand kirchlicher, liturgischer Aufgaben (z. B. Messdiener, Mitwirkung im Kirchenchor, caritative Aufgaben) ihre Weiterarbeit leichter verheimlichen. Die Resistenz der katholischen Jugendgruppen, soweit ich sie in meinem Umfeld kennen lernen konnte, war mir mindestens seit der sogenannten Reichskristallnacht völlig geläufig und zählte zu den elementarsten Stücken der Einstellung in den Messdienergruppen und auch zu den stärksten Stücken meiner Erinnerungen an die Nazizeit. Mein eingangs bereits genannter Onkel Theo Ziebarth, der selbst Messdiener war und in der Nazizeit auch Messdienergruppen in meiner Heimatgemeinde mit betreute, bezeugt diese Resistenz in seiner „Erklärung" vom 18.3.1952.[7] Seine führende Tätigkeit in der katholischen Jugendbewegung habe er „nach der Machtübernahme ... illegal weitergeführt bis 1941". Seit 1934 sei er „unter ständiger Kontrolle der Gestapo" gestanden, Verwarnungen, Hausdurchsuchungen, Beschlagnahmungen (Schriftstücke, Bücher, Ausrüstungsgegenstände für Wanderungen) habe es laufend gegeben. Im Jahre 1937 sei es zu einer ersten Verhaftung gekommen, als er „mit einer Schar Jugendlicher" auf einer Wanderung war. Das Oberlandesgericht Düsseldorf habe „eine Geldstrafe von 150.– RM, hilfsweise 15 Tage Gefängnis" verhängt. 1939/40 erhielt er eine scharfe Verwarnung wegen Fortsetzung seiner Jugendarbeit, in Folge noch eine weitere. Wegen einer abschätzigen Bemerkung über Hitlers „Mein Kampf" wurde er am 13.12.1941 in Schutzhaft genommen, während welcher er 21 Tage im Gefängnis saß.[8] Die Hauptstrafe bestand aber darin, dass er mit Wirkung vom 13.12.1941 wegen „der Ihnen bekannten Vorkommnisse, die zu Ihrer Inhaftierung führten", fristlos aus seinem Arbeitsverhältnis bei Rheinmetall-Borsig entlassen wurde. Die Vorgänge vor der Verhaftung von 1941 kenne ich nur aus Erzählungen und aus schriftlichen Berichten, die Verhaftung von 1941 habe ich zwar auch nicht unmittelbar miterlebt, aber

7 Theo Ziebarth 18.3.1952: Erklärung über meine politische Einstellung in der Zeit von 1924-1945 (Dokument bei M. L.)

8 Registerkarte Gefängnis Düsseldorf-Derendorf. Gefangenenbuchnummer: 2270/41

ganz aktuell davon erfahren, noch deutlicher die Entlassung am 13.1.1942 (überraschender Besuch in meiner Familie, ich habe die Haustüre geöffnet). Vor mir liegt ein Foto vom Messdienertag 1942 in meiner Düsseldorfer Heimatgemeinde. Darauf etwa 40 Messdiener, auch ich, neben der Gruppe Kaplan Bernhard Finke und mein Onkel Theo. Niemand trägt eine Jungvolk- oder eine HJ-Uniform, auch nicht Teilstücke davon, obwohl die meisten im Jungvolk- bzw. HJ-pflichtigen Alter waren. Das gilt aber nicht nur für dieses Foto. Ich erinnere mich nicht, jemand aus dieser Gruppe überhaupt jemals in einer Hitlerjugend- oder Jungvolkuniform gesehen zu haben.[9] Selbst wenn diese Erinnerung trügen sollte, diese Gruppe verband vieles, ganz sicher aber auch die große Distanz zum Nationalsozialismus. Es war die Jugendbewegung in der Variante der katholischen Jugendbewegung, die wesentlichen Anteil daran hatte, uns diese naziresistente/widerständische Einstellung zu vermitteln.

2 Bewusste Begegnungen: Universität Hamburg (1960-1967)

In meiner Schul- und Jugendzeit bin ich der Reformpädagogik begegnet, ohne sie zu kennen. Kennen gelernt habe ich die Reformpädagogik erst bei meinem Zweitstudium in Hamburg, ab etwa 1960. Zu diesem Zweitstudium zählte auch das Lehramtsstudium (Volksschule/Realschule) an der Universität Hamburg. Da war die Reformpädagogik zu Hause, insbesondere im damaligen Pädagogischen Institut, in dem die Studierenden auf die konkrete Schulpraxis vorbereitet werden sollten. Dozenten wie Carl Schietzel, einer der Mitbegründer von „Westermanns Pädagogischen Beiträgen“, und Caesar Hagener, der u.a. für die Präparationen in dieser Zeitschrift zuständig war, verstanden was vom Unterricht. Sicher lassen sich weder Schietzel noch Hagener auf die reformpädagogische „Erlebnispädagogik“ reduzieren. Aber wie sie Schüler motivieren konnten zuzuhören und sich am Unterricht zu beteiligen, wie sie – Schietzel mit leichtem Hamburgischen Akzent – zu erzählen wussten, das war in meinen Ohren eine großartige Form von „Erlebnispädagogik“, eine großartige Form des Unterrichtens. Es war die Form des einführenden Erzählens, von der der gesamte Schulfunk (Hörfunk) der 1950-er Jahre in Deutschland lebte. Eine Einführung, die sich auf die Interessenswelt der Schüler/Hörer einstellte. Der Kunstgriff war dabei, möglichst Kinder/Schüler/Hörer in deren jeweiliger Altersstufe handeln zu lassen. Dann kam es darauf an, eine gewisse Spannung zu erzeugen, die Erwartungen weckte und auf „Erlebnisse“ hoffen ließ. Eben diese Erfahrungen bei Carl Schietzel und Caesar Hagener haben mich dazu gebracht, auch eigene Schulfunkhörspiele zu schreiben. Insofern

9 Auch Werner Bone und Bernhard Dombek, die beide als Messdiener auf diesem Foto sind, erinnern sich nicht, jemand aus dieser Gruppe jemals in einer Hitlerjugenduniform gesehen zu haben.

war die „Erlebnispädagogik“ im Pädagogischen Institut Hamburg für mich die erste und keineswegs folgenlos gebliebene bewusste Bekanntschaft mit der Reformpädagogik. Aber wie weit sich das Feld der Reformpädagogik erstreckte, welche Grundstücke noch dazu zählten und durch welche Theorie sie begründet und in ihren vielfältigen „Bewegungen“ zusammengehalten wurde, war mir immer noch nicht klar.

Das änderte sich alsbald, als ich nämlich 1964 wissenschaftlicher Assistent am Lehrstuhl von Georg Geißler in Hamburg wurde (1964-67). Georg Geißler (1902-1980) war Schüler von Herman Nohl (1879-1960), der in den Augen Geißlers „einer der bedeutendsten Interpreten“ der „pädagogischen Reformbewegung“ gewesen ist (Geißler 1979, S. 225). Jetzt war mir von einem Tag auf den anderen klar, dass „Reformpädagogik“ nur ein terminus technicus war, unter dem – wohl etwas zu vollmundig – höchstunterschiedliche pädagogische „Reformansätze“ der Zeit zwischen ca. 1890 und 1930 zusammengefasst wurden. Georg Geißler verehrte seinen Lehrer H. Nohl sehr. Sehr oft war von ihm in Seminaren und Vorlesungen die Rede. Diese Verehrung ist auch deutlich in Geißlers Nohl-Darstellung von 1979 abzulesen (Geißler 1979, S. 225-240). Nohls gelegentliche Nähe zu nationalsozialistischem Gedankengut[10] blieb allerdings bei G. Geißler weitgehend ausgespart. Geißler sah in Nohl einen scharfen Gegner des Nationalsozialismus, was insoweit auch glaubwürdig ist, als Nohl 1937 vorzeitig und völlig überraschend emeritiert und sein Lehrstuhl aufgelöst wurde. Nohl sei dann auch, wie Geißler berichtet, „1943 als einziger der Göttinger Professoren zur Fabrikarbeit eingezogen worden“ (a.a.O., S. 230). Die hohe Wertschätzung, die Geißler Nohl entgegenbrachte, beruhte offenkundig auf Nohls sehr spezifischer Position zur Reformpädagogik. Nohl war keineswegs ein unkritischer Anhänger der Reformpädagogik. Aber es gab starke Berührungspunkte, die aber sehr mit Nohls Weltkriegserfahrungen zusammenhingen. Nur durch eine „neue Erziehung“ (zitiert nach Geißler 1979, S. 227) könne man die Katastrophe des Krieges überwinden. Das war in der Geschichte der Völker schon seit der Antike häufig gedacht und gefordert worden. Das war auch die Motivation Wilhelm von Humboldts nach der Niederlage Preußens gegen Napoleon 1806 (Schlacht bei Jena und Auerstedt). Mit eben dieser Position eines neuen Aufbruchs traf H. Nohl die Ideenwelt der reformpädagogisch interessierten Jugend der 1920-er Jahre. Geißler erinnert sich, dass sich konservativ eingestellte „Verbindungsstudenten, die in den zwanziger Jahren im äußeren Bild der kleinen Universitätsstadt [Göttingen: A.d.V.] noch immer eine nicht zu übersehende Rolle spielten, verirrten sich selten in seine Kollegs.“ Aber auf andere Studierende, „die freiheitlich gesinnt waren und meist den Lebensformen der Jugendbewegung zuneigten,“ habe er

10 Herman Nohls Schriften und Artikel in der NS-Zeit. Dokumente 1933–1945. Goethe-Universität, Frankfurt am Main 2008

„wie ein Magnet" gewirkt (1979, S. 228). Zunächst hatte H. Nohl daran gedacht, nach dem Krieg – die Ideen der „Landschulheimbewegung" aufgreifend – ein „Landerziehungsheim" als „Experimentierschule für die Ausbildung der Lehrer" einzurichten (Geißler 1979, S. 227). Im Grundsatz hat er die Idee auch nicht aufgegeben, aber es drängten sich andere, bildungspolitisch viel zentralere Aufgaben vor. Die Weimarer Verfassung hatte die mindestens bis ins 18. Jahrhundert zurückgehende Idee der allgemeinen Volksbildung, zu der eben auch die Erwachsenenbildung zählte, aufgegriffen und in Artikel 148, der die Inhalte des „(Schul-)Unterrichts" behandelte, eingefügt, dass das „Volksbildungswesen, einschließlich der Volkshochschulen, ... von Reich, Ländern und Gemeinden gefördert werden" solle. So kam es, dass die Tradition der frühen Lesegesellschaften des 18./19. Jahrhunderts, die Bildungsbemühungen der Turnvereine des 19. Jahrhunderts, der Gesangvereine, der kirchlichen Vereine, insbesondere aber der Arbeiterbildungsvereine aus der Mitte des 19. Jahrhunderts als Aufgaben, die mindestens die Förderung des Staates verdienten, anerkannt und in Form der Volkshochschulen verfassungsrechtlich herausgehoben wurde (Fürnrohr 1997, S. 801). Man muss davon ausgehen, dass eben dieser Verfassungsauftrag der entscheidende Grund war, dass H. Nohl zunächst nicht sein ursprüngliches Ziel, ein „Landerziehungsheim" im Rahmen der universitären Lehrerbildung zu gründen, weiter verfolgte, sondern zunächst zum Gründer von Volkshochschulen wurde (Geißler 1979, S. 227). Man würde Nohl überschätzen, wenn man ihn zum zentralen Gründer der Volkshochschulen erklärte. Der „Volkshochschulgedanke" ist deutlich älter und es gibt frühere Gründungen als die Nohl'sche in Jena (Fürnrohr 1997, S. 795f.; S. 801-805). Aber Nohl hat die Volkshochschulidee doch sogleich 1919 aufgegriffen und war Mitbegründer der Volkshochschule Jena (Geißler 1979, 227). Diese erste Jenaer Gründung war aber außerordentlich erfolgreich und hat in Thüringen in sehr schneller Abfolge noch zu Beginn der Weimarer Zeit zu einer Serie von Neugründungen geführt (a.a.O.). Geißler hat die verfassungsrechtlich unterstützte Idee der Volkshochschule – obgleich in ihren Wurzeln älter als die Reformpädagogik – zu Recht auch als ein zentrales Stück der Reformpädagogik angesehen. Nohl war der renommierte Pädagoge, der sich in besonderer Weise um den Ausbau der Volkshochschulen verdient gemacht hat. Es lässt sich nicht belegen, aber ich vermute, die „Volkshochschulbewegung" hatte – trotz der Unterbrechung durch den Nationalsozialismus – als relativ dauerhafte und verbreitete Institutionalisierung der Erwachsenenbildung größeren volksbildnerischen Effekt als jede andere der reformpädagogischen Bewegungen. Sie war auch als nicht elitäre Bildungseinrichtung die demokratienächste „Bewegung" unter den reformpädagogischen Bewegungen. So jedenfalls habe ich Georg Geißler in Hamburg verstanden. Und so schätzte ich „Reformpädagogik". Ich habe dieses Stück Reformpädagogik auch deswegen geschätzt, weil hier ohne aufwändige theoretische Begründungen schlicht durch den Aufbau einer Institution, deren Lehrangebot nicht eingeschränkt war, vielfältige Bildungseffekte erwartet werden konnten.

Eine breitere thematische Behandlung einzelner Felder der Reformpädagogik hat bei Georg Geißler während meiner Hamburger Zeit aber auch nicht stattgefunden. Einen guten und oft gehörten Klang hatte bei Geißler in meiner Erinnerung die Jugendbewegung, ohne dass hier bestimmte Namen eine besondere Rolle spielten, die Kunsterziehungsbewegung Alfred Lichtwarks - auch wegen der Nähe zu Hamburg -, und die Arbeitsschulbewegung Georg Kerschensteiners. Bei Kerschensteiner spielte auch die Erweiterung des Bildungsbegriffs, vom bloß sprachlich-literarisch verstandenen Bildungsbegriff zu einem Bildungsbegriff, der auch die praktischen Fähigkeiten des Menschen einschloss und dadurch überhaupt auch erst den „Bildungswert" der naturwissenschaftlichen Fächer wahrnahm, eine gewichtige Rolle. Einen positiven Klang hatte auch die „Landerziehungsheimbewegung" (Landschulheimbewegung). Aber hier zeigte sich nach meiner Erinnerung Nohls und Geißlers kritische Zurückhaltung gegenüber manchen Ansätzen auch besonders deutlich. Beide kritisierten „die einseitigen Positionen der Reformer" (a.a.O., S. 240), die mit großem Engagement aktionistisch reformierten, deren theoretische Begründungen für ihre Reformen oft aber sehr dürftig erschienen. Ich erinnere mich, dass bei Geißler die theoretische Fundierungen, mit denen Gustav Wyneken seine Landschulheimarbeit meinte begründen zu können, eher als abschreckende Beispiele theoretischer Fehlgriffe eingestuft wurden. Andererseits ist Geißler nach meinem Eindruck stets davon ausgegangen, dass Nohls spezieller geisteswissenschaftlicher Ansatz in der Pädagogik nicht nur im Rekurs auf dessen akademischen Lehrer Wilhelm Dilthey (1833-1911) entwickelt worden ist, sondern auch in Auseinandersetzung mit der Reformpädagogik und angestoßen durch die Reformpädagogik. Besonders Nohls Idee einer „Autonomie der Pädagogik" (Geißler 1979, S. 234-236) lässt sich mindestens in Teilen auch im Ideenfeld der Reformpädagogik finden, eben dort, wo Kindheit und Jugend nicht nur als Vorbereitungszeit auf das Erwachsenenstadium verstanden, sondern wo auch der Eigenwert dieser Lebensphasen betont wurde.

3 Die Summe

Historische Summen zu ermitteln, wäre einfach, wenn man alle Summanden kennte. Man kennt sie niemals alle. Hinzu kommt, dass die historische Summe nicht aus isolierbaren Summanden besteht, sondern, wenn man sich schon mathematischer Vergleiche bedient, sie sind selbst wohl meist Produkte unterschiedlicher Faktoren und stehen auch zueinander nicht einfach nur in additiver Beziehung, vielmehr auch in anderen durch die Grundrechenarten markierbaren Beziehungen (z. B. multiplikative Beziehung). Sie können einander verstärken oder abschwächen. Noch schwieriger wird das Geschäft, wenn man nicht nur eine Summe ermitteln, sondern diese Summe auch bewerten möchte. Nach welchen Wertmaßstäben bewerte ich den geschichtlichen Rang der „Reformpädagogik"? Wie wäre die Geschichte ohne oder mit einer anderen „Reformpädagogik" verlaufen? Einen noch höheren Schwierigkeitsgrad erhält die Analyse, wenn ich die eigene Biographie, wie im Beitragstitel vorgegeben, in den Bewertungshorizont mit einbeziehe. Habe ich ein Leben gelebt, wie ich es mir wünschte? Was überhaupt sollte ich mir wünschen? Wären Alternativen denkbar, praktizierbar? Welche Erziehung hätte ich mir wünschen sollen? Welche Erziehung, Bildung hätte ich als Vater oder Lehrer oder als Dozent anderen vermitteln sollen? Beschönigt man rückblickend, um auf ein halbwegs lebbares Leben, auf Ernten zurückschauen zu können? Oder verzerrt man, weil man durch vielleicht depressive Züge geneigt ist, überall Tragödien im Spiel zu sehen?

Ich vereinfache und gestehe ein, dass ich mich auf ein evolutionstheoretisch fundiertes Weltbild stütze, worüber ich seit 1972 vielfach geschrieben habe, dabei auch über die Begründbarkeit von Normen (Liedtke 1972, S. 251-270; 1981; 1999). So umfassend die Evolutionstheorie ist und so groß ihr Vorteil, ihre theoretischen Entwürfe vielfach durch empirische Daten fundieren und modifizieren zu können, selbstverständlich kann auch sie nicht alle Fragen dieser Welt beantworten, sie repräsentiert bestenfalls den gegenwärtigen und damit begrenzten Stand unseres Wissens über diese Welt. Sie muss immer bekennen, dass alle ihre Aussagen unter Irrtumsvorbehalt stehen. Sie kommt aber wohl – auch bei normativen Fragen – näher an eine Antwort als alle anderen bisher bekannten Theorien und Weltdeutungen. Hier liegen die Hintergründe meines Urteils, ohne dass ich die Begründungen hier nochmals wiederhole. In evolutionstheoretischer Sicht geht es aber keineswegs nur um Kriterien des biologischen Überlebens, es geht dort auch um „humane" Werte, wie sie etwa in den elementaren Rechten der Menschenrechtskonvention von 1948 formuliert worden sind. Die meisten dieser Rechte des Menschenrechtskanons sind nicht vom Menschen oder von irgendwelchen Religionen gesetzte, sondern vorgefundene und schließlich formulierte Rechte.

3.1 Was hat mir die „Reformpädagogik" gebracht?

Wenn man zu einer Generation gehört, die wie ich die schlimmsten Verbrechen, die bislang über die Menschheit gekommen sind, nicht nur erfahren hat, sondern in irgendeiner Weise – auch als Kind oder Jugendlicher – darin verwickelt war, kann sich nur schwer tun, vermeintliche Positiva über diese Zeit zu sagen. Nehme ich meine Fibel zur Hand, kann und darf ich nicht übersehen, dass auch diese Fibel, die ihre Gestaltung weitgehend der Reformpädagogik verdankt (Kunsterziehungsbewegung), durch die Nazis instrumentalisiert und missbraucht war. Aber ich habe mit dieser Fibel nicht nur lesen und schreiben gelernt, ich habe viele der Texte, insbesondere aber die Bebilderung mit großem Vergnügen wahrgenommen. Ich erinnere mich auch noch heute gerne dieses Vergnügens, obwohl mir der schreckliche, verbrecherische zeitgeschichtliche Hintergrund – einschließlich der Kümmernisse der eigenen Familie – *unentwegt* mit im Kopf ist. Ich würde auch behaupten, dass ich mit dieser Fibel einem kindlich-freundlichen Kunstverständnis begegnet bin, das nicht nur mit dem Kunstverständnis der Kunsterziehungsbewegung harmonisierbar ist, sondern auch einen Zugang zu anspruchsvollerer, freiheitlicher Kunst eröffnen konnte. Als „nationalsozialistische" Kunst mit heldenhaften, dumm-kühn in die Zukunft schauenden Gestalten habe ich die Kunst dieser von E. Wenz-Vietor gestalteten Fibel von 1937 nie verstanden oder empfunden, auch heute nicht. Dass diese Kunst trotz der sich „in Bewegung" setzenden und gesetzten Kinder malerisch deutlich konservative Züge trägt und nicht unmittelbar das Tor zur künstlerischen „Moderne" öffnet, gestehe ich aber zu.

Wie ich bereits sagte, bin ich nach meiner Einschätzung in fortgeschrittener Kindheit und in der Jugendzeit am stärksten durch die Jugendbewegung, eben einer Hauptwurzel der Reformpädagogik beeinflusst worden, mehr als durch die Schule. Spezielle literarische und musikalische Interessen kamen von hier. Zwar kann und will ich nicht in Abrede stellen, dass viele Anregungen auch aus der Schule kamen oder dass manche Anregung, die ich aus der Jugendbewegung erhalten hatte, auch durch die Schule gefördert worden ist. Aber was ich an Liedgut kenne, darunter natürlich auch eine Vielzahl vertonter literarisch anspruchsvoller Texte, stammt weit überwiegend aus dem konkreten Mittun in der katholisch orientierten Jugendbewegung und ist ein Vielfaches dessen, was ich aus der Schule kenne. Auch der Umgang mit literarischen Texten – und sei es auch der mit biblischen Texten – übertraf bei weitem das schulische Angebot. Der Umgang mit Musikinstrumenten kam allein aus dem Umfeld der Jugendarbeit. Ich habe unterdessen ein Leben lang davon profitiert. Sicher war auch der „Lebensstil", die Lebensführung von dieser Seite her mit beeinflusst.

Den größten Gewinn der Jugendarbeit, und nun muss ich betonen, der katholischen Jugendarbeit, sehe ich darin, dass wir dadurch weitgehend vor dem Nationalsozialismus immunisiert waren. Hier hatte schon die Erziehung innerhalb einer sozial orientierten katholischen Familie einen Schutz aufgebaut, aber das Mittun in den „Messdienergruppen", hier eben auch das Mittun und das Vorbild meines Onkels Theo Ziebarth – seine Verfolgung durch die Nazis – verstärkte diesen familialen Schutz noch gehörig. Ich bin äußerst dankbar, diesen Schutz erhalten zu haben, und denke – mitunter mit Anflügen von Stolz – an Familie und erfahrene Jugendarbeit zurück.

Aber der Rückblick hat auch seine dunkleren Seiten. Das, was mich vor dem Nationalsozialismus schützte, war in Familie und Jugendarbeit unstrittig die katholisch-kirchliche Bindung. Es hat Jahre gedauert, bis mir bewusst wurde, dass auch die katholische Kirche nicht nur ihre Engen hatte, sondern sowohl in Lehre wie in konkreter Praxis auch totalitäre Züge besaß. Sie hat in ihrer Geschichte immer Toleranz gefordert, wo sie in der Minderheit war, und hat scharfe, vor psychischer und physischer Gewalt nicht zurückschreckende Intoleranz praktiziert, wo sie in der Mehrheit war. Aber natürlich ist das nicht allein eine Eigenart der katholischen Kirche. Der Anspruch, den wahren Glauben zu besitzen, findet sich in allen Zweigen des Christentums wie in allen Religionen, aber ebenso auch in allen zu selbstsicheren säkularen Weltanschauungen. Human werden Religionen wie auch säkulare Weltanschauungen wohl erst dann, wenn sie unter den Zweifeln der Aufklärung die Begrenztheiten des Wissens *und* des Glaubens erfahren haben.

3.2 Wie schätze ich heute die Reformpädagogik ein?

Geschichtsbilder hängen auch davon ab, wie geschickt man seine Geschichte in Szene setzen kann. Wir schauen vielfach in post factum gemachte, in inszenierte „Geschichte". Ich meine damit nicht nur die durch große Institutionen, etwa durch staatliche Macht, durch staatliche Selektion, geschriebene oder in Stein gesetzte Geschichte. Es können auch kleinere Ausschnitte von Geschichte geschickt inszeniert sein, so wie etwa globale Bewegungen der 1960er Jahre nachträglich auf die deutschen „68er", die global gesehen eher eine relativ späte Nebenwirkung der internationalen Bewegungen waren, fokussiert worden sind. Die „68er Bewegung" ist geradezu zu einem Mythos hochstilisiert worden. Ähnliche Empfindungen habe ich, wenn der schul- und pädagogikgeschichtliche Zeitabschnitt von ca. 1890 (oder 1900) bis ca. 1930 den anspruchsvoll und ehrenhaft klingenden Titel „Reformpädagogik" erhält.

Gründe für meine eher etwas ambivalenten Empfindungen:

- Schaut man in die mindestens fünftausendjährige Schulgeschichte, gibt es Serien an einschneidenden Reformen.
- Nimmt man als Beispiel das 18. und das beginnende 19. Jahrhundert, finden sich dort Reformen, denen gegenüber die „reformpädagogische Zeit" eher ein Gekräusel an der Oberfläche der gesellschaftlichen Entwicklung war (z. B. um ca. 1800: Einführung/Durchsetzung der Unterrichts-/Schul--pflicht; Unterrichts-/ Schulpflicht auch für die Mädchen; Verstaatlichung des Schulwesens; Bekämpfung der Kinderarbeit; Erweiterung der Unterrichtsgegenstände über Religion, Lesen und Schreiben hinaus).
- Die Reformpädagogik erschien und erscheint mir mehr als eine Ansammlung pädagogischer Aktivitäten sehr unterschiedlichen Ranges. Kerschen-

steiners Idee der Arbeitsschule und seine Erweiterung des Bildungsbegriffs sind in meinen Augen Glanzstücke der Theorie und Praxis der Reformpädagogik. Aber viele reformpädagogische Ansätze und Aktivitäten haben diesen Rang nicht. Da gibt es Ellen Keys Aufruf, das anbrechende 20. Jahrhundert zu einem „Jahrhundert des Kindes" (1902) werden zu lassen, ein Aufruf, dem man angesichts der Lasten, die die Kinder immer noch zu tragen hatten, auch im Nachhinein nur zustimmen möchte. Als Aufruf mag er sogar geholfen haben, dass die UN 1959 die Kinderrechtserklärung verabschiedet hat. Aber man hat zum Glück nur den Buchtitel im Kopf und nennt kaum Keys Argumente und Folgerungen. Die eben bestehen auch aus unverstandenem Darwinismus und unverstandener Evolutionstheorie. Die „Erlebnispädagogik" ist auch ein großartiges unterrichtliches Programm, aber der theoretische Rahmen, wie er etwa bei Heinrich Scharrelmann (1920) erscheint, ist doch sehr emotionalistisch und wenig argumentativ.

- Zentrale Ideen der Reformpädagogik sind nicht eigenständige Entdeckungen der „Reformpädagogik", sondern haben weitzurückreichende Wurzeln (z. B. Eigenwert der Entwicklungsphasen: J. J. Rousseau; Selbsttätigkeit des Kindes: J. H. Pestalozzi).
- Die Jugendbewegung hat vielfach schwärmerische, romantisch naturverbundene, völkische und stadtkulturkritische Wurzeln. Abwägende kognitive Anteile sind nach meiner Einschätzung weniger repräsentiert.
- Was für die Jugendbewegung gilt, trifft nach meiner Meinung weitgehend auch auf die Landerziehungsheimbewegung (Landschulheimbewegung) zu. Die Landerziehungsheimbewegung ist in meinen Augen auch dadurch kompromittiert, als sie die Tendenz hat, geschlossene Gruppen zu bilden und sich dadurch sozial zu isolieren. Sie hat dazu beigetragen, das für die Grundschulen seit der Weimarer Verfassung geltende Sprengelprinzip der demokratischen Schule, an dem sowohl die Idee der gesellschaftlichen Integration, wie erst recht die der gesellschaftlichen Inklusion hängt, zu unterlaufen und so Standesdünkel, ob geburts- oder finanzabhängig, auch in demokratisch verfassten Gesellschaften fortzuschreiben.

Aber diese kritischen Einschübe, die zudem in der knappen Formulierung auch pauschalisieren, sind natürlich keine schmetternde Abwertung der „Reformpädagogik". Ich halte sie im Vergleich zu anderen „Reformepochen" der Schulgeschichte und der wissenschaftlichen Pädagogik zwar für überschätzt. Da ist kein Comenius, kein Rousseau und kein Pestalozzi. Und die Zahl problematischer und wenig durchdachter Ansätze und Aktionen ist nicht gering.

Aber wiederum auf dem Hintergrund größerer geschichtlicher Dimensionen und längerfristiger Prozesse hat die Reformpädagogik in meinen Augen durchaus ihre sehr positiven Funktionen. Vielfalt hat, sofern sie die Stabilität des Systems nicht offenkundig überfordert oder unterminiert, im evolutiven

Zusammenhang immer eine positive Funktion. Es wird nach neuen, nach besseren Wegen gesucht. Im Erziehungsfeld (Bildungsfeld o.ä.) sind die besseren Wege immer die, die stärker an den Vorteilen der nachwachsenden Generation orientiert sind. Ohne diese Motivation, ohne dieses Stück Altruismus der älteren Generation hätte sich niemals das Phänomen „Erziehung" entwickeln können (Liedtke 1972, S. 160-170). Schon die Proklamation, das 20. Jahrhundert solle „Das Jahrhundert des Kindes" werden, lässt erwarten, dass es an dieser Motivation in der Reformpädagogik nicht gefehlt hat. Doch auch bei bester Motivation können Wege irrig sein. Aber die Ablösung der oft strengen und kognitivistischen Schulen des 19. Jahrhunderts, in den Augen der Reformpädagogen z. B. der Schulen Herbarts und Zillers, durch kinderfreundlichere Fibeln, durch kinderfreundlichere Unterrichtsmethoden ist eine geschichtliche Leistung der Reformpädagogik. Und die Anmeldung größerer Mitbestimmungs- und Selbstgestaltungsrechte der Jugendlichen durch die Jugendbewegung, insbesondere aber auch die im Grundsatz doch offeneren, liberaleren Umgangs- und Denkformen der Jugendbewegung – etwa im Vergleich zu den konservativeren, auch mehr karriereorientierten Umgangs- und Denkformen der studentischen Verbindungen – gehört auch zu den großen geschichtlichen Leistungen der Jugendbewegung und damit auch der „Reformpädagogik".

In dem Sinne weiter auf Reformpädagogik zu bauen, kann man nur begrüßen.

Literatur

Altenberger Singebuch, hg. durch die Hauptstelle der Deutschen Katholischen Jugend, Haus Altenberg. Christophorus-Verlag Freiburg i. Br., Berlin, Düsseldorf. Gestaltet durch Adolf Lohmann u.a., 1948

Das Singeschiff. Lieder deutscher katholischen Jugend. Herausgegeben vom katholischen Jungmännerverband Deutschlands. Verlag: Jugendhaus Düsseldorf. 1929

Der Zupfgeigenhansl. Das Liederbuch der Wandervögel. Herausgegeben von Hans Breuer unter Mitwirkung vieler Wandervögel. Verlag Schott. Mainz, London, New York, Tokyo, 1908

Ein weihnachtliches Singebuch. Christophorus-Verlag Herder KG/Berlin + Freiburg im Breisgau + München, 1941

Fürnrohr, Walter 1997: Geschichte der Erwachsenenbildung. In: Liedtke, Max (Hg.): Handbuch der Geschichte des Bayerischen Bildungswesens. Bad Heilbrunn. Bd. IV, 746-890

Geißler, Georg 1979: Herman Nohl (1879-1960). In: Scheuerl, Hans (Hg.): Klassiker der Pädagogik. Bd. II, 225-240

Key, Ellen 1902: Das Jahrhundert des Kindes. Berlin

Kirchenlied. Eine Auslese geistlicher Lieder für die Jugend. Herausgegeben von Josef Diewald, Adolf Lohmann und Georg Thurmair. Verlag Jugendhaus Düsseldorf, 1938

Liedtke, Max 1972: Evolution und Erziehung. Ein Beitrag zur integrativen Pädagogischen Anthropologie, Göttingen 1972, 288 S., 2. Auflage 1976, 3. Auflage 1991, 4. Auflage 1997

Liedtke, M. 1981: Ethologie bzw. Kulturethologie als Instrument der Normenkritik. In: Institut für Vergleichende Verhaltensforschung der Österreichischen Akademie der Wissenschaften (Hg.), Beiträge zur interdisziplinären Kulturforschung, Matreier Gespräche, Maske-Mode-Kleingruppe. Wien-München. S. 59-67

Liedtke, Max 1999: Die Entwicklung von Wertvorstellungen.- Genetische Voraussetzungen und der "naturalistische Fehlschluss". In: Neumann, D., Schöppe, A. und Treml, A. K. (Hg.): Die Natur der Moral.- Evolutionäre Ethik und Erziehung. Stuttgart, Leipzig. S. 159-175

Rhein-Ruhr-Fibel (o. J.) [1934/1937]. Mit Texten von Josef Urhahn und mit Bildern von Else Wenz-Vietor. Verlag L. Schwann, Düsseldorf

Scharrelmann, Heinrich 1920: Aus meiner Werkstatt – Präsentationen für Anschauungsunterricht und Heimatkunde. Braunschweig

Teistler, Gisela 2003: Fibel-Findbuch. Deutschsprachige Fibeln von den Anfängen bis 1944. Eine Bibliografie. Osnabrück

Westermanns Pädagogische Beiträge. Eine Zeitschrift für die Volksschule. Begründet von Carl Schietzel, Hans Sprenger, Otto Wommelsdorf. Braunschweig. 1948ff.

Die reformpädagogische Bewegung

Fritz März

Es handelt sich bei diesem Text um einen vom Autor ausgewählten Auszug aus seinem 1998 erschienenen Werk: Personengeschichte der Pädagogik. Ideen – Initiativen – Illusionen, Bad Heilbrunn, dessen Abdruck er für die vorliegende Publikation mit einem Schreiben vom 23. April 2015 an die Herausgeber autorisierte mit dem Hinweis, dass dies auch heute seine „Sicht-Weise" auf die Reformpädagogik darstelle. Der Verlag Klinkhardt stimmte der Veröffentlichung im Schreiben vom 26. Mai 2015 zu. Fritz März und Andreas Klinkhardt sei dafür herzlich gedankt.

Diese eindrucksvolle Bewegung, die die Erziehungswirklichkeit in vielen europäischen Ländern und in den Vereinigten Staaten von Amerika entscheidend beeinflussen und das pädagogische Geschehen im zwanzigsten Jahrhundert nachhaltig bestimmen wird, beginnt nicht erst um 1900, wie immer wieder behauptet wird. Ihre Entstehung lässt sich bereits in der zweiten Hälfte des neunzehnten Jahrhunderts beobachten. So gibt Lev Nikolaevic Tolstoj seine pädagogische Kampfschrift *Jasnaja Poljana*, in der er eine neue, von allen Zwängen gelöste und eine freiheitliche Gesellschaftsordnung begründende Erziehung propagiert, bereits 1862 heraus.

1 Motive, Einflüsse und Prinzipien

Diesen Kampf gegen die hergebrachte Erziehung und ihren autoritären Charakter, gegen die alte Lehrer- und Buchschule mit ihrem Fabrikbetrieb, gegen ihren didaktischen Materialismus und die Überbetonung des Intellekts im Unterricht, gegen den Methodenmonismus und Formalismus der Herbartianer, gegen das oberflächliche Kulturverständnis, den Historismus sowie das Fachidiotentum – diesen Kampf für eine Beseitigung der Kluft zwischen Leben und Schule nähren freilich nicht nur die Gedanken Tolstojs, Nietzsches und anderer zeitgenössischer Kulturkritiker, sondern darin werden ebenso sehr Motive Rousseaus, Pestalozzis, Fröbels und der Romantiker spürbar. Gleichwohl: Diese Angriffe auf das Hergebrachte und den pädagogischen Trott verstärken sich im ausgehenden neunzehnten Jahrhundert.

Zwischen 1878 und 1881 veröffentlicht der Göttinger Orientalist Paul De Lagarde (1827-1891) seine *Deutschen Schriften*. Und darin befindet sich eine Abhandlung *„Über die Klage, dass der deutschen Jugend der Idealismus fehle"*. De Lagarde wendet sich gegen die Vielzahl der herkömmlichen Bildungsideale, die sich gegenseitig neutralisieren würden. Er kritisiert den zeitgenössischen

Historismus, plädiert für ein umgreifendes national-religiöses Ideal als Fundament der deutschen Erziehung und gesteht die gymnasiale Bildung nur jenen wenigen zu, die als geistige Aristokraten künftig die leitenden Positionen in Staat und Gesellschaft einnehmen werden. Für die übrigen genügt der Besuch der Volksschule und der Fachschulen. De Lagarde engagiert sich für eine deutsche Nationalkirche und artikuliert mehrfach seinen Antisemitismus sowie seine imperialistischen Neigungen im Sinne einer Kolonisierung der Ostgebiete und der Ausbreitung des deutschen Geistes und Volkstums über die Nachbarvölker – Ansichten, die dann im Nationalsozialismus auf fruchtbaren Boden fallen werden.

1890 publiziert der von einem starken Sendungsbewusstsein getriebene Schriftsteller und Kunsthistoriker Julius Langbehn (1851-1907) sein Buch *Rembrandt als Erzieher*, das viele Auflagen erlebt. Darin besingt er in großdeutscher Arroganz den holländischen Maler als Muster-Deutschen und setzt sich – nicht frei von rassischen Vorurteilen und antisemitischen Neigungen – für eine Renaissance des Deutschtums in Kunst, Wissenschaft und Bildung, in Gesellschaft und Politik ein. Ähnlich wie Nietzsche plädiert er für die besondere Pflege einer elitären Minderheit.

Großen Einfluss auf Entwicklung und Gestalt der Reformpädagogischen Bewegung gewinnt die zu Beginn des zwanzigsten Jahrhunderts einsetzende *Jugendbewegung* mit ihrem Kampf um eine eigene Jugendkultur und um die Autonomie der jungen Menschen. Beide Bewegungen befruchten sich gegenseitig, wie denn auch eine Reihe ihrer Repräsentanten in mehreren Teilbewegungen aktiv wird.

2 *Vom Kinde aus*

In ihrem 1900 erschienenen Buch erklärt die Schwedin Ellen Key (1849-1926) das zwanzigste Jahrhundert zum *Jahrhundert des Kindes* und steuert damit ein weiteres Motiv zur Entwicklung der Reformpädagogischen Bewegung bei. Maria Montessori (1870-1952), Berthold Otto (1859-1933), Ludwig Gurlitt (1855-1931) und zahlreiche andere Erzieher werden dieses Motiv kräftigen und differenzieren.

Und schließlich erfährt diese beeindruckende Bewegung durch eine *neue Psychologie,* die die bislang geltende mechanistische Vorstellungspsychologie Herbarts und seiner Jünger ablöst, wichtige Impulse und Grundlagen. Wilhelm Wundt (1832-1920) ersetzt die Vorstellungen als psychische Elemente durch den *Willen und seine Aktivität.* Das gesamte seelische Geschehen ist *unmittelbar erlebte Aktualität des Willens.* Diese psychische Dynamik bestimmt das Denken eines Menschen ebenso wie sein Fühlen und zwar bereits das Denken und Fühlen des *kindlichen* Menschen. Wundts Einsichten und die empirischen Forschungsergebnisse anderer zeitgenössischer Psychologen befruchten nicht nur die Reformpädagogische Bewegung, sondern intensivieren schon in den letzten beiden Jahrzehnten des neunzehnten Jahrhunderts die Erforschung des kindlichen Seelenlebens.

3 Prinzipien und Grundbegriffe

Die nunmehr dominierenden Prinzipien und pädagogischen Grundbegriffe: Eigenart und Eigenwert des Kindes sowie die Verpflichtung des Erziehers, sich daran zu orientieren, Rücksicht auf Selbstentfaltung und Wachsenlassen, Naturgemäßheit, Spontaneität und Aktivität, Pflege des Gemeinsinns und des Gemeinschaftslebens, Förderung des kindlichen Spiels und Betonung des Musischen – diese Grundsätze und Kategorien sind zwar allesamt nicht neu, aber sie erfahren nunmehr eine bislang ungewohnte Akzentuierung und Berücksichtigung in Erziehung und Unterricht. Und es bedarf eigentlich keiner besonderen Betonung mehr, dass die zur grundlegenden Reform ihres Denkens und Handelns bereiten Erzieherinnen und Erzieher von einem geradezu unanfechtbaren Optimismus und Illusionismus beseelt sind.

4 Enthusiasmus und Optimismus

Bereits das genannte Buch Ellen Keys bringt den ungebrochenen Glauben an die Güte des Menschenkindes und den gewaltigen pädagogischen Enthusiasmus zu Beginn und während des ersten Drittels des zwanzigsten Jahrhunderts zum Ausdruck – einen Enthusiasmus, der auch nicht durch die Ereignisse des Ersten Weltkrieges zerstört werden kann, sondern nach 1918 das pädagogische Geschehen unvermindert prägt.

Dieser Optimismus lässt sich in allen Teilrichtungen der Bewegung und bei den meisten ihrer Repräsentanten nachweisen: Ob man nun an die pädagogische Bewegung *„vom Kind aus"* und dabei an Ellen Key, Ludwig Gurlitt, Maria Montessori und Berthold Otto oder an die *Jugendbewegung* denkt; ob man sich der *Arbeitsschulbewegung* zuwendet und ihren verschiedenen Teilrichtungen und Vertretern von Georg Kerschensteiner und Hugo Gaudig bis Pavel P. Blonskij oder der *Kunsterziehungsbewegung* und der Fülle ihrer Repräsentanten; ob man endlich die *Landerziehungsheimbewegung* betrachtet und hier wiederum auf Hermann Lietz, Gustav Wyneken und Paul Geheeb den Blick richtet: Der gesamten Bewegung und den sie tragenden Persönlichkeiten eignet bei aller unterschiedlichen Auffassung über einzelne Sachfragen jener angesprochene pädagogische Enthusiasmus: der Glaube an das Gute im Menschenkind, an die Möglichkeit einer Freilegung der kreativen Kräfte in ihm sowie des Aufbaus einer neuen, besseren Gesellschaft aus dem Schutt einer zerbröckelnden Kultur und aus den Resten einer morbiden Gesellschaft „auf erzieherischem Wege".

5 *Weitere Initiativen und Impulse*

Die Reformpädagogik umgreift nicht nur die geschilderten großen Teilbewegungen; sie lebt und wirkt auch aus einer Fülle weiterer Initiativen und Impulse ihrer zahlreichen Exponenten.

Die Vertreter der *Einheitsschulbewegung* können auf Pläne zurückgreifen, die bereits von Ratke und Comenius erdacht, dann in der ersten Hälfte des neunzehnten Jahrhunderts von Fichte, Wilhelm von Humboldt und von Süvern erneut konzipiert werden und in die Forderung münden: eine einheitliche Schule zu gründen, die sich von der Vorschule bis zur Hochschule erstreckt und die Trennung nach Geschlecht, sozialer Herkunft und Konfession aufhebt, die Übergänge erleichtert, die Organisation vereinfacht, die Bildung eines Gemeinschafts- und Nationalbewusstseins fördert und die Rangunterschiede innerhalb der Lehrerschaft beseitigt. 1916 publiziert Johannes Tews (1860-1937) seine richtungweisende Schrift *Die Deutsche Einheitsschule – Freie Bahn dem Tüchtigen* und erweitert sie 1919 zu einem Buch mit dem Titel *Ein Volk – eine Schule,* in dem er seine Argumente für die Gründung der Einheitsschule darlegt, die alle Einrichtungen vom Kindergarten bis zur Universität umfasst. Im gleichen Jahr gründet Paul Oestreich (1878-1959) den *Bund Entschiedener Schulreformer* und fordert die *Elastische Einheitsschule* als Institution, die *alle* Bildungseinrichtungen einschließt und sich als Erziehungsgemeinschaft von Schülern, Lehrern und Eltern mit Schülerselbstverwaltung und kollegialer Struktur darstellt. Realisiert werden diese Vorstellungen in der Weimarer Ära nicht. Nach dem Zusammenbruch des Faschismus in Deutschland werden sie unter dem Begriff *Gesamtschule* erneut reflektiert, modifiziert und in einer Reihe von Ländern der Bundesrepublik Deutschland realisiert. Einen breiten Raum beanspruchen die Reflexionen über die *soziale und politische Erziehung* der künftigen Staatsbürger. 1901 erscheint Georg Kerschensteiners (1854-1932) preisgekrönte Arbeit *Die staatsbürgerliche Erziehung der deutschen Jugend,* die eine hohe Auflagenzahl erlebt, und 1910 seine Schrift *Der Begriff der staatsbürgerlichen Erziehung.* In zahlreichen Werken beschäftigt sich Friedrich Wilhelm Foerster (1869-1966) mit dieser Thematik. Eine gute Zusammenfassung seiner Ansichten über die *politische Erziehung* bietet er in einem so überschriebenen Kapitel seines 1907 veröffentlichten Buches *Schule und Charakter – Moralpädagogische Probleme des Schullebens.* Wie der Titel des Buches bereits verrät, widmet sich der Autor vor allem der *Charaktererziehung.* Auch dieser Thematik kommt in der Reformpädagogik ein hoher Stellenwert zu.

1911 publiziert Hermann Lietz (1868-1919) sein Buch *Die Deutsche Nationalschule – Beiträge zur Schulreform aus den Deutschen Landerziehungsheimen.* Und 1924 veröffentlicht Peter Petersen (1884-1952) sein Hauptwerk *Allgemeine Erziehungswissenschaft* und widmet ein Kapitel der *Erziehung zum Volke.*

Nicht zuletzt umfasst die Reformpädagogik auch *eine sozialpädagogische Bewegung,* die wiederum internationalen Charakter trägt. In der Sowjetunion erarbeitet Anton S. Makarenko (1888-1939) sein den nachrevolutionären Verhältnissen entsprechendes Konzept. In den Vereinigten Staaten von Amerika gründet Edward J. Flanagan (1886-1948) seine *Boys Town,* und in Deutschland erproben engagierte Erzieher wie Karl Wilker, Walter Herrmann und Curt Bondy, von der Jugendbewegung beeinflusst, neue Wege in der Heimerziehung und Fürsorgeerziehung sowie im Jugendstrafvollzug.

Von einiger Bedeutung für die *Pädagogik als Forschungs- und Lehrbereich* ist es, dass Politiker und Öffentlichkeit durch die vielfältigen Initiativen der Reformpädagogen von der Notwendigkeit überzeugt werden können, diese Disziplin, die bislang und zumeist von den Inhabern der Lehrstühle für Philosophie – zuweilen auch von Theologen und sogar von Medizinern – nebenher behandelt worden ist, aus ihrer Marginalexistenz zu befreien. Zwar richtet die Universität Halle bereits 1779 einen Lehrstuhl für Pädagogik ein. Ernst Christian Trapp (1745-1818) ist sein erster Inhaber. Aber diese Initiative findet keine Nachahmung. Erst im zwanzigsten Jahrhundert erfährt die Pädagogik ihre Aufwertung zu einem eigenständigen akademischen Fach. So erhält beispielsweise Herman Nohl 1920 den Ruf auf den neuerrichteten Lehrstuhl für Pädagogik an der Universität Göttingen, während seine Kollegen Eduard Spranger, Theodor Litt und Wilhelm Flitner weiterhin auf Lehrstühlen für Pädagogik *und* Philosophie wirken. Entscheidender freilich als die institutionelle Absicherung des Faches ist der Umstand, dass die genannten Männer – allesamt Repräsentanten der geisteswissenschaftlichen Pädagogik – die reformpädagogischen Bemühungen engagiert und kritisch begleiten und durch subtile Untersuchungen und profunde Beiträge bereichern. Nohls 1935 erschienenes Hauptwerk trägt den Titel *Die pädagogische Bewegung in Deutschland und ihre Theorie.* In zahlreichen Studien seines umfangreichen Gesamtwerkes reflektiert Eduard Spranger die reformpädagogischen Aktivitäten. Sehr kritisch begleitet sie Theodor Litt beispielsweise in seinem 1926 erschienenen Buch *Möglichkeiten und Grenzen der Pädagogik* oder in seinem ein Jahr später veröffentlichten Werk *Führen oder Wachsenlassen – Eine Erörterung des pädagogischen Grundlagenproblems,* einem Werk, das wie nur wenige andere pädagogische Publikationen aus dieser Zeit großes Interesse findet und nachhaltigen Einfluss erzielt. 1925 begründen Aloys Fischer, Theodor Litt, Herman Nohl, Eduard Spranger und Wilhelm Flitner die Zeitschrift *Die Erziehung – Monatsschrift für den Zusammenhang von Kultur und Erziehung in Wissenschaft und Leben.* Und schließlich gelingt es einflussreichen und für Reformen aufgeschlossenen Pädagogen und Politikern, auch den künftigen Volksschullehrern eine *akademische – wenngleich keine universitäre –* Ausbildung zu ermöglichen. An ihrer Spitze stehen Eduard Spranger mit seiner Schrift von 1920 *Gedanken über Lehrerbildung* und der preußische Kultusminister Carl Heinrich Becker mit seiner Studie von 1926 *Die Pädagogische Akademie im Aufbau unseres nationalen Bildungswesens.* Die ersten Pädagogischen Akademien werden 1926 errichtet, weitere Gründungen – insgesamt etwa fünfzehn – folgen. Auch dieser erfreulichen Entwicklung setzen die Nationalsozialisten 1933 ein Ende. Ihre Lehrerbildungsanstalten führen den Volksschulabsolventen in einer fünfjährigen Ausbildung zur Lehramtsprüfung.

6 Die Leistung der Reformpädagogik

Die Impulse und Leistungen der meisten Reformpädagogen können nicht hoch genug eingeschätzt werden. Zwar sind viele ihrer Gedanken alles andere als neu. Oft genug werden sie nur neu verpackt und etikettiert. Aber was von älteren Pädagogen vorgedacht und gefordert worden ist, wird in der Reformpädagogischen Bewegung erprobt und praktiziert. Zahlreiche Ergebnisse dieser Initiativen und Untersuchungen gehören zum unverzichtbaren pädagogischen Rüstzeug.

Die Hinwendung zum heranwachsenden Menschen und die Orientierung an seinen Bedürfnissen, Neigungen und Interessen sowie die Berücksichtigung seiner Spontaneität und seines Strebens nach Freiheit und Aktivität, nach Selbst-Tun und Selbständigkeit, nach Naturnähe und körperlicher Bewegung, nach musischem Erleben und Gestalten, nach Spiel und Fest, nach Gesprächen und persönlicher Zuwendung, in denen belastende Probleme und Sinnfragen besprochen werden können, die Respektierung des Entwicklungsstandes junger Menschen und ihrer Leistungskraft: All dies ist in seinem Wert und in seiner Bedeutung unumstritten, muss allerdings von Erziehern und Erziehungswissenschaftlern gegenüber ausschließlich an ökonomischen Sachverhalten orientierten Politikern und Vertretern der Wirtschaft immer wieder erneut angemahnt und erstritten werden – oft genug leider ohne Resonanz und Erfolg.

7 Übertreibungen und Irrtümer

Laqueurs vernichtendes Urteil, das er über die Jugendbewegung spricht, wenn er sie „eine großartige Fehlleistung" nennt, mag für bestimmte Gruppen und Bünde dieser Teilbewegung zutreffen. Dieses Verdikt über die gesamte Reformpädagogische Bewegung zu fällen wäre ebenso unzutreffend wie ungerecht. Allerdings dürfen die Fehleinschätzungen und gravierenden anthropologischen Irrtümer vieler ihrer Repräsentanten nicht unter den Teppich gekehrt werden.

Die Überschätzung der kindlichen Produktiv- und Selbstbildungskräfte sowie des „Genius im Kinde", die Strichmännchen zu Kunstwerken stilisiert, die Unterbewertung der unverzichtbaren Rationalität für das instinktreduzierte Lebewesen Mensch, das man nicht seinem Wildwuchs überlassen darf, sofern Erziehung als ein Phänomen begriffen wird, das unlösbar mit Verantwortung verbunden bleibt, die Überschätzung der Wirksamkeit „neuer" Methoden und schließlich die politische Insuffizienz vieler Reformpädagogen dürfen und können nicht als Bagatellen abgetan werden. Wenn Ludwig Gurlitt etwa im Ernst glaubt und behauptet: der Verstand wachse dem Menschen ebenso wie ihm die Haare wachsen, dann ist man versucht, an der Zurechnungsfähigkeit dieses Mannes zu zweifeln.

Ebenso unerträglich wie komisch wirken heute das triefende Pathos und das überspannte Sendungsbewusstsein vieler Reformpädagogen. Ellen Key befördert Kinder zu „Majestäten" und verlangt von den Eltern, dass sie vor der Hoheit ihrer Sprösslinge ihre Stirn in den Staub beugen sollen. Gustav Wyneken schwärmt von ewiger Jugend, schwafelt von der „Gemeinschaft der um den Geist Versammelten", appelliert auf dem Hohen Meißner an die „Krieger des Lichts" und begreift sich *als geborenen Führer* – selbst dann, wenn es niemanden gibt, der sich von ihm (ver-)führen lassen will. Und auch die ansonsten um Nüchternheit und Sachlichkeit bemühte Maria Montessori bestaunt in jedem neugeborenen Kind den zurückgekehrten „ewigen Messias", vergessend, dass Kapitalverbrecher wie Hitler und Stalin einmal süße Babys waren – von ihren Müttern geliebt und gehätschelt – und später mit ihrem „Messianismus" Millionen unschuldiger und wehrloser Menschen in Not, Elend und gewaltsamen Tod getrieben haben.

Pädagogik hat ihre komische Dimension. Ihre lange Geschichte und nicht zuletzt die Reformpädagogische Bewegung liefern dafür zahlreiche Beweise. Zuweilen bleibt einem allerdings das Lachen über diese Komik im Halse stecken…

Literatur

März, Fritz 1998: Personengeschichte der Pädagogik. Ideen – Initiativen – Illusionen, Bad Heilbrunn

Die Idee der Alternativschule als Beispiel *und* als utopischer Versuch gesellschaftspolitischer Reformbewegung

Oskar Negt

Zu Oskar Negts Beitrag:
In seinem Brief vom 27. Juli 2015 antwortete Oskar Negt auf die Frage der Herausgeber, ob er an dem Projekt „Sichtweisen der Reformpädagogik“ teilnehmen würde: „Gerne würde ich an Ihrem Buchprojekt teilnehmen, aber ich komme nicht dazu, einen ganz neuen Text zu verfassen. Bitte nehmen Sie Abschnitte aus meinem letzten Buch: ‚Philosophie des aufrechten Ganges‘. Mehr habe ich nicht zu sagen. Es würde mich freuen, wenn Sie mit diesem Vorschlag einverstanden wären.“

In zwei Telefonaten vom 16. Oktober und 2. November autorisierte Oskar Negt die nachfolgenden Textpassagen, die seiner äußerst lesenswerten, 2014 im Steidl-Verlag Göttingen erschienenen Schrift ‚Philosophie des aufrechten Ganges‘ entnommen sind. Am Ende einer jeden Textpassage ist stets die Seitenzahl zu finden.

Bemerkenswert an Negts Buch ist, dass er – „Gründungsvater“ der Glocksee-Schule Hannover – kein einziges Mal das Wort „Reformpädagogik“ verwendet, jedoch umso häufiger von „Alternativschulen“ spricht. Sein Buch trägt den Untertitel „Streitschrift für eine neue Schule“. Damit verweist er deutlich auf die Konnotation seines Werkes, aus politischen und gesamtgesellschaftlichen Überlegungen heraus nicht aufzugeben in den Bemühungen, für eine andere, alternative Schule einzustehen, sich mit ihrer Idee auseinanderzusetzen und für sie und um sie zu kämpfen. Gleichwohl stellt er ernüchternd fest, dass punktuelle Schulversuche keine gesellschaftliche Wende evozieren, sie aber zumindest denjenigen als Sinninstanz in Form eines „echten Idealismus“ (S. 13) dienen und die Gewissheit geben können, trotz allem ihren ‚guten Teil‘ zum Gelingen des eigentlich Unmöglichen beigetragen zu haben. Oskar Negts „Sicht-Weise der Reformpädagogik“ also ist eine makroskopisch gesellschaftspolitische auf das spannungsreiche Verhältnis zwischen „Schulversuch und Regelschule“ in der „Frage der Übertragbarkeit“. (S.74-82)

1 *Empört euch! – Gesellschaft und Schule sind es wert!*

Empört euch!, so heißt eine Schrift, die in den letzten Jahren vielfache spontane Zustimmung fand. Ein ehemaliger französischer Widerstandskämpfer hat sie verfasst – kraftvoll in der Aufforderung, endlich mit der Gleichgültigkeit und dem geduldigen Einverständnis gegenüber den als drückend, ja unerträglich empfundenen Verhältnissen zu brechen. Stéphane Hessel, der Autor, erklärt: „Dem ‚Ohne-mich-Typen' ist eines der absolut konstitutiven Merkmale des Menschen abhanden gekommen: die Fähigkeit zur Empörung und damit zum Engagement. (…) den jungen Menschen sage ich: Seht euch um, dann werdet ihr Themen finden, für die Empörung sich lohnt." – So ist es! Die Schule ist ein solches Thema, das der Empörung und der Bearbeitung würdig ist. Sie ist Hauptgegenstand dieses philosophischen Essays.

Schulen sind die entscheidenden Vermittlungsinstitutionen der Generationen; im europäischen Einigungsprozess kommt ihnen eine bestimmende Funktion zu. Aber sie sind, nicht nur in Deutschland, in einem erbarmungswürdigen Zustand. Jeder weiß das. Die meisten der unmittelbar Betroffenen – Kinder und Jugendliche, Eltern und Lehrer, verzweifelte Erzieher, machen sich ihre höchst privaten Gedanken über die Schuldigen. Hin und wieder werden gesellschaftliche Ursachen dingfest gemacht. Wer sich auf geschichtlichen Pfaden bewegt und im Horizont des „Werteverfalls" zu denken gewohnt ist, wärmt gerne den „Sündenfall" der antiautoritären Erziehung auf: Sie habe einen Stein ins Rollen gebracht, der auch durch pädagogische Sisyphusarbeit nie wieder über den Berg bewegt werden könne. Diese Erklärung scheint vor allem denjenigen einen ruhigen Schlaf zu bescheren, für die Reformprojekte stets mit Zersetzung und Rückschritt verbunden sind. Aber solche Erklärungen sind lediglich geeignet, den Blick auf die gesellschaftlichen Strukturen zu verstellen und günstige Ausgangspositionen für politische Beutezüge zu schaffen, die innerstaatliche Feinderklärungen erleichtern.

Wir leben in einer Welt der Umbrüche. Ganze Staatensysteme, Imperien haben sich aufgelöst, ohne dass es dafür eines Krieges bedurft hätte; längst als überholt betrachtete ethnische Rivalitäten, ja archaische (7) Stammesfehden, sind bis ins Zentrum Europas vorgerückt, das System der Erwerbsarbeit ist offensichtlich an eine Grenze gestoßen, die mit herkömmlichen Mitteln der Marktökonomie nicht überschritten werden kann. Wenn es nun diesen Objektüberhang an veränderten Verhältnissen epochalen Ausmaßes gibt, wo sind dann die Versuchsfelder, die ein freies und phantasievolles Erproben von Antworten auf diese geschichtlichen Umwälzungen ermöglichen? Man wird sie nicht finden. Bereits eine Spurensuche erzeugt Verlegenheit; an sich müsste unter solchen Bedingungen der Horizont der Phantasie, in dem über neue Formen des Lernens und der Bildung nachgedacht wird, sich sehr weit öffnen. Davon kann gegenwärtig jedoch keine Rede sein. Nimmt man das vorherrschende öffentliche Interesse zur Grundlage, in dem Geldmittel verfügbar gemacht und Strategien erwogen werden, um marode und betrügerisch handelnde Banken vor dem Krisendesaster zu retten, erfasst einen das bedrückende Gefühl, Mitbewohner eines Irrenhauses zu sein. Da wird über Schutzschirme in Milliardenhöhe innerhalb von Stunden in regierungsamtlichen Nachtsitzungen entschieden; nie zuvor in der Weltgeschichte ist mit Geld, das aus kollektiver Wertschöpfung stammt, so leichtfertig und demonstrativ betrügerisch hantiert worden. Das hat freilich eine offenbar nicht einkalkulierte, positive Unterseite: Es wird schwieriger, Reformprogramme, im Sozialen und in der Bildung, die uns vor den Folgen eines auf Dauer beschädigten Gemeinwesens bewahren könnten, mit dem Argument abzulehnen, es sei nun eben nicht genug Geld für solche Reformen, an Haupt und Gliedern, verfügbar. Das ist eine glatte Lüge! (8) Es wird sich als notwendig erweisen, Lernprozesse zwischen den Völkern anzuregen und zu fördern, die weniger auf Entwertung der eigenen nationalen Traditionen beruhen als darauf, was sie an spezifischen Errungenschaften als Lernprozesse anderen anzubieten haben – und darauf sie auch stolz sein können. Wie weit sind solche kollektiven Lernprozesse den einzelnen Kulturnationen zumutbar? Es kann keine politische Hauptaufgabe der europäischen Zentralbehörden sein, DIN-Vorschriften in allen gesellschaftlichen Bereichen oder eine Entsprechung der Abiturnoten durchzusetzen und unter dem Diktat betriebswirtschaftlicher Rationalisierungen die Vergleichbarkeit der Verhältnisse zu überwachen. Wenn die Völker voneinander lernen und ihre Neugier, über touristische Begegnungen hinausgehend, auf die jeweilige *Andersartigkeit* und den spezifischen Eigensinn der Lebensweise und der Denkstrukturen gerichtet ist, dann ist damit eine konkrete Arbeitsplattform für alle hergestellt, die sich als Europäer verstehen und in ihrem Kampf um Anerkennung nicht mehr die Entwertung und Herabstufung der anderen benötigen. (9)

Wenn Europa ein *kollektives Arbeitsprojekt* ist – und davon bin ich zutiefst überzeugt – , dann wäre es jedoch ein Irrtum, die Erziehungs- und Bildungssysteme durch Akte der Formalisierung (wie im Falle der Angleichung der Rechtsverhältnisse) auf *einen* Nenner zurechtschustern zu wollen. Der sogenannte Bologna-Prozess mit seinen betriebswirtschaftlich verkürzten Lernkompetenzen ist das *Urpseudos* einer im gestohlenen Mantel der Reform daher kommenden Politik der Rationalisierung der Bildungs- und Lernsysteme auf dem Niveau kurzfristiger Aneignungstechniken, die den komplexen Anforderungen der modernen Welt immer weniger gewachsen sind. *Europa wird, bei allen Identitätsbemühungen, ein Europa der Regionen bleiben.* Der Reichtum der europäischen Bildungslandschaft wird deshalb auf der Vielfältigkeit der Lern- und Kulturansätze beruhen. (…) Deutschland bietet Überlegungen zu Kindertagesstätten, Schulversuche, eine Konzeption der Universität, in der Lehre und Forschung miteinander verzahnt sind. Vieles davon ist zweifellos gefährdet, bedarf des Schutzes und der Verteidigung, auch des öffentlichen Einklagens unerledigter Versprechen. Die Mühe, neue Ansätze in der Erziehung und der Bildung zu erproben, war gewiss auch Resultat einer Aufarbeitung der Vergangenheit (10), die verspätet einsetzte, dann aber eine Intensität und ein Ausmaß gewann, die in der jüngeren Geschichte Europas einzigartig sind. Adornos programmatische Formulierung: Alle Erziehung und Bildung müsse das Ziel haben, Bedingungen herzustellen, unter denen Auschwitz sich nicht wiederhole. (…) Dass in Deutschland aufgrund seiner unglaublichen Geschichtsverbrechen Erziehung und Bildung einen anderen Rang haben als in anderen Zivilgesellschaften, mindert nicht deren Wahrheitsanspruch; in manchen Zusammenhängen hat sogar diese Herausforderung einen höheren Reflexionsstand zur Folge gehabt als in anderen Ländern, die Opfer der Verbrechen waren. (...) Demokratie als Lebensform ist ohne entfaltete Erinnerungskultur auf Dauer nicht haltbar. (...) Die vorliegende Schrift, die auf meine Rede zum vierzigsten Jubiläum der Glocksee-Schule am 17. Oktober 2012 zurückgeht, entspringt dem Erfahrungszusammenhang einer konkreten Schulgründung (11), an der ich aktiv beteiligt war. Die Stellung als „Gründungsvater" dieser Schule kompliziert die Analyse: Das Buch ist nicht beschränkt auf eine Beschreibung der Konzeption der Glocksee-Schule; aber diese bleibt der *rote Faden* meines Essays. Er bietet deshalb eine sehr persönliche und subjektive Sicht der Dinge; ich kann nicht verhehlen, dass mir dieses Projekt über gut ein Jahrzehnt mehr am Herzen lag als meine akademische Tätigkeit in der Universität und die wissenschaftliche Schreibarbeit. Ursprünglich als *Schulversuch* angelegt, hat das Experiment „Glocksee-Schule" im Laufe von vierzig Jahren fortwährende Erweiterungen erfahren – und völlig unabhängig von den parteipolitisch wechselnden Landesregierungen und den veränderten Konstellationen des Zeitgeistes und der Zeitgenossen. Das Versuchsprojekt hat heute den *Status einer gesetzlich abgesicherten einzügigen Gesamtschule mit etwa 220 Kindern und Jugendlichen – es ist die einzige komplett staatlich finanzierte Alternativschule Deutschlands*. (...) Was ich hier als Reformmodell angstfreien Lernens vorstelle, ist in der Grundlage ein Versuch; dem entsprechen die Maßverhältnisse, die ein Gelingen oder Scheitern möglich machen, ohne dass damit eine strategische Gesamtlinie festgelegt würde. Der Wahrheitsgehalt eines Versuchs entscheidet wesentlich darüber, ob er wiederholt wird oder der Vergessenheit anheimfällt. An einem Beispiel aus der Geschichte der Philosophie, dem tragischen Scheitern des Staatsentwurfs Platos, hat Ludwig Marcuse erörtert, was es mit solchen Gesellschaftsexperimenten auf sich hat und warum sie immer wieder auftauchen: ‚Dass er [Plato] die Tat nicht vollbracht hat, sagt nichts aus über das Ziel seiner Versuche. (...) Das Erbauliche an seinem Leben ist nicht, was er erreicht hat (12), sondern was er versucht hat. Das Traurige an unserer Zeit ist aber nicht, was sie nicht erreicht, sondern was sie nicht versucht. Im Versuchen aber liegt der echte Idealismus.' Auf solchen Versuchen beruht die menschliche Entwicklung zum Besseren. Ein einziger Schulversuch in Europa wird nicht viel verändern. Die Mächtigen dieser Welt werden sich nicht beunruhigt fühlen. Tausende solcher ‚Versuche' aber, die sich miteinander verbinden, können durchaus zur grundlegenden Veränderung der europäischen Bildungslandschaft beitragen. Eine demokratische Gesellschaftsordnung lebt von der Hoffnung, dass der Versuchsgeist nicht erlahmt.

Soll die Schule nicht zu einer Selektionsinstitution herabsinken, in der die gesellschaftliche Polarisierung fortgesetzt und zementiert wird und die Kinder möglichst frühzeitig nach künftigen Gewinnern und potentiellen Verlierern sortiert werden, dann muss sie aus dem bestehenden Herrschaftsgefüge herausgebrochen und zu einem wahrhaft menschlichen Erfahrungsraum werden. Das klingt reichlich pathetisch, soll aber den Blick darauf wenden, dass all unsere Besorgnis um ökonomische Standortfragen, um Konjunktur und Arbeitsplätze nur dann zu nachhaltigen Krisenlösungen führt, wenn das alles von Sorgfalt und pfleglichem Umgang mit den Menschen, den Dingen und der Natur getragen ist. Es ist nicht auszuschließen, dass uns die wirkliche Bildungskatastrophe noch bevorsteht. (...) Öffentliche Armut und räuberische Akkumulation privaten Reichtums gehören zusammen. Der Verschleierung dieser Verbindung ist die auf betriebswirtschaftliche Zweckrationalität reduzierte Vernunft stets hilfreich gewesen. (13)

2 Zweckrationalität und Orientierungslosigkeit

Das zweckrationale Denken, diese halbierte Vernunft, die in der Zweck-Mittel-Beziehung steckt, ist eine Symbiose eingegangen mit der Betriebswirtschaft, die sich als Leitwissenschaft zunehmend Ansehensmacht verschafft hat. (17) Jetzt gilt nicht mehr der Spruch Salomons [Kohelet, Kap. 3, AS], dass alles *seine* Zeit habe, sondern die neue Parole lautet: Alles hat *eine* Zeit, nämlich die zweckrational-betriebswirtschaftlich organisierte. Mit der Zeitverkürzung verknüpft ist die folgenreiche Reduktion des Rationalitätsbegriffes, dem die Vernunft abhanden gekommen ist; denn seine aufklärerische Funktion behält zweckrationales Denken nur dann, wenn es dem umfassenden Begriff der Vernunft verbunden ist. Jede Persönlichkeitsbildung, jede Erziehung, die das Urteilsvermögen der Menschen stärkt und sie mit Eigenschaften und Fähigkeiten ausstattet, die ihnen ein autonomes und selbstständiges Leben ermöglichen – jede menschenwürdige Bildung muss einen umfassenden Begriff von Vernunft zur Leitnorm haben. Die auf betriebswirtschaftliche Zeitmaße und Zweckrationalität zugeschnittene Definition der Realität erdrückt zunehmend jene Produktionsvorgänge, die es mit lebendiger Arbeit und Persönlichkeitsbildung zu tun haben. Indem die mit Zeitnot verbundene Reduktion gesellschaftlicher Vernunft in alle sozialen Bereiche eindringt, werden auch Schulen und andere Ausbildungsinstanzen im Sinne dieses Rationalisierungsgebarens immer stärker Autofabriken und Dienstleistungsbetrieben angenähert. (...) Wo die Idee der Zweckrationalität den gesamten Kulturzusammenhang einer Gesellschaft zu erfassen droht, geraten alle Bestrebungen, Alternativen zum Bestehenden zu entwickeln und glaubhaft zu begründen, in eine schier aussichtslose Beweisnot. Es entsteht ein geradezu historisches Dilemma: In dem Maße, wie die Verpflichtung auf Zweckrationalität Denken und Handeln beeinträchtigt, wächst in erheblichem -Ausmaß die Orientierungslosigkeit; man kann mit Fug und Recht von einem *Orientierungsnotstand* sprechen. (18)

Die gegenwärtige Gesellschaft bedürfte dringend der umfassenden Bildung: Aber wo man auch hinsieht, nirgendwo findet Bildung als kritisches Weltverständnis besondere Beachtung. Das muss sich ändern, wenn die Gesellschaft nicht auseinanderfallen soll: Aber wo ist der Anfang zu machen? Womit beginnen? Wo ist der Hebel anzusetzen, um diesen Orientierungsnotstand aufzuheben? (...) Viele Menschen sind angesichts der existenziell empfundenen Misere ihrer Lebensverhältnisse und der vergeblichen Suche nach einer Instanz, der sie vertrauen können, die Dinge zum Guten zu wenden, in der Gemütslage eines ‚Pazifismus sozialer Ohnmacht' geraten, wie Max Weber dieses neue Unbehagen in der Kultur treffend genannt hat. Sie möchten gerne *eingreifen*, etwas Sinnvolles tun, sehen sich aber sofort einem Dilemma ausgesetzt: Wo immer sie im erfahrbaren Alltagszusammenhang Änderungen der Lebensverhältnisse zustande bringen können, werden sie das drückende Gefühl nicht los, dass es zu wenig ist, um das kritisierte Ganze zu erschüttern. Geht die Blickrichtung aber auf das gesellschaftliche Ganze, bekommen die Handlungen sofort einen fundamentalistischen Zug, der Sektenmentalität befördert: Das Ganze einer radikalen Kritik zu unterwerfen, ist der legitime Wahrheitsanspruch einer Theorie – aber er bleibt das *Orientierungsversprechen von Theorie.* Und nur in der *Distanz* zur Praxis erfüllt sie ihre kritische Funktion. (19) (...) Als Leo Tolstoi auf seinem Gut Jasnaja Poljana eine Schule errichtete, um die Bauernkinder zu alphabetisieren, was das ein utopischer Entwurf, dem nur wenige Zeitgenossen Beifall zollten; die Gutsbesitzer schüttelten die Köpfe über so viel Narretei. Aber es war ein nachhaltiger Ansatz, der produktive Impulse für die spätere Schulentwicklung setzte. Was ist der Wahrheitsgehalt eines solchen Entwurfes? Er ermöglicht Menschen, sich in einer Welt der Umbrüche orientieren zu können. Die Fähigkeit zur Orientierung ist ein wesentliches Merkmal von Bildung. Lernen, das der Differenziertheit und Komplexität der heutigen Verhältnisse gerecht würde, müsste zwei Fundamente haben: Sachwissen und Orientierung. Mit der Vermittlung von Sachwissen hat unsere Gegenwart digitalisierter Informationen keine Probleme, mit der Vermittlung von Orientierungen umso größere. Kaum eine geschichtliche Periode kennt derart intensive Suchbewegungen, die Orientierung finden wollen. (20)

3 Exemplarisches Lernen als Orientierungsdidaktik gegen die Bindungs- und Ortlosigkeit

Was unterscheidet einen *lernenden* Menschen von einem *sich bildenden*? Zuerst muss man sagen, dass ein gebildeter Mensch *über Vorräte verfügt.* Er praktiziert eine Art *Lagerhaltung*, auf die er jederzeit, wenn es nötig ist, zurückgreifen kann. (31) Der ungebildete Mensch denkt abstrakt, nicht der gebildete. Hegel entwickelt (...) wie Bildung aus Verknüpfungen, aus Netzen entsteht, aus der *Herstellung von Zusammenhängen.* (32) Für Humboldt war Bildung Grundlage der vielfältigen Weltaneignung, ein Vernunftbegriff, der nicht nur rationales Handeln, sondern auch menschliche Zwecke einschließt. ‚Der wahre Zweck des Menschen – nicht der, welche die wechselnden Neigungen, welche die ewig unveränderliche Vernunft ihm vorschreibt – ist die höchste und proportionierlichste Bildung seiner Kräfte zu einem Ganzen. Zu dieser Bildung ist Freiheit die erste, unerlässliche Bedingung. Allein, außer der Freiheit erfordert die Entwicklung der menschlichen Kräfte noch etwas anderes, obgleich mit der Freiheit eng Verbundenes: Mannigfaltigkeit der Situationen. Auch der freieste und unabhängigste Mensch, in einförmige Lagen versetzt, bildet sich minder aus.‘ (33) Eine Didaktik, deren Leitgedanke *exemplarisches Lernen* ist, nimmt die Ideen Humboldts und Hegels (...) unter veränderten Bedingungen auf, ohne sie zum Maßstab pädagogischer Arbeit zu machen. Im exemplarischen Lernen geht es um verdichtetes Zusammenhangswissen. Es sprengt die bloße Akkumulation von Informationen auf, indem es Kriterien der Gewichtung und der Anwendungszwecke formuliert. Nur durch exemplarisches Lernen, das sich auf die Entfaltung der Sachverhalte und die konkrete Subjekt-Objekt-Dialektik einlässt, also nicht bloß als allseitig anwendbare Methode benutzt wird, ist heute noch Bildung möglich. Diese Form der Bildung verliert freilich sofort ihre Substanz, wenn sie in irgendeiner Weise in einem elitären Elfenbeinturm gesperrt wird, der in wertfreier Distanz zu den Konflikten und Stukturverhältnissen der Gesellschaft steht. (34) Damit aber ein durch soziales, emotionales und kognitives Lernen bestimmter Erfahrungsraum entstehen kann, ist es erforderlich, dass die betriebswirtschaftliche Enge der Kommunikation und die Angst vor Versagen aus der Schule verdammt [verbannt? RM] werden. Das vergessen jene Politiker, die immer wieder betonen, dass Bildung die entscheidende Ressource der rohstoffarmen europäischen Länder sei – sie vergessen, dass ein *Wärmeraum der Erziehung* Um- und Abwege der Kommunikation in einer ausgewogenen Balance zwischen Nähe und Distanz voraussetzt. Der Wärmehaushalt einer Schulklasse hängt wesentlich davon ab, wie die Lernprozesse eingebettet sind in ein überzeugendes Pathos, das den Schülerinnen und Schülern das Gelernte als lebenswichtig vermittelt. Das setzt allerdings ein gewisses Maß an Ruhe, an Ausgeglichenheit, an Muße voraus, welche die Scheinklarheit und Plausibilität des durch Noten und Versetzungen bestimmten Erfolgsdenkens unterbrechen. Es ist beherzigenswert, was Adorno in seinem Essay *Erziehung nach Auschwitz* als Gründe für den Rückfall in die Barbarei angibt und welche Vorschläge er macht, um künftige Katastrophen dieser Art zu verhindern. ‚Spreche ich von der (35) Erziehung nach Auschwitz, so meine ich zwei Bereiche: einmal Erziehung in der Kindheit, zumal der frühen; dann allgemeine Aufklärung, die ein geistiges, kulturelles und gesellschaftliches Klima schafft, das eine Wiederholung nicht zulässt, ein Klima also, in dem die Motive, die zu einem Grauen geführt haben, einigermaßen bewusst werden.' (Adorno 1969) Eine Katastrophe wie die von Auschwitz kann nur zustande kommen, wenn in einem langen Prozess der Subjektausstattungen die sozialen und emotionalen Kräfte verkümmern und das gesellschaftliche Betriebsklima erkaltet. Eine Gesellschaft, die soziale Kälte als Grundlage der Konkurrenz und des Erfolgsstrebens hat, orientiert sich am Ideal des unternehmerischen Menschen. Für diesen ist nicht Solidarität ein konstitutiver Bestandteil des Subjekts, sondern Ausgrenzen, notfalls Vernichten des anderen, jedenfalls Infragestellen seiner Existenzgrundlage. (36)

Lernen setzt ein Mindestmaß an unverrückbaren Raum- und Zeitkoordinaten voraus, innerhalb derer eine zielgerichtete Entwicklung stattfinden kann. Ist aber die Herstellung von *Ortlosigkeit* und zielloser *Beweglichkeit* das Hauptprinzip; wie im gegenwärtigen Wirtschaften, dann haben wir es mit einer ewigen Wiederkehr des Gleichen zu tun, mit dem Wiederholungszwang, dem Zentralmechanismus des Mythos, der für eine geschlossene Gesellschaft charakteristisch ist. (...) Gerade in einer Zeit, in der alte Bindungen aufgelöst werden, alte Normen und Verpflichtungen nicht mehr unbesehen gelten und neue noch nicht da sind, aber intensiv gesucht werden, kommt es sehr darauf an, *welche Orientierungsfunktionen Bildung und Erziehung übernehmen*. Es ist nicht nur die von Soziologien bekannte *Enttraditionalisierung* der Verhältnisse, die zur Bindungslosigkeit der Menschen beiträgt. Zum ersten Mal in der Geschichte sind die wirtschaftlichen Mächte damit beschäftigt, in einer totalisierenden Warenproduktion Bindungen bewusst zu brechen und zu zerstören. In demselben Maße aber, wie die Bindungslosigkeit zunimmt und Organisationen, Kirchen, Gewerkschaften, Parteien sich nicht mehr auf gesicherte Gefolgschaften verlassen können – *in demselben Maße steigt das Bindungsbedürfnis*. Das ist die Zeit der großen Scharlatane, die neue Bindungen durch gesicherte Wahrheiten versprechen; vorurteilsanfällige Menschen werden in dem Prozess dieser Suchbewegungen sehr schnell beliebigen Sicherheits- und Wahrheitsversprechen Vertrauen schenken. (38)

Es mag eine gewagte These sein, dass *Kindertagesstätten und Schulen die Kinderstube der Demokratie sind* (Hansen; Knauer; Sturzenhecker 2001), und es erscheint vielleicht im ersten Moment ein wenig übertrieben, eine von Erwachsenen und für Erwachsene geprägte Begriffswelt, wie Urteilskraft, Beteiligungskräfte, Macht und Kompromisse, auf die Gemeinschaft in Kindertageseinrichtungen und Schulen zu übertragen. Aber es handelt sich längst nicht mehr um bloße Symbolbezeichnungen, wenn in der UNO-Kinderrechtsdeklaration die spezifischen Kinderrechte betont werden. Selbst wenn diese Rechte von den Kindern nicht in eigener Regie wahrgenommen werden können, können sie im Prozess der Erziehung und Bildung nur dann wirksam vertreten werden, wenn die Erwachsenen einen Teil ihrer Macht aufgeben. Dabei sind auftretende Konfliktfälle geeignet, exemplarische

Lernprozesse zu motivieren. So sehen sich auch in Alternativschulen wie der Glocksee-Schule Lehrerinnen und Lehrer immer wieder vor die Entscheidung gestellt, einzugreifen oder nicht – ob bei Aggressionshandlungen oder bei der Weigerung einzelner Schüler, an Projekten teilzunehmen. Es geht stets auch darum, eine Atmosphäre der Selbstständigkeit herzustellen, um die Verständigungsorientierung unter den Kindern, also Lernprozesse untereinander, zu ermöglichen. Denn wie sollen Kinder demokratische Grundtugenden lernen, wie das Teilen, das Entwickeln von Kompromissen oder das Anerkennen anderer Meinungen, wenn ihnen nicht ein großes Maß an Selbstregulierung zugetraut und zugestanden wird? (39) Ohne menschliche Nähe, ohne lebendige Übertragung durch sinnlich fassbare Personen, entsteht nichts, was Bindungen, was Verlässlichkeit und Vertrauen herstellen könnte. Die Aufspaltung der Gegenstandswelt in weiche und harte Materie, wobei Währung und Wirtschaft harte, Kindertagesstätten und Schulen weiche Materie sind, gehört zu den geschichtlichen Grundirrtümern. Wahrscheinlich ist die schulische Erziehung und Bildung bedeutsamer für den europäischen Einigungsprozess als das Schicksal des Euro. (40)

4 Die Glocksee-Schule – Konstellation einer geglückten Schulgründung

Den rebellischen Geist gegen die kulturfeindliche Übertragung industrieller Zeitrhythmen auf Bildung und Lernen finden wir in allen Alternativschulen; ob es sich um A. S. Neills Summerhill oder um Waldorfschulen handelt. Diese Protestenergie bestimmte auch das Glocksee-Projekt in der Gründungsphase.

Die Glocksee-Schule gehört zweifellos zu den Kuriositäten der deutschen Bildungslandschaft: *Sie ist die einzige staatlich voll finanzierte Alternativschule Deutschlands*. Es gibt sie jetzt vierzig Jahre. Und ihr ist es gelungen, Schritt für Schritt einen pädagogischen *Experimentierraum* zu sichern, dem schließlich ein gesetzlich fixierter Rang zugesprochen wurde. Dieses Schulprojekt begann als Schulversuch, der auf eine begrenzte Zeit angelegt war. Heute ist die Glocksee-Schule gemäß Paragraph 182 des niedersächsischen Schulgesetzes ‚eine öffentliche Schule der Jahrgänge 1 bis 10 mit besonderem pädagogischem Auftrag'. ‚Sie kann entsprechend ihrem Auftrag fortentwickelt werden', so heißt es im Erlass vom 26.5.1994 zur Rechtsform der Glocksee-Schule Hannover. Als staatliche Alternativschule unterliegt sie den üblichen Regeln und Anforderungen an Schulen; in hohem (47) Maße hat sie jedoch die ursprünglich erstrebte *pädagogische Autonomie* aufrechterhalten können. (48) Meine (...) Idee, eine eigene antiautoritäre Schule gründen zu wollen, veranlasste einige Lehrer und Eltern, einen Initiativkreis ins Leben zu rufen, der die einzelnen Schritte auf dem Weg zur Gründung bestimmten wollte, denn uns war sehr klar, dass es sich dabei um eine Basisinitiative handelte, die mit der rebellischen 68er Bewegung aufs Engste verknüpft war, also nicht durchgängig mit Sympathie in allen Bereichen der Politik und der Verwaltung rechnen konnte. (...) Wir waren uns dessen bewusst, dass unter den gegebenen rechtlichen Bedingungen die Gründung einer Schule eigentlich nur als Privatschule möglich ist, die aus öffentlichen Geldern unterstützt wird, aber nicht als öffentliche Schule anerkannt ist. Die Tendenz, auf öffentliche Gelder zu verzichten, um in der pädagogischen Gestaltung unabhängig zu sein, war bei der linksradikalen Fraktion der Eltern sehr ausgeprägt. Meine eigene Position war hingegen eindeutig: Ich wollte *keine* Privatschullösung, sondern eine Schule, die komplett staatlich finanziert wird. Das stieß bei den Behörden auf erheblichen Widerstand; ständig wurde auf Waldorfschulen, Jenaplanschulen, Montessorischulen und andere Privatschulprojekte verwiesen, die (49) doch auch eine große Bedeutung für die pädagogische Öffentlichkeit hätten. So lag es nahe, die Idee der Schulgründung in das Projekt eines *Schulversuchs* einzubinden; das hatte unter anderem den großen Vorteil, dass dabei eine von der Bund-Länder-Kommission mitfinanzierte wissenschaftliche Begleitung zu erwarten war. Freilich gab es auch gegenüber dieser Gründungsidee erhebliche Vorbehalte – nicht nur unter konservativen Politikern, die eine Kaderschmiede für den Nachwuchs linker Intelligenz witterten; sozialdemokratische Politiker vermuteten hier ein Eliteprojekt. (50) (...) Auf dem Weg zur Durchsetzung dieses Schulprojekts war die Erfahrung wichtig, dass man Überzeugung kaum von unten nach oben erreichen kann; erst musste oben eine politische Entscheidung getroffen werden, dann war es möglich, auch die unteren Instanzen für das Projekt zu erwärmen und schließlich die Einzelnen zur aktiven Mitarbeit zu bringen. (51) Die Glocksee-Schule hat als *Versuch* begonnen; solche Schulversuche sind Experimente ganz eigener Art. Hier wird nicht mit Menschen experimentiert und schon gar nicht, wie in der traditionellen Verhaltenspsychologie, der Versuch gemacht, empirische Gesetzmäßigkeiten zu bestimmen, um eine Art Konstantenlehre kindlichen Verhaltens zu erstellen. Es geht bei diesen *Versuchen* immer darum, durch Beobachtung und Analyse die Atmosphäre des pädagogischen Feldes so zu verändern, dass eine *Erfahrungserweiterung* der Kinder und Jugendlichen die Selbstwertgefühle der Einzelnen im Gemeinschaftshandeln stärkt. Es geht also nie um die bloße Umsetzung theoretisch ausgedachter pädagogischer Konzeptionen in die Schulrealität; (...) Wenn ich in diesem Zusammenhang von (52) der Entfaltung einer Subjekt-Objekt-Dialektik spreche, dann in dem Sinne, dass die Auseinandersetzung mit der gegenständlichen Realität immer auch eine *Anreicherung der Subjektivität* zur Folge hat. (53) Uns war bewusst, dass ein Versuch dieser Art auch scheitern kann. Nach der politischen Absicherung des Projektes begann der Kampf um die Erfüllung des Reformvorhabens, die wir öffentlich versprochen hatten. Der beginnende konkrete Arbeitsprozess lässt sich am besten beschreiben, indem man ihn als eine *konfliktreiche Orientierungssuche* charakterisiert. Vielfach am Rande des Scheiterns, waren doch die gemeinsamen Anstrengungen und die gesellschaftspolitischen Überzeugungen so tragfähig, dass allmählich didaktische Konzeptionen, Lernziele und Formen der Kooperation mit den Eltern sich herausbildeten, die das schulische Geschehen normalisierten wenn man davon im Zusammenhang einer Alternativschule überhaupt sprechen kann. (54) Jede Schule hat ein eigentümliches *Klima*; die jeweilige Stimmungslagen besitzen eine nicht zu unterschätzende Bedeutung für den schulischen Produktions- und Lebenszusammenhang. (...) Zufriedenheit oder Unzufriedenheit, Arbeitswilligkeit oder Renitenz, das Gefühl der Zugehörigkeit zu einer Produktionsgemeinschaft oder das Bewusstsein, ohne innere Identifikation eine Arbeit zu verrichten, bei der man nicht ausharren möchte – all dies bestimmt das Klima in einer Institution ebenso wie die Tatsache, ob auf die Sorgen der Einzelnen mit Verständnis eingegangen wird oder ob niemand Zeit findet, sich der Nöte der ihm Anvertrauten überhaupt anzunehmen. (...) So wird man mit Recht sagen können, dass es bleibenden Eindruck auf die Kinder macht, *wie* sie von dieser gesellschaftlichen Einrichtung empfangen werden. Bereits die Empfangsrituale sind häufig entscheidend dafür, in welchem Ausmaß Kinder die Schule als (55) *ihre* Institution betrachten, in der sie sich gerne aufhalten und in der sie dann auch angstfrei lernen. (...) Es mag ein wenig übertrieben klingen, wenn ich behaupte, dass bereits beim Betreten eines Schulgebäudes erkennbar wird, ob die Kinder und Jugendlichen hier *Subjekte des Lernens* sind oder die Schule nach Maßstäben der Verwaltung und der Lehrerkontrolle organisiert ist. (...) Alternativschulen müssen von vornherein bei ihrer Wahl der Räume und bei deren Gestaltung einen anderen Weg gehen, um für Kinder erfahrungs- und aneignungsfähige Objekte zu schaffen. Schulgebäude und die darin enthaltenen Räume bilden, neben der elterlichen Wohnung, die institutionell befestigte Außenhaut der Kinder. (56) Es geht also nicht allgemein um eine angemessene Architektur, sondern um die Frage, in welcher Weise Pädagogik auf das spezifische Raumbedürfnis von Kindern und Jugendlichen antwortet. (57) Bei den missglückten Schulbauten liegt es häufig an der völligen Phantasielosigkeit des Architekten und des Bauherrn, an der Nichtberücksichtigung der kindlichen Interessen und Bedürfnisse, dass solche Schulen keine Erfahrungsräume für Kinder sein können. (...) Das spröde deutsche Klassenzimmer aber scheint eine sonderbare zeitlose Einrichtung zu sein. Die Ergebnisse von PISA-Studien und allerlei Reformen mögen immer mal wieder die Schullandschaft erschüttern, die Schularchitektur bleibt – wie immer. (59) Auch das ist der Sinn von Schulexperimenten: zu erproben, welche Gefäßgrößen, welche Raum- und Zeiteinheiten Lernprozesse im Sinne der Persönlichkeitsbildung befördern oder behindern. Kant hatte davon eine Vorstellung: ‚Erst muss man Experimentalschulen errichten, ehe man Normalschulen errichten kann'. (64) Zwei der dringlichsten Fragen, mit denen jedes Erziehungsexperiment, das neue didaktische Wege riskiert (auch die Glocksee-Schule), konfrontiert ist, werden nicht nur von Außenstehenden gestellt, sondern auch von den Eltern: Lernen die Kinder das Richtige? Lernen sie genug? Die eindeutige Antwort darauf lautet: Ja! Aber sie reicht nicht aus. Die Kinder lernen genug, aber anders: in ungleichzeitigen Rhythmen, und sie lernen Dinge, die über definierte schulische Lernprozesse hinausgehen. (...) Seit die bürgerliche Gesellschaft besteht, gibt es die Auffassung, dass durch den Abbau ständischer Privilegien, die gesellschaftliche Positionen von Geburt an festlegten, jeder durch individuelle Leistungen seines Glückes eigener Schmied sei. Doch inzwischen hat eine Reihe empirischer Untersuchungen gezeigt, dass die Verteilung sozialer Lebenschancen auch heute noch eher an vorgegebene Besitz- und Herrschaftsverhältnisse geknüpft ist als an das Kriterium dynamischer Leistungen. In letzter Instanz sind also gesellschaftliche Herrschaftsverhältnisse bestimmend für das, was den individuellen Lebensweg ausmacht. (...) *Die Koppelung von Leistung und sozialen Aufstiegschancen bestimmt entscheidend die Schulerwartungen von Eltern – das steht jedoch in krassem Widerspruch zur Realität.* (65) Viele Menschen, die sich mit der Geschichte der Glocksee-Schule beschäftigt haben, sind verwundert darüber, dass man dieses so attraktive Modell angstfreien Lernens nicht vervielfältigt findet. Es gibt keinen ‚Ableger' dieses Schulversuchs, während andere Alternativschulen – Waldorfschulen, Jenaplanschulen, Montessorischulen – an vielen verschiedenen Orten existieren; sie führen als Ausweis ihrer Identität ihre Gründer oder ihre ursprüngliche Konzeption im Namen. Warum sollten pädagogische Methoden und schulische Lebensweisen, wie sie das Glocksee-Projekt repräsentiert, nicht im gleichen Sinne zu vervielfältigen sein? Mit der Übertragbarkeit von Schulexperimenten hat es eine eigene Bewandtnis. Je enger die schulischen Vorgänge des Lernens in den gesamten Lebenszusammenhang von Eltern und Kindern an Ort und Stelle eingebunden sind, je weniger also nach abstrakten Regeln eines formalisierten Kanons pädagogischer Schritte verfahren wird, desto geringer sind die Chancen, ein solches Schulprojekt zu verallgemeinern und auf andere Lebenssituationen zu übertragen. (74) Wenn ich vor gut vier Jahrzehnten klarzumachen versuchte, dass es zur Alternativschule keine Alternative geben könne, dann trifft das heute in einem buchstäblichen Sinne zu. Reformen in Zusammenhang mit Kindheit und Jugend, von Lernen und Erziehung können heute nur noch gelingen, wenn die produktiven Anstöße, die in experimentellen Bereichen außerhalb und oft auch gegen das System der Staatsschulen entwickelt wurden, zur Kraftquelle einer neuen Reformbewegung von unten werden. Dabei ist es notwendig, viel Altgewohntes und manche Verteidigungsanlage, in der nicht anderes als Besitzstandswahrung betrieben wird, aufzusprengen. Ich kann mir eine blühende Schullandschaft (77) vorstellen, in der die jetzige Staatsschule mit ihren verallgemeinerten Lehrplänen, mit festgelegten Stundenreglements und unverrückbaren Jahrgangsklassen übergegangen ist in ein reichhaltiges Angebot verschiedener Schultypen, die sich nicht nur nach Lernformen, Benotungs- und Lernzustandsberichten unterscheiden, sondern auch in verschieden gewichteten Schwerpunkten der gesamten Bildungs- und Lernorganisation – für Kinder und Jugendliche. (78) Was die Glocksee-Schule betreibt, ist keineswegs die Herstellung einer illusionären Gemeinschaft von Lehrern, Eltern und Schülern, die ohne Konflikte auskommt und die sich von den gesellschaftlichen Gesetzen des Zwangs und der Gewalt völlig befreit hat, eine Oase gewaltfreier, ja herrschaftsfreier Kommunikation. Die Glocksee-Schule kann, wie im Übrigen jede andere Schule, keine prinzipiell neue Realität schaffen. Sie verarbeitet, strukturiert, entwickelt die vorhandene – freilich in einer Weise, dass damit auch neue Erfahrungsdimensionen für die Kinder und für die an diesem Prozess Beteiligten aufgeschlossen werden. Das gilt vor allem im Hinblick auf die Ausbildung *kollektiver, gesellschaftlicher Fähigkeiten*. (82) Der Staat – in der Angst befangen, die Kontrolle über das öffentliche Erziehungs- und Lernsystem zu verlieren, und nicht bereit, pädagogische Autonomie konsequent herzustellen – hält mangels eigener Gestaltungskraft das Schulsystem in einem *reformfeindlichen Schwebezustand*. Die in diese Institution hineinwirkenden widersprüchlichen Kräfte auszugleichen und den normalen Arbeitstag funktionsfähig zu halten, verzehrt einen großen Teil der Balancearbeit von Lehrern. Unterhalb der Funktionsoberfläche vollziehen sich jedoch Abspaltungsprozesse. Einer dieser Abspaltungsprozesse besteht in institutionellen Ausgliederungen. Viele unzufriedene Eltern schicken ihre Kinder in Privatschulen, Schulen mit besonderer pädagogischer Prägung, die zwar überwiegend öffentlich finanziert werden, aber geringere pädagogische Staatsaufsicht zu befürchten haben. Ein anderer Abspaltungsprozess vollzieht sich über normale Marktregulierungen: Die Nachhilfeangebote zum Ausgleich sachlicher Lernrückstände werden immer zahlreicher und differenzierter. (119) Die Neigung, Krisenbereiche dadurch beruhigen zu wollen, dass man öffentliches Eigentum, Formen der selbstverständlichen Gemeinwesentätigkeit privatisiert (...), könnte eines Tages auch das Schulsystem erfassen. (...) Sollte sich diese Tendenz durchsetzen, würden automatisch alte Klassenstrukturen im Lernen und in der Ausbildung höchst offensichtlich wiedererrichtet, käme es zu Bildungsverlierern und Bildungsgewinnern. (...)

Die Schule muss eine öffentliche Einrichtung bleiben. Sie gehört zu den unverkäuflichen Gütern der Gesellschaft. (...) *Bewahrung und Erneuerung* sind die gleichrangigen Lebensprinzipien von Institutionen, die sich der neuen gesellschaftlichen Herausforderungen bewusst sind und darauf reagieren wollen. (120) Bildung ist wesentlich auch Entwicklung von Eigensinn, von Wissens- und Urteilsvorräten, die nicht immer unmittelbar anwendungsfähig sind. In diesem Sinne kann und muss die Schule – in Deutschland und in Europa – einen zentralen Beitrag leisten zum *Erlernen des aufrechten Ganges*, der nicht früh genug erprobt werden kann. (…) Es ist der beschwerliche Weg, den der Empörte beschreiten muss, um als Citoyen Anerkennung zu finden. (123)

Literatur

Negt, Oskar 2014: Philosophie des aufrechten Ganges, Göttingen

Braucht man zur Schulreform Reformpädagogik?

Jürgen Oelkers

1 Das Ende der Idyllen

Die deutsche Reformpädagogik in der Gestalt, die der Göttinger Erziehungsphilosoph Herman Nohl ihr vor 80 Jahren gegeben hat, ist durch die Missbrauchsfälle in Landerziehungsheimen, insbesondere in der Odenwaldschule, nachhaltig diskreditiert worden. Der damit verbundene Schock wirkt nach und hat die Frage aufgeworfen, wie so etwas passieren konnte. Wie immer man diese Frage beantwortet, die Reformpädagogik, die das Kind in den Mittelpunkt stellen wollte, war für die Opfer kein Schutz.

Bei Nohl und vielen anderen waren die Landerziehungsheime pädagogische Idyllen, die ideenpolitisch genutzt wurden. Sie sollten die Musterschulen und so das Vorbild für die Schulreform darstellen. Das konnte man nur sagen, wenn man sich die Wirklichkeit nach ihrem Bild zurechtlegte und auf Pathosformeln zurückgriff. Die Praxis geriet dabei aus dem Blick.

Herman Nohl (1958, S. 62) lobte die ersten Landerziehungsheime zu Beginn des 20. Jahrhunderts, dort sei „eine ganz einfache, wunderbar heitere und höchst lebendige Knabenwirklichkeit" entstanden und man könne hier auch die „Zeitlosigkeit echter Pädagogik" erfahren. Diese Pädagogik, anders gesagt, kann so wie in den Landerziehungsheimen überall verwirklicht werden, sofern nur die richtige Idee vor Augen steht (Picht 1950).

Das war lange unstrittig und wurde nur allzu gerne geglaubt. Die Odenwaldschule sollte auch für die größere Öffentlichkeit ein Musterland der neuen Erziehung sein, was unberührt von jeder Realerfahrung behauptet werden konnte. Damit wurde ein Bild geschaffen und eine Marke für den Privatschulmarkt kreiert, mit der die Nachfrage gesichert werden konnte. Und dabei half die akademische Pädagogik.

Der Heidelberger Pädagogikprofessor Hermann Röhrs schrieb im vierten Band des Killy-Literaturlexikons den Artikel über Paul Geheeb, den Gründer der Odenwaldschule. Dort heißt es, im Sinne ihres Gründers versuche die Odenwaldschule, landschaftliche Schönheit mit Stadtnähe zu verbinden, Bildung bedeute für sie „eine Sensibilisierung der Jugend für den Dialog mit der Natur" und ihr hafte etwas „von der Erschließung des gelobten Landes" im biblischen Sinne an. So wenigstens seien Geheeb und seine Schule von Hermann Hesse oder Martin Buber verstanden worden (Röhrs 2009, S. 130).

Die Odenwaldschule als das Land Kanaan – kein Vergleich war schief genug, um nicht zur Preisung des Besonderen herangezogen zu werden. Man wollte die Erlösung von den Übeln der Erziehung sehen und bekam genau das geliefert. Deutsche Medien haben über Jahrzehnte die Odenwaldschule und mit ihr die Idee der Landerziehungsheime als Alternative zum System sehen wollen.

Doch diese platonischen Idyllen hat es nie gegeben, die Landerziehungsheime waren praktisch Nischen für Kinder und Jugendliche aus zumeist wohlhabenden Familien, die trotz schlechter Schul- und Erziehungskarrieren doch noch einen Abschluss erreichen sollten. Die privaten Schulen waren teuer und im Blick auf den Unterricht nur selten wirklich gut, was vor allem mit dem ständig wechselnden und oft wenig qualifizierten Personal zu tun hatte.

Das gilt für alle diese Schulen und so auch für das schweizerische Landerziehungsheim Glarisegg am Schweizer Bodensee, das als kleine Privatschule von 1902 bis 1980 bestanden hat. Die Schule ist ursprünglich von Hermann Lietz und seinen Heimen beeinflusst worden. Beide Schulgründer waren dort Lehrer, sie haben die Organisationsform weitgehend übernommen und auch die Zielgruppe für die Kundenwerbung war identisch.

Aus den im Thurgauer Staatsarchiv zugänglichen Lehrerdossiers geht hervor, dass wegen der ständigen Abgänge von Lehrern ein ordentlicher Schulbetrieb häufig gar nicht möglich gewesen ist. Das deckt sich mit Befunden aus ähnlichen Schulen, die nie über eine stabile Lehrerschaft verfügt haben und schon deswegen ihre hochgesteckten Ziele nie erreichen konnten.

Eine neuere Studie untersucht die Kündigungsschreiben in Glarisegg, aus denen hervorgeht, dass die Lehrersituation durchgehend prekär war. Im Archiv finden sich für den Untersuchungszeitraum 1930 bis 1965 insgesamt 156 verschiedene Lehrerdossiers. Das Kollegium der Schule umfasste durchschnittlich nicht mehr als zehn Hauptlehrkräfte (Labhart 2014, S. 35).

Auch die Schülerschaft war alles andere als stabil. Die Schülerdossiers liefern eine Reihe von Beispielen, wie die Entlassungen vorgenommen und begründet wurden. Auch wenn die Schule gelegentlich Preisnachlässe gewährte, so war sie immer noch eine sehr teure Schule. In den dreißiger Jahren zahlten die Eltern 3.400 Schweizer Franken pro Jahr und das erklärt die hohen Erwartungen, die die Schule in vielen Fällen nicht erfüllte.

„Musterschulen" waren die Landerziehungsheime also nur als Topoi reformpädagogischer Propaganda. Sie war solange glaubwürdig, wie das Vertrauen in die großen Erzählungen intakt war, die illustren Namen der Gründer ihren Klang behielten und keine gegenteiligen Fakten zur Kenntnis genommen werden mussten. Nach der Schließung der Odenwaldschule und dem Bekanntwerden ihrer Vorgeschichte hat sich das grundlegend geändert. In Summa lässt sich sagen: Die Schulen waren nie, für was sie in der Pädagogik und der Öffentlichkeit gehalten wurden.

Auch unabhängig von der Geschichte der Landerziehungsheime: Die Suche nach Modellen einer gelingenden Praxis außerhalb des staatlichen Bildungssystems hat nicht zu den Ergebnissen geführt, die erwartet wurden. Die strikte Unterscheidung von staatlichen Schulen, die als nicht reformierbar gelten, und privaten, die das Vorbild für die Schulreform abgeben sollen, ist damit gescheitert.

Einer der Propagandisten dieser Theorie war Gerold Becker. Zwei Jahre nach Beginn seiner Zeit an der Odenwaldschule konnte er schreiben, dass immer nur „kleine Minderheiten" das Schulwesen für „radikal veränderungsbedürftig" halten können, was zur Zeit der Gründung der Landerziehungsheime nicht anders gewesen sei als in der Gegenwart. „Große soziale Systeme" wie das staatliche Schulwesen seien vollauf „mit der Erhaltung des Status quo" beschäftigt. Zu einem „radikalen Angriff auf die Grundlagen und Voraussetzungen" des Systems könne es daher nur von außen kommen (Becker 1971, S. 95/96).

Mit der Fixierung auf die wenigen Schulen der Reformpädagogik ging verloren, dass der Basisprozess der Schulreform im 19. Jahrhundert die *Verstaatlichung* des Bildungswesens gewesen ist. Nur mit dem Staat als Akteur konnte eine dauerhaft stabile Finanzierung aus öffentlichen Mitteln erreicht werden und nur so waren Kontinuität und Wachstum des Bildungssystems gewährleistet und dies über die vergangenen zwei Jahrhunderte (Aubry 2015).

Erst dann bildeten sich die pädagogischen Professionen heraus, entstand geschulte Kommunikation und das Knowhow für die langfristige Systementwicklung, die ohne eine loyale und kundige Verwaltung nie möglich gewesen wäre (Geiss 2014). Was immer „Reformpädagogik" genannt wird, setzt diesen Prozess voraus. Nur so hat man überhaupt ein Objekt der Kritik und nur so kann es die Suche nach Alternativen geben, die ein stabiles, staatlich unterhaltenes System voraussetzen.

In Deutschland war die Diskussion über Schulreform und Reformschulen lange auf ein Argument fixiert, dass vor allem auf Hellmut Becker (1954) zurückgeht. Die staatliche war für ihn gleichbedeutend mit der „verwalteten Schule". Sie wird verstanden als strikt regulierte Verwaltungseinheit, die sich nur schwer bewegen lässt. „Wirkliche" Schulreform, die nicht von der Verwaltung, sondern von den Schülern ausgeht, kann nur von außen kommen, also von den privaten Schulen reformpädagogischer Prägung.

Diese These ist durch die tatsächlichen Reformen im staatlichen Bereich widerlegt worden. Die einzelnen Schulen befinden sich nicht in einem geschlossenen System und können sich aus sich heraus entwickeln, mit einer Verwaltung, die sich weitgehend loyal verhält und auch die Rhetorik der Orientierung „am Kind" längst übernommen hat. Und es ist klar, dass die „Erlasslage" nie identisch ist mit der tatsächlichen Entwicklung.

Auf der anderen Seite haben die reformpädagogischen „Musterschulen" für die Schulentwicklung nie die Bedeutung gehabt, die ihnen zugeschrieben wurde. Schulreform hat auch ohne sie stattgefunden, bei allen größeren Projekten haben sie faktisch keine Rolle gespielt oder sich den staatlichen Vorgaben angepasst.

Der Bedeutungsverlust gilt auch in ideologischer Hinsicht. Eine Schulkritik, die sich nur auf – ungeprüfte – Konzepte beruft, ist nicht sehr glaubwürdig. Eine realistische Theorie der Schulreform kann sich nicht einfach nur auf gute Absichten verlassen, aber die Berufung auf „Reformpädagogik" leistet kaum mehr als das.

Und der Preis ist hoch, man übernimmt Gewissheiten, die sich nicht korrigieren lassen und mit ihnen den Gegensatz von „gut" und „schlecht" als pauschale Bestätigung der eigenen Überlegenheit, ohne ihn der Datenlage anpassen zu können. Die Qualität scheint mit der Berufung auf „Reformpädagogik" gegeben zu sein und die Konzepte klingen gut, weil sie alternativ genannt werden.

2 *„Kindzentrierung": Rhetorik und Praxis*

Fragt man, ab wann die Pädagogik ernsthaft von der Mittelpunktstellung des Kindes spricht und so die christliche Relation aus dem Matthäusevangelium (Matthäus 18, 1-5) verschiebt, dann ist man nicht erst auf die Reformpädagogik verwiesen. Im Gegenteil gibt es schon im frühen 19. Jahrhundert, etwa bei den Quäkern, zahlreiche Deutungen in diese Richtung. Die Quäker heißen nicht zufällig „Children of God", deren Kinder besondere Aufmerksamkeit und so eine moderne Erziehung erhielten.

Das Kind soll *als Kind* ernst genommen und von seinen Potentialen her beachtet werden, auch und gerade für die religiöse Erziehung. Es ist nicht einfach Vorbild des Glaubens, wie noch in der calvinistischen Kinderliteratur des 18. Jahrhunderts. Das Kind erhält einen eigenen Status, was zur Folge hat, dass die unnachsichtige Autorität der Erwachsenen unter Legitimitätsdruck geriet.

Ein anderes Beispiel entstand im Umkreis der amerikanischen Transzendentalisten, also dem Kreis von Philosophen, Künstlern und Literaten um Ralph Waldo Emerson in Boston. Hier wurde in den vierziger Jahren des 19. Jahrhunderts die Grundlage der amerikanischen Philosophie und zugleich der demokratischen Pädagogik geschaffen, auf die sich etwa John Dewey immer berufen hat.

Viele Angehörige dieses Zirkels waren Lehrer und schrieben über ihre pädagogischen Erfahrungen. Zu ihnen gehörte Amos Bronson Alcott, der verschiedene Schulen in Connecticut und Massachusetts geleitet hat, zu denen die berühmte Temple School in Boston gehört. Diese Schule begann mit dem Unterricht im Jahre 1834 und bestand bis 1839, ein Ableger in anderer Zusammensetzung bis 1841.

Zuvor hatte Alcott eine Methodenschrift zur Veränderung des Unterrichts in den Schulen veröffentlicht, die den Titel trug: *Observations on the Principles and Methods of Infant Instruction* (Bronson 1830). Die Schrift ist bestimmt von einer Psychologie der Kräfte und der Vorstellung von drei inneren Fakultäten (spiritual, imaginative and rational faculty), bei der die Kinder ganzheitlich erzogen werden müssen (ebd., S. 4). Die Theorie kommt ohne religiöse Dogmatik und ohne Katechese aus, stattdessen sollen Dialoge mit Kindern im Mittelpunkt des Unterrichts stehen, die einen festen Platz im Stundenplan erhalten.

Amos Bronson Alcott, anders gesagt, ist einer der Begründer des dialogischen Lernens, das heute ein fester Bezugspunkt der Didaktik ist. Auch die Rhetorik scheint zu stimmen. Alcott verwendet eine Formel, die später zu einem Schlachtruf werden sollte.

- Unterricht wird nicht aus Büchern erteilt,
- er gilt dem Kind.
- „The Child is the Book.
- The operations of his mind are the true system."

Nur wer in der Erziehung dem Kind folgt, handelt richtig. Das Kind weist der Erziehung den Weg, aber dann ist der Weg nicht der, den die Schule vorgibt. „Let him follow out the impulses, the thoughts, the volitions, of the child's mind and heart, ... and his training will be what God designed it to be – *an aid to prepare the child to aid itself*" (The Journals of Bronson Alcott, S. 12; Hervorhebung J.O.).

Die Formel hat also nicht Maria Montessori erfunden und sie wurde auch nicht nur von Alcott benutzt, sondern lässt sich an verschiedenen Stellen der angelsächsischen Lehrerliteratur nachweisen und ist dann irgendwann sprichwörtlich geworden. Aber mehr als ein populärer Slogan verbindet sich damit nicht, die Praxis auch von Bronson Alcott sah ganz anders aus, was damit zusammenhängt, dass jeder Slogan die Schwierigkeiten und Untiefen der realen Situation unterschlagen muss. Und Slogans wie „Hilf mir, es selbst zu tun", werden unterschiedlichen Situationen und Lernsettings angepasst, aber „bedeuten" immer dasselbe. In seiner späten Erziehungstheorie, einer spirituellen Pädagogik, ging Bronson Alcott davon aus, dass zwischen Kindern und Erwachsenen kein Unterschied bestehe, ausgenommen, dass Kinder näher zu Gott seien als Erwachsene. Hier wirkt das Matthäus-Evangelium also deutlich nach, nur dass es empirisch und gerade nicht spirituell gedeutet wird. Kinder können genauso tief empfinden wie Erwachsene und sind imstande, den vollen Gehalt der Bibel zu verstehen, wenn man ihre eigenen Fragen und Antworten zulässt, also abrückt vom Prinzip der Katechese (Bronson Alcott 1991, S. 317ff.).

Elizabeth Peabody war Lehrerin in den Anfängen der Temple School. Sie hat den Unterricht von Bronson Alcott beobachtet und über die verschiedenen

Unterrichtseinheiten Tagebuch geführt, das im Juni 1835, also ein Jahr nach Eröffnung der Schule, gedruckt wurde. Hier zeigt sich auch, dass der normale Unterricht, etwa im Schreiben, sehr strikt durchgeführt wurde und durch einen engen Stundenplan sowie die Raumaufteilung geprägt war. Die Temple School hatte einen großen Raum zur Verfügung, der auf den Lehrer zugeschnitten war.

Ein Bild des Klassenzimmers findet sich in der dritten Ausgabe von Elizabeth Peabodys Beschreibung der Schule. Der Raum hat in drei Ecken Schulbänke und Stühle für die Stillarbeit der Schüler. In der Mitte des Raumes sieht man einen offenen Sitzkreis, der auf das Lehrerpult ausgerichtet ist. Die Lehrerzentrierung entspricht der Grundordnung des amerikanischen Klassenzimmers zu diesem Zeitpunkt, nur dass der Raum kaum je so groß war wie in der Temple School (Peabody 1874, Abbildung neben dem Titelblatt).

Das Verhalten der Schüler im Klassenzimmer, ihre Beziehung zum Lehrer und seinen Vortrag werden so beschrieben: „When sitting at their desks, at their writing, he would not allow the least inter-communication, and every whisper was taken notice of. When they sat in the semi-circle around him, they were not only requested to be silent, but to be attentive to him; and any infringement of the spirit of this rule, would arrest his reading, and he would wait, however long it might be, until attention was restored" (Record of a School 1835, S. 7).

Stillsein und Aufmerksamkeit waren eine Hauptanstrengung des Unterrichts, und das zu erreichen war mühsam, weil viele Kinder sich selbst kaum kontrollierten konnten, nur wenig Aufmerksamkeit zeigten und sich häufig zügellos verhielten. Einigen fehlte jede Form von Demut, viele redeten sich auch bei ganz offensichtlichen Vergehen heraus und oft versagten die Appelle des Lehrers (ebd.). Daher, notiert Elizabeth Palmer Peabody, seien Strafen unumgänglich gewesen, auch solche mit Schlägen auf die Hand, die so erteilt wurden, dass sie Einsicht in das Vergehen hervorrufen sollten. Ohne Zustimmung des betroffenen Schülers wurde nicht körperlich gestraft und die Strafen fanden stets außerhalb des Klassenzimmers statt. Bei allen diesen Gelegenheiten redete Alcott mit den Schülern und versuchte sie zur Einsicht zu bewegen und zur Besserung anzuleiten. Manche waren über ihre Schwächen und Fehler, die sie zum ersten Mal hören mussten, so beschämt, dass es schmerzte (ebd., S. 7/8). Erfahrungen wie diese taten der Rhetorik des „Mittelpunktes" keinen Abbruch. Die Temple School wurde vergessen, ihr Leiter auch, ebenso seine Publizistik, was aus den Kindern wurde, ist nicht bekannt, sie sind auch nie gefragt worden, ob das, was sie gelernt haben, für sie irgendeinen Nutzen hatte. Aber dass alle Erziehung von den Kindern ausgehen und sie so „im Mittelpunkt" stehen müssen, avancierte zum Grundprinzip der modernen Pädagogik.

3 Schulreform und Reformpädagogik

Aber genau deswegen stellt sich die Frage, wie Schulreformen und Reformpädagogik zu denken sind, ohne in die Fallen einer parteilichen Geschichtsschreibung zu geraten. Diese Geschichtsschreibung hat kleine, alternative Privatschulen zum Modell erhoben, aber versäumt, Fragen zur „mass education" zu stellen, denen sich die staatlichen Schulen ausgesetzt sehen. Die Idylle der kleinen, und deswegen kindgemäßen Schule, hält sich nachhaltig. Bezogen auf das System aber hat Schulreform ganz andere Probleme zu lösen.

Das reformpädagogische Modell basiert auf einer einheitlichen pädagogischen Bewusstseinslage. Die Modelle verwirklichen jeweils nur Theorien oder Konzepte, die zu ihnen passen. Auch die Bezugsautoren wie Rudolf Steiner oder Maria Montessori wechseln nicht, ihre Namen sind geradezu der „brand" der jeweiligen Schulen. Es sind Markenzeichen für Privatschulen, die weder Skepsis noch Kritik zulassen. Nicht zufällig haben diese Schulen eigene Formen der Lehrerausbildung.

Nachfrage ist offenbar vorhanden. Die Waldorf-Schulen und auch die Montessori-Schulen wachsen weltweit, häufig aber dort, wo die staatliche Verschulung qualitativen Ansprüchen nicht genügt oder wo bestimmte Eltern gezielt nach Alternativen zum staatlichen Bildungsangebot suchen. Das ist natürlich immer möglich und soll auch nicht Gegenstand der Kritik sein. Auch der Elternzuspruch für die staatlichen Schulen ist nicht selbstverständlich, sondern setzt die Erfahrung eines qualitativ überzeugenden Angebots voraus.

Auf der anderen Seite sind starke und identitätsbestimmende Unterschiede zwischen staatlichen und privaten Reformschulen kaum noch zu erkennen. Eher ist zu erwarten, dass die reformpädagogischen Privatschulen verstärkt unter ökonomischen Druck geraten und deswegen ihre Konzepte auf Effizienz und Elternwünsche einstellen müssen.

Die reformpädagogischen Schulen stellen trotz ihres Wachstums im Blick auf die Gesamtheit aller Schulen, etwa in Mitteleuropa, nur eine kleine Minderheit dar. Die in den siebziger Jahren des vergangenen Jahrhunderts häufig vertretene Idee, dass die staatlichen Schulen sich nur dann in die pädagogisch richtige Richtung bewegen, wenn sie sich den reformpädagogischen Schulen angleichen, hat sich als nicht durchschlagend erwiesen.

Schulreform, aus der Sicht der einzelnen Schule, muss verstanden werden als eklektische Übernahme von Konzepten, die andere Schulen ausprobiert haben und die nun im eigenen Rahmen angepasst werden. Dabei spielt die Berufung auf eine bestimmte Reformpädagogik in aller Regel keine Rolle. Allenfalls gibt es ein „name dropping", also ein Spiel mit großen Namen, das dazu dient, Legitimation zu gewinnen. Aber auch das ist jedenfalls in der deutschen Reformpädagogik schwierig geworden.

Aus der Perspektive des Bildungssystems bedeutet Schulreform nicht einfach die Berufung auf angeblich bewährte Konzepte der Reformpädagogik, deren empirischer Gehalt weitgehend unklar ist. Schulreform heißt auch nicht das Vertrauen auf bestimmte Namen, die selbst nicht hinterfragt werden. Vielmehr muss bei flächendeckenden Reformen eine komplexe Ausgangslage angenommen werden, die nicht auf das Geschehen in einzelnen Schulen reduziert werden kann.

Alles, was unter dem Begriff „Reformpädagogik" subsumiert wird, reduziert diese Komplexität zugunsten von einfachen Formeln, die scheinbar praxisdienlich sind. Aber die Sprache der Reformpädagogik suggeriert lediglich den Praxisbezug, während tatsächlich Schulreform von ganz anderen Parametern bestimmt ist, die mit Reformpädagogik nichts zu tun haben. Sie dient häufig nur zur Artikulation von Unmut, ohne dadurch zu wirksamen Problemlösungen zu kommen. Das zeigt der Blick in die Realgeschichte von Schulreformen, die nie so verlaufen, wie sie vorgestellt wurden und häufig Ergebnisse zeitigen, die unerwartet waren, ohne deswegen als gescheitert angesehen werden zu müssen. Auf der anderen Seite gelingt keine Reform einfach aus sich heraus (Nehring 2009). „Reform" verlangt mehr als gute Absichten und muss vor allem als Steuerung von Prozessen verstanden werden.

4 Der Modus von Schulreformen

In einer jüngst fertig gestellten Zürcher Dissertation, die am Beispiel von drei Schweizer Kantonen – Zürich, St. Gallen und Luzern – langjährige Schulreformprozesse untersucht, wird darauf verwiesen, dass Schulreformprozesse sich weder mit einer progressiven Linearität der Effekte noch mit einem widerkehrenden Phasenmodell erfassen lassen. Die Prozesse führen nicht einfach zu immer besseren Verhältnissen und folgen auch keinem zeitlichen Schema.

- „Der Modus von Schulreformen erwächst aus dem Zusammenspiel von langen Reformkaskaden und der multiplen Interdependenz von Reformsträngen." (Appius/Nägeli 2015, S. 380)
- In Kaskadeneffekten – der Ausdruck stammt aus der Strömungsforschung – werden Ereignisse zu Strängen verkettet, die untereinander mehrfach verbunden sind.
- Die Verbindung kann quer zu den Systemebenen erfolgen.
- Keine Verwaltung „beherrscht" diese Prozesse.

In der reformpädagogischen Vision von Reform wird „Fortschritt" auf einem Weg erreicht, der ein- für allemal der richtige ist. Wer sich für die Montessori-Pädagogik entscheidet, erhält damit gleichsam die Garantie des Gelingens. Eigentlich gibt es auch keine Entwicklung, weil die grundlegenden Konzepte nur übernommen werden müssen. Natürlich muss jede Montessori-Schule Anpassungsleistungen vornehmen, aber sie kann sich dabei in der Selbstdarstellung auf den Namen und die Aura der Gründerin verlassen.

Selbst wenn das zu einem Erfolg führen würde, so ist damit nicht erfasst, wie sich größere Schulsysteme entwickeln können. Und staatliche Montessori-Schulen sind immer Teil eines größeren bildungspolitischen Entwicklungszusammenhangs, in dem sie sich bewegen müssen und der die Agenda bestimmt. Das gilt generell, keine Schule kann sich der Zentrierung im Bildungsdiskurs entziehen, zumal damit häufig auch Entwicklungsanreize verbunden sind. Die Themenmitte erwächst nicht nur aus der Rhetorik, sondern setzt eine Finanzrahmung voraus, anders würden zum Beispiel Montessori-Schulen nicht an Wettbewerben teilnehmen.

Auch die bildungspolitische Maxime der „Umsetzung" oder „Implementation" von Reformzielen im bestehenden System vereinfacht die Lage. Schulen sind nur im behördlichen Organigramm „nachgeordnete Behörden", die sich an die Erlasslage halten. Und auch die Veränderung von Gesetzen hat nicht unmittelbare Handlungsfolgen. Die Vorstellung der „Umsetzung" hat einen „top-down-Prozess" vor Augen, der sich schon wegen der Unterscheidung verschiedener, mehrfach verbundener Ebenen nicht verlustfrei verwirklichen lässt.

Auch die umgekehrte Vorstellung, dass alle Reformen von unten ausgehen und sich dann nach oben hin durchsetzen („bottom-up") übersieht das Spiel der Ebenen und damit zusammenhängend die Vernetzung verschiedener Akteure, die auch im Grenzfall nie einfach konform handeln. Die Interessen sind unterschiedlich und die Kompromisse kennen immer nur eine temporäre Haltbarkeit.

Die Komplexität des Geschehens wird in der Zürcher Dissertation, die sich auch mit der Logik von Reformen auseinandersetzt, wie folgt beschrieben: „Ein einzelner Reformstrang besteht ... aus einer Kaskade einzelner, stringent aneinander gereihter Maßnahmen. Schulreformen erwachsen aus der Koppelung verschiedener Teilprozesse und aus der Interdependenz mehrerer Reformstränge. Die Komplexität von Schulreformen im Mehrebenensystem erhöht sich durch ein inter- und intragouvernementales Zusammenspiel dieser Teilprozesse zusätzlich. Dieser inhaltlichen, horizontalen Sequenzierung von Reformsträngen und der vertikalen Interdependenz mehrerer Reformstränge erwächst die Nicht-Linearität von Reformen".

Reformpädagogische Begriffe wie „Ganzheit" oder auch „Gemeinschaft" führen nicht weiter. Auch die Rhetorik des „Kindgemäßen" ist kein Anker der Reform. „Der Modus von Schulreformen im Mehrebenensystem" muss verstanden werden „als ein oszillierendes Zusammenspiel, in welchem sich einzelne Sequenzen und Stränge innerhalb und zwischen den Systemebenen gegenseitig bedingen" (ebd. S. 380/381).

Staatliche Schulreformen stellen also ein komplexes und dynamisches Wirkungsgeflecht dar (S. 386). Veränderungen sind nicht zu jeder Zeit möglich. Politische Entscheidungen brauchen ein „window of opportunity“, wenn sie Zustimmung finden wollen (S. 395). Politik findet nicht im luftleeren Raum statt, sondern ist eingebettet in größere Kontexte, aus denen sich Entscheidungssituationen ergeben oder auch nicht.

Vier verschiedene Wirkungsfaktoren können übergreifend angenommen werden:

- Kontext und allgemeine situative Bedingungen
- Konkrete Problemlagen
- Inhaltliche und organisationale Konstruktion von Reformkonzepten
- Die politische Sensibilität, das strategische Kalkül und das kommunikative Geschick von zentralen Reformakteuren (S. 396)

Akteure handeln in Situationen, die mehr oder weniger stabile Kontexte voraussetzen. Bildungsreformen müssen auch für ein größeres Publikum plausibel erscheinen und mindestens in den pädagogischen Professionen Rückhalt haben. Oft wird dieser Rückhalt nicht durch bildungspolitische Vorgaben erreicht, sondern durch das Eingehen auf konkrete Problemlagen. „Reform“ heißt dann, eine aussichtsreiche Lösung vor Augen zu haben, in die investiert werden kann.

Jede Reform hat Risiken, aber auch Bedingungen für Gelingen und Scheitern. Eine wesentliche Bedingung ist das Know-how derjenigen Akteure, die die Reform tragen. Vom Geschick, von der Sensibilität gegenüber dem Feld und von der Lernfähigkeit hängt der Erfolg wesentlich ab. Außerdem muss jede Reform einen Fokus oder ein zentrales Anliegen haben, mit dem sich die Agenda besetzen lässt.

- Das bildungspolitische Anliegen in der Zürcher Dissertation war die Etablierung von Schulleitungen in teilautonomen Volksschulen.
- Die Reform sollte eine Führungsebene etablieren in einem Bereich, der bislang weitgehend egalitär organisiert war.
- Dieser Prozess brauchte eine gewisse Aufbruchsstimmung, das Ausprobieren verschiedener Modelle in eigenen Versuchen und ausreichend Ressourcen.

Die Schulen waren nicht einfach angehalten, per Erlass Leitungen zu etablieren, vielmehr konnten sie auf Beispiele zurückgreifen, die eigens für diese Reformen entwickelt worden sind. Sie standen also nicht einfach einer staatlichen Forderung gegenüber, sondern konnten sich auf eine bereits bewährte Praxis beziehen, die sie dann jeweils für sich weiterentwickelten.

Aber auch das wäre nicht möglich gewesen ohne „lokalen Handlungsdruck“ (S. 400). Eingespielte soziale Systeme verändern sich nicht ohne

Problemdruck, der auf verschiedene Weise erzeugt werden kann. In diesem Fall entstand der Druck durch die Einführung neuer Steuerungssysteme im gesamten Verwaltungsbereich, aber auch durch konkrete Situationen, vor allem in den Städten, für die Schulleitungen als aussichtreiche Lösungen angesehen wurden.

- Der Prozess insgesamt nahm eine Zeit von mehr als zehn Jahren in Anspruch und führte letzten Endes in allen Kantonen zu Erfolgen.
- Die Bedingung war, dass die jeweiligen Reformprozesse auf die lokalen Bedingungen eingestellt werden konnten und sich entsprechend korrigieren ließen.
- Am Ende waren etablierte Schulleitungen vorhanden, die nicht einfach den ursprünglichen Zielsetzungen entsprachen, sondern im Prozess herausgebildet wurden.

Dahinter standen kein Masterplan, sondern intuitive Ideen, mehr oder weniger plausible Hypothesen und der Durchhaltewille, trotz Widerstand ein Ziel zu erreichen. Entscheidend war die Erfahrung *im Prozess*, nicht einfach die Treue zur Idee, die sich nachfolgenden Erfahrungen anpassen muss, wenn sie glaubwürdig bleiben will. Das sieht keine gängige „Reformpädagogik“ vor.

5 *Ein Fazit*

„In der Mitte steht das Kind“: Die kindzentrierte Erziehungsmoral hat Vorteile, weil sie einem liberalen Umgang mit Kindern das Wort redet und Unterwerfungsgesten vermeidet. Sie ist auch erfolgreich, weil konservative Forderungen nach einer strengen Erziehung nicht mehr Mainstream sind. Allerdings darf diese Moral nicht so verstanden werden, dass mit der Redeweise der Kindzentrierung eine Verhaltensgarantie gegeben wäre.

Ein Nachteil der Rede von der Mitte ergibt sich aus der Vorstellung selbst. Es gibt nur die *eine* Mitte, so wie es nur das *eine* Kind gibt. Aber Erwachsene und Kinder bewegen sich in unterschiedlichen Situationen und durchlaufen Prozesse, die ursprüngliche Ziele und Einstellungen verändern können, ohne dass damit ein Verlust verbunden wäre. Die Beweglichkeit der Erziehung und der damit verbundenen Prozesse lässt sich mit der Metapher der Mitte nicht einfangen.

Ein Grund für die Verwendung der „kindzentrierten“ Rhetorik ist die Orientierung der öffentlichen Diskussion an den Zielen der Erziehung. Die Erziehung wird als Weg verstanden, auf dem zeitlich ferne Zustände erreicht werden, ohne die ursprüngliche Konstellation zu verändern. Der Mittelpunkt soll erhalten bleiben, obwohl sich gegenüber dem Anfang alle Konstellationen verändert haben.

Kinder sind nie gefragt worden, ob sie wirklich im Mittelpunkt der Erziehung stehen wollen. Die reformpädagogische Doktrin ist also paternal, Erwachsene wissen besser, was für die Kinder gut ist als diese selbst. Aber auch höchste Zielsetzungen der Erziehung sind nicht mehr als fallible Hypothesen, die sich in komplexen und häufig unabsehbaren Prozessen testen lassen müssen. Ein fester Mittelpunkt in einem Kreis ist dabei nicht sehr hilfreich.

6 *Literatur*

Appius, S./Nägeli, A. 2015: Schulreformen im Mehrebenensystem. Eine mehrdimensionale Analyse von Bildungspolitik. Diss. phil. Universität Zürich. Institut für Erziehungswissenschaft, Ms. Zürich

Aubry, C. 2015: Schule zwischen Politik und Ökonomie. Finanzhaushalt und Mitspracherecht in Winterthur, 1789-1869, Zürich

Becker, G. 1971: Soziales Lernen als Problem der Schule: Zur Frage der Internatserziehung. In: W. Schäfer/W. Edelstein/G. Becker: Probleme der Schule im gesellschaftlichen Wandel: Das Beispiel Odenwaldschule. Frankfurt am Main, S. 95-148

Becker, H. 1954: Die verwaltete Schule. Gefahren und Möglichkeiten. In: Merkur 8. Jg., H. 12, S. 1155-1177

Bronson Alcott, A. 1830: Observations on the Principles and Methods of Infant Instruction. Boston, S. 4

Bronson Alcott, A. 1991: How Like an Angel Came I Down: Conversations with Children on the Gospels, Herndon

Geiss, M. 2014: Der Pädagogenstaat. Behördenkommunikation und Organisationspraxis in der badischen Unterrichtsverwaltung, 1860-1912, Bielefeld

Labhart, D. 2014: Das Landerziehungsheim Glarisegg. Eine Untersuchung der internen und externen Kommunikation. Lizentiatsarbeit Universität Zürich, Institut für Erziehungswissenschaft. Unveröff. Ms. Zürich

Nehring, J. 2009: The Practice of School Reform. Lessons from Two Centuries. Albany, N.Y.: State University of New York Press

Nohl, H. 1958: Erziehergestalten, Göttingen

Peabody. E.P. 1874: Record of Mr. Alcott's School, Exemplifying the Principles and Methods of Moral Culture. Third Edition, Revised. Boston

Picht, G. 1950: Die Idee der Landerziehungsheime. In: Merkur 4. Jahrgang, Heft 27, Mai, S. 496-512

Record of a School 1835: Exemplifying the General Principles of Spiritual Culture. Boston/New York/Philadelphia

Röhrs, H. 2009: Geheeb, Paul. In: W. Kühlmann et.al. (Hg.): Killy Literaturlexikon: Autoren und Werke des deutschsprachigen Kulturraums. Bd. 4: Fri-Hap. Berlin/New York, S. 130-131

The Journals of Bronson Alcott 1938, edited and Selected by Odell Shepard, Boston

Reformpädagogik als kritisches Korrektiv

Schulentwicklung als Pendelbewegung

Otto Seydel

1 „*Ich* will *lernen!*"

Ein Schülerschicksal in Deutschland: Der Erstklässler beginnt seine Schulzeit mit einigem Herzklopfen, vor allem aber mit Vorfreude, Wissbegier und Neugier. Diese drei „Treiber" jedoch schwinden von Schuljahr zu Schuljahr. Spätestens in der siebten oder achten Klasse ist von ihrer „Gier" nur noch wenig oder gar nichts mehr vorhanden, von „Freude" ganz zu schweigen. Dies (allein) mit dem Umbau des Gehirns vor und während der Pubertät und der Loslösung aus der Bindung zu erwachsenen Bezugspersonen zugunsten der Peergroup zu entschuldigen, wäre zu kurz gegriffen. Gelernt wird auch in diesen Jahren ungeheuer viel, gierig und mit Freude – und zwar vorrangig das, was *nicht* mit Schule zu tun hat. Dort ist nämlich in den vorausgegangenen sechs Jahren aus dem „Ich *will* lernen!" ein „Ich *muss* lernen!" geworden und spätestens in der Pubertät stellt er fest, dass die meisten Inhalte, die der einst begeisterte Schüler inzwischen dort lernen *soll*, zwar als gesellschaftlich nützlich und notwendig gelten – mit seiner eigenen Gegenwart aber meist herzlich wenig zu tun haben.

2 „*Ich* muss *lernen!*"

Daraus die Forderung nach einer Schule abzuleiten, die ausschließlich dem Lustprinzip dient, wäre ein erneuter Fehlschluss. Der pädagogische Auftrag einer Schule ist unvermeidlich von einer Vielzahl von Spannungsverhältnissen geprägt. Das betrifft vor allem das elementare Verhältnis von Selbstbestimmung und Fremdbestimmung beim Lernen, von Freiheit und Zwang der Einrichtung. Hinzu kommen weitere Polaritäten wie:

- Eigenzeit versus gemeinsamer „Takt" beim Lernen
- formelles versus organisiertes / kontrolliertes Lernen
- Erfahrungsbezug versus Fachlichkeit
- Nähe versus Distanz
- Solidarität versus Konkurrenz
- Unsicherheit versus Sicherheit
- u. a. m..

Das Konzept der Polaritäten hat eine lange Vorgeschichte: Als Kern einer Theorie der Erziehung wurde es bereits 1826 von *Friedrich Schleiermacher* in seinen „Vorlesungen über Pädagogik" formuliert und im Laufe der Geschichte der Pädagogik in vielen Varianten weiterentwickelt. Im Zentrum stand bei Schleiermacher das antipodische Paar von Gegenwart und Zukunft: der Eigenwert der Gegenwart des Kindseins auf der einen Seite und die Zukunft, auf die hin das Kind erzogen werden soll, auf der anderen.

Wird das spontane Lernen von Kindern und Jugendlichen in einer Pflichtschule institutionalisiert und durch verbindliche gemeinsame Abschlussprüfung inhaltlich definiert, gewinnt leicht der jeweils „rechte" Pol dieser Auflistung die Oberhand: also Fremdbestimmung, Normierung, Kontrolle, Sicherheit, Konkurrenz etc. Denn die *Institution* Schule ist – wie die meisten sozialen Subsysteme unserer Gesellschaft – darauf angewiesen, vom Einzelfall abzusehen und für Stabilität zu sorgen: die der Gesellschaft wie auch die der eigenen Einrichtung. Diese Eigendynamik sozialer Systeme ist zunächst weder „gut" noch „schlecht" – sie ist eine notwendige Bedingung unserer hochkomplexen Gesellschaft. Aber der System"zwang" braucht Gegengewichte. Diese Forderung ist keineswegs beliebig: Eine der humanen Errungenschaften unserer modernen demokratischen Gesellschaft ist die Suche nach einer „fundamentalen" Balance: Hier der Anspruch auf die Autonomie des Einzelnen, dort die unvermeidliche begrenzende und zugleich bereichernde Abhängigkeit von gesellschaftlichen Verflechtungen und Verpflichtungen. Die Suche nach dieser Balance muss das Fundament der Werte auch einer Schule bilden. Das seit der Epoche der Aufklärung und der Französischen Revolution gewonnene Primat der Würde des Einzelnen darf – auch für Kinder – nicht verloren gehen.

3 „Reformpädagogik" als historische Epoche

Die Epoche der Reformpädagogik war in ihrem Kern eine „Pendelbewegung", die notwendig wurde, um diese Balance auch im Zeitalter der Pflichtschule zu gewinnen. Als historischer Begriff benennt „Reformpädagogik" die Epoche im ersten Drittel des zwanzigsten Jahrhunderts. Sie war eine Reaktion auf extreme Verhärtungen und Verfestigungen des Schulsystems des 19. Jahrhunderts und zugleich auf die großen gesellschaftlichen Herausforderungen, die mit der industriellen Revolution verbunden waren.

Die Gewichte, die die einzelnen Vertreter dieser reformpädagogischen „Bewegung" jeweils auf die „linke" Seite der Waage legten, waren sehr verschieden, z.B.:

- O'Neill ging es in Summerhill um die echte und gleichberechtigte Beteiligung der Schülerinnen und Schüler bei der Festlegung der Regeln des gemeinsamen Lebens und Lernens.
- Rudolf Steiner übersetzte in Stuttgart sein anthroposophisches Menschenbild in ein Erziehungskonzept, das Emotionalität und Kreativität der Kinder altersstufengerecht Ernst nimmt.
- Maria Montessori bot im römischen Arbeiterbezirk San Lorenzo der Eigentätigkeit des Kindes mit der sorgsam „vorbereiteten Umgebung" einen sicheren Rahmen.
- Célestin und Élise Freinet forderten in Bar-sur-Loup (Cote d' Azur) nicht nur mit ihrer legendären Druckwerkstatt zu vielfältigen eigenen „Projekten" heraus.
- Hermann Lietz setzte in Bieberstein und Haubinda auf die Wiedergewinnung des Lebensbezugs der Schule im praktischen Leben und Arbeiten in einer Internatsgemeinschaft.

Ihre pädagogischen Wege trennten damals „Welten", ihre jeweiligen Anhänger stritten erbittert um den Anspruch der wahren Lehre. Gleichwohl war der entscheidende und entschiedene „Treiber" in allen Konzepten der gleiche: Allen Vertretern dieser „Bewegung" ging es darum, einen belastbaren Rahmen zu schaffen, in dem ein Maximum an *Selbstbestimmungs*möglichkeiten für das je einzelne Kind zurückgewonnen werden konnte. Diese Epoche ist längst vorbei, denn sie war eine unmittelbare Reaktion auf die Umbruchssituation der damaligen Zeit. Ihre Ausläufer aber sind bis heute sehr präsent: Noch immer werden heute „moderne" Schulen neu gegründet, die sich zu Recht auf die Traditionen dieser Gründer berufen, auch wenn sich ihre Gestalt notwendiger Weise gewandelt hat, um den neuen Herausforderungen unserer heutigern Zeit gerecht zu werden. So gibt es einen regelrechten Boom z.B. der Montessorischulen. Die Gemeinde der Waldorfschulen vergrößert sich weiterhin weltweit. „Sudbury-Schools", die zentrale Elemente aus Summerhill weiterentwickelt haben, fänden vermutlich auch in Deutschland viel mehr Anhänger, wäre ihre Genehmigung hierzulande nicht mit großen bürokratischen Widerständen verbunden.

Und vor allem: Viele Impulse dieser Bewegung – vom „freien Schreiben" bis zum Projektunterricht, vom Wochenplan bis zum Klassenrat – sind inzwischen von vielen öffentlichen Regelschulen aufgenommen, meist ohne dass diese sich der Vorgeschichte dieser Konzepte bewusst sind.

Und man könnte sogar den Eindruck gewinnen, dass das zentrale Thema reformpädagogischer Ansätze zum Regelfall werden soll. Der anspruchsvolle Paradigmenwechsel unter dem Stichwort „Individualisierung des Lernens", der heute landauf, landab von der Schulpädagogik gefordert wird – vom Lehren zum Lernen, von der Instruktion zur Eigenaktivität der Schüler, von

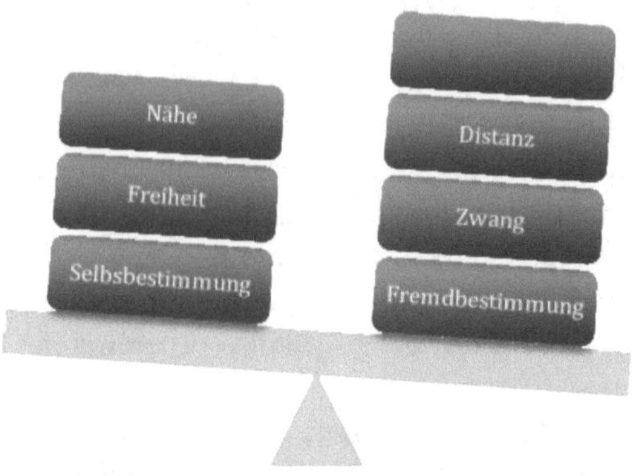

© 2015 Otto Seydel

der Fiktion einer homogenen Lerngruppe zu einem produktiven Umgang mit Heterogenität – wird häufig begründet mit der konstruktivistischen Wende des Lernverständnisses und den Erkenntnissen der modernen Gehirnforschung. Dabei wird häufig übersehen: Viele Bausteine der unterrichtspraktischen Umsetzung dieses „modernen" Paradigmenwechsels wurden bereits vor hundert Jahren durch die Reformpädagogen vorweggenommen!

Es bleibt abzuwarten, inwieweit es gelingen kann, durch die Übernahme von Einzelbausteinen den Anspruch konsequent mitzunehmen, der damals von ihren Erfindern formuliert wurde. Denn in den reformpädagogischen Einrichtungen der vorletzten Jahrhundertwende waren diese Bausteine eingebunden in grundlegende Strukturentscheidungen und weitgehenden Verzicht auf das etablierte pädagogische Denken in Noten und Berechtigungszertifikaten – es ist kaum vorstellbar, dass das staatliche Schulsystem flächendeckend zu diesem Wandel in absehbarer Zeit in der Lage sein wird.

4 Reformpädagogik als zeitloses notwendiges Korrektiv

Die Notwendigkeit von korrigierenden „Pendelbewegungen" besteht unverändert. Solange es eine staatliche Pflichtschule mit selektiven Abschlussprüfungen gibt, solange die *Institution* Schule als soziales System für die eigene Stabilität zu sorgen hat, wird die eingangs geforderte Balance immer wieder neu gefährdet sein. Aus diesem Grund hat sich eine zweite Bedeutung des Begriff eingebürgert. Der Begriff „Reformpädagogik" wird bei dieser Betrachtungsweise als ein permanenter Prozess verstanden. Es geht also nicht um die Fossilisierung einer längst vergangenen Epoche, um die Dogmatisierung einzelner „Methoden", sondern um ein zeitloses notwendiges Korrektiv, gleichsam um ein Evaluationsprinzip. In diesem Sinn versteht sich z.B. der Arbeitskreis „Blick über den Zaun" (siehe: www.blickueberdenzaun.de) als ein Verbund „reformpädagogisch orientierter" Schulen. Er ist seit seiner Gründung im

Jahr 1989 von ursprünglich 15 auf inzwischen über 100 Schulen ganz unterschiedlicher Provenienz gewachsen. Im Jahr 2003 hat der Arbeitskreis ein ausführliches Leitbild beschlossen, das mit folgendem Prinzip beginnt:

„Die wichtigsten Vorgaben für jede Schule sind die ihr anvertrauten Kinder, so, wie sie sind, und nicht so, wie wir sie uns wünschen mögen. Sie haben ein Recht darauf, als einzelne, unverwechselbare Individuen mit unverfügbarer Würde ernst genommen zu werden. Sie haben ein Recht darauf, dass die Schule für sie da ist und nicht umgekehrt.

Wir überprüfen deshalb die Qualität unserer Schule anhand der folgenden Leitfragen:

- Was tut unsere Schule, um den einzelnen Kindern/Jugendlichen die Gewissheit zu geben, dass sie als Personen wahrgenommen, ernst genommen und angenommen werden? Was tun die Erwachsenen, um ihnen „auf Augenhöhe" zu begegnen, um sie als „ganze" Menschen und nicht als defiziente, noch unfertige Wesen zu sehen und anzunehmen?
- Was tut unsere Schule, um möglichst gut zu verstehen, wie Kinder denken und lernen? Was tut sie, um das Lernen so vielfältig anzulegen, wie es den Voraussetzungen und Möglichkeiten der Kinder entspricht? Welche Mittel, Methoden, Hilfen stellt sie bereit, damit jede Schülerin/jeder Schüler nicht nur „mitkommen", sondern eigenständig, zunehmend selbstverantwortlich und mit Freude lernen, seine Möglichkeiten, Interessen und Begabungen voll entfalten kann?
- Was tut unsere Schule, um die Lernfreude und die Neugier, die alle Kinder mitbringen, herauszufordern und zu entwickeln? Was tut sie für diejenigen, die ihrer Hilfe besonders bedürfen, weil sie „anders" sind, beispielsweise besondere Lernprobleme oder herausragende Begabungen haben oder durch ihre Herkunft und Lebensumstände besonders belastet und benachteiligt sind?
- Was tut unsere Schule, um jedem Kind/Jugendlichen verständliche und hilfreiche Rückmeldung zu geben? Was tut sie, um Lernschwierigkeiten und Blockaden rechtzeitig zu erkennen, und welche Hilfen bietet sie an? Wie arbeitet sie dabei mit den Eltern zusammen?“ (www.blickueberdenzaun.de/index.php/2014-03-06-15-30-03/unser-leitbild)

Ein solches Evaluationsprinzip bleibt *immer* unbequem. Denn es „stört“ durch seine prinzipielle Offenheit und Unberechenbarkeit das System Schule, das auf Regelbarkeit seiner Abläufe und Gleichbehandlung seiner Mitglieder bedacht sein muss. Und es „stört“, weil es eine Umverteilung gesellschaftlicher Ressourcen einfordert: Schule mit dem oben formulierten Anspruch umzugestalten, erfordert auch zusätzliche Mittel. Und dieses Evaluationsprinzip „stört“ nicht nur das System: Für den einzelnen Pädagogen ist eine der Reformpädagogik – und damit dem Einzelfall eines jeden Schülers /

jeder Schülerin – verpflichtete Haltung eine große Herausforderung. Er braucht Einfühlungsvermögen und die Fähigkeit zur Abgrenzung, ein gutes Zeitmanagement und produktive Kooperation mit Kollegen. Denn im Schulalltag ist er immer auch angewiesen auf entlastende Routinen, die gerade vom Einzelfall absehen.

Schulentwicklung in diesem Sinn ist einem Auftrag verpflichtet, der nie zu Ende kommen kann. Balance bedeutet Bewegung. Sie muss immer wieder neu hergestellt werden – nicht durch Konzepte oder Verwaltungsakte, sondern durch Menschen. Reformpädagogik ist in diesem Sinn also nicht als naive „Kontrast-Pädagogik" zu verstehen, die einem Schwarz-Weiß-Denken verhaftet ist im Sinn von: Eine reformpädagogische Schule ist „gut", die Regelschule ist „schlecht". Es geht viel mehr um ein komplexes Komplementaritätsverhältnis, um die Notwendigkeit, Schule konsequent und gleichberechtigt von beiden Seiten aus zu denken: von der Seite des Individuums wie von der Seite der Gesellschaft.

5 Die Würde des Kindes ist unantastbar

Die furchtbaren Fälle sexueller Gewalt an der Odenwaldschule in den 70er Jahren standen in diametralem Widerspruch zu der reformpädagogischen Tradition, auf die sich diese im Jahr 1910 gegründete Schule explizit berufen hatte: Die Würde des Kindes ist unantastbar. Das Entsetzen über die damaligen Verbrechen des Schulleiters und einiger Kollegen führte zu einer notwendigen schonungslosen Korrektur weit über die Odenwaldschule hinaus: Besitzt eine pädagogische Einrichtung – gleich welcher Ausrichtung und Trägerschaft – ausreichende präventive Kapazitäten, um solche Katastrophen zu verhindern? Die mit dieser dringenden Revision einhergehende öffentliche Empörung verleitete die Debatte in vielen Beiträgen allerdings wiederholt zu einem fatalen pauschalisierenden Kurzschluss: „Reformpädagogik = Toleranz gegenüber sexueller Gewalt". Viele Versuche, den Fehler dieser Gleichsetzung aufzudecken, verhallten ungehört – obwohl es doch ganz offensichtlich hätte sein müssen, dass es sich bei dieser Gleichsetzung sowohl historisch als auch systematisch um einen Fehlschluss handelte:

- Kaum eine gesellschaftliche Einrichtung – Familien, Kirchen, Sportvereine, Showbusiness, – ist vor solchen Verbrechen geschützt. Und zwar unabhängig von ihrem jeweiligen Wertesystem und ihrer Organisationsform.
- O'Neill, Rudolf Steiner, Maria Montessori, Célestin und Élise Freinet, Hermann Lietz u.v.a. zu unterstellen, sie hätten mit ihrem pädagogischen Konzept mittelbar oder unmittelbar sexuelle Gewalt gerechtfertigt, ist schlichter Unsinn.

Die Vermutung liegt nahe, dass die vor 30 Jahren so furchtbar missbrauchte „Nähe“ der Beziehung zwischen Erwachsenen und Kindern in der Odenwaldschule heute zum Anlass genommen wird, das beschriebene Pendel, das so kräftig in Richtung „Individualisierung“ zu schwingen scheint, anzuhalten und wieder zurück schlagen zu lassen.

6 *Es geht nicht um ein Wort, sondern um die Sache*

Aber das Evaluationsprinzip der Reformpädagogik darf auf keinen Fall verloren gehen – auch wenn es unbequem und anstrengend ist. Es könnte darum gute Gründe geben, bis auf weiteres auf das *Wort* „Reformpädagogik“ im Sinne des *kritischen Korrektivs* zu verzichten, nicht aber auf die Sache.

- Der Begriff ist – wenn auch zu Unrecht – durch die Konnotation mit dem Thema „sexuelle Gewalt“ diskreditiert.
- Selbst wenn mit der jetzt endgültigen Schließung der Odenwaldschule diese Assoziationskette demnächst verblasst: Es bleibt die Gefahr, dass es immer wieder zu einer Verwechslung mit der Bezeichnung der historischen Epoche kommt und damit der Unterstellung, es ginge um die Dogmatisierung bestimmter Methoden.

Um die Sache – selbst das notwendige permanente Korrektiv des „Systems“ Schule – nicht zu gefährden, ist es vielleicht angebracht, in Zukunft auf das Wort „Reformpädagogik“ in diesem Sinn zu verzichten. Die Reformpädagogik muss sich selbst und damit auch ihren Namen immer wieder neu erfinden.

Neue Sichtweisen der Reformpädagogik

Die Neue Erziehung (Éducation nouvelle) Gründungsväter, Missverständnisse, Antinomien

Michel Soëtard

1 *„Éducation nouvelle"*

Die Bewegung der *Éducation nouvelle* – das französische Pendant zur deutschen Reformpädagogik – leidet an einem Paradoxon, das ihrer historischen Wirkung bis heute abträglich gewesen ist. Obwohl sie beanspruchte, das ganze Feld der Pädagogik umzupflügen, ist es ihr kaum gelungen, einzelne isolierte Experimente zu Ende zu führen. Wohl mag es ihr geglückt sein, mit ihren Ideen den harschen Boden der alltäglichen Pädagogik unmerklich zu berieseln, und hie und da hat sie, dank des guten Willens und des Geschicks einzelner Erzieher und Lehrer, bemerkenswerte Resultate erzielt und das bis heute. Dieses Paradoxon könnte eine Erklärung in der Eigenheit des französischen Erziehungssystems finden, das nach dem strengen Prinzip eines exklusiven Zentralismus aufgebaut ist und faktisch keine alternative Pädagogik duldet, und die meisten Schulen dieser Bewegung gefallen sich in einer mehr oder weniger umstürzlerischen Attitüde gegenüber der „traditionellen Pädagogik" und ihrer „geisttötenden Institutionalisierung". Wie dem auch sei, die anhaltende Krise des Systems ist bis heute weit davon entfernt, der *Éducation nouvelle* eine Eingangstüre zu öffnen, und manche seiner maßgeblichen Theoretiker spotten sogar über ihr angebliches „Zurück zur Natur", das dem unaufhaltbaren Fortschritt der Zivilisation in die Welt des Virtuellen und der Bildschirme widerspricht. Es drängt sich also die Frage auf: Ist die *Éducation nouvelle* nur das längst überholte Moment einer Entwicklung, die ihre Natur grundsätzlich verändert hat, oder stellt sie, diesseits ihrer historischen Anstrengungen, einen sachlichen und unverlierbaren Grund dar, an den jede Pädagogik, auch die konservative und traditionelle, anknüpfen muss?

Im Zusammenhang mit meiner Dissertation an der Pariser Sorbonne hat mich der Zufall auf die Spur des Schweizer Pädagogen Johann Heinrich Pestalozzi (1746-1827) geführt (Soëtard, 1981) und mich die Fäden aufdröseln lassen, die diesen mit einem anderen Schweizer, dem Genfer Bürger Jean-Jacques Rousseau (1712-1778), verbinden, welchen Pestalozzi „als Wendepunkt der alten und neuen Welt in der Pädagogik" betrachtet und verehrt hat. Beinahe prophetisch hat er ein Urteil in letzter Instanz über Rousseaus Nachfolger gefällt, wenn er schreibt: „Wenn das Zeitalter ihn nicht fasste und nur im Gegensatz mit sich selbst begriff, so wurde er besonders von den Erziehern fast ohne Ausnahme missverstanden. Nur abgöttische Verehrer oder blödsinnige Erklärer oder erbitterte Gegner findend, blieb sein Émile in seiner erhabenen, als Tatsache der Kultur welthistorischen Bedeutung (ebenso wohl als die große Idee von Comenius) ein versiegeltes Buch, und bewirkte keine einzige Erscheinung, die seinen Geist ins Licht gesetzt hätte". Pestalozzi denunziert vor allem die Unfähigkeit der Pädagogen, die widerstreitenden Prinzipien des Genfers „durch ein höheres zu vermitteln", was zu einem „verständigen Eklektizismus und einer breiten Empirie" hätte führen können. (Pestalozzi, PSW, Bd. 22, S. 176)

Die Beschäftigung mit den frankophonen Vertretern der *Éducation nouvelle,* aber auch mit den Reformpädagogen jenseits dieser sprachlichen Grenze (Böhm, 2012, S. 51 ff), hat mir die Richtigkeit dieses Urteils bestätigt. Wenn sie sich auf Rousseau beziehen und sich explizit oder implizit auf seinen *Émile* berufen, dient ihnen dieser mehr als Ikone oder als Prophet denn als echtes Arbeitsfeld: Der *Émile* provoziert bei ihnen mehr nur eine windige Ideologie der Freiheit denn ein fundiertes Nachdenken über die Dimensionen des pädagogischen Handelns. Pestalozzi, ganz in den deutschen Kulturbereich eingerechnet, wird von der *Éducation nouvelle* meistens ignoriert oder als „Erzieher der Armen" in eine abgelegene Nische eingesperrt. Es erscheint daher wichtig, hier zu diesen beiden „Gründungsvätern" selbst zurückzugehen.

2 Rousseaus Traum als Traum

Wir kennen alle den berühmten Satz, der Rousseaus *Gesellschaftsvertrag* eröffnet: „Der Mensch ist frei geboren, und überall liegt er in Ketten". Der erste Teil des Satzes wird bei seiner interpretatorischen Auslegung meistens verabsolutiert, so als würde das ganze Menschenwesen allein durch die Freiheit bestimmt, während der zweite Teil des Satzes, allein für sich genommen, die Existenz des Menschen zu einem unerträglichen Kerker herabwürdigt. In Wirklichkeit aber berufen sich beide Teile aufeinander und können nur als Ganzes begriffen werden: Wenn auch die Freiheit die Natur des Menschen *a priori* beherrscht, zieht sie *a posteriori* die Anerkennung einer von allen Seiten bedingten konkreten Existenz des Menschen nach sich. Der Mensch wird sich seiner Freiheit nur bewusst, insofern er die Umstände, welche die Ausübung dieser Potentialität vielfach behindern, erkennt und anerkennt.

Der hier ausgelegte Widerspruch bringt tatsächlich eine Situation hervor, wo jedes Extrem auf die Realität seines Gegensatzes verweist. Wenn der Mensch tatsächlich absolut frei wäre, wäre er sich seiner Bedingtheit nicht bewusst; wenn er vollkommen bedingt wäre, könnte er sich seiner Freiheit gar nicht bewusst werden. Der Widerspruch gärt im Zentrum der menschlichen

Existenz, und wir sehnen uns vergebens nach seiner Überwindung (Böhm/ Grell 1991, S. 39 ff.).

Die Erziehungsidee, wie sie von Rousseau im *Émile* ausgeführt oder besser „inszeniert" wird, soll dieser Gegebenheit Rechnung tragen. Schon im Vorwort unterwirft Rousseau den Erzieher der doppelten Aufgabe, die Welt des Kindes zu kennen und zu verstehen: „Fangt also damit an, eure Zöglinge besser zu studieren, denn ihr kennt sie bestimmt nicht". Wenn ein Wesen wirklich in Ketten liegt, dann ist es das Neugeborene, aber auch noch der Jüngling, und die erste Aufgabe des Erziehers ist es, ihn positiv wissenschaftlich, also *materialiter* zu entziffern: „Lest ihr also dieses Buch unter diesem Winkel, so ist es bestimmt nicht ohne Nutzen". Der *Émile* kann tatsächlich als ein Buch gelesen werden, welches einen wertvollen Beitrag zur Psychologie des Kindes liefert.

Rousseau spricht aber zweitens auch von einem „systematischen Teil" seines Buches, der nichts anderes darstellt als „den Gang der Natur", der „dem Menschen entsprechend und dem menschlichen Herzen völlig angemessen sein" soll. Anstatt aber seinen wissenschaftlichen Gesichtspunkt in eine metaphysische Dimension auszudehnen, verweist er auf „die Träumereien eines Phantasten über Erziehung", die er als Autor und als Subjekt für sich in Anspruch nimmt. Die universale Gültigkeit seines Projekts wird also nicht von einer absoluten Setzung her deduziert, sondern es hängt von der Entscheidung jedes einzelnen (scil. seiner Leser) ab, ob er/sie es gut findet oder nicht, indem er/sie die vorgebrachten Gründe und Argumente sorgfältig abwägt.

Die christlich-augustinische Denkweise, welche die Person und ihre Entscheidung in das Zentrum stellt, verdrängt hier die christlich-platonische Sichtweise. (Böhm 2013) Die Gefahr des Relativismus wird durch den am Ende der Vorrede eingeführten Unterschied zwischen der „absoluten Güte" des Plans und „der Leichtigkeit der Ausführung", die „von den in bestimmten Lagen gegebenen Verhältnissen abhängt", abgewehrt. Rousseau gewinnt dabei eine platonische Dimension zurück, aber diese entbehrt der Objektivität der Idee und drückt sich ganz und gar in dem selbstbewussten, mitfühlenden und eigenverantwortlichen Subjekt in der Gestalt der *Person* aus (Böhm 1997, S. 97 ff.). So vereinigt Rousseau das Prinzip der Immanenz und das Prinzip der Transzendenz – aber eben nur in einer Träumerei.

Rousseau beharrt hartnäckig auf dem Traumcharakter seines Buches, der jede unmittelbar praktische Anwendung von vornherein ausschließt. So schreibt er in einer Fußnote zum zweiten Buch: „Die Wissenschaft unseres Jahrhunderts ist anders (als die der vergangenen Jahrhunderte): man studiert nicht mehr, man beobachtet nicht mehr; man träumt, und gibt allen Ernstes die Träumereien einiger unruhiger Nächte als Philosophie aus. Man wird mir sagen, dass auch ich träume. Ich gebe es zu. Aber ich gebe unumwunden meine Träume als Träume aus und überlasse dem Leser zu prüfen, ob sich etwas Nützliches für wache Leute darin findet" (Rousseau 1971, S. 94). Der Traum trennt sich mit aller Schärfe von der Beobachtung und vom wissenschaftlichen Studium, er gewinnt bei Rousseau einen quasi ontologischen Status. Auf dem Gebiet der Erziehung mit dem *Émile*, auf dem der Politik mit dem *Gesellschaftsvertrag*, auf dem der Liebe mit der *Neuen Héloïse* ist die Träumerei der ausgewählte Modus, den Widerspruch zwischen hochfliegender Idee und nackt dastehender Realität zu überwinden und gleichzeitig die Kraft zu entfalten, sich über den unlösbaren Konflikt zwischen Freiheit und Autorität, zwischen dem Einzelnen und dem Kollektiv, zwischen Begierde und Tugend zu erheben. Auf den Flügeln des Traums entwirft Rousseau eine neue Form des Liebesverhältnisses, eine neue Gestalt des Staates und eine neue Weise des Erziehungsverhältnisses. Anders gesagt: Rousseaus Traum gebiert jenseits der Widersprüche eine *neue* Liebe, einen *neuen* Staat, eine *neue* Erziehung, und jedes Mal wird dabei die Verantwortung des Subjekts in Anspruch genommen. (Soëtard 2012)

3 Pestalozzis schmerzliches Scheitern

Johann Heinrich Pestalozzi (1746-1827), der sich offen auf das Erbe des Genfers beruft, wird zu seinem größten Schaden ermessen müssen, was es kostet, Traum und Wirklichkeit „versöhnen" und in eins setzen zu wollen, oder – mit anderen Worten – die Rousseau'sche Idee direkt in einer von Widersprüchen durchzogenen Welt anwenden zu wollen. Indem er ab Ende 1773 arme Jungen und Mädchen in seinen neugebauten, bald in eine Werkstatt umgewandelten Neuhof aufnimmt, sie Baumwolle spinnen und weben lehrt und ihnen eine schulische, sittliche und religiöse Bildung in engem Bezug auf ihren Beruf verschafft, nährt der aufgewühlte Schweizer Patriot die Hoffnung, den armen Geschöpfen ein selbstständiges Leben, und zwar vor allem durch ihre wirtschaftliche Einwurzelung, zu sichern. Die Kinder sollen sogar das ganze Haus, in der Werkstatt ebenso wie in der Scheune und auch in der Küche, selbst besorgen. Sie leben so in einer Art Autarkie, in der ihre Selbstkraft und ihre Selbstverantwortung permanent herausgefordert werden. Der Ertrag ihrer Arbeit sollte sogar auf längere Zeit ihren Aufenthalt und ihre Bildung finanzieren! So benutzt Pestalozzi die sich explosionsartig ausbreitende Industrie auf dem Lande, wo immer mehr Bauern ihre Wohnstube in eine Werkstatt umfunktionierten, um den Rousseauschen Freiheitstraum seiner Jugendzeit in einer konkreten Erziehungsanstalt zu realisieren. Als Anhänger des Pietismus will er auch die christliche Botschaft an den Armen vollenden, ohne sich klar zu machen, dass die industrielle Arbeit den Armen seine christliche Referenz prinzipiell verlassen lässt.

Das war der Traum. Aber der Traum zerschellte an allerlei Hindernissen, die Pestalozzi, ganz und gar von seiner Ideologie der *guten Natur* des Menschen besessen, nicht beachtete. Der Unternehmer scheiterte zunächst an der Wirklichkeit einer industriellen Forderung, die mit Pädagogik und Philanthropie keinerlei Verwandtschaft kennt: die mangelhaften Produkte wurden unnachsichtig zurückgewiesen; technischer Erfolg hat mit Humanismus nichts zu tun. Die Werkstattatmosphäre war alles andere als paradiesisch. Unter den Kindern entstand das eisige Klima von Konkurrenzkämpfen; egoistische Selbstsüchte wurden entfacht; Neid und Eifersucht vergifteten die sozialen Verhältnisse innerhalb der Anstalt. Bald mischten sich auch die Eltern ein und setzten alles daran, ihr entlaustes, zu nützlichen Kräften gelangtes und neu eingekleidetes Kind wieder nach Hause zu holen. Der Besitzer des Neuhofs befand sich, mit zunehmender Hämorrhagie seiner Arbeitskräfte, in einer immer unstabileren Lage. Der schließlich nicht mehr aufzuhaltende Bankrott des Unternehmens führte ihn schließlich und endlich zu der Erkenntnis, dass die Industrie ihren eigenen Gesetzen gehorcht und dass es fatal wäre, irgendeine philanthropische Sicht in diese einbringen zu wollen.

Diese realistische Wendung (sic!) erstreckte sich bald auch auf die menschliche Natur im Allgemeinen und auf die christliche Weltanschauung im Besonderen, soweit er diese bis dahin verstanden hatte. Das Resultat seiner Ernüchterung wird von Pestalozzi in einem Brief vom 1. September 1793 an seinen preußischen Freund Nicolovius am klarsten zusammengefasst: „Ich kann und soll also nicht verhehlen: Meine Wahrheit ist an den Kot der Erde gebunden und also tief unter dem Engelgang, zu welchem Glauben und Liebe die Menschheit erheben mag." Auch wenn er das Christentum „für nichts anders als für die reinste und edelste Modifikation der Lehre von der Erhebung des Geistes über das Fleisch" hält, auch wenn er es weiterhin als „Salz der Erde" betrachtet, glaubt er dennoch, „dass Gold und Steine und Sand und Perlen ihren Wert unabhängend von diesem Salz haben und dass die Ordnung und die Nutzbarkeit aller dieser Dinge unabhängend von demselben muss ins Auge gefasst werden. Ich glaube nämlich, aller Kot der Welt hat seine Ordnung und sein Recht unabhängend von dem Christentum." (PSB, Bd. 3, S. 300-301).

Pestalozzi verzichtet also auf eine christliche Sicht, die das Wirkliche in sich aufnehmen und den Schlüssel für alle Probleme dieser Welt verschaffen würde. Der „Kot der Welt" gewinnt eine Realität, mit der auch der christlichste Utopist zu rechnen hat; es wird ihm regelmäßig als ein Hindernis auf seinem Weg zur Vollendung der Menschenwürde begegnen. Eine Versuchung könnte dann sein, mit diesem Kot durch eine (oder mehrere) Wissenschaft(en) fertig zu werden, aber Pestalozzi erkennt in seinem Brief an Nicolovius hellseherisch, dass eine solche Wissenschaftsgläubigkeit nur mit einer anderen Form von Idealismus, der das Reale in die Rationalität *a priori* verschluckt, erkauft werden könnte. Sein schmerzlicher Kontakt mit der „harten Natur" im Neuhof (er erlebte einen wirtschaftlichen Zusammenbruch), dann mit den unbeugsamen Zwängen der Industrie, vor allem aber mit dem bösen Willen der Menschen führte ihn nicht zu einem kruden Pessimismus, sondern zur Wahrnehmung einer dem menschlichen Willen widerständigen Materie und schließlich zu einer Weltanschauung, welche die brüderliche Verbindung zwischen dem menschlichen Ideal und dem rohen Boden ihrer Verwirklichung von Grund auf zerbricht. Nun taucht bei Pestalozzi die moralische Perspektive auf und darüber hinaus die Pflicht zur Menschenbildung.

4 Moralische Kraft und Menschenbildung

Ein langes, mühsames Nachdenken führt Pestalozzi dann zu seinem Hauptwerk, 1797 erschienen: *Meine Nachforschungen über den Gang der Natur in der Entwicklung des Menschengeschlechts* (PSW, Bd.12, S.1 ff.) Schon im ersten Abschnitt legt er den großen Widerspruch dar, der bis zu diesem Tag sein Dasein zerrissen hat, nämlich der Kampf eines in die Freiheit verliebten Mannes, der sich beim Versuch ihrer Verwirklichung den Kopf am Widerstand der gesellschaftlichen Wirklichkeit wundgeschlagen hat. Von nun an begreift er, dass dieser Widerspruch ein wesentlicher Bestandteil der menschlichen Natur selbst ist, so dass es ebenso vergebens wäre, zu einem hypothetischen (also nur gedachten und ohnehin nur denkbaren) „Naturzustand" zurückkehren zu wollen, wie danach zu streben, durch die gesellschaftlichen Institutionen zu einer Art von metaphysischem Universum zu gelangen, in dem dieser Widerspruch wie durch Zauberei aufgehoben würde. Der moderne Mensch ist also dazu verurteilt, in der Gesellschaft einen Zustand essentieller Unzufriedenheit zu erleben, von der weder der bestehende noch ein durch eine Revolution umgestaltete Staat, aber auch nicht die herrschende Religion beanspruchen kann, diese vollständig aus der Welt schaffen zu können.

Ist also der Mensch zu einer endlosen Zerrissenheit zwischen seinen widerstreitenden Begierden und zu einer gesellschaftlichen Verstümmelung verurteilt? Nein, sagt Pestalozzi, denn dieser Widerspruch, bewusst ertragen und wohl bedacht, befreit seinerseits im Menschen eine *Kraft*, die es ihm erlaubt, den gesellschaftlichen Zustand und die entsprechenden Institutionen zu seiner eigenen Vollendung in Dienst zu nehmen. Weder vollkommen frei noch vollkommen determiniert, ist der Mensch dazu bestimmt, sich „zu einem Werk seiner selbst" zu machen.

Der Gedankengang der *Nachforschungen* mündet also in eine sittliche Perspektive, die jeden Menschen vor die Pflicht stellt, durch eine sinnvolle Benutzung der Institutionen seine eigene moralische Veredelung anzustreben. Die sozialen Einrichtungen sind nötig, insofern sie dem menschlichen Verhalten einen ersten Sinn des Gesetzes – die Legalität – einprägen, aber ihre Unzulänglichkeit ruft nach ihrer Vollendung, die ihrerseits nur durch den moralischen Willen und den Drang nach einem formalen, von aller Selbstsucht befreiten Universalen erreicht werden kann. So wird das von den Spannungen der Gesellschaft zerrissene Individuum zu einer selbstverantwortlichen Person. Diese ist aber kein ein für allemal errichteter „Bau", der nun auf einmal allen Angriffen seiner triebhaften Begehren und allen Anfechtungen eines habgierigen Eigennutzes unerschütterlich standhielte, sondern ich kann mich nur als ein unermüdlich am Werke seiender Baumeister sehen, der die Schutzwälle gegen diese Mächte in einem fort und immer wieder neu aufzurichten versucht. (Böhm, 1995, S. 114)

Die Pädagogik – diejenige, die Pestalozzi dann in Form seiner *Methode* verbreitet – leugnet also nicht im geringsten die natürlichen und genauso wenig die gesellschaftlichen Bedingungen menschlichen Handelns; sie geht davon aus, dass der Mensch weder von seiner Natur noch von der Gesellschaft bestimmt, d.h. ein für allemal festgelegt wird, sondern als Autor seiner eigenen Geschichte und als vor seinem eigenen Gewissen verantwortlich handelnde Person den *Grund* seines Handelns in sich selber trägt, nämlich in seiner Vernunft und in seiner Freiheit. Der Mensch ist in Pestalozzis Pädagogik nicht Objekt natürlicher oder gesellschaftlicher Fremdbestimmung, sondern Subjekt seiner eigenen Selbstgestaltung und damit *Werk seiner selbst.* Pestalozzi lehnt aber auch hier, gegen Fichte gewandt, jede idealistische Sicht ab: die moralische Selbstgestaltung der Person (ihre Sittlichkeit) ist kein fixer Zustand, denn sie hat stets mit einer äußerlichen (und widerständigen) *Materie,* d.h. mit der Natur und mit der Gesellschaft als ihrem (im wörtlichen Sinne) Gegenstand zu rechnen. Die Form der Person ist einem fortwährenden Werden unterworfen, welches die Erziehung anzutreiben und unter dem Prinzip der Autonomie zu lenken und zu begleiten hat.

Der Pädagoge steht also vor einer doppelten Aufgabe, die Pestalozzi in seinem letzten Buch, dem *Schwanengesang* (1826) zusammenfasst. Er muss einerseits an der Entfaltung der menschlichen Natur arbeiten, „die auf ewigen, unabänderlichen Gesetzen ruht, die im Wesen jeder einzelnen menschlichen Kraft selbst liegen und in jeder derselben mit einem unauslöschlichen Trieb zu ihrer Entfaltung verbunden sind." (PSW Bd. 28, S. 58 ff.). Das ist die Arbeit der (multidisziplinären) Erziehungswissenschaften. Die Ausbildungsmittel werden aber – das ist die zweite Aufgabe – einem höheren Endziel untergeordnet, das Pestalozzi als *Liebe und Glaube* fasst und das alle gesellschaftlichen und damit stets an die Selbstsucht der Individuen gebundenen Endzwecke überschreitet. (PSW Bd. 28, S. 160 ff.) Das fordert einen vollständigen Umschwung meines Verhältnisses zum Anderen, forschend nach seinem eigenen Gut zum Schaden meiner egoistischen Tendenzen. Schon der Erzieher von Stans hatte gewarnt: „Der Mensch will so gern das Gute, das Kind hat so gern ein offenes Ohr dafür; aber es will es nicht für dich, Lehrer, es will es nicht für dich, Erzieher, es will es für sich selber..." (PSW Bd. 13, S. 8).

Die Liebe als ein in der Natur des Menschen eingewurzelter selbstsüchtiger Trieb und als ein von der Gesellschaft kompromitiertes Kalkül betrachtet, wird hier durch den (von der Religion ernährten) Glauben gereinigt und zur moralischen Pflicht erhoben. Pestalozzi findet dabei einen erneuten Weg zum Christentum, indem er dessen ursprüngliche Inspiration jenseits von jedem Dogmatismus neu belebt und die gläubige Attitüde in den Mittelpunkt des Erziehungshandelns stellt. (Soëtard, 2015, S. 125)

5 *Missverständnisse*

Die Vertreter der *Éducation nouvelle* haben nie aufgehört, sich nachdrücklich auf Rousseau zu berufen und seinen *Émile* als den nun von ihnen endgültig zu vollziehenden Wendepunkt von der alten zur neuen Welt in der Pädagogik ins Werk zu setzen. Man kann und muss jedoch sehr daran zweifeln, dass sie Rousseaus Buch wirklich gelesen oder gar sorgfältig studiert haben. Haben sie es überhaupt aufgeschlagen? Man findet jedenfalls in ihren Schriften kaum eine wenigstens andeutungsweise Auseinandersetzung mit dem Genfer Philosophen. Sein Buch dient ihnen mehr als eine anonyme Autorität denn als anregender Studiengegenstand.

Und wenn sie sich namentlich auf Rousseau beziehen, gibt es Anlass zu peinlichen Missverständnissen. Das gilt vor allem für die Hauptthemen der *Éducation nouvelle*, die auf diese Weise oft nur zu Schlagwörtern geworden sind.

Ein erstes Missverständnis besteht in dem von fast allen Neuerern vertretenen Satz: *Ein Schüler lernt nur, wenn er motiviert ist.* Célestin Freinet hat, neben vielen anderen, nicht aufgehört zu wiederholen: „Ein Pferd, das nicht durstig ist, macht man nicht trinken". Er dürfte wohl gewusst haben, dass jedes Pferd, das nichts zu trinken bekommt, am Ende durstig wird, während es wohl höchst selten vorkommen dürfte, dass ein Schüler, dem Mathematik völlig fremd bleibt, seinen Erzieher inständig anfleht, ihm das Theorem von Thales zu erklären. Hinzu kommt, dass dieses Prinzip die ohnehin kulturell bereits gut ausgerüsteten Kinder begünstigt, denn die Motivation ist weit mehr ein soziales Produkt als eine kulturlose Ausstattung, die jedes Kind ohne Unterschied besäße. Dagegen steht deutlich Émiles Gouverneur, der weit davon entfernt ist, sich mit einer rein abwartenden Haltung zu begnügen: er bemüht sich im Gegenteil ununterbrochen, das Interesse seines Zöglings zu wecken und zu mobilisieren, und er benützt dazu alle nur denkbaren günstigen Umstände. Denn es handelt sich darum, den *Wissensdrang* des Kindes anzufachen und ihm Lernreize anzubieten, anstatt es in seinem natürlichen Dasein dahindämmern zu lassen.

Ein zweites Missverständnis rankt sich um das von Claparède aufgebrachte Schlagwort: *„Jedes Kind lernt nach seiner eigenen Art und das erfordert eine „Schule nach Maß"*. Dieser Slogan geht irrtümlich von einer völlig isolierten Stellung

Émiles aus, so als wäre er das alleinige Subjekt des Erziehungsvorgangs. Man verwechselt dabei *Individuum* und *Person*. In Rousseaus Sicht gilt die Person geradezu als Paradigma von Freiheit und Selbsttätigkeit, das der Gouverneur zu verwirklichen trachtet. Das Individuum entspricht dagegen einer Materie, die variabel ist und von den zufälligen Verhältnissen des Lebens abhängt: von diesem Gesichtspunkt her gleicht in der Tat keiner einem anderen. Émile als Person schwebt nicht in der Luft, er erfährt im Text bestimmte Individualisierungsmerkmale, aber diese werden vom Autor so gewählt (Émile ist gesund, reich, ohne Familie...), dass sie kein Hindernis für seine Personwerdung darstellen. Émile bleibt der Träger eines universellen Humanisierungsprozesses, der auf die partikuläre (= individuelle) Lage jedes Kindes zu transponieren ist, aber das ist hier nicht Rousseaus Sache. In diesem Sinn muss die Schule auch „nach Maß" sein, aber ohne das universale Endziel der Pädagogik, das grundsätzlich „maßlos" ist, aus dem Auge zu verlieren.

Drittes Missverständnis: *Learning by doing*: Diese Forderung Deweys ist zu dem beherrschenden Schlagwort der ganzen *Éducation nouvelle* geworden. Émile ist tatsächlich ununterbrochen einer tätigen Lehre unterworfen, und Pestalozzi versteht die menschliche Natur wie ein Bündel von Kräften, die der Pädagoge zu aktivieren hat. Aktivität im Sinne einer herstellenden Verfertigung ist dabei aber nicht das Ziel. Es erscheint mir wichtig, hier an die grundsätzliche Unterscheidung zwischen *poiesis* und *praxis* zu erinnern, die Aristoteles vor über zweitausend Jahren getroffen hat. (Böhm, 1995, S. 20 ff.) Das poietische *Machen* zielt stets auf ein Ergebnis, auf ein Werkstück im Sinne eines hergestellten Gegenstandes, und es erhält Sinn und Wert erst von seinem Endprodukt her; dem gegenüber trägt das praktische *Handeln* seinen Sinn und Wert immer schon in sich und erfüllt seinen Zweck allein schon dadurch, dass es als „etwas Gutes und Gerechtes tun" einfach geschieht, unabhängig davon, ob dem Handelnden tatsächlich auch gelingt, was er durch sein Tun erreichen wollte. Der Pädagoge muss also mehr auf den gesamten, nicht nur kognitiven, sondern auch anthropologischen Prozess des Lernenden bedacht sein als auf die Resultate eines nur punktuellen Lernens. Die Konsequenz daraus ist, dass in der Pädagogik keine Möglichkeit besteht, jemals wissenschaftlich vorweg genau bestimmen zu können, was in einer gegebenen Situation jeweils getan werden muss, weil der Pädagoge in seiner Praxis stets mit der Wahl und der Entscheidung eines freien Wesens zu rechnen hat.

Schließlich ein letztes Missverständis, das ich hier ansprechen möchte: *Die Erziehung muss demokratisch sein*. In dieser Forderung manifestiert sich der große Traum der ganzen Bewegung, nämlich durch eine neue Erziehung die Idee einer echten Demokratie zu verwirklichen, was auch einer sich als demokratisch proklamierenden Politik nicht gelingen will. Freinet, Neill und die Hamburger Wendeschule hätten besser das erste Experiment Pestalozzis auf dem Neuhof nachprüfen und daraus lernen sollen, dass die Zwänge der wirklichen Gesellschaft, vor allem im Bereich der Ökonomie, Gewalten hervorbringen, die sich Tag für Tag dem demokratischen Prinzip widersetzen. Wir bewegen uns eben hier im Bereich der *poiesis*. Der Lehrer arbeitet nach dem monarchischen Prinzip, und alle Versuche, in der Schule eine vollendete Demokratie einzurichten, haben regelmäßig dazu geführt, ein Leadersystem aufzubauen, das der Lehrer zu kontrollieren sich bald bemüht sah. Muss er dann also den großen Traum fallen lassen? Sicher nicht, insofern er seinen Traum von einem rein politischen Gesichtspunkt zu einer sittlichen Attitüde werden lässt, in deren Licht das Kind zur konkreten *Voraussetzung* der Demokratie hin erzogen wird, nämlich zur Rücksicht auf den Anderen und zum Respekt vor jeder Person. Also wieder geht es um eine Sache der *Praxis*. Das Kind muss von der väterlichen Abhängigkeit zur reifen Autonomie geführt werden, und man darf es nicht auf einmal und Hals über Kopf in eine Welt der Freiheit versetzen wollen, für die es noch gar nicht gewappnet ist.

6 *Trügerischer Naturalismus*

Wenn wir tiefer bis zu einer gemeinen Wurzel dieser Missverständnisse graben, stoßen wir auf einen maß- und grenzenlosen Naturalismus, der das Denken und Tun der Vertreter der *Éducation nouvelle* benebelt. Sie übersehen oder verharmlosen den von Grund auf dialektischen Charakter des Naturbegriffs im Werk der beiden „Grundväter“ Rousseau und Pestalozzi.

Der Genfer beharrt vehement darauf, dass ein Zurück zu einer vermeintlich ursprünglich reinen Natur nicht möglich ist, und er meint darüber hinaus, dass es sogar nicht einmal wünschenswert wäre, denn der Mensch würde dadurch seinen Fortgang bzw. Aufstieg zur Tugend und zur Sittlichkeit preisgeben. Der (ohnehin nur als reines Gedankenkonstrukt vorstellbare) Naturmensch genießt nämlich einen Zustand, der ihn dem Tier sehr nahe macht und unter die Gewalt seiner Instinkte beugt. Wie es Rousseau in seiner Vorrede zum *Émile* sehr bildhaft beschreibt, gleicht ein solches Wesen einem Bäumchen, das mitten im Wege steht und verkommt, weil es die Vorübergehenden von allen Seiten stoßen und nach allen Richtungen biegen. Pestalozzi hat aus bitterer Erfahrung erlebt, welche Schäden der Eintritt in die harte Welt der Industrie für das Kind mit sich bringen konnte. Die Natur, die „schöne Natur“ ist weit weg von dem, der von früh bis spät am Spinnrad sitzt und die Spindel dreht und auf diese Weise an eine mechanisierte Zivilisation angekettet ist. Die reine Kindheit ist schon verloren, wenn sie mit Sehnsucht zurückersehnt wird; sie kann zwar in Rousseaus Traum wiederbelebt werden, aber der Kontakt mit der harten Wirklichkeit lässt sie rasch wieder als unerreichbares Ziel erkennen.

Pestalozzi hat durch seine eigene Entwicklung allmählich begriffen, dass die gesellschaftlichen Institutionen, die einen Zwang gegen die natürliche

Freiheit ausüben, als (notwendige) Vermittlungsstufen bei dem Aufstieg des Menschen zur Sittlichkeit dienen; sie prägen ihm einen ersten Sinn des Gesetzes – die *Legalität* – ein, die das zur Freiheit gebildete Subjekt schließlich in moralische Autonomie verwandeln wird. So entfaltet sich ein dialektisches Spiel zwischen natürlicher Freiheit, sozialem Zwang und sittlicher Selbsttätigkeit, das der Erzieher zu leiten und zu bemeistern hat. Das Kind baut sich dann Schritt für Schritt eine neue und echt menschliche Natur auf, die sich am Ende (hoffentlich) in der Freiheit und in der Selbstverantwortung der Person manifestiert.

Die *Éducation nouvelle* verkennt und verfehlt diese dialektische Entwicklung. Aber aus welchem Grund? Eine Hypothese könnte lauten, dass sie mehr von der Wissenschaftsgläubigkeit des beginnenden 20. Jahrhunderts besessen ist als von der Philosophie Rousseaus, die gerade mit dem Zweifel an der Macht der Wissenschaften in seinem sog. *Ersten Diskurs* anhebt. Der Positivismus herrscht ungebremst, und die Genfer Schule mit Claparède an der Spitze etabliert die Psychologie als die höchste Wissenschaft. Sie soll der Pädagogik helfen, ihr Endziel sicher zu erreichen; diese braucht nur die Gesetze der menschlichen Natur zu entziffern und dann auf das Kind anzuwenden. Auch Montessori verbirgt nicht ihr uneingeschränktes Vertrauen in die psychologische Wissenschaft, und Neills Anarchismus bedarf der Psychoanalyse, um seine Pädagogik zu begründen.

Ich habe zu zeigen versucht, dass Rousseaus Pädagogik und ihre konkrete Anwendung in der Methode Pestalozzis sich mit dieser wissenschaftlichen Position nicht verträgt. Der Pädagoge muss stets eine andere Dimension ins Auge fassen, jene, wodurch das Kind (nach Pestalozzis Leitmotiv) „sich zu einem Werk seiner selbst" macht. Die Wissenschaft spielt dabei als vermittelndes Wissen eine zweideutige Rolle: sie kann das Endziel befördern oder vereiteln. Das psychologische Gesetzeswissen hat sich stets der höheren Perspektive des menschlichen Lebens unterzuordnen. Das aber hängt letzten Endes vom Handeln des Pädagogen ab: also wieder *praxis*. (Soëtard 2011)

7 *Felix culpa!*

Eine wichtige Stufe in der intellektuellen Entwicklung Pestalozzis besteht – wie ich gezeigt habe – in der Einführung des Bösen in die dennoch grundsätzlich als gut betrachtete Natur des Menschen. Das ist das eigentliche Resultat seiner herben praktischen Erfahrungen in der ersten Anstalt des Neuhofs und in den folgenden Unternehmungen in Stans, Burgdorf und Yverdon: Der Erzieher muss stets mit der Potenzialität des Zöglings und des Menschen überhaupt rechnen, den „schlechteren Weg" zu wählen und sein Heil in der erklärten Opposition zum Willen seines Erziehers zu suchen. Pestalozzi will aber nicht auf das Prinzip der guten Natur verzichten und so lehnt er hartnäckig die Lehre von der Erbsünde ab, der er letztlich eine Leugnung des Anspruchs auf Erziehung zuschreibt. Gleichzeitig aber entdeckt er, dass die Möglichkeit zum Bösen eine notwendige Folge der Anerkennung der menschlichen Freiheit ist. Auch wenn die Natur des Menschen ihn grundsätzlich zu seiner eigenen Vollendung im Guten hinleitet, muss der Erzieher beständig mit seinem freien Willen rechnen, der ihn zur Selbstverantwortung drängt und ihm die Möglichkeit eröffnet, sich als selbst verantwortlich auch für das Übel zu behaupten. Die Menschennatur in den *Nachforschungen* kennt also zwei quasi miteinander konkurrierende „Zustände“: einen unverdorbenen und einen verdorbenen.

Eine aufmerksame Lektüre des *Émile* hätte die Vertreter der *Éducation nouvelle* lehren können, dass die metaphysische Güte allein nicht genügt, um mit ihr die Moral zu begründen, sondern dass die moralische Entscheidung der Person auf der stets offenen Möglichkeit beruht, auch das Böse zu wählen. Rousseau proklamiert das im vierten Buch seines *Émile* sehr deutlich: „Mensch, such nicht weiter nach dem Urheber des Übels: Dieser Urheber bist du selbst. Es gibt kein anderes Übel als das, das du tust oder erleidest, und beide rühren von dir her.“ Die moralische Entscheidung stört bestimmt nicht die allgemeine Ordnung der Welt und sie konterkariert auch nicht den Willen Gottes. Wir kennen aber nicht den Inhalt dieses Willens und müssen daher die Verantwortung für unser Handeln selbst übernehmen.

Die Vertreter der *Éducation nouvelle* haben dieses sittliche Moment in der Entwicklung des Kindes meistens übersehen und – mit Dewey – das moralische Verhalten nur als eine Fortsetzung des sozialen behandelt. Von der Pädagogik haben sie sogar eine Umkehr der Gesellschaft erwartet, die freilich nie eingetreten ist, und das Misslingen dieses Versuches hat dann die Gesellschaft in ihrer konservativen Grundeinstellung und in ihrer Überzeugung bestärkt, dass sie den einzigen pädagogischen Weg zu weisen hat. Dagegen betrachtet die sittliche Pädagogik ihrer beiden „Grundväter“ die Gesellschaft und ihre Institutionen lediglich als eine Art Sprungbrett zur Moralität und als eine materielle Herausforderung zur sittlichen Entscheidung der Person. Diese hat der Angelpunkt aller Pädagogik zu sein, „worauf das Kind unbedingt stoßen soll und der seine Individualität vorzüglich ansprechen wird und durch dessen Ergreifung und Entfaltung sich in ihm sicher Kräfte und Mittel entfalten werden, die ihn größtenteils über das Bedürfnis der Handbietung und Nachhilfe für seine Ausbildung, die anderen hierfür unentbehrlich ist, emporheben und ihn in Stand setzen werden, die Bahn seiner Fort- und Ausbildung von diesen Seiten mit sicherem Schritt selbstständig zu betreten und zu vollenden. Wäre das nicht, mein Haus stünde nicht, mein Unternehmen wäre gescheitert...“ (PSW Bd. 18, S. 35).

Dieser letzte Schritt kann aber nicht getan werden ohne die Vermittlung des *Glaubens* im pädagogischen Handeln. Der Erzieher verfügt nämlich nicht über den Willen des Zöglings, der den entscheidenden Schritt zur Selbsttätigkeit selber macht und den Weg der Bildung von selbst weiter geht. Er braucht dann Zutrauen zu einer höheren Natur des Menschen, die er jedoch nur formal fassen kann und die ihm materialiter stets entgeht. So erklärt Pestalozzi in seinem Brief an Nicolovius, dass er den christlichen Glauben wieder zurückgewonnen habe, indem er ihn von einer doppelten Versuchung des Allwissens befreit hat: zum einen von der Versuchung der strikten Verwissenschaftlichung der Erziehung, die dann selbstsicher voranschreitet und die Freiheit der Person in ihrer szientistischen Gesetzlichkeit verschwinden lässt; zum anderen von der Versuchung einer metaphysischen Determinierung des menschlichen Willens, die gleichfalls den Anspruch auf Freiheit vernichten würde. (Soëtard, 2015, 131 ff.).

Der *Éducation nouvelle* ist offenbar das vom Glauben vermittelte Verhältnis zwischen Wissenschaft und Natur abgegangen, welches ihr erlaubt hätte, eine echte Beziehung zum „Kot der Welt“ auf der einen und zur höheren Bestimmung des Menschen auf der andern Seite zu knüpfen. Ihr idealistischer Höhenflug hat sie dazu verführt, die (kindliche) Freiheit zu vergöttlichen und zu glauben, dass sie in ihrem kühnen Anlauf die Mittel zu ihrer Verwirklichung bereitstellen könnte, als ob beispielsweise die bloße Aktivierung des freien Lesens genügen würde, um das technische Beherrschen des Lesens sicher zu erreichen. Es muss dagegen vom Pädagogen eine gute, positive, wissenschaftlich begründete Kenntnis der Kindheit und ihrer Potenzialitäten bis hin zu ihrer Offenbarung in jedem einzelnen Individuum vorausgesetzt werden. Dann kann der Lehrer und Erzieher auf dieser Basis sein Freiheitsprojekt artikulieren, nicht jedoch als eine unfehlbare Versicherung, sondern als einen nützlichen Traum, den zu realisieren allein dem Edukanden selbst obliegt und daher ihm anheim gegeben werden muss.

8 Selige Spannungen

Das Erziehungsprojekt lebt von Spannungen und Antinomien, die oft und gern Anlass zu Missverständnissen geben. Im Angesicht dieser Zweideutigkeiten erscheint die Neue Erziehung wie ein Schmelztiegel, in dem das erzieherische Unternehmen sich in seinen terminologischen und konzeptuellen Schwächen selbst offenbart. Wenn man das Beispiel des kindlichen Interesses nimmt, sieht man sich zwei Konzeptionen gegenüber, die auf den ersten Blick entgegengesetzt erscheinen. Für die einen ist das Interesse des Kindes das, „was es interessiert „, für die anderen ist es, „was in seinem Interesse ist“. Hier wie anderswo ist man in die Kneifzange zwischen einer *endogenen* Konzeption der Erziehung gefangen, die auf die freie Entscheidung des Subjekts verweist, und einer *exogenen* Konzeption der Bildung, welche eine fremde Intervention, sowohl bezüglich der Ziele als auch der Methode, voraussetzt.

Nun hängt das Gelingen des erzieherischen Unternehmens just von der Kapazität des Pädagogen ab, *zur selben Zeit* (und nicht nacheinander) das Endogene und das Exogene zu artikulieren. Es handelt sich, nach den Worten von Rousseau im *Émile,* darum, gleichzeitig eine doppelte Forderung zu erfüllen. Einerseits, soweit man wirklich weiß, was man selbst gelernt hat, „handelt es sich nicht darum, dem Zögling, die Wissenschaften beizubringen, sondern darum, dass er Gefallen an ihnen finde, um sie zu lieben, und ihm die Methode zu vermitteln, um sie lernen zu können, wenn diese Vorliebe besser entwickelt ist." (3. Buch). Andererseits aber, weil die Asymmetrie zwischen dem Erzieher und dem zu Erziehenden unvermeidlich ist, empfiehlt Rousseau im 2. Buch: „Behandelt euren Zögling, wie es seinem Alter entspricht. Weist ihm von Anfang an seinen Platz zu und haltet ihn dann so fest, dass er keinen Ausbruch mehr versucht. Er darf gar nicht auf den Gedanken kommen, dass ihr irgendeine Autorität über ihn beansprucht. Er braucht nur zu wissen, dass er schwach ist und ihr stark seid, dass er also notwendigerweise von euch abhängig ist". Rousseau predigt damit dem jungen Erzieher eine sehr schwere Kunst, nämlich „Kinder ohne Vorschriften zu leiten und durch Nichtstun alles zu tun".

Genauso setzt Pestalozzi den Erzieher einer schwierigen Antinomie aus, wenn er im *Stanser Brief* schreibt: „Das Gute, zu dem du das Kind hinführen sollst, darf kein Einfall deiner Laune und deiner Leidenschaft, es muss der Natur der Sache nach an sich gut sein, und dem Kinde als gut in die Augen fallen. Es muss die Notwendigkeit deines Willens nach seiner Lage und seinen Bedürfnissen fühlen, ehe es dasselbe will". Und der Ifertener Pädagoge liefert im selben Text den Schlüssel zu dieser Antinomie: *sein Tun selbst.* Denn was in einer Theorie, die von einem oder dem anderen Pol des Widerspruchs gefangen bleibt, nicht gelöst werden kann, kann durch eine beherrschte, beide Pole gleichzeitig artikulierende Praxis überholt werden. Und übrigens: Hat Päd*agogik* es nicht vor allem mit *agein* zu tun? (Soëtard 2011, 51 ff.)

9 Literaturverzeichnis

Böhm, Winfried; Grell, Frithjof 1991: Jean-Jacques Rousseau und die Widersprüche der Gegenwart, Würzburg

Böhm, Winfried 1995: Theorie und Praxis. Eine Erörterung des pädagogischen Grundproblems, Würzburg. 3. Aufl. 2011

Böhm, Winfried 1997: Entwürfe zu einer Pädagogik der Person, Bad Heilbrunn

Böhm, Winfried 2012: Die Reformpädagogik, München

Böhm, Winfried 2013: Rousseau liest Augustinus – für heutige Leser. Ein exemplarisches Kapitel aus der Geschichte der Pädagogik, in: Kindheit – Gesellschaft – Geschichte, hrsg. von Kemper, Mattias, Pauls, Torsten und Schulz-Gade, Herwig, Würzburg, S. 139-148

Grell, Frithjof 1996: Der Rousseau der Reformpädagogen, Würzburg

Pestalozzi, Johann Heinrich 1927ff.: Sämtliche Werke, 28 Bände, Berlin/Zürich (im Text zitiert als PSW mit Band- und Seitenzahl)

Pestalozzi, Johann Heinrich 1946 ff.: Sämtliche Briefe, 14 Bände, Zürich (im Text zitiert als PSB mit Band- und Seitenzahl)

Rousseau, Jean-Jacques 1762/1971: Emil oder Über die Erziehung, Paderborn

Soëtard, Michel 1981: Pestalozzi ou la naissance de l'éducateur, Berne

Soëtard, Michel 1995a: Pestalozzi, Paris

Soëtard, Michel 1995b. L'Éducation nouvelle, une illusion perdue? In: L'Éducation nouvelle et les enjeux de son histoire, ed. Hameline, Daniel, Helmchen, Jürgen et Oelkers; Jürgen, Bern, S. 231-250

Soëtard, Michel 2011: Penser la pédagogie. Une théorie de l'action, Paris

Soëtard, Michel 2012: Jean-Jacques Rousseau, München

Soëtard, Michel 2015: Pestalozzis Auseinandersetzung mit dem Christentum im Nicoloviusbrief. Ein Beitrag zur Diskussion über den Wissenschaftscharakter der Pädagogik, in: Pädagogische Rundschau, 69, S. 125-136

Reformpädagogik – Erbe und Tradition

Heinz-Elmar Tenorth

I.

Man kann sich die Vergangenheiten nicht aussuchen, mit denen man zu leben hat, man muss vielmehr mit der Überlieferung zu Rande kommen, wie sie hier und jetzt vorliegt. Das ist in Pädagogik und Erziehungswissenschaft nicht anders. Auch hier existiert die Überlieferung in vielfachen Gestalten von Ereignis und Erzählung, zeitlich z.B. als gegenwärtige Vergangenheit oder als vergangene Zukunft[1], in ihrer Materialität so different wie in den Quellengattungen zwischen Texten und Bildern, Erzählungen und Zahlen, Gebäuden und Objekten, variierend auch in der sozialen Modalität, nicht selten als belastendes, zumindest sehr ambivalentes Erbe, gelegentlich aber auch als bewahrenswerte Tradition (um eine Schematisierung aufzunehmen, mit der die Pädagogik der DDR ihr Verhältnis zur Vergangenheit zwischen Negation und Anerkennung regulierte[2]). Die Überlieferung existiert auch einfach nur als ein historisches Datum in diffuser Bedeutung und Zeitlichkeit, meist auch in der Gleichzeitigkeit des Ungleichzeitigen, die man erst zu interpretieren hat, aber z.B. nicht allein wertthematisch codieren muss – zwischen Erbe, Tradition und Aufgabe –, sondern einfach distanziert beobachten kann, auch dann in ganz unterschiedlicher Referenz, theoretisch oder lebensweltlich.

Für die Pädagogik zählt insofern nicht nur die „Schwarze Pädagogik" zu den Überlieferungen, denen sie nicht ausweichen kann, sondern auch das Ver-

---

1 Die Komplikationen solcher Zeitformen, die sich aus der Relationierung von Vergangenheit, Gegenwart und Zukunft ergeben, diskutiert für die Pädagogik z.B. schon Wolfgang Klafki: Die Erziehung im Spannungsfeld von Vergangenheit, Gegenwart und Zukunft. In: Die Sammlung 13 (1958), S. 448-462, generell dann u.a. Niklas Luhmann: Weltzeit und Systemgeschichte. Über Beziehungen zwischen Zeithorizonten und sozialen Strukturen gesellschaftlicher Systeme. (1973) In: N.L.: Soziologische Aufklärung 2. Opladen 1975, S. 103-133.

2 Ein reflektiertes Exempel für die Produkte, die eine solche Schematisierung erzeugt, ist Karl-Heinz-Günther: Über pädagogische Traditionen. Aus Schriften und Reden zur Geschichte der Erziehung. Berlin (DDR) 1988 – und natürlich fehlt die Auseinandersetzung mit der Reformpädagogik nicht, vgl. den Teil III, dann zuerst systematisch: „Überlegungen zur Bewertung der Reformpädagogik" (S. 295-310) sowie die nachfolgenden Texte zu Ellen Key, Friedrich Wilhelm Foerster und Hugo Gaudig. Aber man kann natürlich auch seine Abhandlungen über „Progressive Traditionen im pädagogischen Werk Friedrich Fröbels" (S. 89ff.) dazu rechnen und alles, was im Teil I über die „große Tradition" und das „progressive Erbe" von Basedow über Humboldt zu Diesterweg (et.al.) gesagt wird – und sieht dann, dass das wirklich schematisierende Dual zwischen „progressiv" und „reaktionär" liegt.

sprechen, mit ihrer Praxis die „Höherbildung der Menschheit" zu befördern, die Kant bekanntlich von der Erziehung erwartete, mit klarer Perspektive: „Kinder sollen nicht dem gegenwärtigen, sondern dem zukünftig möglich bessern Zustande des menschlichen Geschlechts, das ist: Der Idee der Menschheit und deren ganzer Bestimmung angemessen, erzogen werden."[3] Ganz ohne Zweifel wiederum, Reformpädagogik versteht sich, gleich wie man ihren Anfang datiert, in dieser besseren Tradition. Aber sie ist heute, ebenfalls ohne Zweifel, als eine Überlieferung präsent, die man – wertthematisch gesehen – in vielen Dimensionen und in vielen einst gerühmten Exempeln nur noch als belastendes Erbe bezeichnen kann. Reformpädagogik hat jedenfalls spätestens mit der Selbstdestruktion der Pädagogik der Landerziehungsheime ihre Unschuld verloren[4], wenn sie diese nach den Debatten über Reformpädagogik und Nationalsozialismus überhaupt noch hatte. Die Frage liegt deshalb nahe, wo man die Reformpädagogik gegenwärtig platziert. Die Antworten sind offenbar nicht einfach, meist selbst noch in Zustimmung oder Abwehr von der Überlieferung als einer vermeintlich guten Tradition infiziert, also vor allem wertthematisch formuliert, nur ganz selten aus der Distanz gearbeitet.

II.

Meine Form der Beobachtung beruht auf Distanzierung, auch gegenüber anderen Formen der Beobachtung. Schon von Reformpädagogik im Singular würde ich nicht sprechen, schon gar nicht Reformpädagogik mit den Landerziehungsheimen, gar einem Landerziehungsheim gleichsetzen, oder nur die deutsche Tradition betrachten, bestenfalls um die *progressive education* der USA erweitert, also auch dann noch meist schulpädagogisch zentriert und letztlich als perfektionistisches Programm der Konstruktion des neuen Menschen konzipiert. Um den wertthematischen Irre- und Engführungen nicht zu erliegen, würde ich zumindest drei Existenzweisen von ‚Reformpädagogik' unterscheiden: *Erstens* den spezifischen, seit dem späten 19. Jahrhundert kontinuierenden Diskurs über „neue Erziehung" als Dispositiv eigener Art, mehr eine Selbstbeschreibung der diversen Reformfraktionen denn eine distanzierte Reflexion; außer in der Selbsttradierung lebt diese Gestalt der Reformpädagogik

---

3 Immanuel Kant: Über Pädagogik. In: Kant-Werke, Ed. Weischedel, Darmstadt 1964, Bd. 10, S. 704 (A 17).

4 Dafür: Damian Miller/Jürgen Oelkers (Hg.) 2013: Reformpädagogik nach der Odenwaldschule – Wie weiter?, Tübingen. Sowie, für den weiteren Kontext sozialer Bewegungen, die sich selbst als neu und progressiv codieren, Christian Füller: Die Revolution missbraucht ihre Kinder. Sexuelle Gewalt in deutschen Protestbewegungen. München 2015 oder – gegen das positive Selbstbild der Jugendbewegung Christian Niemeyer: Die dunklen Seiten der Jugendbewegung. Vom Wandervogel zur Hitlerjugend. Tübingen: A. Francke Verlag 2013.

in ideengeschichtlichen Beobachtungen, erfreute sich dann ideologiekritischer Analysen und wäre heute ein Fall für Diskursanalysen. Dann, *zweitens*, gibt es als Reformpädagogik die historische und aktuelle Gestalt von pädagogischen Einrichtungen und Praktiken, die sich selbst einem Komplex zuordnen oder historiographisch zugeordnet werden, der in der Ambition der Reform der Erziehung seine lockere Klammer hat, der aber sehr viel älter ist als der gängige Diskurs über Reformpädagogik und breiter als die meist diskutierten Vorzeigeeinrichtungen. In diesem zweiten Feld hat die historische Bildungsforschung Reformpädagogik als ihr Thema, als ein Thema der distanzierten Beobachtung einer Wirklichkeit, nicht der emphatisch-sympathetischen Propaganda oder der Ideenanalyse. Und dann, *drittens*, gibt es noch den politisch kursierenden und in der Moderne, spätestens im 20. Jahrhundert notorisch werdenden Jargon der Reform im Erziehungswesen, kaum mehr als ein Slogan, jedenfalls keine reflexiv distinkte oder materiell eindeutig bestimmbare Rede, öffentlich höchst belastet oder nur noch ironisiert gelesen[5]. Diese differenten Gestalten sind meist noch in unterschiedlicher, nicht selten diffuser Gemengelage aktuell präsent, wenn von Reformpädagogik geredet wird. Sie bestimmen ihr öffentlich kommuniziertes, also vielfältig-buntes Bild und definieren damit ihr Thema auch in differenten Gestalten, als nachahmenswerte Programme, als Kontroversen auslösende Praxis oder als entlarvte Utopie, und erzeugen damit erst, was als historisch-soziale Tatsache gegenwärtig ist, in je unterschiedlichen Sichtweisen (denn man sieht natürlich mit dem Blick des Praktikers andere Aspekte als mit der Brille Foucaults).

III.

Gibt es eine „richtige“ Sichtweise? Bestimmt nicht! Sind alle Sichtweisen rechtfertigungsfähig – irgendwie bestimmt, schon weil man sich unterschiedliche Formen des Publikums vorstellen kann, das als je spezifischer Resonanzraum für die je spezifischen Sichtweisen dienen kann. Bei einer solchen nüchternen Betrachtung stellt man allerdings auch rasch fest, dass die Sichtweisen nicht wechselseitig substituierbar sind: Bildungshistoriker, die den Regeln ihres Handwerks folgen, können die Selbstbeschreibungen reformpädagogischer Praxen nicht als die Realität ausgeben; Politiker wiederum oder reformfreudige Gewerkschaftsfunktionäre, die den Slogan brauchen und von Reformforderungen leben, werden mit der ernüchternden Skepsis, die sich aus bildungshistorischen Studien eher nahelegt als Emphase wenig anfangen können; dem Praktiker der Reform schließlich können die Meinungen der

5 Exemplarisch für diese Lesart: Jürgen Kaube: Im Reformhaus. Zur Krise des Bildungssystems. Springe 2015.

Beobachter gleichgültig sein, weil sie immer neu als eine Aufgabe erleben, die man bearbeiten muss, was ein historiographischer Beobachter eher als ein Problem zeigt, das an sich nicht lösbar ist, während die Arbeit der Praktiker zugleich politisch-propagandistisch funktionalisiert, aber meist doch nicht angemessen unterstützt wird.

Mein Interesse gilt allein der historiographischen Sichtweise, der Beobachtung aus der Distanz, und zwar aus der Äquidistanz gegenüber den Selbstbeschreibungen wie gegenüber der Reformpropaganda und der Praxis gleichermaßen. „Reformpädagogik", als Praxis wie als pädagogische oder politische Propaganda, zählt aus einer solchen distanzierten Perspektive offenbar zu den historisch signifikanten Ereignissen, mit denen man Erziehung als soziale Tatsache in ihrer eigenen Dynamik erforschen und vielleicht sogar verstehen kann, im Wandel der Epochen. Das lohnt vor allem deswegen, weil die Reform als Struktur, der zugleich rhetorische wie praktische Komplex der Einheit von Kritik und Erneuerung der Erziehung und ihrer gesellschaftlichen Form[6], eine ganz lange und sehr eigentümliche Geschichte hat: Älter als die klassische Moderne, auch schon vor der Vormoderne auffindbar, aber doch mit einer bis dato ungekannten Dynamik seit dem ausgehenden 18. Jahrhundert erst in Europa, dann weltweit zu beobachten, ist diese eigentümliche Mischung von selbstverständlicher Alltäglichkeit der Bedingungen des Aufwachsens („Normalität") und ihrer Verflüssigung im Zeichen einer als anders und als anders möglich konzipierten und reflektierten Form („Reform")[7] so überraschend wie erklärungsbedürftig. Wirklich herausfordernd wird dieser Befund aber erst dann, wenn man ihn - erklärend - nicht allein über die Variation von Kontextbedingungen erklärt oder der Kovariation mit gesellschaftlichen Strukturen zuschreibt (‚Modernisierung' der Erziehung folgt der Modernisierung oder der Demokratisierung oder der Industrialisierung – etc. – oder anderen Mustern der Veränderung ‚der Gesellschaft'), sondern auch, vielleicht sogar primär, der Eigendynamik der Erziehung als einer gesellschaftlichen Tatsache sui generis.

---

6 Im Historischen Wörterbuch der Pädagogik (D.Benner; J.Oelkers (Hrsg.): Historisches Wörterbuch der Pädagogik. Weinheim und Basel 2004) fehlt neben „Reformpädagogik" der Begriff „Reform". Zu dessen Historisierung lese man deswegen hilfsweise Niklas Luhmann; Karl-Eberhard Schorr: Strukturelle Bedingungen von Reformpädagogik. Soziologische Analysen zur Pädagogik der Moderne. In: Zeitschrift für Pädagogik 34 (1988), S. 463-480.

7 Mit dem Dual von „Reform-" und „Normalpädagogik" arbeiten Dietrich Benner/ Herwart Kemper: Theorie und Geschichte der Reformpädagogik. 3 Bde., Weinheim/ Basel 2011-2007 – und handeln sich das paradoxe Problem der Normalität der Reform ein.

IV.

Diese methodische Option der Historiographie bedeutet nicht, Autonomiefiktionen oder eine überbordende Subjektemphase zu nähren, wie sie in den Selbstbeschreibungen tradiert werden, diese Option begründet sich vielmehr im Rekurs auf Strukturbedingungen der Erziehung in der Gesellschaft. Die sozialen Tatsachen nämlich, als die in solcher Geschichtsschreibung die Bedingungen des Aufwachsens interpretiert werden, sind natürlich soziale Strukturen, also unausweichlich präsente Formen der Reproduktion von Gesellschaft und der Vergesellschaftung der Heranwachsenden unter der gesellschaftlichen Erwartung der Individualisierung; Subjektivierung ist deshalb die erwünschte Form der Anpassung. So paradox wird man argumentieren müssen, wenn man nach Distanzbegriffen sucht und Erziehung nicht über Erziehung erklären will (oder gar als Emanzipation). Diese Strukturen - Erwartungen und Organisationen, Prozessmuster und Normen - haben offenbar eine Logik, die neben wohlerzogenen und weltangepassten Individuen immer auch ihre eigene Alternative produziert. Das sind andere Formen des Aufwachsens, andere Bilder des erzogenen Subjekts, andere Formen der Interaktion, die Risiken eingeschlossen, die offenbar mit solcher Alterität auch parallel gehen, nicht nur die Überwältigung der Adressaten, die wir aktuell als Risiko sehen, sondern auch die politische Funktionalisierung und Instrumentalisierung, die für die Moderne typisch wird.

Diese Gleichzeitigkeit in der Erziehung, d.h. eine immer neu gelingende Normalisierung, die anscheinend zwingend zugleich ihre eigene Alternative erzeugt, ist der nicht allein historiographisch interessante Befund, sondern die erziehungstheoretisch so brisante wie herausfordernde Erfahrung, die man am Syndrom Reformpädagogik machen kann. Meine systematische Hypothese ist, dass wir die Funktionsweise von Erziehung, ihre Eigenlogik und Autonomie, erst richtig erkennen, wenn wir diese historische Tatsache in ihrer besonderen zeitlichen Struktur und als eigene Form untersuchen, im Längsschnitt, komparativ, mit Quellen vor allem jenseits der Slogans und Selbstbeschreibungen, methodisch kontrolliert, nicht nur als Diskursanalyse, sondern praxeologisch, als die historische Konstitution einer gesellschaftlichen Form der selbstreflexiven Organisation sozialer Reproduktion, in der Normalität und ihre Verflüssigung zugleich erzeugt werden, in ganz eigentümlicher sozialer Varianz und mit Konjunkturen, die selbst noch ihre eigenen Frequenzmuster kennen. Versucht man sich an solchen Geschichten, dann tritt die Frage in den Hintergrund, welche praktische, also politisch wie pädagogisch-professionelle oder für andere Adressaten handlungsbedeutsame Wirkung dieses Syndrom ‚Reformpädagogik' hat. Aber natürlich ist die Frage interessant, ja sie gehört zum Untersuchungsthema, wie sich die immer neue Relevanz erklären lässt, die der Idee der Reform im Erziehungskontext zukommt, obwohl ein Befund historiographisch schon jetzt ziemlich stabil ist – dass nämlich Reformen der Erziehung scheitern, jedenfalls gemessen an ihren eigenen Ambitionen. Das kann man nicht nur von Chicago – und bei Dewey – bis Oberhambach – und bei Lietz – sehen, sondern auch in Hamburg, Leipzig oder Neukölln. Der immer neue Sieg der Normalisierung, in freilich veränderten Gestalten, verdient deshalb auch mehr als eine ideologiekritische Form der Beobachtung. Die Historiographie der Reformpädagogik könnte sich hier verdient machen, indem sie den Sinn des Scheiterns, vielleicht sogar seine Notwendigkeit erklären kann. Auch das gelingt nur in distanzierter Beobachtung, nicht in der Verwechslung von Historiographie mit Reformrhetorik und Praxisunterstützung. Aber es könnte sich natürlich lohnen, „Reformpädagogik" in dieser Perspektive historiographisch zu beobachten, als Titel für die Paradoxie der Erziehung und deren Radikalisierung in der Moderne.

Theoretische Konzepte von Reformpädagogik und empirische Studien zu reformpädagogischen Schulkulturen – zwei unterschiedliche Wege der Annäherung

Heiner Ullrich

Über die Reformpädagogik wird aktuell wieder engagiert und kontrovers diskutiert. Der Auslöser der gegenwärtigen Debatte und des neuerlichen Interesses konnte kaum spannungsvoller sein als das dramatische Geschehen an der Odenwaldschule im Sommer des Jahres 2010: Während diese reformpädagogische Internatsschule gerade ihr 100-jähriges Bestehen und die ihr zugeschriebene zeitweilige Rolle als Leuchtturm der Schulreform glanzvoll feiern wollte, verstarb mit Gerold Becker einer ihrer langjährigen Leiter, der kurz zuvor des sexuellen Missbrauchs an zahllosen Schülern seiner Internatsfamilie bezichtigt worden war. Die praktische und theoretische Aufarbeitung dieser und anderer Vorfälle von Machtmissbrauch und sexualisierter Gewalt in den Lehrer-Schüler-Beziehungen in Internatsschulen stand am Beginn einer erneuten Auseinandersetzung mit den Schulen, die sich als „reformpädagogisch" verstehen (vgl. Thole u.a. 2012). Im Anschluss daran hat sich die Aufmerksamkeit der Erziehungswissenschaft dem Phänomen „Reformpädagogik" in ganzer Breite zugewandt (vgl. Fitzner u.a. 2012; Herrmann/Schlüter 2012). Interessanterweise wird auch diese neuerliche Debatte über die Reformpädagogik weitgehend wieder von den theoretischen Konzepten bestimmt, die auch schon in früheren Kontroversen maßgebend waren. Und auch diesmal ist für den Disput kennzeichnend, dass dabei nicht klar genug zwischen der Reformpädagogik als historisch vergangener Gestalt und den reformpädagogischen Initiativen der Gegenwart unterschieden wird, über deren Profile und Leistungen inzwischen auch empirische Befunde vorliegen. Im Folgenden werden die Grundlinien der theoretischen Diskussion über die Reformpädagogik noch einmal rekonstruiert sowie einige empirisch fundierte Überlegungen über Formen und Funktionen heutiger reformpädagogischer Schulen entworfen, die zu weiteren Überlegungen Anlass geben sollen.

1 Die sog. „Reformpädagogik" – eine geschichtliche Fiktion mit dunklen Seiten

Wiederum ist es Jürgen Oelkers, der im Zusammenhang mit der öffentlichen Verurteilung der vor drei Jahrzehnten geschehenen ungeheuerlichen Missbrauchsvorfälle am reformpädagogischen Landerziehungsheim Odenwaldschule in seinen Vorträgen und seiner Studie über „Eros und Herrschaft“ (2011) den kritischen Diskurs eröffnet, in dem er „die dunklen Seiten der Reformpädagogik“ ins Rampenlicht der Fachwelt rückt. Oelkers weist im Rückgriff auf mittlerweile in Vergessenheit geratene schulgeschichtliche Studien eindrücklich nach, dass Eros und Herrschaft nicht nur in der Odenwaldschule, sondern auch in anderen reformpädagogischen Internatsschulen eine Atmosphäre generiert haben, die sexuellen Missbrauch eher begünstigt als verhindert hat. Für Oelkers sind die von ihm detailliert dargelegten sexuellen Übergriffe und diktatorischen Überwachungs- und Strafpraktiken in den frühen Landerziehungsheimen vor 1933 nicht nur einzelne Exzesse innerhalb des Internatslebens gewesen; sie stellen für ihn vielmehr systematische Grundzüge reformpädagogischer (Privat-)Schulen dar. Ausgehend von der gewagten These, dass die Landerziehungsheime in Deutschland den repräsentativen Kern der historischen Reformpädagogik gebildet hätten, kommt er zu dem vernichtenden Fazit: „Das wahre Gesicht der ursprünglichen Reformpädagogik ist gekennzeichnet von getarnten sexuellen Übergriffen, der Demütigung zahlreicher Schüler, von Führerkult und Intrigen. Die politischen Optionen waren völkisch, chauvinistisch und oft begleitet von rassistischen und antisemitischen Tendenzen“ (Oelkers 2011, Umschlagtext). Für diese generalisierende Einschätzung gibt es in der bisherigen erziehungshistorischen Forschung nur wenig Evidenz. Oelkers kann sie auch nur dadurch ein Stück weit plausibel machen, dass er von der ganzen Breite der Schulinitiativen in der Weimarer Republik absieht, die sich damals sowohl als staatliche wie auch als private Reformschulen etablierten.

Jürgen Oelkers hatte sich schon vor mehr als zwei Jahrzehnten mit seinen „dogmengeschichtlichen“ Arbeiten kein geringeres Ziel gesetzt, als die Reformpädagogische Bewegung als eine geschichtliche Fiktion der geisteswissenschaftlichen Pädagogen zu dekonstruieren (vgl. insbes. Oelkers 1989). Seine Argumentation lässt sich vereinfacht auf drei Hauptthesen zurückführen: erstens die theoretische Trivialität und Inhomogenität der Reformpädagogik, zweitens ihre mangelnde praktische Originalität und drittens ihr relatives Scheitern im gesellschaftlichen und politischen Zusammenhang. Was die Geschichtsschreibung gemeinhin „Reformpädagogik“ nennt, ist keine neue Epoche oder soziale Bewegung mit einer originären und originellen Theorie und Praxis der Erziehung, sondern lediglich die Fortsetzung des Projekts der neuzeitlichen Pädagogik „mit den Theoriemitteln der Nachaufklärung“- insbesondere der Mythisierung des Kindes und der Gemeinschaft. Auch die reformpädagogische Schulkritik und ihre pädagogischen Praxisformen sind nicht grundlegend neu, sondern schließen an die Prinzipien der klassischen Pädagogik und an die Diskussionsthemen der Schulpädagogik des 19.Jahrhunderts an. Nachdem Oelkers der Reformpädagogik sowohl die theoretische als auch die praktische Originalität abgesprochen und die Reformpädagogen gegen ihr Selbstverständnis ganz in das Umfeld der schulpädagogischen Diskussion des 19. Jahrhunderts „zurückgestuft" hat, behauptet er auch noch die Erfolglosigkeit ihrer Reformanstrengungen im gesellschaftlichen und politischen Leben. Was sich als „Neue Ära" und als „Neue Erziehung" verstand, hat er zum déjà vu, zum bloß Altbekannten entwertet; aus dem behaupteten Bruch der Reformpädagogen mit der alten Erziehung ist pure Kontinuität geworden. „‚Neu', so gesehen, ist an der Reformpädagogik zu Beginn des 20.Jahrhunderts fast nichts" (Oelkers 1994, S.577) - allenfalls die Rhetorik ihrer Wortführer. Doch bei diesem eindeutigen negativen Fazit bleibt Oelkers nicht stehen. Mit seiner angestammten Vorliebe für Paradoxien, die seine Position so schwer greifbar und angreifbar macht, attestiert er der Reformpädagogik, die er mit seinen drei Hauptthesen als historische Fiktion entlarvt hat, sogleich wieder eine „paradoxe Originalität", die durch das neue Bild vom „Genius des Kindes" und dem pädagogischen Primat der Gemeinschaft bis zum Bruch mit der pädagogischen Theorietradition führt. Originalität zeige sich auch in den alternativen pädagogischen Praxen der jugendbewegten lebensreformerischen „Aussteiger" an den Rändern der Gesellschaft. Für Oelkers liegt in diesen „postmodernen" Formen der Erziehung die größte Sprengkraft der Reformpädagogik, die er ja zuvor als geschichtliche Fiktion entlarvt hatte (!).

2 *Die Reformpädagogik als unentbehrliche Quelle erziehungspraktischer Innovationen*

Gegen Oelkers' zuweilen polemisch wirkende doppelte Blickverengung auf die dunklen Seiten der reformpädagogischen Schulpraxis einerseits und auf die vermeintliche Trivialität und Erfolglosigkeit der historischen Reformpädagogik überhaupt hat Theodor Schulze noch einmal die historisch entgrenzende Sicht auf die Reformpädagogik als vielgestaltige pädagogische Praxis entfaltet, von der bis heute unentbehrliche Innovationsimpulse für die Schulentwicklung ausgehen (Schulze 2011). Für ihn ist die historische Reformpädagogik eine „kollektive Bewegung", die sich primär auf die Praxis richtet, zumeist auf die Veränderung oder Neugründung von Schulen. Mit ihren Innovationen, bei denen übrigens die Idee des pädagogischen Eros keine bedeutende Rolle gespielt hat, reagieren die Reformpädagogen auf Schwierigkeiten und Mängel von Unterricht und Erziehung in den staatlichen Schulen: „Isolierung, Wirklichkeitsferne, Abstraktion und einseitige Betonung der kognitiven Dimension des Lernens erweisen sich als Probleme. Formalisierung, Regulierung, Uniformierung und Zensierung stoßen bei den Lernenden auf Widerstände. Die Formen des schulischen Lehrens und Lernens werden als reformbedürftig erfahren" (ebd., S. 766f.). Die historische Reformpädagogik hat in Deutschland vor und nach der NS-Diktatur das Gesicht der Schulen verändert, von der Gestaltung der Schulräume bis zur Koedukation. „So eindeutig und klar die Basis der ‚Reformpädagogik' ist, so verschwommen und schwach erscheint ihr Überbau" (ebd., S. 768f.). Damit meint Schulze die Diffusität der Leitbegriffe „kindgemäß", „natürlich", „ganzheitlich" und „organisch" und die explizite Orientierung der meisten Reformpädagogen an weltanschaulichen Richtungen und politischen Ideologien. Die Reformpädagogik besteht für Schulze heute in veränderten Formen und Kontexten weiter in den Landerziehungsheimen, den Jenaplan-, Montessori- und Waldorfschulen, in den Reformgesamtschulen, in den Freien Alternativschulen und in vielen anderen schulpädagogischen „bottom up"-Initiativen. Anders als für Jürgen Oelkers ist die Reformpädagogik für Schulze weder eine historiographische Fiktion noch ein längst gescheitertes Projekt; es bedarf vielmehr ihrer Anstöße zu einer Schulreform „von unten" heute mehr denn je.

Theodor Schulzes Konzeption der Reformpädagogik steht in der langen Tradition der geisteswissenschaftlich orientierten, an den Kanon Herman Nohls aus den 1930er Jahren sich anschließenden monumentalen Historiographie der Reformpädagogik. Allerdings hatte schon Hermann Röhrs die Reformpädagogische Bewegung zu einer weltweiten „permanenten Bewegung" entgrenzt, die – angesichts der Paradoxien institutionalisierter Erziehung – weiterhin auf die praktische Einlösung des Anspruchs auf umfassende Entfaltung der Individualität gerichtet ist. Nach den Phasen der Einzelreformen (ab 1890), der Herausbildung des Gemeinsamen (ab 1914), der Klärung des Grundsätzlichen (ab 1924), der Umgestaltung unter veränderten Voraussetzungen (ab 1934), der Reaktivierung und Renaissance (seit den 60er Jahren) befinden wir uns heute mit der Gründung Freier Alternativschulen in der sechsten Phase der Reformpädagogik (vgl. Röhrs 1986, S.18). Die Reformpädagogik war nicht nur in den zwanziger und dreißiger Jahren international erfolgreich; ihre Wirksamkeit bekundet sich für Röhrs bis heute auch noch im Weltbund der „New Education Fellowship", der im Laufe eines ganzen Jahrhunderts auf der internationalen Ebene Tausende von Menschen ebenso zusammengeführt hat wie die weltumspannenden Montessori- und Dalton-Vereinigungen und der Bund der Freien Waldorfschulen.

In diese von Tendenzen der Monumentalisierung und geschichtlichen Entgrenzung bestimmte Traditionslinie gehört auch Andreas Flitners Schrift „Reform der Erziehung. Impulse des 20. Jahrhunderts" (1992). Für ihn greifen alle diejenigen Darstellungen der Reformpädagogik zu kurz, die sie als kulturkritische Entmodernisierungsbewegung sehen, als Gegentendenz zu den Lebensformen in einer urban-industriellen, demokratischen Leistungsgesellschaft. Sie ist – wie etwa auch die Psychoanalyse, das ökologische Denken und die basisdemokratischen sozialen Bewegungen der Gegenwart – eine zukunftsfähige Antwort auf die Herausforderungen des heutigen öffentlichen und privaten Lebens. Mit seinem Leitbegriff „Reform der Erziehung" bezeichnet Flitner einerseits die vielfältigen reformpädagogischen Antworten auf die Modernisierungsprozesse der Gesellschaft, die zu tatsächlichen Veränderungen der gesellschaftlichen Praxis von Erziehung und Bildung im 20. Jahrhundert geführt haben. Andererseits meint er mit „Reform der Erziehung" eine Art pädagogisches Apriori, eine Idee, deren Impulse nie an ihr Ziel kommen, sondern „in immer wieder neuen Verhältnissen ihre kritische Botschaft anders ausrichten und ihre praktischen Möglichkeiten neu finden (müssen)" (ebd., S. 210). So wird am Ende aus der Historiografie der vergangenen Reformpädagogik ein zukunftsoffenes Programm permanenter erziehungspraktischer Reformen.

3 *Die theoretische Rückständigkeit der reformpädagogischen Denkform*

Nicht die Evokation der perennierenden Reformpraxis, sondern die historisch-systematische Rekonstruktion des reformpädagogischen „Geistes" bzw. der „reformpädagogische Denkform" über den Menschen, über das Ziel der Erziehung und über die Methoden des Lernens sowie die Bestimmung des bildungsphilosophischen Gehalts der „durchtragenden Ideen und Entwürfe" der historischen Akteure ist das Ziel der international ausgerichteten Überblicksdarstellung von Winfried Böhm (2012). An einer zentralen Stelle seiner Argumentation zieht Böhm die für seine ideengeschichtliche Analyse der Reformpädagogik kennzeichnende Bilanz: „Wenn man einen gemeinsamen Nenner zu bestimmen hätte, könnte dieser in der Spannung zwischen Aufklärung und Romantik gesehen werden. Alle Optionen, die der Reformpädagogik offenstanden, lassen sich in diesem Spannungsverhältnis verorten. Es sind vor allem die Probleme von urwüchsiger *Gemeinschaft* gegen vertragliche *Gesellschaft*; die Etablierung des *Lebens* als eines neuen philosophischen Grundbegriffs; der Mythos des *göttlichen Kindes*; schließlich das Ausgreifen nach metaphysischen *kosmischen Zusammenhängen*, wofür Petersens ‚Erziehungsmetaphysik', das ‚Karma' in Steiners Anthroposophie und der evolutionstheologische Kosmos-Begriff bei Montessori geradezu exemplarisch sind" (ebd., S. 75). Böhm interessiert sich mithin nicht für die Erfolgsgeschichten der reformpädagogischen Praxismodelle, z.B. der Landerziehungsheime, der Jenaplan-, Waldorf- und Montessori-Schulen, sondern für die Ideenwelten ihrer „Pioniere": Lietz, Petersen, Steiner und Montessori. Von seiner eigenen Position aus, die sich einem philosophischen Personalismus verpflichtet weiß, bestimmt er größtenteils kritisch deren pädagogisch-systematischen Gehalt. Böhms Analyse gelingt es insbesondere, die anthroposophisch-mythologisierende Ideenwelt der Waldorfpädagogik und die kosmisch-organische Entwicklungspädagogik Montessoris in ihren historischen Kontexten als spirituelle Varianten einer „reformpädagogischen Denkform" zu rekonstruieren, die sich vor dem Horizont gegenwärtiger erziehungsphilosophischer Diskurse als überaltert – bildlich gesprochen als „Schnee vom vergangenen Jahrhundert" erweist. Unter diesem Titel hat Winfried Böhm zusammen mit anderen Kolleginnen und Kollegen bereits 1994 einen Sammelband herausgegeben, der sich mit den theoretischen Regressionen und den praktischen Erfolgen der Reformpädagogen beschäftigt (vgl. Böhm u.a. 1994).

Auf die regressiv-weltanschaulichen Tendenzen im Denken der Reformpädagogen und auf ihre modernitätsflüchtigen Motive haben auch Erziehungswissenschaftler hingewiesen, die dem Kontext einer gesellschafts-kritischen Bildungstheorie zugehören. Eine erste gedankliche Regression sehen sie in einem „edukativen Fundamentalismus", d.h. der hybriden Selbstüberschätzung der Pädagogik als Medium der gesellschaftlichen Veränderung (vgl. Bernhard 1993). Eine zweite liegt in ihrem pädagogischen Naturalismus, der Verabsolutierung der spontanen Kräfte des Kindes zur Maßgabe der Erziehung; darin erfolgt implizit auch ein regressiver Angriff auf die materiale und reflexive Seite der Bildung. Die Verklärung der kindlichen Phantasiekräfte und die Kritik des enzyklopädischen, „verkopften" Schulwissens ist bei führenden Reformpädagogen drittens mit einem ausgeprägten Anti-Intellektualismus verbunden, der modernitätskritischen Aspirationen nach Wiederbeheimatung freien Lauf lässt (vgl. zur Religiosität und zu den spirituellen Orientierungen von führenden Reformpädagogen auch Ullrich 2013b). Und eine vierte Regressionstendenz sehen die Kritiker des reformpädagogischen Denkens in der schultheoretisch naiven Refamilialisierung von Erziehung und Unterricht. Der Versuch, die Organisation Schule von Grund auf pädagogisch als freie, gemeinschaftliche und sich zur Lebenswelt der Kinder öffnende Stätte des natürlichen Unterrichts, der gemeinschaftlichen praktischen Arbeit und des freien Gestaltens umzubauen, führt zu einer Personalisierung der Erziehungsaufgabe, die Gefahr läuft, die weltanschaulich geprägte Erziehungsauffassung der Lehrperson an die Stelle der öffentlichen Aufgaben der Schule zu setzen. Ein angemessener Begriff von den Funktionen, Möglichkeiten und Grenzen der Schule als gesellschaftlicher Institution gerät dabei aus dem Blick (vgl. Benner/Kemper 2007, S. 17).

Nahezu ausschließlich auf die ideengeschichtliche Interpretation und philosophisch-systematische Kritik der historischen Reformpädagogik gerichtet kann Böhm heute ebenso wenig wie vordem die ideologiekritischen Bildungstheoretiker plausibel begründen, warum reformpädagogisch geprägte Einrichtungen sich etwa einhundert Jahre nach ihrer Gründung in Deutschland unter Eltern und Lehrpersonen immer noch wachsender Beliebtheit erfreuen, allen voran die Waldorf-, Montessori- und Jenaplan-Schulen.

4 Die dreifache Existenzform von Reformpädagogik als vergangene Geschichte, aktuelle Innovation und professionsethische Orientierung

Die Reformpädagogik gibt es also nicht nur als pädagogisches Programm mit grundlegenden Ideen – hierauf bezieht sich Böhm – und als die historische Realität der „Neuen Erziehung" – deren dunkle Seiten dokumentiert Oelkers.

Die Reformpädagogik hat sich inzwischen von ihren historischen Normen und Formen abgelöst und – wie bei Schulze – in eine Reform-Semantik und ein Reservoir pädagogischer Praktiken transformiert, welche für die Begründung einer kind-zentrierten pädagogischen Ethik und für die Inszenierung alternativer Formen von Schule und Unterricht bereit stehen. Mit Heinz-Elmar Tenorth (2011) sollte man deshalb von einer dreifachen „Existenzform von Reformpädagogik" sprechen: der Reformpädagogik in ihren *historischen* Ideen und pädagogischen Gestalten, der Reformpädagogik in ihren *aktuellen* Programmen und Praxen innovativer Erziehung und der Reformpädagogik als bis heute „inspirierendem Reservoir der *grundlegenden pädagogisch-professionellen Erfindungen* der Moderne".

Mit ihrem Kerngedanken von der Autonomie bzw. Eigenlogik der Erziehung ist für Tenorth die Reformpädagogik in der Wirklichkeit der modernen Gesellschaft hochgradig funktional. Diese Funktionalität erweist sich darin, dass sie die Erwartung erzeugt, dass die Erziehungsprozesse vom Subjekt aus zu organisieren sind und das intergenerationelle pädagogische Verhältnis tendenziell als eine symmetrische, partnerschaftliche Beziehung gestaltet werden soll. Sie setzt entsprechend auf Methoden, die die Selbsttätigkeit des Edukanden befördern und die spontane, intensive Begegnung mit Personen und Sachen ermöglichen können. Für die Reformpädagogen zählt mehr das Hier und Jetzt der Gegenwart und die Offenheit der Zukunft als die Orientierung an einer verbindlichen Vergangenheit. „Autonomie gewinnen, das ist, letztlich, die leitende Formel. Selbständigkeit in der Abhängigkeit, Eigenzeit gegenüber der gesellschaftlichen Zeit, eigene Form gegenüber den Strukturen der Sozialisation, ein eigenes Handlungsmuster gegenüber Religion und Politik" (Tenorth 1994, S. 600).

Ohne konzeptionelle Anlehnung an die Systemtheorie habe ich die Gestalt des reformpädagogischen Codes und seine Genese ideengeschichtlich zu rekonstruieren versucht (vgl. Ullrich 2013a). Er lässt sich als ein mehrschichtiges Gefüge begreifen: Sein Fundament bzw. seinen Kern bildet die romantische Auffassung des Kindes, in der dieses als noch nicht entfremdeter, kreativer, eine vollkommenere Zukunft in sich tragender Mensch vorgestellt wird. Dieser Kern des reformpädagogischen Codes ist viel älter als die historische Reformpädagogik; seine Anthropologie des Kindes geht auf die Mythen vom göttlichen Kind und vom goldenen Zeitalter zurück, die auf dem Weg über die Poesie und Philosophie in die Pädagogik eingewandert sind.

Als zweites Element kommt dazu eine Auffassung vom pädagogischen Verhältnis, welches der Erziehende, um das Kind zu verstehen und anzuerkennen, symmetrisch als Dialog, als Begegnung, als Begleitung zu einer erfüllten Gegenwart gestalten soll. Das dritte Element betrifft die Gestaltung der Schule als Lebensraum: Um die Schule als Raum für eine Neue Erziehung umzubauen, wird sie neu gegründet als familienähnliche Lebensform, als Gemeinschaft, als insulare pädagogische Provinz; der Unterricht wird hierin geprägt oder ergänzt durch ein reichhaltiges Schulleben, etwa durch Arbeit, Spiel, Gespräch und Feier. Für den Bereich des organisierten Unterrichtens resultiert daraus als viertes Element eine Methode des Lehrens, die auf Selbsttätigkeit und auf Freigabe vielfältigen kreativen Ausdrucks zielt. Die Methode verfährt nicht *logisch* nach der Struktur des fertigen Wissens, sondern *genetisch* von den Ursprüngen des kindlichen Verstehens und des fachlichen Wissens her. Die Lerninhalte als fünftes Element werden ebenfalls neu strukturiert: Um subjektrelevante, unmittelbare Erfahrungen zu ermöglichen, werden sie oft mit den Schülern zusammen festgelegt; und sie werden in offenen, überfachlichen Zusammenhängen bzw. projektorientierten Formen erarbeitet.

Die im Anschluss an Tenorth vorgenommene Differenzierung von drei Diskursebenen über, erstens, die historische Reformpädagogik, zweitens, die aktuellen reformpädagogischen Praxen und drittens, den reformpädagogischen Code verhindert eine pauschale Beurteilung bzw. Verurteilung „der" Reformpädagogik und generiert auch ein Interesse sowohl an den „Klassikern" der historischen Reformpädagogik als auch an den reformpädagogischen Konzepten der Gegenwart und ihrer Realisierung in spezifischen Schulkulturen und sozialen Milieus.

5 Reformpädagogische Schulkulturen heute – ein empirischer Zugang

Obwohl akademische Kritiker wie Jürgen Oelkers der historischen Reformpädagogik durchweg Erfolglosigkeit attestieren und Winfried Böhm die reformpädagogische Denkform als „Schnee vom vergangenen Jahrhundert" verabschiedet hat, erfreuen sich die klassischen und die neuen reformpädagogischen Schulmodelle zu Beginn des neuen Jahrtausends einer weltweiten Wertschätzung und Verbreitung, von welcher ihre Gründer zeitlebens nur träumen konnten. Es sei an dieser Stelle nur beiläufig darauf hingewiesen, dass es in Deutschland aktuell mehr als 400 Montessori-Schulen, ca. 230 Freie Waldorfschulen, ca. 50 Jena-Plan-Schulen sowie mehr als 20 Freinet-Schulen gibt. Und die Zahl der erst in den beiden letzten Jahrzehnten entstandenen Freien Alternativschulen ist bis heute auf ca. 80 angewachsen (vgl. zur Expansion der Privaten Schulen in Deutschland auch Ullrich/Strunck 2012).

Diese – größtenteils nichtstaatlichen – Schulen verbindet *programmatisch* über weite Strecken der oben dargestellte reformpädagogische Code. Im expliziten Kontrast zu den regulären öffentlichen Schulen verstehen sie sich übereinstimmend als Schulkulturen, in welchen den Lehrern, Eltern und auch die Schülern ein höherer Grad an Partizipation und Vergemeinschaftung ermöglicht wird, die pädagogischen Beziehungen zwischen den Lehrpersonen und den Schülern stärker von Konstanz und personaler Nähe bestimmt sind, die Inhalte des Unterrichts den Rahmen der einzelnen Schulfächer transzendieren, die Methoden des Lernens eine größere Vielfalt aufweisen und bei den

Schülerleistungen bewusst eine größere Heterogenität akzeptiert wird, welche über einen möglichst langen Zeitraum in verbalen Lernberichten an Stelle von Zensurzeugnissen dokumentiert wird. Die Aufgaben der Schule erschöpfen sich nicht in den gesellschaftlichen Funktionen der Qualifikation und Selektion – im Kern geht es vielmehr um die Prozesse der personalen Entfaltung und der Gestaltung des Sozialen. Diese durchgängige Tendenz einer pädagogischen Grenzverschiebung bzw. Entgrenzung betrifft nicht nur die Schulkultur, sondern auch die Ausformung der pädagogischen Professionalität an diesen Reformschulen. Denn programmatisch sollen hier Lehrerinnen und Lehrer „mit Biographie" arbeiten, die als Bezugspersonen der Schüler ihr pädagogisches Handeln mit einem höheren Grad an affektivem Engagement verbinden und als Klassenlehrer oder Bezugspersonen ihre Berufsrolle nicht primär fachlich und partikular verstehen, sondern eher personenbezogen und „ganzheitlich".

Inwieweit gelingt es den reformpädagogischen Schulen, diese alternative „grammar of schooling" *tatsächlich* zu verwirklichen? Und mit welchen Akteuren, in welchen Formen, Beziehungen, Kontexten und mit welchen Ergebnissen und Wirkungen geschieht dies? Es hat sich gezeigt, „dass noch jede pädagogische Bewegung in den zurückliegenden zweieinhalb Jahrhunderten zu anderen als den zunächst von ihr intendierten Resultaten geführt hat" (Benner/Kemper 2007, S. 10). Über die Differenzen zwischen Reformintentionen und -wirkungen können die Befunde der empirischen Forschung über die Schulen der klassischen Reformpädagogik erste Aufschlüsse geben. Die bisher vorliegenden quantitativen Befragungen über die Einstellungen zur Lernkultur dieser Schulen und über den Bildungserfolg ihrer Schüler liefern zunächst einmal durchweg positive Befunde. Sie weisen aber auch auf besonders enge habituelle Passungsverhältnisse zwischen den Reformschulen und ihrem sozialem Milieu hin (vgl. Bräu/Ullrich 2016), so dass damit auch die Frage nach der Position dieser Schulen im sozialen Raum und nach ihren Funktionen im Bildungswesen gestellt ist.

Die im Folgenden exemplarisch vorgestellten eigenen qualitativen Studien zu den Lehrer-Schüler-Beziehungen und zur Partizipation von Eltern an reformpädagogischen Einrichtungen orientieren sich theoretisch am Konzept der Schulkultur (vgl. Helsper 2008). Eine *Schulkultur* ist die symbolische, sinnstrukturierte Ordnung einer einzelnen Schule, welche von den schulischen Akteuren in der Auseinandersetzung mit den konkreten Systemvorgaben und soziokulturellen Rahmenbedingungen ausgestaltet wird. Danach besitzt jede einzelne Schule ihre besondere Schulkultur, welche auf der Folie ihrer spezifischen Geschichte und ihrer sozialräumlichen Bedingungen sowie unter den jeweiligen Vorgaben der Lehrerschaft von allen an der Schule agierenden Personengruppen hervorgebracht wird. Dieser soziale Prozess ist bestimmt von spannungsvollen Auseinandersetzungen und vom Ringen um Dominanz zwischen den sozialen Gruppierungen in der Lehrer-, Eltern- und Schülerschaft, welche unterschiedliche Bildungsmilieus repräsentieren und jeweils spezifische Wertorientierungen und Lebensstile durchzusetzen bestrebt sind. Jede Einzelschule erzeugt somit „ein Feld von exzellenten, legitimen, tolerablen, marginalisierten und tabuisierten kulturellen Ausdrucksgestalten, Praktiken und habituellen Haltungen, das zwar keine einfache Fortsetzung milieuspezifischer Habitusformationen darstellt, aber zu diversen milieuspezifischen, ethnischen, geschlechtsspezifischen etc. habituellen Sinnstrukturen in einem Passungs- oder Abstoßungsverhältnis steht" (ebd. S. 67). Der Schulkultur-Ansatz hat durch seine fundamentale Ausrichtung auf die spezifische Sinnordnung der Einzelschule seine Produktivität gerade auch in der empirisch-qualitativen Erforschung von Schulen mit besonderen reformpädagogischen Prägungen unter Beweis gestellt (vgl. insbesondere die Studien von Hummrich/Helsper 2004; Idel 2007, Graßhoff 2008, Kunze 2011).

6 *Lehrer-Schüler-Beziehungen in reformpädagogischen Schulen – Chancen und Risiken gewollter Nähe*

In einer umfangreichen qualitativen Studie haben Werner Helsper, Heiner Ullrich u. a (2007) die besondere Qualität der pädagogischen Beziehungen zwischen frühadoleszenten Waldorfschülern und ihren langjährigen Klassenlehrern untersucht, von welchen sie bereits mehr als sieben Jahre lang ununterbrochen im Hauptunterricht unterrichtet worden sind. Bekanntlich soll an Waldorfschulen der alltägliche doppelstündige Hauptunterricht in ca. acht Fächern acht Jahre lang von ein und derselben Lehrperson erteilt werden. Die Ausgestaltung der Klassenlehrer-Schüler-Beziehungen wird dabei auf drei Ebenen empirisch-rekonstruktiv erschlossen: erstens auf der Ebene der tatsächlichen Interaktionsprozesse und Handlungsstrukturen im Unterricht, zweitens auf der Ebene der individuellen Sichtweisen ausgewählter Schüler und ihres Klassenlehrers, und drittens auf der schulkulturellen Ebene der kollektiven Deutungsmuster der Lehrerschaft einer bestimmten Waldorfschule. Als ein zentraler Befund der Fallrekonstruktionen lässt sich festhalten, dass Waldorfschulen offensichtlich durch ihre besondere pädagogischer Prägung soziale Räume und Atmosphären bieten, in denen langjährige Lehrer-Schüler-Beziehungen so intensiv ausgestaltet werden können, dass sie die an öffentlichen Schulen gängigen Rollenerwartungen weit transzendieren. Die untersuchten Klassenlehrer agieren nicht nur als Organisationsvertreter oder pädagogische Professionelle, sondern werden auch zu signifikanten Bezugspersonen bei einigen der ihnen anvertrauten Edukanden. Das *pädagogisch und fachlich entgrenzte Selbstverständnis* dieser Lehrpersonen hängt eng mit ihren jeweiligen Professionalisierungspfaden zusammen. Dem jeweiligen berufsbiographischen Selbstentwurf entsprechend, realisiert jede der Lehrpersonen als Klassenlehrer bzw. als Klassenlehrerin gegenüber ihrem Lieblingsschüler eine andere Form der „pädagogischen Liebe" – von der fürsorglichen Mütterlichkeit über einen idealistischen Erweckungswillen bis zum tiefgründigen ästhetischen Wohlgefallen an der Schülerperson.

Auch für die Schülerpersonen lässt sich übrigens als eine Voraussetzung für das harmonische Passungsverhältnis zur Klassenlehrerperson ein besonderer biographischer Zugang zur Waldorfschule als der Schule ihrer – gleichsam nachträglichen – persönlichen Wahl nachweisen. Die enge pädagogische Beziehung zwischen den Waldorfklassenlehrern und ihren „prominenten" Schülern bringt für diese nicht nur Chancen, sondern auch Risiken mit sich. In jedem der harmonischen Passungsverhältnisse eröffnet die Lehrperson für eine ihr habituell affine und biographisch verwandte Schülerperson einen entwicklungsproduktiven Raum der emotionalen, kognitiven und sozialen Anerkennung. Hierin können sowohl durch Halt gebende Unterstützung außerschulische Probleme und familiale Defizite bearbeitet als auch durch besondere künstlerische und intellektuelle Herausforderungen zusätzliche Entwicklungsimpulse ausgelöst werden. Aus den damit in unterschiedlichem Maße einhergehenden Tendenzen der Intimisierung des pädagogischen Verhältnisses und seiner Entgrenzung über den Zeitraum des Unterrichts hinaus erwächst für den Schüler allerdings auch die Gefahr, unbewusst für die Erfüllung der persönlichen Ambitionen und Nähe-Bedürfnisse des Klassenlehrers instrumentalisiert und dadurch in seinen eigenen adoleszenten Ablösungsprozessen behindert zu werden. Wenn dem Schüler also nicht zugleich auch Möglichkeiten zur rollenförmigen Distanzierung zugestanden werden, wird die exklusive Beziehung zum Klassenlehrer mit Verlusten an Autonomie erkauft – ganz zu schweigen von der Stigmatisierung und drohenden Isolation durch die Mitschüler. Die Rückseite der „pädagogischen Liebe" der Klassenlehrerperson, aus welcher sich für einen mit ihr „kongruenten" Schüler ein harmonisches Passungsverhältnis ergeben hat, bilden die spannungsvollen Beziehungen mit solchen Schülerinnen und Schülern, die diesem Lehrerhabitus diametral widersprechen – z.B. durch eine hohe Leistungsmotivation, frühe Autonomiebehauptungen oder starke jugendkulturelle Orientierungen. Ein wichtiger Grund für diese diskrepanten Beziehungsverläufe liegt in der unterschiedlichen Einstellung der Schüler auf die Autoritätskonzepte ihrer Klassenlehrerpersonen. Während ein Schüler z.B. keine Mühe damit hat, sich – durchaus taktierend – der mütterlichen Fürsorge seiner Klassenlehrerin weiterhin anzuvertrauen und in einer pädagogischen Dyade innerhalb der Klasse noch ihr „Kind" zu bleiben, kollidiert ein anderer mit der hartnäckigen Regie seines Klassenlehrers, weil er es selbstbewusst ablehnt, die für ihn vorgesehene Rolle im Ensemble des Klassenkollektivs zu spielen. In allen dargestellten Beziehungen geht es also nicht zuletzt um den Umgang der frühadoleszenten Schüler mit den Machtformationen ihrer Klassenlehrer, welche an Waldorfschulen fachlich und pädagogisch so unbeschränkt bzw. „entgrenzt" erscheinen wie an keiner anderen reformpädagogischen Schulkultur der

Sekundarstufe. Es ist deshalb gut begründet, wenn im Kontext der Waldorfpädagogik immer wieder von einzelnen Schulen Wege der Verkürzung der Klassenlehrerzeit und der früheren Verfachlichung der Mittelstufe beschritten werden. Studien über die Gestaltung der Rolle von Klassenlehrern bzw. Stammgruppenleitern und Bezugspersonen an weniger doktrinär ausgerichteten Reformschulkulturen bleiben ein dringendes Forschungsdesiderat.

7 Eltern in reformpädagogischen Schulen – habituelle Passungsverhältnisse

Die meisten Schulen der Reformpädagogik arbeiten hierzulande als nichtstaatliche Schulen. Sie sind mithin für Eltern Schulen bewusster Wahl und haben ihrerseits das Recht zur Aufnahme oder Ablehnung von Schülern. Im Rahmen einer weiter ausgreifenden qualitativen Studie von Graßhoff und Ullrich u.a. (2013) über die Entwicklungsaufgaben von Eltern im Übergang vom Elementarbereich zur Grundschule interessierte auch die Frage, mit welchen primären, milieuspezifischen Bildungsorientierungen Eltern eine Waldorfschule oder eine Montessori-Schule wählen und inwieweit sie damit an deren schulkulturellen Habitus anschlussfähig sind.[1]

Unter den Eltern, die ihr Kind an den regulären öffentlichen Grundschulen angemeldet hatten, ließen sich drei dominante *Typen der Bildungsorientierung* abstrahieren: Erstens die Sorge ums Mitkommen ihres Kindes, zweitens ein selbstverständliches Mitkommen sowie drittens ein erfolgreicheres Weiterkommen als die schwächeren Kinder. Davon unterschieden sich deutlich die typischen Bildungsorientierungen der befragten Montessori- bzw. Waldorf-Eltern. Diejenige der Montessori-Eltern war durchweg bestimmt vom Interesse an der – viertens – Steigerung des kindlichen Lernerfolgs durch Selbstinstruktion. Die Bildungsorientierungen der Eltern, die ihr Kind an einer Waldorfschule angemeldet hatten, unterscheiden sich noch einmal deutlich von den vier übrigen. Sie sind gekennzeichnet durch die starke Akzentuierung des Zeitlassens, des Wohlbefindens, des Freiraums, der Individualität und der Ästhetik. Wollte man einen gemeinsamen zugrunde liegenden Bildungshabitus bestimmen, so könnte man ihn tentativ als – fünftens – distinktive Besonderung durch Entschleunigung und Entstandardisierung des schulischen Lernens bezeichnen.

1 Das Forschungsprojekt von Graßhoff/Ullrich u.a. wurde von 2010 bis 2012 unter dem Titel „Partizipation von Familien bei verschiedenen Formen des Übergangs vom Elementar- zum Primarbereich und ihre Folgen für die Bildungsorientierung der Eltern“ am Institut für Erziehungswissenschaft der Johannes Gutenberg-Universität durchgeführt und aus Mitteln des Bundesministeriums für Bildung und Forschung (BMBF) gefördert.

Für die Waldorfpädagoginnen – die Erzieherinnen und Lehrerinnen – geht es vor dem Schulanfang zentral um die „lebendige" Diagnose der Schulreife des Kindes und um die Zusammenstellung einer „gesunden" ersten Klasse. Zunächst konstruieren die Akteurinnen eine harte Zäsur zwischen Waldorfkindergarten und Waldorfschule. Die wichtigste Aufgabe der Waldorfpädagogen beim Übergang in die Schule ist die Bestimmung der Schulreife des Kindes und die Sensibilisierung der Eltern für dieses Thema auf Elternabenden und in Einzelgesprächen. Die Eltern können indes an diesem Reifungsprozess des Kindes, der in der waldorfspezifischen Einschulungsuntersuchung noch einmal offiziell untersucht wird, durchaus noch mitarbeiten, insbesondere an den Wochenenden und in den Ferien. Für sie gibt es klare Arbeitsaufgaben für die schulvorbereitende Erziehung ihres Kindes. Aus dem kollektiven Orientierungsrahmen der Waldorfpädagoginnen lässt sich ein professionelles Selbstverständnis extrahieren, das bestimmt ist durch den Monopolanspruch der Entwicklungsdiagnose und der seelischen Fürsorge sowie durch einen kulturkritisch-naturalistischen Gegenentwurf von Kindheit. Mit der Wahl des Waldorfkindergartens und der Anmeldung ihres Kindes an der Waldorfschule überlassen die Eltern also das Definitionsmonopol über den Entwicklungsstand ihres Kindes den Waldorfpädagogen. Damit ihr Kind noch rechtzeitig vor dem Schulreifetest den Interessenkreis eines Waldorfschülers ausbilden kann, müssen sie in der Freizeit der Familie noch bestimmte „Hausaufgaben" erledigen. Dies kann durchaus der Beginn eines „Scholarisierungsprozesses" der Familie sein, durch welchen sich die Eltern zum Wohle ihres Kindes immer mehr an den Habitus der gewählten Schulkultur anpassen. Dementsprechend wird die Schulreife-Untersuchung von einzelnen Eltern als „Aufnahmeprüfung" erlebt, in der es für sie und für ihr Kind einen „gewissen Druck" gibt. Hieraus entsteht durchaus eine Diskrepanz zwischen der elterlichen Bildungsorientierung und dem Schulhabitus der professionellen Akteure, aus der sich im Weiteren ein spannungsreiches Passungsverhältnis zwischen Elternhaus und Waldorfschule entwickeln kann.

Für die Montessori-Erzieherinnen und -Lehrerinnen ist ein völlig anderer Themenkomplex kennzeichnend: der Umgang mit der hohen Anspannung und Unsicherheit einer hoch bildungsorientierten Elternschaft beim Übergang ihrer Kinder in die Montessori-Schule. Die Eltern erscheinen immer noch unsicher, ob ihr Kind ein „Montessori-Kind" ist, das sich in einer Lernkultur ohne Gleichschritt und ohne Noten zurechtfinden wird; nur ein Nebenthema sind die Unsicherheiten der Kinder vor dem Schulanfang. Etwas zugespitzt verstehen sich die professionellen Akteure hier – anders als an der Waldorfschule – nicht als pädagogisch souveräne Führungskräfte der Kinder, sondern eher als Dienstleister für eine bildungsambitionierte Elternschaft im Sinne von Garanten für das Vorankommen und für den erfolgreichen späteren Schulabschluss der Kinder. Anders als in der Waldorfschule liegt der Fokus nicht auf der „ganzheitlichen Entwicklung" des Kindes, sondern auf seinem individuellen Lernfortschritt, der in von einer hoch ausdifferenzierten Praxis der Lernerfolgskontrolle, u.a. durch regelmäßige Lernberichte, Selbstbeurteilungen, Eltern-Lehrergespräche usw. erfasst wird. In dieser, von hochgradig leistungsorientierten Eltern gewählten Montessori-Schule führt der reformpädagogisch begründete Verzicht auf Noten geradezu zu einer Dauerreflexion über Lernkontrolle und Leistungsbeurteilung. Wer diese Schule gewählt hat, damit sein Kind vor allem Freude am Lernen in einer altersgemischten Lerngemeinschaft erfahren soll, gerät schnell ins Abseits. Und so deuten sich bei einzelnen Eltern schon erste Spannungen an zwischen der „ursprünglichen" reformpädagogischen Programmatik und dem faktisch auf Exklusivität und Exzellenz gerichteten Schulhabitus, der an dieser parentokratisch anmutenden Montessori-Schule weniger von den pädagogischen Professionellen als von dem dominierenden Teil der Elternschaft vertreten wird.

Jedenfalls geraten die Eltern mit der Wahl einer jeden der beiden privaten reformpädagogischen Schulen für ihr Kind nolens volens auch in einen Mechanismus der Besonderung bzw. der *Herstellung von Exklusivität.* Er erfolgt über die Phasen der bewussten Schulwahl, die Aufnahme des Kindes durch die Schule, die Distinktion durch die Wahrnehmung und Artikulation von Unterschieden zu den öffentlichen Regelschulen und schließlich durch die Herstellung von Kohärenz in der engeren Vergemeinschaftung mit den übrigen Eltern und in der Identifikation mit der reformpädagogischen Programmatik.

Wir halten fest: Die Bildungsorientierungen der Eltern von Waldorfschülern sind überwiegend von einem zur Regelschule distinktiven Habitus der *Entschleunigung* und Entstandardisierung des schulischen Lernens bestimmt, diejenigen der von uns befragten Montessori-Eltern von einem zur Regelschule distinktiven Habitus der *Beschleunigung* des Lernens und der intensiven Partizipation an der Schule bestimmt. Trotz der bewussten Wahl einer reformpädagogischen Privatschule kommt es schon zu Schulfang bei einzelnen Eltern zu Distanzierungstendenzen, welche sie in ein spannungsvolles Passungsverhältnis zur Schulkultur bringen können. So wird beispielsweise die Durchführung der waldorfeigenen Schulreife-Untersuchung von kritisch-diskursiven Eltern als „intransparente Aufnahmeprüfung" in die Waldorfschule erlebt, bei der sie sich widerspruchslos der Definitionsmacht der Waldorfpädagogen unterwerfen müssen. Und an der Montessori-Schule kritisieren Mütter die dominante Exzellenzorientierung und den elitären Habitus in dieser Schulkultur, welche mit ihrem Verständnis von Montessori-Pädagogik nicht in Einklang zu bringen sind.

8 Fazit

Im Rückblick ist festzuhalten, dass die aktuelle Kontroverse über die „dunklen Seiten" der Reformpädagogik die seit längerem zu konstatierende Anziehungskraft der *reformpädagogischen Schulen* offensichtlich nicht beeinträchtigt. Empirische Studien belegen, dass die weiter ansteigende Zahl der Freien Waldorfschulen und Montessori-Schulen allerdings – anders als von ihren Gründern beabsichtigt (vgl. Ullrich 2008) – vor allem bei den Eltern aus den bildungsorientierten sozialen Leitmilieus auf Interesse stoßen.

Im Lichte des Schulkultur-Ansatzes zeigt sich exemplarisch, dass Waldorfschulen und Montessori-Schulen als Schulen der klassischen Reformpädagogik sich nicht nur programmatisch voneinander unterscheiden, sondern als Institution-Milieu-Komplexe auch soziokulturell die Bildungsorientierungen unterschiedlicher Elternmilieus „bedienen". So werden trotz der gemeinsam deklarierten Kind-Zentriertheit nicht nur tiefreichende Wert-Differenzen zwischen reformpädagogischen Schulkulturen deutlich, sondern auch unterschiedliche Formen der Ausgestaltung der Beziehungen zwischen Lehrpersonen, Schülern und Eltern an einer Schule. Mit den im Unterschied zu den Regelschulen auf langjährige Kontinuität und personale Nähe gerichteten Lehrer-Schüler-Beziehungen erfolgt vor allem in Waldorfschulen eine *Entgrenzung pädagogischer Professionalität* und fachlicher Kompetenz. Eltern können in ein spannungsvolles Passungsverhältnis zur Schulkultur gelangen, wenn ihr familialer Bildungshabitus und ihre reformpädagogische Aspiration nicht mit den kollektiven Orientierungen der dominanten Akteure und dem schulkulturellen Habitus der gewählten Schule übereinstimmen.

Die hier exemplarisch dargelegten Befunde der empirischen Schulkulturforschung sollten insgesamt auch zu einer weiteren Differenzierung im theoretischen Diskurs über die Reformpädagogik veranlassen, der diese nicht nur in ihrer geschichtlichen Gestalt, in ihren aktuellen Ausformungen und in ihrem professionellen Code thematisiert, sondern auch als einen *Motor kultureller Pluralisierung* und sozialer Differenzierung im Bildungswesen begreift.

Literatur

Benner, Dietrich; Kemper, Herwart 2007: Theorie und Geschichte der Reformpädagogik. Teil 3.2: Staatliche Schulreform und reformpädagogische Schulversuche in den westlichen Besatzungszonen und in der BRD, Weinheim und Basel

Bernhard, Armin 1993: Erziehungsreform zwischen Opposition und Innovation. In: Neue Sammlung 33, H. 4, S. 557-574.

Böhm, Winfried 2012: Die Reformpädagogik. Montessori, Waldorf und andere Lehren, München

Böhm, Winfried; Harth-Peter, Waltraud (Hg.) 1994: Schnee vom vergangenen Jahrhundert. Neue Aspekte der Reformpädagogik, Würzburg

Bräu, Karin; Ullrich, Heiner 2016: Reformschulen. In: Gläser, Zikuda, Michaela; Harring, Marius; Rohlfs, Carsten (Hg.): Handbuch Schulpädagogik, Münster (i. E.)

Fitzner, Thilo; Kalb, Peter E.; Risse, E. (Hg.) 2012: Reformpädagogik in der Schulpraxis, Bad Heilbrunn

Flitner, Andreas 1992: Reform der Erziehung. Impulse des 20. Jahrhunderts, München und Zürich

Graßhoff, Gunther 2008: Zwischen Familie und Klassenlehrer. Pädagogische Generationsbeziehungen jugendlicher Waldorfschüler, Wiesbaden

Graßhoff, Gunther; Ullrich, Heiner; Binz, Christine; Pfaff, Annika; Schmenger, Sarah 2013: Eltern als Akteure im Prozess des Übergangs vom Kindergarten in die Grundschule, Wiesbaden

Helsper, Werner 2008: Schulkulturen – die Schule als symbolische Sinnordnung. In: Zeitschrift für Pädagogik 54, H. 1, S. 63-80

Helsper, Werner; Ullrich, Heiner; Stelmaszyk, Bernhard; Höblich, Davina; Graßhoff, Gunther; Jung, Dana 2007: Autorität und Schule. Die empirische Rekonstruktion der Klassenlehrer-Schüler-Beziehung an Waldorfschulen, Wiesbaden

Herrmann, Ulrich; Schlüter, Steffen (Hg.) 2012: Reformpädagogik – eine kritisch-konstruktive Vergegenwärtigung, Bad Heilbrunn

Hummrich, Merle; Helsper, Werner 2004: „Familie geht zur Schule“: Schule als Familienerzieher und die Einschließung der familiären Generationsbeziehungen in eine schulische Generationenordnung. In: Ullrich, Heiner; Idel, Till-Sebastian; Kunze, Katharina (Hg.): Das Andere Erforschen. Empirische Impulse aus Reform- und Alternativschulen, Wiesbaden, S. 235-247

Idel, Till-Sebastian 2007: Waldorfschule und Schülerbiographie. Fallrekonstruktionen zur lebensgeschichtlichen Relevanz anthroposophischer Schulkultur, Wiesbaden

Kunze, Katharina 2011: Professionalisierung als biographisches Projekt: professionelle Deutungsmuster und biographische Ressourcen von Waldorflehrerinnen und Waldorflehrern, Wiesbaden

Oelkers, Jürgen 1989: Reformpädagogik. Eine kritische Dogmengeschichte, Weinheim und München

Oelkers, Jürgen 1994: Bruch oder Kontinuität? Zum Modernisierungseffekt der Reformpädagogik. In: Zeitschrift für Pädagogik 40, H. 4, S. 565-583

Oelkers, Jürgen 2011: Eros und Herrschaft. Die dunklen Seiten der Reformpädagogik, Weinheim und Basel

Röhrs, Hermann (Hg.) 1986: Die Schulen der Reformpädagogik heute. Schulideen und Schulwirklichkeit, Düsseldorf

Schulze, Theodor 2011: Thesen zur deutschen Reformpädagogik. In: Zeitschrift für Pädagogik 57, H. 5, S. 760-779

Tenorth, Heinz-Elmar 1994: „Reformpädagogik". Erneuter Versuch, ein erstaunliches Phänomen zu verstehen In: Zeitschrift für Pädagogik 40, H. 4, S. 585-604

Tenorth, Heinz-Elmar 2011: Reformpädagogik in der Diskussion. In: Sozialwissenschaftliche Literatur Rundschau 34, H. 63, S. 18-25

Thole, Werner; Baader, Meike; Helsper, Werner; Kappeler, Manfred (Hg.) 2012: Sexualisierte Gewalt, Macht und Pädagogik, Opladen

Ullrich, Heiner 2008: Ursprünglich für die Schwachen. Die Schulen der klassischen Reformpädagogik – was sie waren und was aus ihnen geworden ist. In: Lohfeld Wiebke (Hg.): Gute Schulen in schlechter Gesellschaft, Wiesbaden, S. 79-107

Ullrich, Heiner 2013a: Kindorientierung. In: Keim, Wolfgang; Schwerdt, Ulrich (Hg.): Handbuch der deutschen Reformpädagogik. Bd. 1, Frankfurt a. M. [u.a.], S. 378-405

Ullrich, Heiner 2013b: Religiosität/Spiritualität. Ebd. S. 499-532

Ullrich, Heiner; Strunck, Susanne (Hg.) 2012: Private Schulen in Deutschland. Entwicklungen – Profile – Kontroversen, Wiesbaden

Direkte Leistungsvorlage (Portfolio-System) statt Ziffernnoten

Rupert Vierlinger

Vorbemerkung

Wer an Schule denkt, denkt automatisch auch an Noten, denn nur ganz selten hat jemand eine notenfreie Schule erlebt. Dieser Konnex zwischen Schule und Notenzeugnis ist aber keinesfalls in Stein gemeißelt: Noten sind schließlich keine genuin pädagogische Erfindung, sondern eher das Ergebnis eines polit-bürokratischen Disziplinierungsaktes gegen die aufmüpfige Jugend. Zur Klärung sei an den Frankfurter Wachensturm von 1833 erinnert, die fehlgeschlagene studentische Revolte gegen die obrigkeitlichen Pressionen im „Vormärz". Der „Deutsche Bund" reagierte unter der Federführung Metternichs mit der Einführung des „Maturitätszeugnisses" als Zugangsbeschränkung zur Universität bzw. als Kontroll- und Observierungsinstrument. Das Ziffern-Noten-Zeugnis, das dem Gymnasium einen massiven Prestigegewinn verschafft hatte, wollten die anderen Schulen auch haben – und es wurde ihnen von der Behörde gerne zugestanden (Breitschuh 1981). Von der pädagogischen Wissenschaft wurde es freilich von Anfang an argwöhnisch beäugt. Mittlerweile ist die Kritik so heftig geworden, dass es an der Zeit ist, nach einem neuen Instrumentarium der schulischen Leistungsbeurteilung zu greifen.

1 Meine (private) Not mit den Noten und Fritz Karsen als „Nothelfer"

Ab 1953, dem Beginn meines Lehrerdaseins, litt ich unter der Verpflichtung zur Vergabe von Notenzeugnissen – und war damit keinesfalls allein! Wie peinlich war es für den Junglehrer, mit den abgezählten Zeugnisformularen nicht ausgekommen zu sein und beim alten Direktor um Nachschub bitten zu müssen. In schlaflosen Nachtstunden hatte ich den einen Schüler vor Augen, dem ich in Mathematik noch ein „befriedigend" hingeschrieben hatte, während sein geistiger „Kompagnon" schon ein „gut" erhalten hatte. Der Unterschied in der zugrunde liegenden Leistung schien mir zu gering; die Notendifferenz war nicht wirklich begründbar – am andern Morgen zerriss ich das eine Zeugnis. Damit aber kam die ganze Ordinalskala ins Trudeln und die fragile Konstruktion begann zu wanken...

Wie hat der Vorgesetzte meine Unsicherheit gedeutet? Als Unschlüssigkeit und Inkompetenz, klare Urteile zu fällen? Als Wankelmut? – Als Regung des pädagogischen Gewissens wohl kaum. Mit den Jahren hat sich eine gewisse Abgebrühtheit eingestellt. Wer könnte es ertragen, ständig von den Stacheln eines Dilemmas verwundet zu werden, ohne psychischen Schaden zu nehmen?

Das Problembewusstsein aber ist geblieben. Die Auseinandersetzung mit wissenschaftlichen Studien hat es vertieft. Diese haben die Überzeugung von der Ungerechtigkeit der Ziffernnoten, von ihrem schädlichen Einfluss auf das Schulklima und von der Beeinträchtigung des Lernprozesses gefestigt, sodass ich begann, Alternativen zu suchen.

Die Anregung zur „Direkten Leistungsvorlage“ (DLV) bekam ich zu Beginn der Siebzigerjahre des vergangenen Jahrhunderts, als ich Georg Geißlers Bericht über die Leistungsdokumentation in der staatlichen Aufbauschule Fritz Karsens in Berlin-Neukölln las. Dieser große Vertreter der demokratischen Ideale im „Bund entschiedener Schulreformer“ hat in den ersten Jahren der Zwischenkriegszeit alles vermeiden wollen, was auf eine Bewertung des einzelnen Schülers und ein Ranking aller Schüler durch Lehrer/innen und damit auf eine Störung der Lerngemeinschaft hinausläuft. Zur Vorbereitung der Präsentation der Jahresleistung seiner Schülerinnen und Schüler hat er daher in jeder Klasse das ganze Jahr hindurch Protokolle, Berichte und Ergebnisse der Gemeinschaftsarbeit gesammelt, mit individuellen Zusätzen ergänzt und auf Schwierigkeiten hingewiesen. Diese gebundene Arbeitsmappe war die einzige Form des Zeugnisses (Geißler 1967, S. 108).

Was dem Schüler für die Schulgemeinschaft gelingt, nämlich seinen Beitrag zur kollektiven Jahres-Gesamtleistung „augenfällig“ oder gar „handgreiflich“ zu dokumentieren, müsste ihm, so dachte ich, doch auch bei seinem individuellen Jahresertrag gelingen. Als relativ junger Gründungsdirektor der Pädagogischen Akademie der Diözese Linz begann ich dann praxisnahe an der individuellen Mappe namens „DLV“ zu basteln und trat 1978 mit dem Artikel: „Direkte Leistungsvorlage – eine Mappe mit Leistungen anstelle eines Zeugnisformulars“ an die Öffentlichkeit.[1]

Erst nach meiner 1980 erfolgten Berufung an die Universität Passau und bei den dann möglichen vertieften Nachforschungen stieß ich auf Fritz Karsens Originalbericht und erfuhr, dass schon seine Leistungsvorlagen nicht nur auf die Beiträge des einzelnen Schülers zur Gemeinschaftsleistung bezogen waren, sondern expressis verbis auch auf dessen eigene, also individuelle Gesamtleistung. Mit dieser persönlichen Leistungsmappe wollte er das Notenzeugnis in den Hintergrund drängen. Es zu ersetzen, war nicht möglich, denn Karsens Schule war wie alle anderen dazu verpflichtet, dreimal im Jahr „Nummernzeugnisse“ zu geben. Er bat daher die Eltern um ihre Zustimmung, dass er die Zeugnisse zurückbehalte und an ihrer Stelle

---

1 In: Die Furche. Unabhängige Wochenzeitung für Politik, Gesellschaft und Kultur, Ausgabe vom 19.05.1978

Briefe mit Ratschlägen an die Schüler aushändige, wie sie künftig ihre Arbeiten einrichten sollten etc..

„Allmählich fanden wir aber", schrieb Karsen, „dass die Form des persönlichen Rates zu erstarren anfing, dass er eigentlich nur denen erteilt werden konnte, die irgendwie Schwächen gezeigt hatten. Auf diese Weise war unser Ansatz wieder zur Beurteilung durch den Lehrer geworden, die wir doch ablösen wollten. Es kam hinzu, dass wir den so stark an der Schule hängenden Eltern gern einen genaueren Einblick in unsere Arbeit gegeben hätten, als es durch diese Briefe *(verbale Beurteilung? R.V.)* geschah. „So ergriff ich," fährt Karsen fort, „eine andere Möglichkeit: Die Jungen stellten die im Laufe eines bestimmten Abschnittes angefertigten Arbeiten, die sie aus irgend einem Grunde selbst für die wertvollsten hielten, an dessen Ende zusammen und schufen im Werkunterricht die dazu nötige Mappe oder einen farbigen Umschlag. ... Ich gestehe, dass ich selbst Schüler, die ich genau zu kennen glaubte, noch ganz anders sehen lernte, als ich die Mappen betrachtete. Die Synopsis von künstlerischen und wissenschaftlichen Arbeiten aus allen Fachgebieten, gelegentlich mit einem kurzen Gesamtbericht oder einer Ergänzung, wo eigene Arbeiten nicht genügend Aufschluss zu geben schienen, war sicher nicht nur für mich und die Eltern, sondern vor allem auch für den Schüler selbst, dem so sein Werden leibhaftig vor Augen trat, unendlich aufschlussreicher." (Karsen 1924, S. 196)

Karsen hat, wenn er literarisch interessiert gewesen ist, Adalbert Stifter (1805–1868) vielleicht als Dichter gekannt, aber wahrscheinlich nicht als k. & k. Schulrat des Landes „ob der Enns", dem heutigen Oberösterreich. Als solcher hat Stifter ihm (und mir) zugearbeitet, indem er zur Abwehr der täuschenden Maskerade der Ziffernnoten geschrieben hat: „Bei allen Dingen, die wir unternehmen, bei allen Geschäften und Leistungen, die wir von anderen fordern, sehen wir auf die Früchte. Wenn wir von einem Kaufmanne, einem Künstler, einem Handwerker etwas wollen, fragen wir nicht um seine Zeugnisse oder wo er gewandert sei, sondern wir sehen das an, was er bisher geleistet hat, und danach richten wir uns und machen unsere Bestellungen. Keinem Menschen fällt es im gewöhnlichen Leben anders ein, als dass er sich von dem Erfolge selber überzeugt." (Stifter 1960, S. 105)[2]

Für die oben genannte Pädagogische Akademie der Diözese Linz hatte ich 1973 mit meinen Mitarbeiter/innen eine Übungsschule (Modellschule) für die Ausbildung der Hauptschullehrer zu errichten. Trotz starken politischen Gegenwindes, aber mit tapferer Unterstützung der Kollegenschaft habe ich diese Sekundarschule I als „echte" Gesamtschule geschaffen, d. h. also ohne

2 Auch ich muss gestehen, dass ich diesen Text in der Entwurfsphase der DLV noch nicht gekannt habe.

Sortierung in Leistungsgruppen![3] Bei einer so weit gespreizten Heterogenität der Schüler, die von den zukünftigen Hilfsarbeitern bis zu den Auszeichnungsmaturanten (Abiturienten) reicht, war die Anwendung des fünfstufigen österreichischen Notensystems besonders prekär. Dennoch wurde mein Ansuchen um Genehmigung eines Schulversuches mit der DLV vom Unterrichtsministerium abgelehnt – und das geradezu brüsk! Ein halbes Menschenalter später – mit einer gewissen Genugtuung sei es gesagt – wurde ich dann aber eingeladen, die DLV im ministeriellen Studienbuch „Zeitgemäße Leistungsbeurteilung" als die zu bevorzugende Alternative relativ breit darzustellen (vgl. Schmidinger/ Vierlinger, S. 117-220).

Mittlerweile ist die Basis erwacht. Zahlreiche Pädagog/innen, so mutig wie kreativ, beginnen zu experimentieren und melden Schulversuche an, die zumeist – zögernd, aber doch – genehmigt werden. Die Volksschule Salzburg-Lehen I hat 1991 begonnen, Wien-Brigittenau ist gefolgt. Die Zahl der beteiligten Lehrer/innen ist seither sprunghaft angestiegen. Der Referent der zuständigen Aufsichtsbehörde hat am Ende des ersten Versuchsjahres geschrieben: „Meine Befürchtung, dass jemand – insbesondere von der Seite der Eltern – Beschwerde gegen den Schulversuch einbringen könne, hat sich nicht erfüllt. Von Skepsis kann absolut keine Rede sein." Darüber hinaus hat er „vom großen Interesse anderer Schulen" berichtet, „das sich in Anfragen vieler Schulleiter und Lehrer niederschlägt".

In den Grundschulen hat es sich eingebürgert, dass die Portfolios – der Name ist aus der Finanzwelt geliehen: Mappe mit wertvollen „Papieren" – nicht den Kindern nach Hause mitgegeben werden: Vielmehr werden die Eltern zu einer persönlichen Begegnung in die Schule eingeladen, und ihr Kind erläutert ihnen (eventuell unter Assistenz der Lehrkraft) die Dokumente seiner „Erfolgsgeschichte".

Margarete Fürlinger, die wissenschaftliche Begleiterin bei einem Teil der Wiener Versuchsschulen, hat die am Schulversuch beteiligten Eltern und Lehrer um Rückmeldungen gebeten. Sie resümiert diese mit dem Satz: „Grundsätzlich wird die DLV als die ideale Lösung des Beurteilungsproblems angesehen." (Fürlinger 1997, S. 99)

Im Jahr 2001 haben Josef Thonhauser und seine Mitarbeiter 33 Lehrer mit Portfolioarbeit in der Sekundarstufe II über ihre Erfahrungen befragt. Die Antworten belegen große, ja z.T. überwältigende Zustimmung. Über ihre ei-

3 Wie kann man überhaupt eine Schule als „Gesamtschule" bezeichnen, in der man die Gesamtheit der Schülerpopulation in den stundenstärksten Gegenständen in verschiedene Niveaus auseinanderdividiert und sich damit all die Konflikte einhandelt, die das Schulleben verderben? Mancherorts nennt man diese verlogene Gesamtschule dann auch noch „integriert", obwohl doch schon das Wörtchen „gesamt" das Zusammensein aller signalisieren würde. In Wahrheit ist die Schule mit Leistungsgruppen das pure Gegenteil von beidem: Sie ist weder gesamt, noch integriert!

gene Situation sagen sie u.a., dass diese neue Form der Leistungsbeurteilung mehr individuelle Förderung erlaubt, den pädagogischen Bezug verbessert, die Intention von Auslese auf Förderung umpolt und den Beurteilungsstress reduziert, wenn nicht gar eliminiert. Von den Schülern berichten sie, dass sie gesteigerte Lernfreude zeigen, mehr Verantwortung für das Lernen übernehmen, mehr Hoffnung auf Erfolg haben, dass sie mehr Selbständigkeit beim Lernen erlangen und weniger Leistungsdruck bzw. Konkurrenzkampf erleben. (Andexer/ Paschon/ Thonhauser 2001, S. 11-18)

Eine mächtige Schützenhilfe wird aus den USA gemeldet.[4] In seinem interessanten Buch „Der ungeschulte Kopf“ berichtet Howard Gardner, dass der Staat Vermont seine Schüler nicht mehr nach ihren Ergebnissen in der Prüfung mit standardisierten Tests beurteilt, sondern nach der Anlage von Portfolios (vgl. Gardner 1993, S. 322). Die Vorlage von Portfolios gewinnt in den USA auch bei der Anstellung von Lehrern zunehmend an Bedeutung: Studenten des Lehramts an der Western Michigan University in Kalamazoo haben mir gesprächsweise berichtet, dass in den School-Boards Leistungsmappen mit Materialien über die schulpraktischen Versuche und sonstige Ausarbeitungen von den Entscheidungsträgern besonders gewichtet werden.

2 *Die Direkte Leistungsvorlage – eine Kopernikanische Wende in der Leistungsbeurteilung*

Im tradierten System der Ziffernnote wie auch in den vielerorts diskutierten und auch in Erprobung stehenden Alternativen – von der verbalen Beurteilung über die Pensenbücher bis zu den Lern- und Entwicklungsberichten – ist der Lehrer Mittelsperson zwischen den Adressaten (Eltern, Arbeitgebern, weiterführenden Schulen) einerseits und der Schülerleistung andererseits. Mit anderen Worten: Er ist der Interpret der Schülerleistung. Er bekommt sie zu Gesicht, der Adressat – außer den Eltern (teilweise!) – nicht. Die Außenstehenden müssen sich mit dem Zahlencode begnügen, in den der für das schulische Arbeitsergebnis Verantwortliche den Part des einzelnen Schülers verschlüsselt hat. Sie haben diesen restringierten Code zu entschlüsseln und tun es notgedrungen nach ihrem Gutdünken. Dabei werden sie mit Recht vermuten, dass sie auch ein gerüttelt Maß an chiffriertem Gutdünken des Lehrers zu dechiffrieren haben.

Im geänderten Paradigma der Leistungsbeurteilung, der DLV, wird der Lehrer selbstverständlich nicht von seiner Rolle des Korrektors, wohl aber von der des offiziellen Codifizierers und Klassifizierers gleichsam dispensiert, und der

4 Fritz Karsen ist nach 1933 vor den Nationalsozialisten nach Amerika geflohen und hat dort Spuren hinterlassen, die auf wissenschaftliche Aufarbeitung warten.

Adressat wird der Produkte der schulischen Arbeit eines Bewerbers „direkt" ansichtig. Der Schüler legt eine Mappe an, in der er – auch unter Beratung des Lehrers – die Arbeiten sammelt, die er für die besten Belegstücke seines Lernfortschrittes hält. Das können Schularbeiten (Schulaufgaben) im bisherigen Sinne sein. Der Lehrer hat sie korrigiert. Der Schüler mag die Verbesserung der Fehler anfügen oder beilegen; zugedeckt oder verschleiert werden sie nicht. In die Mappe können informelle Tests kommen, diverse Arbeitsblätter, Projektergebnisse, Referatsunterlagen und Zeichnungen, Fotos von Werkstücken, eine Aufstellung der Gedichte und Theaterstücke, mit denen sich der einzelne Schüler beschäftigt hat und die er gut kennt. Gemeinsam werden die Schüler der Klasse eine Aufstellung der gelernten Lieder machen. Bevor das Blatt für jeden kopiert wird, kann der Lehrer ein Notenbeispiel anfügen – eventuell von einem zweistimmigen Lied – und auf dem Blatt der Schülerin darunter schreiben, dass sie eine zweite Stimme wie diese selbständig zu „halten" vermag. Ein anderer Schüler beispielsweise hat bei der Schulfeier auf seiner Trompete einen Blues gespielt und legt das Notenblatt bei. Diverse Messdaten und Fotos geben ein Bild von den sportlichen Leistungen. Audiovisuelle Datenträger veranschaulichen Szenen aus Schulspielen, Schulfesten u.ä.. Mit ihnen ist es vor allem auch möglich, mündliche Leistungen zu dokumentieren, z.B. eine Konversation in der Fremdsprache etc..

Es ist wünschenswert, dass der Lehrer die einzelnen Dokumente nicht nur signiert, sondern gelegentlich auch mit Kommentaren über das Zustandekommen der Arbeiten, den Arbeitsstil, die aufgewendete Mühe u.a.m. versieht. Das klingt nach verbaler Beurteilung und ist es auch. Aber das gravierend Neue besteht darin, dass der Adressat die Leistung immer selbst überprüfen und sich sein eigenständiges Urteil bilden kann. Er wird sozusagen von niemandem bevormundet.

Selbstverständlich ist nicht daran gedacht, das Portfolio dick anschwellen zu lassen; eine exemplarische Auswahl genügt. Jede einzelne Schülerarbeit lässt im Betrachter ein lebendigeres Bild entstehen als die Note. Als Beispiel diene der Aufsatz eines elfjährigen Bauernbuben aus einer Hauptschule im Mühlviertel. Er hatte das Thema „Ein schöner Herbsttag" zu bearbeiten und schrieb: „Vor ein paar Tagen sagte mein Vater zu mir: ‚Bua, morgen ziagst di besser an, wir fahren in die Stadt'. So sind wir nach Urfahr gefahren. Von dort gingen wir zu Fuß über die Brücke nach Linz. Dort besuchten wir einen Optiker. Er sah mich an und sagte: ‚Bua, du schiagelst[5] ja'. Dann musste ich viele größere und kleinere Buchstaben lesen. Jedes Mal fragte er: ‚Ist es so besser oder so?' Dann bekam ich Brillen. Jetzt schiagle ich nicht mehr. Das war mein schönster Herbsttag."

5 „schiageln" = schielen

3 *Die pädagogischen Meriten der DLV*

3.1 Die DLV räumt mit der Ungerechtigkeit der Noten auf

Der Leser, der dem Schreiber des soeben zitierten Aufsatzes eine Note geben will, wird gute Argumente für diese vorbringen. Die Kollegin wird von ihren Argumenten ebenso überzeugt sein, auch wenn sie eine abweichende Note gibt. Das haben die rund 200 Experten (Schulaufsichtsbeamte der ersten und zweiten Hierarchieebene, Abordnungen von Direktoren, Fachgruppenleitern etc.) des oberösterreichischen Schulwesens an sich selbst erfahren müssen, als ich sie im Rahmen eines Vortrages über die Objektivität der Ziffernnoten bat, den genannten Aufsatz im Hinblick auf Inhalt und Sprachgestaltung zu benoten. Die meisten (90%) bedienten sich der drei mittleren Noten des fünfstufigen österreichischen Angebotes. Aber je rund fünf Prozent gaben auch „nichtgenügend" (Thema verfehlt...) bzw. „sehr gut" (höchst originell, psychologische Sublimierung). Nach dem betretenen Schweigen über die peinliche Erfahrung der fehlenden Objektivität wurden mir zwei Vorwürfe gemacht: Der eine lautete, man könne eine Arbeit nur benoten, wenn man die methodische Entstehungsgeschichte kenne und vor allem das Niveau der Klasse, also die Durchschnittsleistung. Dem war entgegenzuhalten, dass dies die Außenstehenden, die Adressaten, nie wüssten, wenn sie anhand der Note über die Aufnahme eines Bewerbers entscheiden sollen. Der zweite Vorwurf bezog sich auf die Auswahl des Gegenstandes. Zu einer Sprachschöpfung führe nun einmal nur ein hermeneutischer (sinndeutender) Zugang, und dieser bedinge die Abweichungen in der Notengebung. Der Tragweite dieses Argumentes waren sich die Schulexperten offensichtlich nicht bewusst: Nähmen sie es ernst, müssten sie ja energisch Front machen gegen die Benotungspflicht in den einschlägigen Disziplinen! In der Mathematik und in verwandten Gegenständen, hieß es, ginge es objektiver zu. Da stand ein Mathematiklehrer auf und meldete Skepsis an: Er habe an seiner großen Hauptschule die Mathematikarbeit eines Schülers zwecks gerechter Einstufung in die Leistungsgruppen seinen fünf Fachkollegen zur Beurteilung vorgelegt: Neben seinem eigenen „Gut" waren alle anderen vier Notenstufen lückenlos „verordnet" worden...

Die empirischen Belege über das Fehlen der Gütekriterien Objektivität, Reliabilität (Zuverlässigkeit) und Validität (Gültigkeit) sind beinahe Legion![6] (Vgl. u.a. Weiss 1989, Ingenkamp 1995[9], Vierlinger 1999 und 2012)

---

6 Objektiv wären sie, wenn eine bestimmte Schülerleistung von verschiedenen Lehrern gleich benotet würde. Zuverlässig wären sie, wenn bei einer in einem gewissen Zeitabstand wiederholten Messung das gleiche Kalkül vergeben würde. Und gültig wären

3.2 *Die DLV erfüllt die Berechtigungsfunktion der Schulnachricht entschieden besser als das Notenzeugnis*

Von den Schulversuchen mit der DLV in Österreich ist bereits berichtet worden. Am Ende der vierten Jahrgangsstufe aber müssen zumeist doch Noten gegeben werden, denn wie sonst – scheint sich die Behörde zu fragen – könne man den Selektionsauftrag erfüllen und am Ende der Grundschule „die Böcke von den Schafen" trennen (z. B. die Gymnasiasten von den Hauptschülern / Neuen Mittelschülern)?

Die Direktorin eines oberösterreichischen Gymnasiums denkt diesbezüglich deutlich flexibler: Zum Grundschullehrer, der vom Landesschulrat in Oberösterreich wegen seines kategorischen Notenboykotts finanziell bestraft, vom Minister aber begnadigt worden ist, sagt sie: „Ich muss ihnen die Aussage über den guten Gesamterfolg eines Schülers der vierten Klasse ohnehin glauben, ob Sie ihn mit Noten oder auch mit einem verbalen Zusatz auf dem Zeugnis zum Ausdruck bringen. Wenn mir aber alle Zulieferschulen die Leistungen – wie Sie – ‚direkt' vorlegten, könnte ich eine Kommission einsetzen, welche die Bewerber für die vorhandenen Plätze sehr viel gerechter auslesen würde, als es bei den Notenzeugnissen möglich ist." (Zangerl 1994, S. 176-78)

Die am Ende der Sekundarstufe II notwendigen Ausleseverfahren könnten völlig analog ablaufen. Das würde diverse Ungereimtheiten eliminieren (vgl. die in Deutschland üblichen Numerus-Clausus-Berechnungen auf Zehntel- und Hundertstelstellen, wenn doch schon die Einerstellen nicht stimmen). Die Diskussion um die Zentralmatura kann abgebrochen werden, wenn die Hochschulen und Universitäten einen Blick auf die tatsächlich erbrachten Leistungen werfen und ihre Klientel auf dieser Basis gediegen auswählen können[7].

Genau betrachtet ist beim Doktoratsstudium in Deutschland ein Element der DLV vorhanden: Die Dissertation gilt offiziell erst, wenn sie gedruckt vorliegt. Wer die Qualität des jüngst promovierten Doktors prüfen will, der muss und wird sie lesen...

Autonome ausländische School-Boards, die ihre Lehrer in Eigenregie anstellen dürfen, lassen sich längst Seminarreferate und Abschlussarbeiten vorlegen,

---

sie, wenn immer nur diejenigen Phänomene in das Urteil einflössen, die zu beurteilen vorgegeben werden, bzw. vorgegeben worden sind.

7 Dass Lernprozesse immer interessanter sind, wenn sie – wie bei der DLV – auf die speziellen Interessen von Schülern und Lehrern zugeschnitten werden dürfen, ist eine lernpsychologische Binsenweisheit. Zentrale Prüfungsprozeduren können ihr aber kaum entsprechen, weil sie sonst den Spagat zwischen Objektivität und Validität der Prüfungsanforderungen nicht schaffen. Im Übrigen machen zentrale Prüfungen nur dann Sinn, wenn die Beurteilung der Prüfungsarbeiten vom „Assessment Center" bzw. vom Prüfungs-Board durchgeführt werden, von dem die Themen gestellt worden sind (vgl. die Advanced – Level – Prüfung in England) und nicht vom unterrichtenden Lehrer selbst.

um nach genauem Studium mit dem Novizen darüber zu diskutieren. Und was ist eine Lehrprobe anderes als eine DLV?

Ein bayerischer Hauptschullehrer mit bereits langjähriger Erfahrung hat im Rahmen seiner Dissertation die Frage geprüft, ob sich denn die Wirtschaft mit der DLV identifizieren könne (Palme 2001). Er suchte zu vereinbarten Zeiten 90 Firmenchefs bzw. deren Personalchefs auf und legte ihnen von einer 15-jährigen Schülerin seiner neunten Klasse einerseits das reguläre Zeugnis und andererseits eine Mappe vor, die nach den Kriterien der DLV zusammengestellt war. Nach eingehender Prüfung der vorgelegten Arbeiten entschieden sich im Grunde alle Wirtschaftstreibenden für die DLV, darunter auch das BMW-Werk in Dingolfing mit Hunderten von Auszubildenden pro Jahr. 82% entschieden sich bedingungslos für die DLV. 18% wollten aber beides haben, das Zeugnis und die DLV, die Hälfte davon aber nur für die Übergangszeit.[8] Ein Spenglermeister erläuterte seine Zustimmung mit folgenden Worten: „Da kann ich mir gezielt das ansehen, was für meinen Betrieb von Bedeutung ist. – Was sagt mir dagegen die Mathematiknote ‚drei'? Steht dahinter viel Geometrie, die mich wegen des Blechverschnittes besonders interessiert, und wenig Arithmetik? Oder ist es umgekehrt? Stammt die Note von einem hoch engagierten Lehrer, der die Klasse auf ein bewundernswertes Niveau gebracht hat und daher für die Durchschnittsleistung (nur) ein Befriedigend gegeben hat? Oder stammt sie von einem pädagogischen ‚Schwerenöter', der kaum vorangekommen ist und dann auch noch mild benotet hat?

3.3 Die DLV stärkt die Verantwortung gegenüber der Sache

Tatsache ist, dass dort, wo die Noten zum beherrschenden Kriterium des Schulerfolgs werden, das Augenmerk der Schüler und Eltern von der Sache auf das „Kalkül" umgepolt und somit das „Lernen um der Note willen" vorprogrammiert ist. Das hat der preußische Provinzschulrat und Gymnasialdirektor Scheibert bereits zwei Jahre nach Einführung des Reifezeugnisses als Notenhürde vor dem Tor zur Universität festgestellt: Ein Schüler will nun gar nicht mehr „etwas wissen, um es zu wissen, sondern um ein Examen zu machen. Das letzte (eigentliche) Ziel seiner Schultätigkeit ist das Abiturientenexamen" (zit. von Hentig 1980, VII). Dass sich daran wenig geändert hat, ist den Berichten über erschwindelte Noten in den Reifeprüfungszeugnissen zu entnehmen, die bei den diversen Jubiläumsfeiern die Runde machen.

Bei der DLV ist dagegen alles Streben auf die Sache gerichtet, die unverfälscht präsentiert werden soll. In einer Befragung der Lehrer im Wiener

---

8 Das erhöht die 82% Befürworter auf endgültig 91%! Diejenigen, die für immer beides haben wollten, gehörten ausnahmslos zur „alten Garde".

Schulversuch haben diese die Beobachtung geäußert, dass die Schüler vom Sammeln der besten Arbeiten motiviert werden, „etwas noch besser zu machen, noch mehr auszuprobieren und Neues zu entdecken. Sie stecken sich selbst sehr hohe Ziele!" (Fürlinger 1977, S. 94)

Bei der DLV wird das Schuljahr zu einem kontinuierlichen Arbeitsjahr im Bemühen um eine möglichst optimale Endleistung. Es gibt nicht die „blinden Flecken" im Lernprozess und damit auch nicht im gelernten Pensum, die sich der clevere Schüler in der Notenschule ausklügelt: Er lässt sich in den sogenannten Lernfächern frühestmöglich prüfen, um alles Weitere „streichen" zu können. Es gibt auch nicht die Leerläufe und Ausfälle im Lehrangebot des Lehrers, die in der Notenschule durch die ausgedehnten Prüfungszeiten entstehen. Für den wenig engagierten Lehrer brechen mit der DLV freilich schlechte Zeiten an: Der geringe Ertrag wird offenkundig und kann nicht mehr durch geschenkte Noten kaschiert werden.

Die Befürworter der Noten verweisen gerne darauf, dass Schüler und Eltern die Noten (trotz allem) wünschten. Die bereits angesprochene Befragung von Wiener Volksschülern weiß es anders: Die Portfolios werden als „etwas Besonderes" geschätzt, demgegenüber die Notenzeugnisse der älteren Geschwister als „altmodisch" und „rückständig" abgetan werden. Margarete Fürlinger resümiert die Rückmeldungen auf ihre Befragung der Eltern mit dem Satz: „Grundsätzlich wird die DLV als die ideale Lösung des Beurteilungsproblems angesehen." (Fürlinger 1997, S. 99)

Dass der Umgang mit der Leistungsbeurteilung durch die DLV im Vergleich mit der Ziffernnote um ein Gutteil freundlicher, sympathischer, ja schöner wird, sei an dem Text einer Zehnjährigen zum Thema „Beschreibung eines Gegenstandes in Form einer Rätselgeschichte" bebildert:

> Ich kenne in unserer Klasse ein lustiges Ding. Es hat einen zierlichen Kopf mit vier schwarzen Ohren, einen langen Hals, einen breiten Rumpf, aber keine Beine. Es liegt fast den ganzen Tag im weichen Bett und schläft. Um zwölf Uhr holt es ein Kind heraus.
> Wenn das Kind sein Ding streichelt, wird es sofort munter und singt die schönsten Lieder und Stücke. Wenn es schon lange gesungen hat, klingt es manchmal falsch. Dann dreht es die Lehrerin an den schwarzen Ohren – und gleich macht es seine Sache besser. Weißt du, was es ist?[9]

Wie armselig mutet dagegen die von einer Note übermittelte Information an, auch wenn es ein Einser sein sollte!

Die Schülervertretung an der Helene-Lange-Schule in Wiesbaden hat sich zu einem Antrag an die Schulregierung durchgerungen, es möge eine Versuchsphase ohne Noten eingeleitet werden. In dem für die Jahrgänge fünf und sechs

---

9 Mit der Zeichnung einer Geige hilft das Mädchen dem Leser „auf die Sprünge".

mittlerweile erfolgreichen Memorandum heißt es beispielsweise: „Ist es gut zu wissen, dass Anna an erster Stelle steht in Französisch und Tom an vierundzwanzigster?" Und weiter: „Gerade für die schwächeren Schüler unter uns wäre es doch toll, wenn ihnen der Lehrer nicht immer wieder eine Vier gäbe, sondern eine Rückmeldung über ihre Fortschritte." (Becker 1997, S. 242) Klingt das nicht wie ein heimlicher Ruf nach einem unmittelbaren und nicht von Chiffren verstellten Umgang mit der Sache des Lernens?

3.4 Die DLV verbannt die Kollektivnorm[10] und orientiert sich an der Individualnorm

Die Wiesbadener Schülervertretung scheint zu wissen, dass die Ziffernnote und die Individualnorm nicht kompatibel sind. Wenn Schüler am Mittelmaß des „Schüler-Geleitzuges" gemessen werden, bleibt der Letzte immer der Letzte, auch wenn er vorankommt. Ein Mess- und Beurteilungsinstrument, das sich an der Kollektivnorm orientiert, kann den individuellen Erfolg nicht ausdrücken, der doch das Erfolgreichste ist, was es gibt. Kindorientierte Lehrer wissen, dass die Ausrichtung nach der Individualnorm, das Honorieren des individuellen Bemühens und seines Ergebnisses, den größten Lernanreiz und Lerneffekt bewirkt (vgl. die Untersuchung von Krampen, zit. nach Heckhausen 1989[2], S. 273). Sollten sie dies aber mit Ziffernnoten bewerkstelligen wollen, versündigten sie sich am System: Dann erhält nämlich der fleißige Schwachbegabte für sein Bemühen vielleicht ein befriedigend, weil der Lehrer von seinem Eifer eben wirklich „befriedigt" ist. Der Begabte hingegen, der sich auf die faule Haut legt, „genügt" ihm allenfalls. Wie aber kommt der Abnehmer des – sit venia verbo – schulischen „Produktes" dazu, wenn er sich auf die Note „3" verlässt und dabei den Bewerber mit der in Wahrheit schlechteren Leistung in Kauf nimmt?

Die an der Kollektivnorm orientierte Ziffernbenotung macht nach einem Wort von Fritz Redl aus dem Klassenzimmer einen Hunderennplatz. „Im Klima des feindseligen Wettbewerbs wird dasjenige Kind belohnt, das über jedermann, der sich mit ihm zu messen sucht – und gemessen wird immer! –, ungerührt hinweggeht. Beschämung trifft dasjenige Kind, das lieber eine schlechte Note bekommen möchte, als seinem besten Kameraden gegenüber aufzutrumpfen." (Redl 1971, S. 186). Es ist höchst zweifelhaft, ob in den Teilnehmern an diesem Parcours gegenseitige Zuneigung und Freundschaft geweckt werden. Als elfjährige Passauer Hauptschüler ihre Prüfungsarbeiten (mit Nennung der Noten) zurückbekommen hatten, bat ich sie (als Gast), anonym auf

10 Üblicherweise wird die Kollektivnorm „Sozialnorm" genannt. Das ist aber Unfug, denn das Wort sozial weckt doch ganz andere, vielfach sogar gegenteilige Assoziationen. Der Vollständigkeit halber sei angefügt: Bei der dritten Norm, der Sachnorm, wird die Leistung am Raster der gesetzlich vorgegebenen Lernziele positioniert.

einen Zettel zu schreiben, was ihnen jetzt durch den Kopf ginge. Von den 18, die in der Kürze der Zeit etwas aufgeschrieben hatten, gaben zwölf Schadenfreude, Überheblichkeit und Neid kund („Ich freue mich, weil der Nachbar eine schlechtere Note hat." Etc.). Lediglich drei äußerten Mitgefühl und Mitfreude („Ich bin froh, dass meine Nachbarin eine bessere Note hat als bisher." Etc.). Weitere drei nahmen nicht auf andere Bezug, sondern kommentierten ihr eigenes Ergebnis („Ich bin froh, dass die Probe für mich gut ausgefallen ist." Etc.).

Die DLV weiß selbstverständlich auch um die Kräfte, die im sozialen Aggregat namens Schulklasse schlummern, nützt sie aber im positiven Sinne: Die Mitschüler sind ein ständig vorhandenes (wohlfeil sich anbietendes) Auditorium, vor dem nichts im Verborgenen geschieht. Was einer auf welche Weise immer gestaltet und zum Ausdruck bringt, wird von den anderen gewürdigt und auch kritisch betrachtet. Im Miteinander und unter gegenseitiger Anerkennung wird die zu Gebote stehende Aufgabe in ihre bestmögliche Form gebracht. Die Schüler lernen durchaus verstehen, dass der eine Bewundernswertes schafft und der andere nur Kümmerliches. Aber daran nimmt das Klima des Miteinanders kaum Schaden, denn die Unterschiede müssen nicht zu Differenzen innerhalb einer Rangreihe umgemünzt werden, wie das bei Noten – ihrem inneren Gesetz folgend – ständig geschieht. Das „Suum cuique" (jedem das Seine) ist nun einmal die höherwertige ethische Formel gegenüber dem „Suum idemque" (jedem das Gleiche).

Kollektivnorm und Ziffernnoten sind systemkonform. Das ist schließlich bereits in den ministerielle Definitionsversuchen der einzelnen Notenstufen festgelegt: In Österreich steht das Befriedigend genau in der Mitte der fünf Notenstufen und ist nach der Verordnung des Bundesministeriums für Unterricht und Kunst vom 24. Juni 1974 zu geben, wenn der Schüler das Wesentliche zur Gänze erfasst hat. Um diese mittlere Leistung mögen sich alle Anderen gruppieren. – Ist es nicht ein ziemlich verkümmertes Bewusstsein von Gerechtigkeit, das glaubt, die Leistungen der Schüler ständig über einen Leisten von mittlerer Größe schlagen zu sollen? Die Leistung des individuellen Schülers ist dann nicht mehr, was sie an sich ist (vgl. DLV), nein, ihr Wert definiert sich ausschließlich am Mittelwert desjenigen Kollektivs (Schulklasse), dem der Schüler zufällig angehört.

Das ständige Ranking gebiert bei vielen Schülern Angst. Bei den Schwächsten mutiert sie nicht selten in den Impetus des „Aus dem Felde Gehens". Die nicht enden wollende Serie von Tiefschlägen hat sie paralysiert. Sie resignieren und messen der schlechten Note keine Bedeutung mehr zu. Damit tricksen sie selbstverständlich auch diejenigen Verteidiger der Ziffernzensur aus, die meinen, den Notendruck genau um der Lernverweigerer willen verstärken zu sollen. In der Vulgärpädagogik gibt es Stimmen, die der Angst in der Schule das Wort reden – wie im Übrigen auch der Ungerechtigkeit, weil doch auch das Leben diese beiden Übel kennt und daher der Umgang mit ihnen gelernt werden müsse. – Als ob nicht genau denjenigen Kindern und Jugendlichen mehr Mut für die Bewältigung ihrer Lebensprobleme zuwüchse, die in einem Nest voller Wärme und Geborgenheit das Zutrauen zu sich selbst, das Vertrauen zu Anderen und die nötige Kraft für die Ausgriffe in die Welt gewinnen dürfen. Dass es Angst auch im Erleben dieser Kinder geben möge, sollte nicht die Sorge von uns Schulleuten sein. In einer Meditation über Jesus auf dem Ölberg hat ein Grundschüler geschrieben: *„Meine Eltern streiten viel und reden davon, dass sie sich scheiden lassen. Ich habe Angst“...*

Dass Angst das Denken nicht beflügelt, sondern lähmt, hat bereits die „klassische deutsche Gedächtnispsychologie“ gewusst, als sie von der affektiven Hemmung gesprochen hat. Gemäß den Erkenntnissen der modernen Neurobiologie kommt es in Angstzuständen zur unkontrollierten Aktivierung älterer Hirnteile: des Mittelhirns (Limbisches System) und des Stammhirns. Sie sind nicht für vernünftige Lebensgestaltung zuständig, sondern für primitive Formen der Lebensbewältigung und Lebenserhaltung wie beispielsweise das Aggressions- und Fluchtverhalten (vgl. Spitzer 2003, S. 162). Mit ihrem angsterzeugenden System der Leistungsbeurteilung handelt sich die Schule somit ein Gutteil ihrer Disziplinschwierigkeiten ein, indem sich die Schüler nicht nur absentieren, sondern sich auch für erlittene Kränkungen rächen.

Ein Beurteilungssystem, das die Leistung unmittelbar veranschaulicht und nicht nach der Relation zu den Anderen fragt, dokumentiert auch den kleinsten Zuwachs und gönnt jedem seinen individuellen Erfolg. Ihm entgehen nicht einmal die Zuwächse des stark behinderten Kindes, die für den uniformierenden Blick eine bloße Bagatelle sind. Der vom Lehrer und von der Klassengemeinschaft registrierte und gewürdigte Erfolg des Einzelnen wird zum Nährboden seiner Motivation, während die an der Kollektivnorm orientierte Ziffernnote zum Zusammenbruch der Lernbereitschaft führen kann.

3.5 Die DLV saniert den „pädagogischen Bezug“

Der Lehrer mag noch so nett erscheinen; wenn er den „Spezi“ herausnimmt, kündigt er unweigerlich die Freundschaft auf und mutiert vom Trainer zum Kampfrichter. Bei der DLV hingegen bleibt der Lehrer ständig an der Seite der Kinder und Jugendlichen, helfend und korrigierend, fördernd in beiden Fällen. Wenn Schüler am Ende des Jahres ihr bestmögliches Ergebnis vorzeigen wollen, bedauern sie es, wenn der Lehrer erkrankt und für einige Zeit ausfällt. Wenn sie (bloß) gute Noten erringen sollen, freuen sie sich über den Ausfall und tun auch sonst viel, um den Lehrer an der Lehre zu hindern: Was nicht durchgenommen worden ist, kann nicht geprüft werden!

Wenn Noten das zu erringende Preisgeld sind und nicht die Leistung, soll es uns nicht wundern, wenn Schüler die Leistung umgehen und Potemkinsche Dörfer aufbauen. Verharmlosend nennen wir solches Tun Schwindeln oder Unterschleif und werten es lediglich als Kavaliersdelikt. In Wahrheit ist es eine Einübung in den Betrug. – Dieser wäre, meinen voreilige Kritiker, auch bei der DLV möglich: Das „Dokument" könne von jemand Anderem stammen oder vom Lehrer geschönt worden sein. Sie übersehen aber, dass die DLV zur sofortigen Kontrolle einlädt. Der Firmenchef sagt etwa: „Ja, diese Oberflächenberechnung dieses Körpers brauchen wir in unserem Betrieb ständig. Ich gebe dir neue Maße..." Dann bleibt dem Schüler nicht – wie bei der Note – die Ausflucht: „Das haben wir nicht gelernt."

Wenn ich in einschlägigen Diskussionen den Wettbewerb als eine „primitive Sozialfigur" bezeichne, melden sich immer wieder einmal Menschen zu Wort, welche die pädagogische Argumentation ein wenig mitleidig belächeln und die Sorge um die Gefühlslage der Schüler mit leichter Hand wegwischen: Die Welt sei nun einmal voller Wettbewerb, vgl. den Sport und das Wirtschaftsleben; außerdem sei das Rivalisieren ein anthropologisches Faktum.[11]

Dass Menschen vielfach miteinander konkurrieren, ist für Albert V. Kelly noch lange kein ausreichender Grund, den Wettbewerb als Hebel im Bildungsbemühen einzusetzen: „Wenn dem so wäre", hält er entgegen, „dann hätte ein vergleichbares Argument von Seiten derer, die meinen, dass das Verhalten der Menschen primär motiviert sei durch Sexualität und Aggression, einige sehr interessante Konsequenzen für die Planung des Curriculums." (Kelly 1981, S. 35). Der Verweis auf den Sport mag seine Geltung haben, solange der Spielcharakter gewahrt ist. Als Spiel wird er von der Funktionslust angetrieben und aufrecht erhalten, auch wenn er Plackerei ist wie harte Berufsarbeit. Es ist dieselbe Funktionslust, von der wir Lehrer wünschen, dass sie auch das schulische Lernen antreibe. Am Wettbewerb des Spitzensportes aber möge die Schule nicht Maß nehmen: Der Sportler begibt sich freiwillig in die Arena von Sieg und Niederlage. Der Schüler aber wird in das Notengerangel hineingezwungen.[12] Eine Parallele aber besteht – und sie gibt zu denken: Das Doping in der „Arena" und das Schwindeln in der Schule – wurzeln sie in vergleichbaren Systemgegebenheiten?

Dass im Wirtschaftsleben der Wettbewerb – vor allem auch der unlautere – grassiert, wird niemand bestreiten. Doch weiß die Managementtheorie mittlerweile, dass es schon dort ein „Riesenirrtum ist, zu glauben, dass man das

---

11 Diese Hypothese Darwins wird von der modernen Neurobiologie verworfen: „Der Mensch ist ein auf soziale Resonanz und gelingende Kooperation angelegtes Wesen." (Bauer 2008, S. 23)

12 Damit sei selbstverständlich nichts gegen die sportlichen Wettkämpfe gesagt, die von fitten Schülern in ihrer Freizeit betrieben werden.

Prinzip der Konkurrenz (jeder gegen jeden) aus der Sphäre der Märkte auf die innerbetriebliche Organisation übertragen könne und dann mehr Effizienz herausbekäme" (Schulmeister 1998, S. 7). Um wie viel mehr gilt diese Einsicht für die Schule! Auf der Suche nach dem lauteren Wettbewerb haben Redakteure einer angesehenen Wochenzeitung den Chef eines besonders erfolgreichen Unternehmens gefragt, wie man denn „die immer brutalere Konkurrenz auf dem Markt" überlebt? Er antwortete: „Indem man immer wieder die Schulbank drückt, denn Karriere ist konstantes Lernen!" (Siegle/ Tenbrock 1997, S. 17). Das ist eine sehr aufmunternde Botschaft für eine Pädagogik, welche die Schule nicht als Kampfplatz sehen will, auf dem sich die Schüler gegenseitig ausstechen. Wenn wir die Devise vom „lebenslangen Lernen" ernst nehmen und wünschen, dass die Absolventen immer wieder zur „Schule" zurückkehren, dann muss die Erstbegegnung mit Schule als sympathisch erlebt worden sein! Wie heißt es doch im Jargon der humanistischen Pädagogik: Um etwas zu lernen, ist es wichtig, dass am Lernort etwas Ordentliches angeboten wird; aber wichtiger noch für das Lernen ist, wie man sich an diesem Ort fühlt![13] Es ist daher unabdingbar, all die Barrieren auszuräumen, die der Lernbereitschaft im Wege stehen. Das exzessive Rivalisieren, das von den an der Kollektivnorm orientierten Ziffernnoten ins Schulleben eingeschleust wird, ist eines der schlimmsten Hindernisse, die sich vor dem Lernenden auftürmen. Die Schwachen werden zu Versagern gestempelt, den Anderen wird moralischer Schaden zugefügt.

Wie berechtigt ist es, die Schule als „lernendes System" zu apostrophieren, wenn sie sich nach wie vor ein Modell der Leistungsbeurteilung aufzwingen lässt, das sie nach Rousseau zu einer Brutstätte „gefährlichster Leidenschaften macht, die am schnellsten emporschießen und am geeignetsten sind, die Seele zu verderben"? Zu ihnen zählt er u.a. „Wetteifer, Eifersucht und Neid" (Rousseau 1998 (1762), S. 209).

Die DLV sagt den unpädagogischen Störmanövern, die mit dem Notenfetischismus in die Schule eingeschleust worden sind, den Kampf an: Für Lehrer mit Persönlichkeitsdefekten sind Ziffernnoten ein probates Mittel, um Zynismus und Sadismus an den Schülern auszuleben (vgl. Singer 1998). Jede Studentenbefragung fördert Beispiele von Lehrpersonen zutage, die es genießen, ihre Schutzbefohlenen gewissermaßen „über die Klinge springen" zu lassen. Sie zelebrieren Prüfungen und schon gar die Rückgabe von schriftlichen Arbeiten als bedrohliches Ritual. Die hohen Prozentsätze von Angst bei unseren

---

13 Vgl. dazu die Zusammenfassung von Ferdinand Eder über die Ergebnisse seiner Untersuchung zum Befinden der Kinder und Jugendlichen in der österreichischen Schule: „Insgesamt dürfte es eine Gruppe von ca. 15 – 20 % der Schülerinnen und Schüler geben, die ihre Beziehungen zu den Lehrkräften fast durchgehend negativ erleben." (Eder 2007, S. 186).

Schülern (vgl. Helmke 1983, Strittmatter 1993) werden wesentlich von der Gefahr verursacht, mit den Noten abzustürzen. – Auf dem vom Lehrer begleiteten Weg zur individuellen Bestmarke entstehen diese Ängste nicht!

Bei der DLV hat es die Schule auch nicht mehr nötig, sich hinter Paragraphen zu verschanzen und ihre Urteile über die Schülerleistungen justiziabel zu machen. Wer sollte gegen die unverstellt präsentierte Schülerleistung prozessieren wollen?

Literaturverzeichnis

Andexer, Helmut; Paschon, Andreas; Thonhauser, Josef 2001: Erfahrungen mit Portfolios in Österreich. Universität Salzburg, Institut für Erziehungswissenschaften, Salzburg

Bauer, Joachim 2008: Prinzip Menschlichkeit. Warum wir von Natur aus kooperieren, München

Gerold, Becker; Kunze, Arnulf; Riegel, Enja; Weber, Hajo; Vogler Hartmut 1997: Die Helene Lange Schule in Wiesbaden. Das andere Lernen, Hamburg

Breitschuh, Gernot 1991: Der Frankfurter Wachensturm von 1833 und seine Bedeutung für das Reifezeugnis in Deutschland. In: Prinz von Hohenzollern, J. G. / Liedtke, Max (Hg.): Schülerbeurteilung und Schulzeugnisse, Heilbrunn, S. 132-145

Eder, Ferdinand 2007: Das Befinden von Kindern und Jugendlichen in der österreichischen Schule, Innsbruck

Fürlinger, Margarete 1997: Die kommentierte Direkte Leistungsvorlage als Alternative zur Ziffernnote, unveröffentlichte Magisterarbeit an der Universität Passau

Gardner, Howard 1993: Der ungeschulte Kopf, Stuttgart

Geißler, Georg 1967[7]: Das Problem der Unterrichtsmethode, Weinheim

Heckhausen, Heinz 1989[2]: Motivation und Handeln, Berlin

Helmke, Andreas 1983: Schulische Leistungsangst Frankfurt

Ingenkamp, Karlheinz 1995[9]: Die Fragwürdigkeit der Zensurengebung, Weinheim

Karsen, Fritz 1924 (Hg.): Die Neuen Schulen in Deutschland, Langensalza

Kelly, Albert V. 1981: Unterricht mit heterogenen Gruppen, Weinheim

Palme, Gerhard 2001: Die Problematik der Beurteilung von Schlüsselqualifikationen in der Hauptschule, Wallersdorf

Redl, Fritz 1971: Erziehung schwieriger Kinder, München

Rousseau, Jean Jacques: 1998: Emile – oder über die Erziehung, Stuttgart

Schulmeister, Stephan 1998: Die USA – kein Modell für Europa, in: Die Furche Nr. 11 vom 12.03.1998

Schmidinger, Elfriede; Vierlinger, Rupert 2012: Zeitgemäße Leistungsbeurteilung. Studientext des BMUKK, Wien

Siegle, Ludwig; Tenbrock, Christian 1997: Die Deutschen haben nicht genug Angst, in: Die Zeit Nr. 34 vom 15.08.1997

Singer, Kurt 1998: Die Würde des Schülers ist antastbar, Hamburg

Spitzer, Manfred 2003: Lernen. Gehirnforschung und die Schule des Lebens, Heidelberg

Stifter, Adalbert 1960: Pädagogische Schriften, besorgt von Theodor Rutt, Paderborn

Strittmatter, Peter 1993: Schulangstreduktion, Neuwied

Vierlinger, Rupert 1999: Leistung spricht für sich selbst. Direkte Leistungsvorlage als Alternative zur Ziffernnote, Heinsberg

Vierlinger, Rupert 1978: Eine Mappe mit Leistungen anstelle eines Zeugnisformulars, in: DIE FURCHE, Unabhängige Wochenzeitung für Politik, Gesellschaft und Kultur vom 19.05.1978

Vierlinger, Rupert 2009: Steckbrief Gesamtschule, Wien

Vierlinger, Rupert 2012: Schulerfahrung und Schulsystem, Stationen eines Lehrerlebens, Linz

Von Hentig, Hartmut 1980: Die Krise des Abiturs und eine Alternative, Stuttgart

Weiss, Rudolf 1989: Leistungsbeurteilung in den Schulen – Notwendigkeit oder Übel? Wien

Zangerl, Lothar 1994: Bei Übertritten braucht man die Noten nicht, in: Schulheft Nr. 76, Bd. 2, Wien

Intra oder extra muros?

Die Kritisch-Kommunikative Didaktik als reformpädagogische Brücke zur Regelschule

Rainer Winkel

> Die vielen, mit denen ich mich einig fühlte,
> waren wenige, gemessen an den meisten,
> die nichts ändern wollten."
> Martin Wagenschein, 1983

1 Ein Telefonat & ein Besuch

Am 13. April 2015, am Todestag von *Günter Grass*, beriet ich mich telefonisch mit einem der bemerkenswertesten deutschen Reformpädagogen, denn eine seltsame Mail hatte mich erreicht: Was ist davon zu halten, wenn der Rektor des Deutschen Lehrerbildungsinstituts in Santiago de Chile zusammen mit einer seiner Mitarbeiterinnen ein Buch (noch ein Buch) über „Sicht-Weisen der Reformpädagogik" herausgeben will und die älteren Kollegen (nur diese) um deren Mitarbeit bittet? Gefragt war unser Bemühen um eine hinreichende Theorie und womöglich auch eine engagierte Praxis zur Verbesserung der schulischen Angelegenheiten, die *Comenius* nicht nur in der „Didactica Magna" (1657; 1993[8]) als „emendatio rerum humanarum", als Verbesserung („melioratio") ihrer selbst umschrieben hatte, nicht als eine sich an die leidigen Verhältnisse bloß anpassende Reform ... Mich quälte die Frage nach dem Sinn des Ganzen: Hatten wir uns nicht jahrzehntelang die Finger wund geschrieben und die Münder fusselig gebabbelt – bis in die Altersresidenzen hinein? War nicht Vieles umsonst gewesen? Aussichtslos angesichts von PISA und einer beispiellosen Ökonomisierung, Veramerikanisierung und Rigidisierung des gesamten Bildungssystems? Von den Kitas bis hin zu den Seniorenuniversitäten? Wundern uns da die Folgen? „Vermessene Schulen" im doppelten Sinn des Wortes und „standardisierte Schüler" (Brügelmann, 2015)? Außerdem wollte ich doch nur noch literarisch tätig sein ...Und doch: Mir fiel der Besuch mit einer Gruppe von Studenten in der Hibernia-Schule ein, denen ich, als noch nicht ganz 33-jähriger Privatdozent, die Integration von allgemeiner und beruflicher Bildung nahebringen wollte. Ruhig und festgefügt erklärte uns der Werklehrer, sein Schwäbisch wohl dosierend, was Lernen (nicht immer ist, aber) oft sein kann: ein Suchen und Erkunden, ein Vermuten und Fragen, ein Probieren und Durchhalten ... „Kerschensteiner" höre ich noch heute. Und das alles nicht um der Zensuren oder des Prestiges willen, der Curricula und Versetzungen wegen, sondern um dieser Kinder, dieser Schüler wegen, um deren auszubildender Menschlichkeit, die ohne Wissen und Können Illusion bleibt. „Discere est … quaerere" heißt es in der Comenianischen „Mathetik" (1680; *Golz* u.a. 1996): Lernen heißt etwas suchen. Das ist der sachliche Aspekt im Lehr- und Lerngeschehen. „Aiutami a farlo da solo!" Hilf mir, es selbst zu tun!, lässt *Maria Montessori* (1938; 1988[2], S. 201) jedes Kind sein wahres Lernbedürfnis ausdrücken. Das ist der personale Aspekt beim Lehren und Lernen. Und dann *Rudolf Steiner* … Meine Studenten waren fasziniert, und einige von ihnen engagierten sich noch vehementer in der Freien Schule Essen. Mit dem ich am 13. April telefonierte und dem wir im Sommersemester 1976, also fast 40 Jahre zuvor, gelauscht hatten, war ein und derselbe Mann: der 1942 geborene damalige Fachlehrer an der „Hibernia" und jetzt emeritierte Professor für Berufspädagogik *Peter Schneider.* Er wirkte reformpädagogisch in den und für die Waldorfschulen, ich in den und für die Freien, die Alternativschulen. Und beide wurden und werden wir bis heute argwöhnisch beobachtet – intra und extra muros. Auch üble Diffamierungen blieben und bleiben nicht aus. So schrieb z. B. der sowohl in der Hitler-Zeit als auch in der Bundesrepublik ausgesprochen einflussreiche *Theodor Wilhelm* (1906-2005) bereits in der fünften Auflage seiner „Pädagogik der Gegenwart" (1977, S. 298): „In Winkels Augen ist die einzige legitime Alternative zur verteufelten bürgerlich-kapitalistischen Schule die *kommunistische* Schule!" Das war damals das Exkommunikationsritual. Wer heute die verordnete „Alternativlosigkeit" kritisiert, wird in die rechte Ecke bugsiert und bekommt entsprechende Etiketten angehängt. Klar wurde mir (ihm auch?) in dem besagten Telefonat Folgendes: Wir hätten nicht nur andere Schulen favorisieren, sondern auch und entschiedener innerhalb der leidigen 35.000 Regelschulen reformpädagogische Möglichkeiten den 700.000 Lehrern aufzeigen sollen. Was aber nicht hinreichend war, kann ja noch nachgeholt werden. Deshalb der folgende Beitrag – dem Ganzen zum Trotz.

2 Uckermark, Berlin & Gütersloh

Da schreibt *Peter Heyer* (2004):

> „Manchmal haben wir uns schon um fünf Uhr morgens getroffen und nach Spinnen gesucht. 35 14-Jährige sind dann durch Wiesen und Schilf gestromert, haben Insekten beobachtet und sind auf Bäume geklettert, um herauszufinden, was einhäusige von zweihäusigen Pflanzen unterscheidet. Dass das 1943 in Lychen in der Uckermark war, spielte keine Rolle. Wir Gymnasiasten fühlten uns wie Tom Sawyer, der am Mississippi einen Schatz sucht. Wilhelm Blohm, unser Biologielehrer, wusste das ganz genau. Von all den vielen Lehrerinnen und Lehrern ist nur er mir in Erinnerung geblieben: Fast alle vermittelten sie irgendwelche Stoffe, die wir zu

lernen hatten. Sie ließen uns Antworten auswendig lernen auf Fragen, die wir überhaupt nicht hatten. Aber der fast 60-jährige Wilhelm Blohm war anders. Mitten im Krieg habe ich, ein aus Berlin in die Uckermark evakuiertes Kind, bei ihm etwas gelernt, was man auch heute noch viel zu selten in der Schule lernt: dass es nicht darauf ankommt, die richtigen Antworten zu wissen, sondern die wichtigen Fragen zu stellen. Blohm begeisterte uns für die Naturwissenschaften, weil er uns selbst zum Experimentieren brachte. Noch immer habe ich seine Stimme im Ohr: ‚Was, ich soll euch sagen, wie das funktioniert? Kriegt das gefälligst selbst raus!' Dabei lachte er, und es klang fast ein bisschen wie Schadenfreude. Indem er uns konsequent die Antwort verweigerte, half er uns, sie selbst zu finden. Er brachte uns dazu, dass wir unsere Freizeit an den umliegenden Seen und in Wäldern verbrachten – und auf Blohms Farm, wo er über 100 Tiere hatte. Er schaffte es, dass dort jeder bestimmte Aufgaben übernahm, sogar die Ställe misteten wir freiwillig aus. ‚Das geht so nicht', sagte er mit barschem Ton, wenn einer schlampig arbeitete. Wir liebten diesen Lehrer, nicht nur weil er uns selbst machen ließ, sondern auch, weil er klare Maßstäbe vorgab. Er scheute die Auseinandersetzung mit uns nicht. Später bin ich selbst Lehrer geworden – weil er mir gezeigt hat, wie Schule sein kann."

Seit mehr als 30 Jahren betreibe ich Forschungen über „Schulisch-unterrichtliche Auffälligkeiten in sozialen Brennpunkten" und betreue entsprechende wissenschaftliche Arbeiten bzw. Feldstudien. Eine der jüngsten hat den Titel: „Verhaltensauffälligkeiten und Unterrichtsstörungen unter Schülern mit Migrationshintergrund". Verfasst hat diese Studie der Student Derya Ercan. Wochenlange Unterrichtsbeobachtungen, Hausbesuche und Interviews mit den Betroffenen bildeten die Erkundungsmittel. Ich zitiere wörtlich:

„Amir ist Schüler der Klasse 8a … Insgesamt 25 Schüler, von denen beinahe jeder einen Migrationshintergrund hat … Neben Amir hätte ich noch weitere Schüler interviewen können, da zur Zeit meiner Hospitation keiner der Schüler davor zurückschreckte, den Unterricht auf seine Weise zu stören … Schimpfwörter wie ‚Ich ficke deine Mutter', ‚Hurensohn', ‚Hurentochter', ‚Missgeburt', ‚Junkie' und ‚Zigeuner' … gehören zum üblichen Ton in der Klasse. Amir reagiert auf solche Beleidigungen meist aggressiv und antwortet mit noch schlimmeren Worten … Zu Beginn der Doppelstunde von Herrn S. sind die Schüler bereits sehr unruhig, um nicht zu sagen chaotisch … Er schafft es nicht, Ruhe in die Klasse zu bringen und bereits nach fünf Minuten muss der erste Schüler ohne Vorwarnung in den Trainingsraum, während er Notizen im Klassenbuch anfertigt …"

So geht es seitenlang; von einem geregelten Unterricht kann längst keine Rede mehr sein; man fühlt sich an vergleichbare Reports erinnert, etwa an das Buch „Die Klasse" von François Bégaudeau oder den Dokumentarfilm „S.O.S. Schule", den das ZDF im Frühsommer des Jahres 2006 ausstrahlte. Sodann:

„Der 14-jährige Amir stammt aus Bosnien, gehört zur Gruppe der Roma und lebt mit acht Geschwistern und der alleinerziehenden Mutter, einer Analphabetin, von HARTZ-IV in einer Dreizimmerwohnung in Neukölln. Computer, Online-Poker, Ego-Shooter, Internet, Facebook, chatten und chillen oder mit-den-Kumpelsrumhängen sind seine Lebensdaten, nicht aber Sport, Schule, Bücher, Reisen, mu-

> sizieren und reiten. Voller Irritationen, Aggressionen und Ängste wächst Amir auf und gefragt, wo er sich in fünf oder zehn Jahren sieht, antwortet er, sanft lächelnd: ‚Keine Ahnung … Vielleicht sterbe ich in fünf Jahren.‘ Aber nach seiner Religion gefragt, sagt er energisch: ‚Elhemdulilah, antwortet jeder Moslem, wenn er gefragt wird, ob er Moslem sei und das bedeutet so viel wie ‚Alles Lob gebührt Gott!‘ Religion ist mir wichtig.‘

Wir wollten es genauer wissen und fragten weiter: ‚Wie stehst du zu anderen Religionen?‘

> Da bricht es aus ihm heraus und er schreit: ‚Also, Juden hasse ich über alles!‘ ‚Warum?‘ ‚Weil die hier richtig viel Scheiße bauen … Die versuchen, die Menschen zu töten. Habe ich schon mal gesehen und so … Nicht gesehen, also, habe ich gehört.‘ Sein letzter Halt ist das, was Amir unter Moslem-sein versteht, nicht als Religionszugehörigkeit, sondern als identitätsstiftende Sicherheit, die er mit Zähnen und Klauen verteidigt, wobei er notfalls die Wirklichkeit wahnhaft verzerrt.“

Das trifft sich übrigens mit meinen Erfahrungen in Gelsenkirchen. Wenn sich unsere Migrantenschüler abgrenzen, unter sich sein wollten, beschworen sie den Islam, obgleich sie von ihm ähnlich wenig wussten wie die christlichen Schüler von der Bibel. Angeblich stand es so im Koran, der sowieso nur in arabischer Schrift gelesen werden durfte – und von ‚Ungläubigen‘ gar nicht. Meine in den Jahren 2008 bis 2010 veröffentlichten Schultagebücher sind jedenfalls voll von solchen und ähnlichen konflikthaltigen Erlebnissen.

Schüler wie Amir sind nicht egomanisch und nur vordergründig aggressiv. Sie suchen Identität, Heimat, ein Zu-Hause, Humus, Wurzeln, Halt. Das aber kann ihnen eine riesige Gesamtschule mit viel Beton und Glas nicht bieten, vielleicht aber eine überschaubare Schule – nicht nur für erziehungsgeschädigte Kinder.

*

Auch diesbezüglich wird mancher ‚Aber-Pädagoge‘ einwenden: Das mag ja in Berlin-Neukölln so sein, aber, jedoch, hingegen … In dem 2014 veröffentlichten Tagebuch von *Horst Hensel*, einem altgedienten Gesamtschullehrer, ist u. a. Folgendes zu lesen:

> Da wird „in einer 9. Klasse … zum zweiten Mal Geld gestohlen“; da hat „eine Kollegin … Angst vor den Jungen“; da wirft ein Schüler einem anderen „einen Draht um den Hals und zieht ihn zu“; da onaniert ein Schüler „durch die Hose hindurch“; eine Klasse hat nur noch drei deutsche Schüler, die anderen kommen aus „Russland, Kasachstan, Polen, der Türkei, Afrika, dem Kosovo, Serbien, Albanien, Portugal“; ein Schüler zeigt den Hitler-Gruß und ruft lauthals: „Jetzt werden die Juden vernichtet!“; während eine 16-Jährige sich im Sportunterricht rücklings auf eine Matte wirft, die Beine spreizt und schreit: „Ich will jetzt gefickt werden!“ Schulalltag heute, den die BILD Zeitung gewiss gerne als Vorabdruck dokumentiert und ideologisch ausgeschlachtet hätte.

Wie geschrieben: Nicht im Viktorianischen Zeitalter, nicht in Berlin unserer Tage, sondern in einer ganz normalen Schule im westfälischen Gütersloh. An Beispielen wie diesen hat sich die *Kritisch-Kommunikative Didaktik* immer wieder orientiert. Denn ein erstes Defizit der anderen didaktischen Theorien besteht u. a. darin, dass sie sich mehr oder weniger praxisfern artikulieren. Sie sind verständlicherweise mehr an Begriffen, Analysen, Schemata und Theorien interessiert, weniger am Schul- und Unterrichtsalltag. Denn Begriffe sind allemal bequemer und gefügiger als Wirklichkeiten. *Klafki* wollte, als er noch in Hannover tätig war, den Praktikumsstudenten ein *Analyse*schema in die Hand drücken und formulierte durchaus sinnvolle Analysefragen. *Heimann, Otto und Schulz* haben im Berliner Didaktikum Planungshilfen geben wollen und waren folglich an Unterrichts*entwürfen* interessiert. Lernzielorientierte Didaktiker saßen in diversen Lehrplankommissionen und bastelten Curricula, hätten weitergebastelt *curricula curriculorum – per omnia saecula saeculorum.* Auch die Kybernetiker bzw. Informationstheoretiker wie *Felix von Cube* (1982) oder *Helmar Frank* (1969) waren mehr an *„efficiency and effektiveness"* interessiert als an einem erziehenden und bildenden Unterricht.

Diese Praxisferne nahmen „die Bochumer" (*Schaller/Schäfer*), zu denen auch *Jakob Muth* (nicht mit Inklusionsgeboten, wohl aber) mit seinen Integrationsbemühungen für behinderte Schüler gehörte, zum Anlass, eine neue didaktische Theorie zu begründen, zumal auch innerhalb der Lehrerschaft die vorhandenen Didaktiken allenfalls als „Feiertagsdidaktiken" gekennzeichnet wurden, was *Werner Jank* und *Hilbert Meyer* (1991, S. 94, 233, 257, 300) nicht als Lob oder Anerkennung meinten, sondern als Kritik, der sich immer mehr Praktiker anschlossen: Didaktik verkam häufig zum Prüfungsstoff im Ersten und Zweiten Lehrerexamen. Danach entwickelten die meisten Lehrer eigene Alltagstheorien – nicht selten fragwürdige. Denn diese waren und sind kaum reflektiert bzw. verallgemeinerungsfähig, mit anderen Worten: der Beliebigkeit ausgesetzt.

3 Didaktik & Mathetik

Eine Theorie, die an der ihr zugeordneten Praxis kaum noch Interesse hat, liquidiert sich selbst und verdient deshalb kein Bedauern, auch wenn ihre Abwehrkämpfe z. T. groteske Züge annehmen. So verschieden die einstigen Großmeister der Didaktik seinerzeit waren, so einig waren sie sich, die *Kritisch-Kommunikative Didaktik* als vorübergehendes Geraune anzusehen und sie ansonsten wie ein theoretisches Leichtgewicht zu behandeln, was dem damaligen didaktischen Übervater *Herwig Blankertz* nicht ungelegen kam. Mittlerweile haben sich diese Scharmützel oder auch Eifersüchteleien weitgehend gelegt und sind in konstruktive Gespräche eingegangen. Deshalb werden von ande-

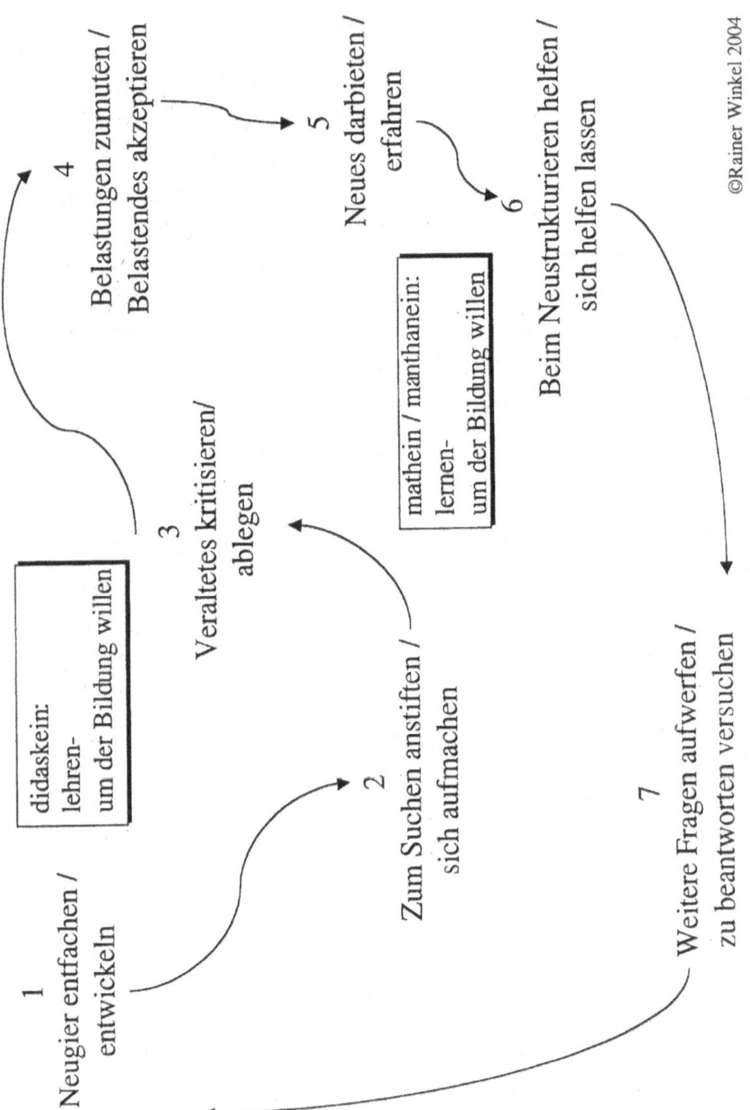

Abb. 1 Idealtypische Konkretionen des Lehrens / und Lernens: Sieben didaktische und mathetische Tätigkeiten

ren didaktischen Theorien die folgenden sechs Defizite bisherigen didaktischen Denkens manchmal zaghaft, dann wieder, wie z.B. bei *Horst Rumpf* (1976) und *Manfred Bönsch* (2002), entschieden einbezogen und wie z.B. bei *Jank/Meyer* (1991, S. 285 ff) zu „handlungsorientierten Unterrichtskonzepten“ bzw. „Orientierungshilfen“ transformiert oder auch abgewehrt – als da sind:

- Die Einsicht, dass Didaktik die Analyse *und* Planung von Unterrichtsprozessen ist – mit dem Ziel seiner Verbesserung.
- Die Einsicht, dass systematisches Lehren und Lernen (Unterricht also) auch und womöglich insbesondere kommunikative Prozesse sind, weshalb die Erkenntnisse anderer Wissenschaften (von der Kommunikations- bis hin zur Neurowissenschaft) viel stärker einzubeziehen sind.
- Die dritte Einsicht, dass eine Didaktik gleichsam in der Luft hängt, der keine Lern- und Schultheorie zugrunde liegt, dass darüber hinaus eine solche sich in eine Gesellschaftstheorie einzubringen hat und diese wiederum eine Anthropologie benötigt, also ein bestimmtes Menschenbild als Orientierung erforderlich macht.
- Dass sowohl die Analyse als auch die Planung von Unterricht störfaktoriale Gesichtspunkte systematisch wahrzunehmen, zu reflektieren und konstruktiv (entziffernd also) zu gestalten haben.
- Dass fünftens Didaktik und Mathetik die beiden Seiten eines Geschehens sind. Diesen schon von *Platon* erkannten Zusammenhang nahm *Comenius*, dieser wohl bedeutendste Didaktiker, zum Anlass, nicht nur eine „Pampaedia“ und eine „Didactica Magna“, eine allgemeine Bildungstheorie und eine Theorie des Lehrens (für die Lehrer), sondern auch eine Mathetica, eine Theorie des Lernens (für die Schüler), zu schreiben, die trotz ihrer Wieder-Veröffentlichung in dem Buch von *Reinhard Golz* u. a. (1996, S. 130-161) immer noch (zumindest in der Zunft) weitgehend ignoriert wird. Sie passt als entschiedene Schulreform natürlich ganz und gar nicht in den Mainstream des sich den ökonomischen Interessen verpflichteten Bolognaprozesses, der am 25. Mai 1998 mit der Sorbonne-Deklaration in Paris begann und mittlerweile nicht nur vier, sondern 40 Staaten einbezieht und sich von politischen Absichtserklärungen bis in die Modulisierung von Studiengängen in diversen „Teacher Centers“ zu einem mächtigen Strom entwickelt hat. Eine didaktische, d.h. immer auch die Lernweisen von Schülern mitbedenkende mathetische, Theorie begründet zwar reformpädagogische Aktivitäten (z.B. die Innere Differenzierung, den Projektunterricht, lerndiagnostische Beurteilungsverfahren), über die der Verfasser in seinen Schultagebüchern während seines Gründungsrektorats in der Evangelischen Gesamtschule Gelsenkirchen ausführlich berichtet hat, aber: Reformpädagogische Bemühungen haben heute wenig Einfluss. Im Gegenteil: Die „Turboschule“ (*Reheis* 2007) wird verlangt und ist gefragt. Es bleibt trotz allem die Einsicht: Didaktische

und mathetische Sichtweisen sind Kennzeichnungen der *Kritisch-Kommunikativen Didaktik.* Und schließlich sechstens:

- Dass sich Didaktik nicht in Unterrichtsentwürfen erschöpft, schon gar nicht in den einstmals populären „Unterrichtsrezepten“ von *Jochen* und *Monika Grell* (1983), sondern ein didaktisches Problem- und Perspektivenbewusstsein aus-*bilden* soll, mit dessen Hilfe nicht so sehr die einzelne Unterrichtsstunde (als „Lektion“), sondern ein längerer Prozess gemeinsamen Lernens geplant, arrangiert, durchgeführt und kritisch analysiert wird. Lehrende bzw. Didaktiker werden, um einen Gedanken von *Maria Montessori* aufzugreifen, zu verantwortlichen Lernarrangeuren bzw. Lernbegleitern und Schüler zu neugierigen bzw. lernbereiten Mathetikern.

4 Vier Fragen & vier Antworten

Die häufigste und gewiss berechtigte Frage vieler Praktiker an jedwede Didaktik lautet: „Warum und zu welchem Zweck braucht man überhaupt Didaktik? Ich kenne mich in meinen Fächern aus – das reicht doch!“ Reicht das wirklich? Etwas wissen und können ist *eine* Sache; dieses aber zu lehren, gar erfahrbar und einsichtig zu machen eine *andere.* Dazu bedarf es eines zusätzlichen Wissens über die Komplexität von Lehr- und Lernprozessen, von Unterricht also, die sich erst entlang von zehn Teilfragen erschließt: 1. Wer lehrt evtl. mit 2. wem 3. was und 4. wen, aber auch 5. wie und 6. warum sowie unter 7. welchen Bedingungen und mit 8. welchen Zielen und Folgen sowie 9. welchen Leistungskontrollen und unter 10. welchen realen bzw. möglichen Schwierigkeiten und Störungen?

Diese zehn W-Fragen wird sich kein Lehrer vor jeder Stunde stellen – zu Recht. Und kein Lehramtsanwärter ist gehalten, sie als Rubrik für seine Unterrichtsentwürfe zu benutzen. Aber sie bauen einen didaktischen Problemhorizont auf, der die Realität alltäglichen Unterrichtens ebenso erhellt wie die Potentialität möglichen Lehrens und Lernens, so dass mal diese oder jene Teilfrage hier und heute ins Zentrum von Analyse und Planung rückt. Analysieren und planen heißt nicht: Tabellen, Matrizen oder Kästchen ausfüllen, sondern: sich ein kritisches und handlungskompetentes Bewusstsein verschaffen, auch deshalb, weil anderenfalls Beliebigkeit, didaktischer Anarchismus oder auch unterrichtliches Chaos entstehen, das selbst im „Trainingsraum“ nicht Halt macht. Erst wenn dieser Problemhorizont akzeptiert wird, sollte die zweite Frage gestellt und beantwortet werden: Worin besteht die Grundstruktur, das Wesensmerkmal, das Proprium der *Kritisch-Kommunikativen Didaktik*? Eine zweite Abbildung diene der Erläuterung.

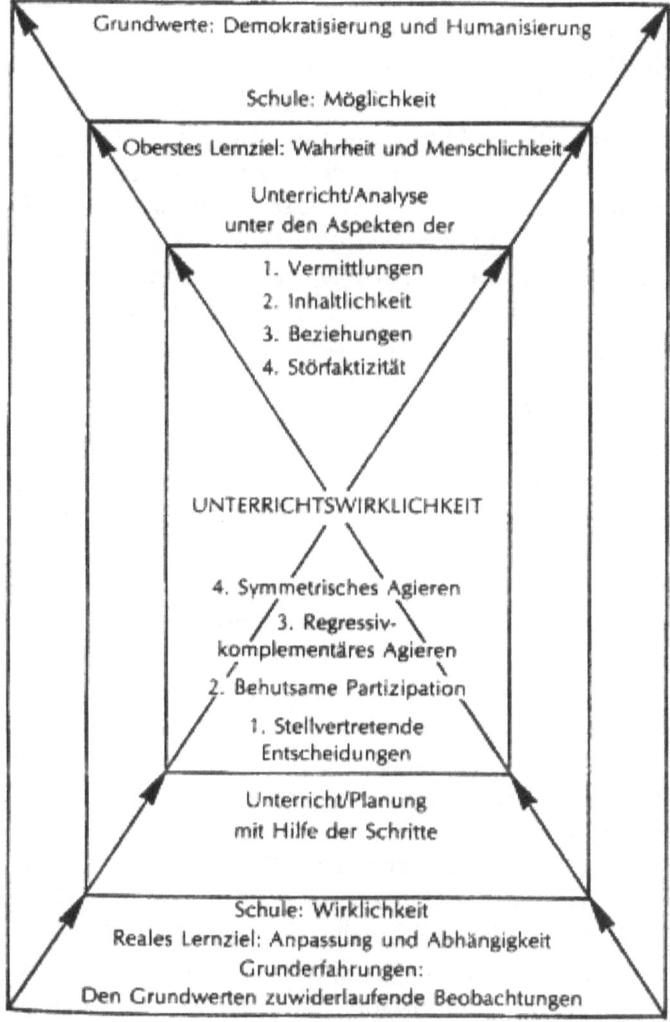

Abb. 2: Analyse- und Planungskonzept der Kritisch-Kommunikativen Didaktik

Wenn wir die Kette unserer zehn W-Fragen einmal anders beginnen lassen (was soll eigentlich wem und warum (...) „beigebracht" werden), dann würde die Bildungstheoretische Didaktik antworten: All das, was der Bildung der Schüler dient! *Heimann/ Otto/ Schulz* würden antworten: Was ihr Lernen ermöglicht! Die lernzielorientierten und kybernetisch denkenden Didaktiker: Was auf effektivste Weise die vorgesehenen Taxonomien erreicht! Die *Kritisch-Kommunikative Didaktik* fußt auf einer kritischen Erziehungswissenschaft, die defizitäre pädagogische Praxen empirisch untersucht sowie auf

Verbesserungsnotwendigkeiten hermeneutisch auslegt und einem kommunikativen Menschenbild, das Ich-Du-und-Wir als Ensemble einer wünschenswerten Einheit ansieht sowie einer demokratischen Gesellschaftstheorie, in der Freiheit, Gerechtigkeit und Geschwisterlichkeit die basalen Normen bilden. Schule hat es demnach mit einer zentralen Aufgabe zu tun, nämlich: den Grundwerten unserer Verfassung zuwiderlaufende Beobachtungen und Erfahrungen, also die Ist-Werte unserer Wirklichkeit, wahrzunehmen und – soweit diese defekt sind – so in das Bewusstsein zu rücken, dass die Notwendigkeit ihrer Überführung in Sollens-Werte einsichtig wird. Dies aber kann nur in Form einer kritischen Analyse des realen Unterrichts mit Hilfe empirischer Verfahren geschehen, und zwar unter folgenden vier Aspekten: den der Vermittlungen, der Inhalte, der Beziehungen und der Störfaktizitäten. Erst dadurch werden die zehn Leit- bzw. W-Fragen unterrichtlicher Analyse und Planung verständlich: Unschwer erkennt man dahinter Strukturen auch der anderen didaktischen Theorien – bis hin zur systemisch-konstruktivistischen von *Kersten Reich* (2002), auch wenn die Sichtweise hier zum Teil anders aufgelistet und vor allem in eine andere Dynamik gestellt wird. Denn aus einer solchen kritischen Analyse erst lassen sich Planungsschritte dialektisch entwickeln, die über zahlreiche edukative, unterrichtliche und fachliche Lernziele schrittweise Emanzipation über Wissen und Können und Mitmenschlichkeit ermöglichen wollen. Hier wären *Wolfgang Klafkis* Planungsfragen einzublenden, aber: Unsere Planungs*schritte* sind von der kritischen Analyse eben nicht zu trennen und dürfen Schüler, Lehrer und Eltern nicht überfordern. Je kleiner, ungeübter, uneinsichtiger usw. die Mitagierenden sind, desto eher sind stellvertretende Entscheidungen und behutsame Partizipationen (Teilhaben) notwendig. Sie reichen über das regressiv-komplementäre Agieren, also die Zurücknahme autoritärer Verhaltensweisen, bis hin zu den Versuchen, so viel und so oft wie möglich symmetrisches (gleichwertiges) Handeln in Schule und Erziehung herzustellen. Das klingt sehr abstrakt und ist doch eine eminent praktische Angelegenheit. Denken wir nur an den Versuch der Lehrerin, I-Männchen ihre stellvertretenden curricularen, methodischen und erziehlichen Entscheidungen zunächst einmal einsichtig zu machen; die Eltern schon wesentlich mehr in die Mitverantwortung einzubeziehen; sich allmählich zu entautorisieren; Gruppenunterricht einzuüben usw. Ein Beispiel: Die Lehrerin begründet, warum es sinnvoll ist, erst den eigenen Stadtteil zu erforschen und dann die benachbarten Kieze; den Eltern erläutert sie, dass in diesem Schuljahr erst die Partnerarbeit eingeübt wird und erst danach der eine anspruchsvollere soziale Kompetenz erfordernde Gruppenunterricht; dass im 4. Grundschuljahr sie selbst mehr und mehr zur Lernbegleiterin werden möchte, die zu einer behutsamen Freiarbeit einlädt … Eine solche Didaktik ist nicht stundenweise, sondern nur über längere Zeiträume zu konzipieren, auch wenn die einzelne Unterrichtsstunde Glied dieser langen Kette sein muss. Dies trifft sich mit den von *Wolfgang Schulz* u. a. herausgestellten vier Planungsebenen: Per Perspektiv-, Umriss- und Prozessplanung sowie Planungskorrektur. Ein Beispiel: Wenn das gesamte schulische Agieren *letztlich* in eine vor der Gemeinschaft sich immer wieder verantwortende mit- und selbstbestimmte Lebensführung aller Schüler einmünden soll, dann heißt dies unter Umständen konkret: Eine mathematische Formel nicht verstehen oder Mängel in der Rechtschreibung aufweisen, ist genauso antiemanzipatorisch wie sich herumprügeln oder die Zensurenpeitsche schwingen, denn der Nicht-Wissende verfehlt aufgrund einsetzender Verführungen seine Mit- und Selbstbestimmung ebenso, wie der Sklave seiner Triebe unfrei bleibt und der Gemeinschaft Schaden zufügt. Das oberste schulische Lernziel (die mit Hilfe des Lernens zu befördernde Emanzipation des Schülers) auf den von *Wolfgang Klafki* herausgestellten vier Ebenen zu konkretisieren (allgemeine, fächerüberschreitende, bereichsspezifische, fachspezifische Ebene), scheint hier unumgänglich. Dies will die *Kritisch-Kommunikative Didaktik* also in Form von Strukturanalysen die Komplexität des Unterrichts *deskriptiv-empirisch* erfassen, aber nicht nur die Faktoren und Baumaterialien des Unterrichts benennen, sondern die Baugesetze und Pläne unterrichtlicher Prozesse *hermeneutisch* erschließen und kritisch eine permanente Verbesserung von Unterricht und Schule ermöglichen.

Ist es das Verdienst von *Schäfer/Schaller* (1973), die hier vorzustellende Didaktik grundgelegt zu haben, so liegen mittlerweile systematische Entfaltungen vor: von der „Theorie der Bildung" über eine „Theorie der Schule" bis hin zu den leidigen „Unterrichtsstörungen" (vgl. *Winkel* 1988 u.a.). Eine dritte Frage: Was versteht die *Kritisch-Kommunikative Didaktik* unter dem störfaktorialen Aspekt des Unterrichts? Aus der dritten Abbildung wird ersichtlich, dass jeder Unterricht (nicht nur die einzelne Stunde) unter vier Aspekten betrachtet werden kann und muss:

Wie alle Kommunikationsprozesse, so *Watzlawick, Schulz v. Thun* u. a., konstituieren Inhalte (Curricula), Vermittlungen (Methoden), Beziehungen (ICH-DU-WIR-Geflechte) und Störfaktizitäten (noises) auch unterrichtliche Prozesse. Auf die verschiedenen Curricula-Strukturen kann hier ebenso wenig eingegangen werden (vgl. *Warwick* 1975) wie auf die 17 möglichen Methoden (vgl. *Gudjons u.a.* 1987) oder die Beziehungsstrukturen (vgl. *Biermann* 1972 u. 1985). Einige Hinweise auf die Störanfälligkeit des Unterrichts hingegen seien gestattet:

Haben frühere Schülergenerationen eher unter drangsalierenden Lehrern gelitten und sich z. T. über Provokationen und ähnliche Strategien gegen solche Personen und Zustände gewehrt, sind es heute immer mehr Lehrer, die Hilflosigkeit, Burnout und Überforderung spüren, weil sie sich aggressiven, desmotivierten, konzentrationsgestörten (und wie die zahlreichen Symptome auch lauten mögen) Schülern ausgesetzt spüren. Hinzu kommen mitunter unhaltbare Zustände – vom z.T. exorbitanten Migrationsanteil bis hin zur

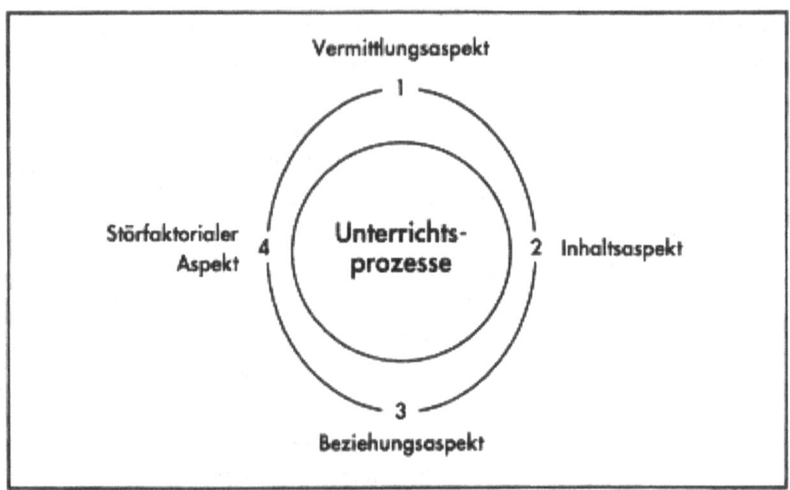

Abb. 3: Unterricht im Spiegel der Kritisch-Kommunikativen Didaktik

verordneten Inklusion von behinderten Schülern, ohne notwendige Voraussetzungen und Ressourcen. Aber auch auftrumpfende Eltern belasten nicht selten die heutige Lehrertätigkeit. Unterricht ist häufig gestörter Unterricht, ohne dass jemand diesbezüglich genaueres Datenmaterial zur Verfügung hätte. Die Forscher interessiert anderes, Rankings und Quoten sind gefragt, aber Hospitationen und Lehrerfortbildungen lassen auf schlimme Zustände schließen, während die Auflagen, einen erstklassigen Unterricht zu erteilen, exorbitante Höhen erreicht haben. Umso not-wendiger ist es, diese Störfaktizität unter folgenden Gesichtspunkten wahrzunehmen und die Erkenntnisse in die eigene Unterrichtsanalyse und -planung einzubeziehen. (1.) Störungsarten, (2.) Störungsfestlegungen, (3.) Störungsrichtungen, (4.) Störungsfolgen, (5.) Störungsursachen und (6.) Störungsbehebungen. Keine Lehrkraft kommt heute ohne eine Entzifferungskompetenz aus, denn sie muss die jeweiligen Störungen auf ihre oft entstellten Botschaften so zu dekodieren sich bemühen, dass ihre manifesten und / oder latenten Mitteilungen konstruktiv genutzt werden können.

Schon zu meiner Bochumer Zeit endeten die meisten Konsultationen und Kolloquien unter Kollegen und Mitarbeitern mit der (4.) Frage: Und wie plant man Unterricht kritisch-kommunikativ? Die erste entscheidende Anregung verdankten wir *Jakob Muth*, der in seiner Schrift „Pädagogischer Takt" als Form didaktischen Handelns diesen zu planenden Unterricht als durchaus antinomisch sich zu artikulieren sah: auf der einen Seite als „Situationssicherheit" und „dramaturgische Fähigkeit", auf der anderen als „improvisatorische Gabe" und „Wagnis freier Formen". Nur wo und wenn die Balance zwischen diesen *anti-nomoi* hergestellt wird, lässt sich die Rigidität eines verplanten Unterrichts (in einem missverstandenen „Herbartianismus", der die berühmt-berüchtigten Formalstufen, also Klarheit, Assoziation, System und Methode, als Phasen der Unterrichtsstunden ansah) ebenso vermeiden wie ein Beliebigkeitsunterricht (ein „teaching and learning at random"). Um diese und andere Absichten der *Kritisch-Kommunikativen Didaktik* in eine handhabbare Form zu bringen, gab *Ernst Meyer* (1997) mit seinem Büchlein „Unterrichtsvorbereitung in Beispielen" den zweiten entscheidenden Hinweis. Er rhythmisierte nämlich die Unterrichtsplanung, machte sie beweglich und hielt dennoch ihre Gelenke beieinander – durch den Dreischritt: Intendierte *Lösungssituationen,* konkrete *Arrangements* und bereitgestellte *Vermittlungshilfen,* die von drei Fragehaltungen geleitet werden: Welche Einsichten, Erkenntnisse und Fähigkeiten möchte ich mit meinen Schülern erreichen? In welchen curricularen Milieus sollen sich diese Wissens- und Könnenskompetenzen entfalten? Und drittens: Wo, wann und wie ist es sinnvoll, Hilfen zur Selbsthilfe zu leisten? Höre ich also rechtzeitig den mathetischen Appell des Schülers (Hilf mir, es selbst zu tun!)? Auf diese Weise ließen und lassen sich ganze Unterrichtseinheiten, Projekte und Vorhaben ebenso planen wie einzelne Stunden, ohne dass geschlossene (frontal-unterrichtliche) Sequenzen verteufelt oder bewegliche (offene) Lehr- und Lernprozesse verunmöglicht wurden und werden. Die folgende Abbildung demonstriert diese mögliche Konkretion; anders konzipierte „Skizzen" (so die bis heute zutreffende Kennzeichnung) mögen bessere sein. Der inhaltliche Zusammenhang ist im 3. Band meiner Schultagebücher (S. 141 ff) verdeutlicht worden.

Wenn es stimmt, dass unser Lernen und Lehren (nach dem Lieben) die wohl menschlichste aller menschlichen Tätigkeiten ist, dann kommt der Theorie dieser komplexen Praxis ein hoher Stellenwert zu. Sie hat so viel Planung, Geschlossenheit und Regelungen wie *nötig* festzulegen, aber auch so viel „Unstetige Formen" (*Bollnow*), freie Suchbewegungen und Risiken wie *notwendig* zuzulassen. Oder wollen wir zurück zum „Schlagt-auf-Seite-18-Unterricht"? und (wenn das nicht klappt:) „Ab-in-den-Trainingsraum"?

Wissenschaftliche Erkenntnisse haben es stets mit der Umwandlung bloßer Behauptungs- in Beweisbarkeitssätze zu tun, anders gesagt: mit der Reduktion potenzieller Irrtumswahrscheinlichkeit, d.h.: Sie sind prinzipiell überholbar, müssen sich der Kritik aussetzen und dürfen nur bis zu ihrer eventuellen Widerlegung Gültigkeit beanspruchen – so auch die hier vorgestellte *Kritisch-Kommunikative Didaktik*, die sich u.a. drei Einwänden zu stellen hat:

- Wie kann verhindert werden, dass bei der Betonung der kommunikativen Dimensionen der Lehr- und Lernprozesse die inhaltlichen (die sachlichen u. curricularen) zweitrangig werden, das WIE also das WAS beeinträchtigt? Zweitens:
- Droht bei aller Berechtigung der Aufarbeitung störfaktorialer Aspekte des Unterrichts womöglich eine Klinifizierung des Lehrens und Lernens, und wie kann eine solche verhindert werden? Und schließlich:

Planung ⇩ des Unterrichts

Unterrichtsskizze „Eine einstige Zwangsarbeiterin zu Gast bei uns" (8. Kl., 5.9.2001)

Allgemeine Ziele: Achtung vor den Verfolgten. Fachliche Ziele: Historische Kenntnisse über Judenverfolgungen

Zeit in Min.	Arrangement	Vermittlungshilfen	Lösungssituationen	Kommentare
1. - 5.	1. Begrüßung & Themenstellung (Motivation)	1. Zeitungsbericht von gestern	1. Neuerliche Empathie	1. Auch die Lehrer waren erschüttert
5. - 15.	2. Wir sammeln Eindrücke (Anknüpfung)	2. Die Tischgruppensprecher halten sie fest	2. Schriftliche Notizen	2. Gesprächsleitung übernimmt Hatice, alternativ: Lukas
15. - 40.	3. Wir lesen verschiedene Texte (Darbietung)	3. Berichte weiterer jüd. Zwangsarbeiter	3. Fakten festhalten und anordnen	3. Spez. Betreuung der 4. Gruppe & despektierliche Kommentare von U. zurückweisen
40. - 50.	4. Lehrerimpuls: Präsentiert eure Berichte unter 3 Fragestellungen (Erarbeitung)	4. Folienansicht: • Was haben wir gelesen? • Was haben wir nicht verstanden? • Was möchte ich genauer wissen?	4. Klare Sicht auf die Präsentationsphase	4. Sven & Olaf ermuntern, da sie schnell ermüden & andere gern vom Arbeiten abhalten (Störfaktoriale Probleme einbeziehen)

50. - 60. 10-minütige Pause >Medien bereitstellen u. evtl. Nico zur Sozialstation bringen

60. - 70.	5. Die 1. Gruppe berichtet (Text A: Bruchfeld/Levine)	5. Die 3. Gruppe nimmt den Bericht per Tonband auf	5. Die 3 Fragen sind (evtl.) beantwortet (offen)	5. Evtl. 3 Stich- bzw. Merkworte anschreiben
70. - 90.	6. Die 2. Gruppe berichtet (Text B: Sophie & Hilde)	6. Die 4. Gruppe nimmt den Bericht per Tonband auf	6. Die 3 Fragen sind (evtl.) beantwortet (offen)	6. Evtl. 3 Stich- bzw. Merkworte anschreiben

Analyse ⇩ des Unterrichts

Abb. 4: Planungs- und Analyseskizze der Kritisch-Kommunikativen Didaktik

- Welche Diskurse, Kolloquien, Austauschprozesse etc. sind geeignet, die eventuellen Einseitigkeiten auch der *Kritisch-Kommunikativen Didaktik* zu überwinden bzw. die Gemeinsamkeiten sowie die notwendigen Erkenntnisse der anderen didaktischen Theorien noch dezidierter in die ihr eigenen Überlegungen einzubeziehen?

5 *Ein Besuch & ein Telefonat*

Bis auf die sokratische Mäeutik und *Platon*s Theorie des Lernens (des *mathein*) geht die *Kritisch-Kommunikative Didaktik* zurück, auch wenn sie erst bei und von *Comenius* durch seine Mathetik als notwendiges Pendant der Didaktik angemahnt wurde, in der Reformpädagogik mitunter (intuitiv) praktiziert und erst 1970 ff von der „Bochumer Pädagogik" grundgelegt wurde. Mittlerweile liegen systematische Ausarbeitungen (von einer entsprechenden Bildungstheorie bis hin zu Unterrichtsstörungen) vor.

Die beiden abschließend erzählten Begegnungen lagen nicht 40 Jahre, sondern nur vier Tage auseinander. Am Mittwoch, am 5. August 2015, besuchte sie mich in Berlin. Sie hatte bei mir in den 90er Jahren des vorigen Jahrhunderts studiert, war aber der Regelschule fern geblieben. „Warum?", wollte ich wissen. „Wie hätte ich all das verwirklichen sollen, was wir bei Ihnen gelernt haben!", wies sie meinen immanenten Vorwurf zurück. Ich erzählte ihr „mein chilenisches Vorhaben", eine Brücke zu bauen ... Bevor sie ging, bat sie darum, den bisher vorliegenden Text mitnehmen und lesen zu dürfen. Gesagt, getan. Vier Tage später, am Sonntag, klingelt das Telefon. Sie, die jetzt in Rheinland-Pfalz und freiberuflich-künstlerisch tätig ist (auch für Kinder), gibt mir die erbetene Rückmeldung. Ein Satz geht mir nicht aus dem Kopf, wohl nie mehr: „Wenn ich diese Brücke damals gesehen hätte, wäre ich Lehrerin geworden!" – Wie oft kann eine Gesellschaft solch einen Verlust vertragen?

6 *Literatur*

Bégaudeau, François 2008: Die Klasse, Frankfurt/M.

Biermann, Rudolf 1977: Unterricht, Essen

Biermann, Rudolf 1985: Aufgabe Unterrichtsplanung, Essen

Blankertz, Herwig 1972[6]: Theorien und Modelle der Didaktik, München

Bönsch, Manfred 2002: Beziehungslernen. Pädagogik der Interaktion, Baltmannsweiler

Bollnow, Otto Fr. 1968: Existenzphilosophie und Pädagogik. Versuche über unstetige Formen der Erziehung, Stuttgart

Brügelmann, Hans 2015: Vermessene Schulen – standardisierte Schüler, Weinheim

Comenius, Jan. A. 1993[8]: Große Didaktik (Orig. 1657), Stuttgart

Comenius, Jan A. 1965: Pampaedia (Orig. 1676/77), Heidelberg

Comenius, Jan A. 1996: Mathetica (Orig. 1680), in: Golz, Reinhard u. a. (Hg.): Comenius und unsere Zeit, S. 130-148, Baltmannsweiler

Cube, Felix 1970[4]: Kybernetische Grundlagen des Lernens und Lehrens, Stuttgart

Frank, Helmar 1969: Kybernetische Grundlagen der Pädagogik, (2 Bde), Baden-Baden

Grell, Jochen; Grell, Monika 1983: Unterrichtsrezepte, Weinheim

Gudjons, Herbert; Winkel, Rainer (Hg.), 2015[14]: Didaktische Theorien, Hamburg

Gudjons, Herbert & Teske, Rita; Winkel, Rainer (Hg.), 1987[2]: Unterrichtsmethoden, Hamburg

Heimann, Paul; Otto, Gunter; & Schulz, Wolfgang 1970: Unterricht. Analyse und Planung, Hannover

Hensel, Horst 2014: Runterricht. 150 Notizen aus dem Schulalltag, Asendorf

Heyer, Peter 2004: Wie Tom Sawyer am Mississippi. In: Der Tagesspiegel, Nr. 18499, vom 8.6.2004, S. 16

Jank, Werner; Meyer, Hilbert 1994: Didaktische Modelle, Berlin

Kiper, Hanna; Mischke, Wolfgang 2009: Einführung in die Allgemeine Didaktik, Weinheim

Klafki, Wolfgang 1985: Neue Studien zur Bildungstheorie und Didaktik, Weinheim

Kron, Friedrich, W. 1993: Grundwissen Didaktik, München

Meyer, Ernst 1997[17]: Unterrichtsvorbereitung in Beispielen, Bochum

Meyer, Hilbert 1987: Unterrichtsmethoden. Bd. I: Theorieband, Berlin

Meyer, Hilbert 1987[2]: Unterrichtsmethoden. Bd. II: Praxisband, Berlin

Montessori, Maria 1985[3]: Texte und Gegenwartsdiskussion, hg. v. Winfried Böhm, Bad Heilbrunn

Montessori, Maria 1989[17]: Il segreto dell' infanzia, Mailand. Dt. 1988[2]: Kinder sind anders, München *(Richtig übersetzt müsste es heißen: „Das Geheimnis der Kindheit")*

Muth, Jakob 1982[3]: Pädagogischer Takt, Essen

Reheis, Fritz: 2002: Bildung contra Turboschule, Freiburg

Reich, Kersten 2002[4]: Systemisch-konstruktivistische Pädagogik, Köln

Rumpf, Horst 1976: Unterricht und Identität, München

Schäfer, Karl-Herman; Schaller, Klaus 1973[2]: Kritische Erziehungswissenschaft und kommunikative Didaktik, Heidelberg

Schulz von Thun, Friedemann 1989/90: Miteinander reden, 2 Bde, Reinbek

Warwick, David 1975: Curriculum Structure and Design, London

Warwick, David; Winkel, Rainer (Hg). 1975: Alternativen zur Curriculumreform, Heidelberg

Winkel, Rainer 1988[2]: Antinomische Pädagogik und Kommunikative Didaktik, Düsseldorf

Winkel, Rainer 1997: Theorie und Praxis der Schule, Baltmannsweiler

Winkel, Rainer 2005: Am Anfang war die Hure. Theorie und Praxis der Bildung, Baltmannsweiler

Winkel, Rainer 2008ff: Die Schule neu machen. Glanz und Elend einer Schulgründung, (3 Bde), Baltmannsweiler

Winkel, Rainer 2011[10]: Der gestörte Unterricht. Diagnostische und therapeutische Möglichkeiten, Baltmannsweiler

Personenverzeichnis

Autoren

Winfried Böhm, Prof. Dr. Dr. h.c., geb. 1937 in Schluckenau (Böhmen); nach Banklehre Studium von Philosophie, Pädagogik, Theologie, Geschichte und Musikwissenschaft in Bamberg, Würzburg und Padua. Promotion 1969, Habilitation 1974. Von 1974 bis 2005 Ordinarius und Vorstand des Instituts für Pädagogik an der Universität Würzburg. Gastprofessuren in Italien (Rom, Padua, Cosenza), Lateinamerika und den USA. 1985 philosophischer Ehrendoktor in Córdoba (Argentinien), 1986/87 Research Fellow am Netherlands Institute for Advanced Studies in the Humanities and Social Sciences. Mitglied mehrerer wissenschaftlicher Akademien (Padua, Messina, Córdoba, Prag). Wichtigste Veröffentlichungen: Wörterbuch der Pädagogik, 16. Aufl. 2005; Geschichte der Pädagogik, 4. Aufl. 2013; Theorie und Praxis. Eine Einführung in das pädagogische Grundproblem, 3. Aufl. 2014

Gerd-Bodo von Carlsburg, Prof. Dr. Dr. h.c. mult., geb. 1942 in Dresden; Professor an der Heidelberg University of Education – Pädagogische Hochschule, Direktor des Instituts für Erziehungswissenschaft bis 2008, weiterhin Lehrtätigkeit, 1970 Erste Staatsprüfung, 1972 Zweite Staatsprüfung in Hamburg, Unterrichtspraxis an der Heinrich-Hertz-Gesamtschule in Hamburg, vorw. Oberstufe der Abt. Gymnasium, 1975 Professor, 1982-1984 Vertreter des ordentlichen Lehrstuhls für Geschichte und Systematik der Erziehung an der Helmut-Schmidt-Universität in Hamburg, seit 1972 Lehraufträge an verschiedenen Universitäten, 1991-1994 Fachbereichsleiter, 1994/95 Prodekan, seit 1994 Gastprofessor in Vilnius/Litauen, 1996-2000 Gastprofessor an der Universität Tallinn/Estland, 2 Jahre Vorsitzender der DGfE-Sektion Differentielle Erziehungs- und Bildungsforschung und der DGfE-Kommission Psychoanalytische Pädagogik, Präsident des Weltbund für Erneuerung der Erziehung (Deutschsprachige Sektion) seit 1998, Ehrenmitglied des Europäischen Instituts für postgraduale Bildung an der TU Dresden, Mitglied der Bundeskuratorien des Bildungsträgers CJD (Christliches Jugenddorfwerk Deutschlands) und des EVBB (Europäischer Verband Beruflicher Bildungsträger), Oberst d.R., Ehrenkreuz der Bundeswehr in Gold. Arbeitsschwerpunkte: Geschichte und Systematik der Erziehung, Klassiker der Pädagogik; Kontakt: b.v.carlsburg@wee-wef.net, b.v.carlsburg@gmail.com

Ingrid Dietrich, Prof. Dr. paed. habil., geb. 1944 in Thüringen, studierte Germanistik, Romanistik, Philosophie und Pädagogik in Münster, München und Montpellier. 1969 legte sie das Erste philologische Staatsexamen für das Lehramt am Gymnasium und 1971 das Zweite Staatsexamen ab. In Dortmund promovierte sie 1974 mit einer interdisziplinären didaktischen Arbeit an der Pädagogischen Hochschule Ruhr zum Thema „Kommunikation und Mitbestimmung im Fremdsprachenunterricht". 1984 habilitierte sie sich in der Universität Duisburg und wurde dort 1992 zur außerplanmäßigen Professorin ernannt. 1993 wurde sie als Professorin für Allgemeine Pädagogik und Interkulturelle Pädagogik an die Pädagogische Hochschule Heidelberg berufen. 2004 beauftragte sie der Senat, den Auf- und Ausbau der akademischen Partnerschaft mit dem Lehrerbildungsinstitut (LBI) / Instituto Profesional Alemán Wilhelm von Humboldt in Santiago de Chile zu organisieren, wobei sie dieses Amt über die Emeritierung (2009) hinaus bis 2011 bekleidete. Zusammen mit Sylvia Selke gründete sie das „Interkulturelle Kompetenzzentrum", der PH Heidelberg. Ihr Schwerpunkt war und ist der Sprachunterricht für Migranten; aktuell organisiert und koordiniert sie Sprachkurse von Student/innen für Flüchtlingskinder in Heidelberg. Parallel zu ihrer universitären Arbeit begleitete sie die Anfänge der deutschen Freinet-Pädagogik, ist Herausgeberin des Standardwerkes „Handbuch Freinet-Pädagogik", arbeitete mit Regionalgruppen der Freinet-Pädagogen zusammen und war von 2010 bis 2012 Vorstandsmitglied der FIMEM, des Weltverbandes der Freinet-Pädagogik, in dem Freinet-Schulen aus 36 Ländern organisiert sind; Kontakt: dietrich.i@gmx.de

Otto Herz, geb. 1944 in Weinheim an der Bergstraße, legte 1965 als Stipendiat an der Odenwaldschule sein Abitur ab und studierte anschließend in Hamburg und Konstanz Psychologie, Pädagogik, Philosophie und Theologie. Von 1970 bis 1980 war er Mitarbeiter von Hartmut von Hentig beim Aufbau der Laborschule und des Oberstufen-Kollegs an der Universität Bielefeld. Von 1980 bis 1982 arbeitete er als Bundesvorsitzender der Gemeinnützigen Gesellschaft Gesamtschule und von 1981 bis 1984 fungierte er als letzter „Oberleiter" der Hermann-Lietz-Schule. 1985 ging Herz als wissenschaftlicher Mitarbeiter ans Institut für Interkulturelle Erziehung und Bildung der FU Berlin. 1987 nahm er eine Tätigkeit am Landesinstitut für Schule und Weiterbildung, Soest/NRW, auf und war verantwortlich für das Projekt „Gestaltung des Schullebens und Öffnung von Schule" (GÖS), für COMED e. V., den Verein zur Förderung von Community-Education. Er war Leiter der Arbeitsstelle „Praktisches Lernen" der Universität Dortmund. Von 1993 bis 1997 war Otto Herz Mitglied im Geschäftsführenden Bundesvorstand der GEW, Vorstandsbereich Schule. Seit 1998 bis heute ist er freiberuflich tätig; Kontakt: otto.herz@gmx.de, www.otto-herz.de, www.edition-herz.de

Helmwart Hierdeis, Prof. em., Dr. phil., geb. 1937 in Berlin, Erziehungswissenschaftler und Psychoanalytiker, bis 2002 Lehrstuhlinhaber für Allgemeine und Historische Pädagogik an den Universitäten Erlangen-Nürnberg (1974-1981) und Innsbruck (1981-2002), von 1998-2001 Gründungsdekan der Fakultät für Bildungswissenschaften Brixen der Freien Universität Bozen, danach ebendort Lehrbeauftragter für Allgemeine Pädagogik, Geschichte der Pädagogik, Didaktik der Geschichte und Praxisreflexion. Veröffentlichungen u.a. zur Bildungstheorie, zur Historiographie der Erziehung, zur Schulpädagogik, zur Psychoanalyse und zur Psychoanalytischen Pädagogik

Jan Dirk Imelman, Prof. em., Dr., geb. 1939 in Groningen/NL; Berufstätigkeit seit 1961: Mitarbeiter in einem Kinderheim, Militär, Grundschullehrer, Dozent für Pädagogik, Psychologie und Didaktik an einer pädagogischen Hochschule und einer Hochschule für bildende Künste; Wissenschaftlicher Mitarbeiter Reichsuniversität Groningen; seit 1980 Professor der Philosophie und Geschichte der Erziehung an dieser Universität und seit 1989 an der Reichsuniversität Utrecht. Emeritiert seit 1999. Buchveröffentlichungen und Artikel über personalistische Erziehung und Pädagogik und das Verhältnis zwischen Epistemologie, Ethik und Pädagogik; und über psychologische, andragologische und (reform)-pädagogische Konzepte und Theorien; Kontakt: imelman@xs4all.nl

Wolfgang Keim, Prof. em., Dr., geb. 1940 in Halle/Saale, Promotion Mainz 1969, Erstes Staatsexamen Hamburg 1970, Referendariat Walter-Gropius-Gesamtschule Berlin, abgeschlossen mit Zweitem Staatsexamen 1972; Wissenschaftlicher Assistent (1972-1975) und Wissenschaftlicher Rat und Professor an der Pädagogischen Hochschule Rheinland, Abteilung Köln, (1975-1978), zuletzt Professor für Allgemeine und Historische Pädagogik an der Universität Paderborn (1978-2008). Forschungsschwerpunkte: Bildungsgeschichte im 20. Jahrhundert unter besonderer Berücksichtigung von Problemen der Schulreform, Reformpädagogik, Pädagogik und Nationalsozialismus, Erinnern und Gedenken als pädagogische Aufgabe; Kontakt: Wolfgang-Keim@gmx.de

Max Liedtke, Prof., Dr., geb. 1931 in Düsseldorf; 1951-1957 und 1960-1963 Studium der Theologie (kath.), Philosophie, Pädagogik und Musikwissenschaft in Bonn, München, Bensberg und Hamburg. 1957-1960: kirchl. Dienst (Schwerpunkt: Jugendarbeit und schul. Unterricht); Promotion 1964 (Referent: Carl Friedrich v. Weizsäcker); Erziehungs-wissenschaftliche Habilitation („Evolution und Erziehung") Wintersemester 1970/71, Universität Hamburg, u.a. in enger Kooperation mit Konrad Lorenz und seiner Schule. Funktionen: 1964-1967: Wissenschaftlicher Assistent an der Universität Hamburg am Lehrstuhl für Pädagogik bei Professor Dr. Georg Geißler; 1967-70: Dozent an der Pädagogischen Hochschule Göttingen; 1970-73: Professor an der Universität Hamburg; 1973-1999: o. Professor für Pädagogik an der Universität Erlangen/Nürnberg; 1974-79: zusätzlich Vertretung des Lehrstuhls Pädagogik III an der Universität München. Seit 1977 Teilnehmer der Matreier Gespräche für interdisziplinäre Kulturforschung, von 1993 bis 2002 deren wissenschaftlicher Leiter. Forschungsschwerpunkte: Integration naturwissenschaftlicher, insbesondere evolutionsbiologischer Daten in die Pädagogik sowie Historische Pädagogik. Aktuelle Nebentätigkeit seit 2001: Betreuung von Schwer- und Schwerstdemenzkranken; Kontakt: Max.Liedtke@t-online.de

Fritz März, Prof. em., Dr., geb. 1934 in Oberhaching bei München; Studium der Philosophie, Pädagogik und Theologie an der LMU München sowie Studium am Institut für Lehrerbildung in München-Pasing. 1959 Promotion zum Dr. phil. 1958 bis 1961 Lehrer an Volksschulen und an der Landestaubstummenanstalt in München als Heimlehrer und -erzieher. 1961 bis 1965 wissenschaftlicher Assistent an der PH Augsburg der Universität München. Danach bis 1970 Dozent für Pädagogik an der PH Westfalen-Lippe, Abteilung Siegerland, in Hüttental-Weidenau. 1970 außerordentlicher und 1971 ordentlicher Professor an der PH Augsburg der Universität München, 1970-1972 deren Vorstand, ab 1972 ordentlicher Professor für Pädagogik an der Universität Augsburg, Emeritierung 2000

Oskar Negt, Prof. em., Dr., geb. 1934 auf Gut Kapheim bei Königsberg/Ostpreußen; Besuch der Oberrealschule in Oldenburg, Studium der Rechtswissenschaften in Göttingen, Studium der Soziologie und Philosophie an der Goethe-Universität Frankfurt/Main bei Max Horkheimer und Theodor W. Adorno; 1962 Promotion bei Adorno; von 1962 bis 1970 Assistent von Jürgen Habermas an den Universitäten in Heidelberg und Frankfurt am Main; 1970 Berufung auf den Lehrstuhl für Soziologie der G.W. Leibniz Universität Hannover, an der er bis zu seiner Emeritierung 2002 lehrte; Gastprofessuren führten ihn 1973 nach Bern, 1975 nach Wien und 1978 in die USA nach Milwaukee und Madison. 1972 gründete er mit einer Initiativgruppe von gewerkschaftsorientierten Eltern, Hochschullehrern und Pädagogen die staatliche Glockseeschule in Hannover.

Jürgen Oelkers, Prof. em., Dr., geb. 1947 in Buxtehude, Studium der Fächer Erziehungswissenschaft, Germanistik und Geschichte an der Universität Hamburg (1968 bis 1975); Promotion in Erziehungswissenschaft, Wiss. Assistent an der PH Rheinland/Abt. Köln (jetzt Universität zu Köln) (1976 bis 1979), Professor (C4) für Allgemeine Pädagogik an der Hochschule Lüneburg (jetzt Leuphana Universität Lüneburg) (1979 bis 1987), Ord. Professor für Allgemeine Pädagogik an der Universität Bern (1987 bis 1999), Ord. Professor für Allgemeine Pädagogik an der Universität Zürich (1999-2012), Forschungsschwerpunkte: Geschichte der Pädagogik/Reformpädagogik; Bildungspolitik und Bildungsentwicklung; Demokratie und Erziehung; Kontakt: oelkers@ife.uzh.ch

Otto Seydel, Dr., geb. 1945 in Potsdam; gründete nach 26-jähriger Tätigkeit als Lehrer und Mitglied der Schulleitung in der Schule Schloss Salem das Institut für Schulentwicklung in Überlingen. Das Institut war maßgeblich beteiligt an der Entwicklung des Deutschen Schulpreises der Robert Bosch Stiftung (Stuttgart) und vom Land Bremen betraut mit der Leitung der dortigen externen Schulinspektion. Seit 2010 wurden die Aktivitäten des Instituts fokussiert auf das Themenfeld Schulbau und die Beratung von Schulen, die eine Um- oder Neubauaufgabe ihres Gebäudes zum Anlass für eine innere Schulentwicklung nehmen; Kontakt: otto.seydel@t-online.de

Michel Soëtard, Prof. em., Dr. habil., geb. 1939 in Verwik (Belgien) als Sohn französischer Eltern; Studium in Lille, an der Sorbonne in Paris und Frankfurt/M.; Prof. für Philosophie der Erziehung und Geschichte des pädagogischen Denkens an der Katholischen Universität Angers (Frankreich); Schwerpunkte sind die Pestalozzi- und Rousseau-Forschung mit zahlreichen Publikationen; leitet in Yverdon die Übersetzung der Pestalozzi-Werke ins Französische (bis heute 8 Bände); zusammen mit Enza Colicchi und Winfried Böhm Herausgeber der Zeitschrift *Rassegna di Pedagogia;* Kontakt: msoetard@aol.com

Heinz-Elmar Tenorth, Prof. em., Dr. Dr. h.c.; geb. 1944 in Essen; Studium der Geschichte, Germanistik und Sozialkunde, Staatsexamen 1970; Studium der Philosophie und Pädagogik, Dr. phil. 1975; 1979-1991 Prof. für Wissenschaftstheorie und Methodologie der Erziehungswissenschaft an der Johann Wolfgang Goethe-Universität Frankfurt/M., 1991-2011 Prof. für Historische Erziehungswissenschaft an der Humboldt-Universität zu Berlin, dort auch 2000 – 2005 Vizepräsident für Lehre und Studium. Korr. Mitglied der Österreichischen Akademie der Wissenschaften; Mitglied der Deutschen Akademie der Naturforscher Leopoldina zu Halle; Arbeitsschwerpunkte: Historische Bildungsforschung, Universitätsgeschichte; Kontakt: tenorth@hu-berlin.de

Heiner Ullrich, Prof. Dr. phil. habil., geb. 1942, Studium der Erziehungswissenschaft sowie der Deutschen und Romanischen Philologie. Akademischer Direktor i. R. am Institut für Erziehungswissenschaft der Universität Mainz. Weiterhin Lehrtätigkeit in Bildungswissenschaft/Schulpädagogik an der Universität Mainz und an der Hochschule für Musik und Darstellende Kunst Frankfurt am Main. Arbeitsgebiete: Schulforschung an Reform- und Versuchsschulen, Waldorfpädagogik, Private Schulen, schulische Hochbegabtenforschung

Rupert Vierlinger, Prof. em., Dr., geb. 1932 im Mühlviertel; Lehrtätigkeit von 1952 bis 1967 an Primar- und Sekundarschulen, nebenberufliches Studium der Pädagogik, Psychologie und Philosophie in Wien; von 1967 bis 1980 Gründungsdirektor und Leiter der Pädagogischen Akademie der Diözese Linz, von 1980 bis 1997 Ordinarius für Schulpädagogik an der Universität Passau, nach der Emeritierung Honorarprofessor der Universität Linz

Rainer Winkel, M.A., Prof. em., Dr. phil. habil, geb. 1943 in Dresden; Professor für Erziehungswissenschaft an der Berliner Universität der Künste. Nach einem Lehrerstudium und einem mehrjährigen Schuldienst Zweitstudium an der Ruhr-Universität Bochum in Pädagogik, Philosophie und Psychologie/Psychiatrie. 1973 Promotion, 1975 Habilitation. Mitbegründer der Freien Schule Essen und Lehrtätigkeit an der Essener Gesamthochschule. 1980 Ruf nach Berlin und Übernahme des besagten Lehrstuhls an der Universität der Künste. Von 1998-2002 Gründungsdirektor der Ev. Gesamtschule Gelsenkirchen. 1990 Gründer und seitdem Vorsitzender der J. A. Comenius-Stiftung zur Unterstützung Not leidender Kinder und Jugendlicher. Neben seiner wissenschaftlichen Arbeit ist er auch literarisch tätig. 2012 publizierte er die als Novelle sich tarnende dramatische Liebesgeschichte „Gülistan", 2014 erschienen seine gesammelten Erzählungen unter dem Titel „Der Sprung über den Abgrund", und 2015 publizierte der Schneider Verlag seinen Roman „Der Obsesseur und die Therapeutin"; Kontakt: rainer-winkel@versanet.de

Lektoren

Sandra Kloiber, geb. 1973 in Ansbach, Studium der Germanistik und Medienwissenschaften in Würzburg und Marburg und Aufbaustudium des Kultur- und Medienmanagements per Fernstudium. Nach einem Redaktionsvolontariat in Hamburg 1998, Tätigkeit in der Presse- und Öffentlichkeitsarbeit und als Texterin. Seit 2002: Lektorat und Satz für den Ergon-Verlag in Würzburg; Kontakt: sandra.kloiber@ergon-verlag.de

Raimund Morper, geb. 1933 in Bamberg, Studium für das Lehramt an Volksschulen an der Pädagogischen Hochschule Bamberg, ab 1962 Lehrer an verschiedenen Grund- und Hauptschulen in Mittel- und Unterfranken mit den Schwerpunktfächern Deutsch, Mathematik, Kunst und Musik; 1998 Versetzung in den Ruhestand; Lektoren- und Autorentätigkeit für die Jenaplanzeitschrift *Kinderleben* 1991 bis 2003 sowie freiberufliche Tätigkeit als Lektor und Zeichner bis heute

Herausgeber

Maren Gronert, geb. 1968 in Schwerin, Studium in Rostock und Erlangen/ Nürnberg, Grundschullehrerin in Schwerin (1989-92), Programmlehrkraft der Zentralstelle für das Auslandsschulwesen an der Deutschen Goethe-Schule Asunción/Paraguay (1993-2000) und Nürnberg (2001-2004), Montessori-Lehrerin in Herzogenaurach (2001-2004), seit 2009 Projektleiterin des Arbeitskreises Bilingualität/Spracherwerb, ehrenamtliche Fortbildungs- und Dozentinnentätigkeit am Deutschen Lehrerbildungsinstitut (LBI) – Instituto Profesional Alemán Wilhelm von Humboldt / Escuela de Pedagogías en Alemán am Campus Santiago LBI der Universidad de Talca, Chile; Kontakt: marengronert@gmx.net

Alban Schraut, Dr., geb. 1962 in Würzburg; nach Bäckerlehre Lehramtsstudium in Eichstätt, Lehrer an bayerischen Grund- und Hauptschulen (1989-2003), Magisterstudium Pädagogik in Würzburg, Masterstudium Schulmanagement in Kaiserslautern, Promotion in Erlangen/Nürnberg, wissenschaftlicher Assistent am Lehrstuhl für Schulpädagogik (Prof. Dr. Werner Sacher) an der Universität Erlangen/ Nürnberg (2003-2007), seit 2008 Rektor des Deutschen Lehrerbildungsinstituts (LBI) – Instituto Profesional Alemán Wilhelm von Humboldt / Escuela de Pedagogías en Alemán am Campus Santiago LBI der Universidad de Talca, Chile; Kontakt: rector@lbi.cl

ERZIEHUNG – SCHULE – GESELLSCHAFT
ISSN 1432-0258
Herausgegeben von
Winfried Böhm | Wilhelm Brinkmann | Johanna Hopfner
Jürgen Oelkers | Roland Reichenbach | Sabine Seichter
Michel Soëtard | Michael Winkler

1-30 | Informationen entnehmen Sie bitte unserer Homepage: www.ergon-verlag.de

31 | Kritik der Evaluation von Schulen und Universitäten
Mit Beiträgen von M. Heitger, A. Hügli, L. Koch, J. Ruhloff, A. Schirlbauer und einem Vorwort von W. Böhm
(vergriffen) ISBN 978-3-89913-352-3

32 | Weigand, Gabriele
Schule der Person. Zur anthropologischen Grundlegung einer Theorie der Schule
2004. 430 S. Kt. € 55,00
ISBN 978-3-89913-356-1

33 | Reder, Judith
Bildung als Selbstverwirklichung. Zur Rehabilitierung eines postmodernen Bildungsbegriffs
2004. 266 S. Kt. € 35,00
ISBN 978-3-89913-372-1

34 | Lindner, Joachim
Paradigmata. Über die fragwürdige Verwendung eines Begriffs in der Erwachsenenbildung
2004. 196 S. Kt. € 28,00
ISBN 978-3-89913-381-3

35 | Böhm, Winfried (Hrsg.)
Aurelius Augustinus und die Bedeutung seines Denkens für die Gegenwart
(vergriffen) ISBN 978-3-89913-413-1

36 | Nießeler, Andreas
Bildung und Lebenspraxis. Anthropologische Studien zur Bildungstheorie
2005. 145 S. Kt. € 26,00
ISBN 978-3-89913-422-3

37 | Hoch, Christian
Zur Bedeutung des „Pädagogischen Bezuges“ von Herman Nohl für die Identitätsbildung von Jugendlichen in der Postmoderne. Eine erziehungsphilosophische Reflexion
2005. 194 S. Kt. € 29,00
ISBN 978-3-89913-429-2

38 | Rätz-Heinisch, Regina
Gelingende Jugendhilfe bei „aussichtslosen Fällen“!. Biographische Rekonstruktionen von Lebensgeschichten junger Menschen
2005. 346 S. Kt. € 44,00
ISBN 978-3-89913-430-8

39 | Busche, Sinja-Mareike
Die Entwicklung des Jugendmedienschutzes in Deutschland
2005. 271 S. Kt. € 35,00
ISBN 978-3-89913-457-5

40 | Schreyer, Udo
Kind-Sein und Lebensalter. Eine pädagogisch-anthropologische Untersuchung
2006. XIII/443 S. Kt. € 58,00
ISBN 978-3-89913-467-4

41 | Behnisch, Michael
Pädagogische Beziehung. Zur Funktion und Verwendungslogik eines Topos der Jugendhilfe
(vergriffen) ISBN 978-3-89913-483-4

42 | Eykmann, Walter – Böhm, Winfried (Hrsg.)
Die Person als Maß von Politik und Pädagogik
2006. 204 S. Kt. € 29,00
ISBN 978-3-89913-503-9

ERGON VERLAG · WÜRZBURG

ERZIEHUNG - SCHULE - GESELLSCHAFT
ISSN 1432-0258
Herausgegeben von
Winfried Böhm | Wilhelm Brinkmann | Johanna Hopfner
Jürgen Oelkers | Roland Reichenbach | Sabine Seichter
Michel Soëtard | Michael Winkler

43 | Erhardt, Matthias
Perspektiven für das bayerische Gymnasium im 21. Jahrhundert durch strukturelle Veränderungen. Eine Untersuchung zur Umsetzung gymnasialer Bildungsvorstellungen in Bayern unter besonderer Berücksichtigung der Oberstufe
2006. 173 S. Kt. € 25,00
ISBN 978-3-89913-506-0

44 | Schotte-Grebenstein, Evelin
Vermittelter Fremdsprachenerwerb im Elementarbereich: Englisch als 1. Fremdsprache im Kindergarten
2006. 227 S. Kt. € 32,00
ISBN 978-3-89913-511-4

45 | Rauer, Wulf
Elternkurs Starke Eltern – Starke Kinder®. Wirkungsanalysen bei Eltern und ihren Kindern in Verknüpfung mit Prozessanalysen in den Kursen.
2009. 447 S. Kt. € 55,00
ISBN 978-3-89913-509-1

46 | Brinkmann, Wilhelm – Schulz-Gade, Herwig Heinrich (Hrsg.)
Böschen, Markus (Mitarb.)
Erkennen und Handeln. Pädagogik in theoretischer und praktischer Verantwortung. Albert Reble (1910-2000) zum Gedenken
2007. 237 S. Fb. € 32,00
ISBN 978-3-89913-542-8

47 | Kahl-Popp, Jutta
Lernen und Lehren psychotherapeutischer Kompetenz am Beispiel der psychoanalytischen Ausbildung
2007. 264 S. Kt. € 35,00
ISBN 978-3-89913-560-2

48 | Handwerker, Martin
Heilpädagogik und Bioethik im Lichte der Person
2007. 425 S. Kt. € 54,00
ISBN 978-3-89913-576-3

49 | Muhl, Gabriela
Kevin. Eine theaterpädagogische Fallstudie über einen auffälligen Schüler
2007. 217 S. Kt. € 28,00
ISBN 978-3-89913-579-4

50 | Herwig, Birgit
Der Mensch, das irrende Wesen. Die personalistische Therapie Viktor Emil von Gebsattels im Lichte einer personalistischen Pädagogik
2009. 325 S. Kt. € 42,00
SBN 978-3-89913-682-1

51 | Madlener, Nadja
Grüne Lernorte. Gemeinschaftsgärten in Berlin
2009. 276 S. Kt. € 38,00
ISBN 978-3-89913-683-8

52 | Mielityinen, Mari
Das Ästhetische in Schleiermachers Bildungstheorie. Theorie eines individuellen Weltbezuges unter Einbeziehung der Theorie des Ästhetischen bei Schiller
2009. 164 S. Kt. € 25,00
ISBN 978-3-89913-684-5

53 | Steidl, Petra
Musik und Bildung. Die Verknüpfung musik- und bildungsphilosophischer Konzepte bei A. Augustinus, J. J. Rousseau und Th. W. Adorno
2009. X/518 S. Fb. € 68,00
ISBN 978-3-89913-708-8

ERGON VERLAG · WÜRZBURG

ERZIEHUNG – SCHULE – GESELLSCHAFT

ISSN 1432-0258

54 | Schaffar, Birgit
Allgemeine Pädagogik im Zwiespalt. Zwischen epistemologischer Neutralität und moralischer Einsicht
2009. 236 S. Kt. € 38,00
ISBN 978-3-89913-713-2

55 | Pauls, Torben
Bildung und Praxis. Studien zur hermeneutischen Bildungstheorie Günther Bucks
2009. 146 S. Kt. € 24,00
ISBN 978-3-89913-723-1

56 | Gansen, Peter
Metaphorisches Denken von Kindern. Theoretische und empirische Studien zu einer Pädagogischen Metaphorologie
2010. 540 S. Kt. € 59,00
ISBN 978-3-89913-742-2

57 | Bertsche, Oliver
Erziehungswissenschaft als Systematische Pädagogik. Die prinzipienwissenschaftliche Pädagogik Marian Heitgers
2010. 432 S. Fb. € 58,00
ISBN 978-3-89913-780-4

58 | Schneider, Wolfgang
Phänomenologie und Pädagogik. Eine geschichtlich-systematische Studie
2010. 395 S. Fb. € 42,00
ISBN 978-3-89913-752-1

59 | Henkel, Katrin
Zum Arbeitsunterricht im Herbartianismus. Eine Untersuchung zur thematischen Differenziertheit in herbartianischen Diskussionen
2010. 269 S. Kt. € 37,00
ISBN 978-3-89913-809-2

60 | Geissler, Erich E.
Theodor Litt: Was den Menschen zum Menschen macht
2011. 200 S. Kt. € 32,00
ISBN 978-3-89913-828-3

61 | Hörner, Frank
Leiten oder leiden? – Transformationen des Schulleitungshandelns. Eine qualitative Studie zum Umgang von Schulleiterinnen und Schulleitern bayerischer Grund- und Hauptschulen mit dienstlichen Beurteilungen
2011. 253 S. Fb. € 32,00
ISBN 978-3-89913-866-5

62 | Bartel, Franziska
Die Entstehung des Erziehungsdenkens bei Schleiermacher
2012. 249 S. Fb. € 39,00
ISBN 978-3-89913-862-7

63 | Großkopf, Steffen
Industrialisierung der Pädagogik. Eine Diskursanalyse
2012. 449 S. Kt. € 58,00
ISBN 978-3-89913-886-3

64 | Eder, Roswitha K.
Die Bedeutung der Lehrerstimme für den Prozess der Verständigung zwischen Lehrer und Schüler. Konzept einer Leiblichen Stimmbildung
2012. 329 S. Fb. € 42,00
ISBN 978-3-89913-919-8

ERGON VERLAG · WÜRZBURG

ERZIEHUNG – SCHULE – GESELLSCHAFT

ISSN 1432-0258

Herausgegeben von
Winfried Böhm | Wilhelm Brinkmann | Johanna Hopfner
Jürgen Oelkers | Roland Reichenbach | Sabine Seichter
Michel Soëtard | Michael Winkler

65 | Kabaum, Marcel
Milieutheorie deutscher Pädagogen (1926–1933). Pädagogische Soziologie bei Walter Popp, Adolf Busemann und Max Slawinsky
2013. 116 S. Kt. € 24,00
ISBN 978-3-89913-948-8

66 | Gangl, Verena
Metamorphosen der Diätetik und Psychohygiene zur Gesundheitserziehung
2013. 340 S. Fb. € 48,00
ISBN 978-3-89913-981-5

67 | Schepper, Anna Margarita
Das Soziale im Vorgeburtlichen. Interaktionstheoretische Analyse und erziehungswissenschaftliche Reflexion
2013. 233 S. Kt. € 32,00
ISBN 978-3-89913-989-1

68 | Köpcke-Duttler, Arnold
Medizin und Pädagogik im Gespräch
2013. 162 S. Fb. € 28,00
ISBN 978-3-89913-990-7

69 | Sauerbrey, Ulf
Zur Spielpädagogik Friedrich Fröbels. Eine systematische Analyse des Verhältnisses von Aneignung und Vermittlung im Kinderspiel anhand spielpädagogisch relevanter Briefe
2013. 382 S. Kt. € 48,00
ISBN 978-3-89913-996-9

70 | Looke, Anja
Victor und Jean. Die Erziehung eines Wilden und ihre Wirkungsgeschichte
2013. 363 S. Kt. € 45,00
ISBN 978-3-95650-001-5

71 | Häußermann, Viktoria
Armut im Grundschulalltag. Eine qualitative Studie über die lebensweltlichen Erfahrungen von Kindern und pädagogischen Fachkräften
2014. 268 S. Kt. € 38,00
ISBN 978-3-95650-033-6

72 | Ziegler, Mario
Die Schulung des Blicks im Ethikunterricht. Perspektiven einer intuitionistischen Didaktik
2014. 290 S. Fb. € 42,00
ISBN 978-3-95650-038-1

73 | Czarny, Moritz
Friedrich Schleiermacher und die Sozialpädagogik. Eine Rekonstruktion unter besonderer Berücksichtigung der strukturtheoretischen Professionstheorie
2014. 195 S. Kt. € 28,00
ISBN 978-3-95650-042-8

74 | Remke, Sara
Freiheit und Soziale Arbeit. Erkundungen bei Erich Fromm
2015. 255 S. Kt. € 34,00
ISBN 978-3-95650-110-4

75 | Fröse, Marlies W.
Transformationen in «sozialen» Organisationen. Verborgene Komplexitäten. Ein Entwurf
2015. 584 S. Fb. € 58,00
ISBN 978-3-95650-111-1

76 | Gronert, Maren – Schraut, Alban (Hrsg.)
Sicht-Weisen der Reformpädagogik
2016. 255 S. Kt. € 28,00
ISBN 978-3-95650-148-7

ERGON VERLAG · WÜRZBURG

Zeitfracht Medien GmbH
Ferdinand-Jühlke-Straße 7
99095 Erfurt, Deutschland
produktsicherheit@kolibri360.de